GUSTAV SICHELSCHMIDT

Theodor
FONTANE

Eine Biographie

VGB-Verlagsgesellschaft Berg

ISBN 3 86118 041 3

Bilder: Archiv des Verfassers
Fontane-Archiv, Potsdam
Titelbild: Ölportrait von Carl Breitenbach (1883)

2. Auflage 1994
© by VGB-Verlagsgesellschaft Berg

Herstellung: Chemnitzer Verlag und Druck GmbH,
Werk Zwickau

Inhalt

Teil I 1 Herkunft 8
Lehrjahre 2 Neuruppin 17
  3 Swinemünde 26
  4 Der Vater 32
  5 Vormärz 42
  6 Der ›Tunnel über der Spree‹ 57
  7 Begegnungen mit Theodor Storm 82
  8 Das tolle Jahr 92
  9 Emilie Fontane 113

Teil II 10 England und kein Ende 132
Wanderjahre 11 Der ›freie‹ Schriftsteller 159
  12 Der Mann der ›Wanderungen‹ 168
  13 Der Kriegsberichter 189
  14 Parkettplatz 23 206
  15 Der Akademiesekretär 236

Teil III 16 Der Romancier 250
Meisterjahre 17 Der Briefschreiber 302
  18 Sommerfrischen 311
  19 Preußentum 326
  20 Zeitkritik 348
  21 Der siebzigste Geburtstag 364
  22 Der alte Fontane 375
  23 Ausklang 392

Anhang Anmerkungen 414
  Zeittafel 419
  Bibliographie 422
  Personenregister 426

Teil I

Lehrjahre

1
Herkunft

Immer wenn Theodor Fontane gegen die vorgefaßte Meinung anzukämpfen hatte, als Autor der märkischen Wanderungen und der preußischen Balladen allzu einseitig festgenagelt zu werden, pflegte er sich in einer verständlichen Abwehrhaltung gegen alles Preußisch-Allzupreußische zu distanzieren. Dabei stand es schon zu seinen Lebzeiten unter Literaturkennern fest, daß er den zweifelhaften Ruhm, der wohl berufenste Sänger Preußens seit den Tagen Heinrich von Kleists zu sein, mit einigem Recht für sich beanspruchen konnte. Seine Balladen und seine ›Wanderungen durch die Mark Brandenburg‹ wollte er jedoch um jeden Preis lediglich als literarische Durchgangsstationen auf seinem beschwerlichen Weg zum Autor von Gesellschaftsromanen von europäischem Rang verstanden wissen.

Alle negativen Erscheinungsformen brandenburgisch-preußischen Wesens, die ihm mit den Jahren immer unerträglicher wurden und die er schließlich unter dem pejorativen Pauschalbegriff des Borussismus zusammenfaßte, ertrug der sensible Nervenmensch Fontane am Ende nur noch mit gespielter Gelassenheit, die ihm zur zweiten Natur wurde. In seiner betonten Ablehnung des *neuen* Preußen, in dem er bloß noch degenerative Erscheinungsformen des archaischen Zustandes einstiger preußischer Größe und Glorie erblicken konnte, entdeckte er oft genug den Südfranzosen in sich und ließ sich, sein Ausländertum demonstrativ hervorkehrend, in einer meist vorübergehenden Augenblickslaune zu der Unmutsäußerung hinreißen, wie ungermanisch er doch eigentlich wäre.

Diesen periodisch wiederkehrenden Ausbrüchen seines aufgeladenen sanguinischen Temperaments widerspricht allerdings entschieden die hervorstechende Nordorientierung seines Wesens. Seiner Vorliebe für die nordische Ballade etwa verdankte er seinen frühen literarischen Ruhm, als er ganz in der Tradition der angelsächsischen Ballade eine Meisterschaft als Balladendichter errang, die von den Kritikern seiner Zeit nicht ignoriert werden konnte. Demgegenüber hat ihm die romanische Literatur zeit seines Lebens kaum je Interesse oder auch nur nennenswerte Sympathien entlocken können. Sein Verhältnis zur Literatur des europäischen Westens und Südens blieb im Gegenteil immer auffallend unterkühlt.

Als ihn der Berliner Literaturkritiker Heinrich Hart daher gelegentlich allzu unbedenklich in die preußische Ecke abschieben zu können glaubte, widersetzte sich Fontanes »eigenste südfranzösische Natur« spontan dieser dann doch wohl zu globalen Klassifizierung. In einem Brief an seinen Verleger Hans Hertz machte er daher seinem verletzten Selbstwertgefühl energisch Luft, indem er darauf bestand: »Ich bin mit Maria Stuart zu Bett gegangen und mit Archibald Douglas aufgestanden. Das romantische Phantastische hat mich von Jugend auf entzückt und bildet meine eigenste südfranzösische Natur. Und nun kommt Herr Hart und sagt nur: ich sei ein guter, leidlich anständiger Kerl, aber Stockphilister mit einem preußischen Ladestock im Rücken. O du himmlischer Vater!«[1]

Tatsache jedenfalls ist, daß von zweiunddreißig Vorfahren Fontanes neunzehn deutscher und dreizehn französischer Abstammung waren. »Gascogne und Cevennen lagen für meine Eltern, als sie geboren worden, schon mehr als hundert Jahre zurück«, gibt er zu bedenken. »Aber die Beziehungen zu Frankreich hatten beide, wenn nicht im Herzen, so doch in der Phantasie, nie ganz aufgegeben. Sie repräsentierten noch den unverfälschten Kolonistenstolz.«[2]

Dieser sogenannte Kolonistenstolz war nun ganz gewiß frei von chauvinistischen Untertönen, aber er verlieh den Réfugiés in Hinblick auf vollbrachte Leistungen in der neuen

9

Heimat ein sicheres bürgerliches Selbstwertgefühl und einen unbändigen Selbstbehauptungswillen.

Mit Fontanes Generation schien allerdings diese so lange gehütete Réfugié-Tradition abgerissen zu sein. Er selbst war, wie er gern zu betonen pflegte, ohne alle Komplikationen und wie selbstverständlich in die deutsche Kultur hineingewachsen. Das traf selbstredend vor allem für die deutsche Sprache zu, die seine eigentliche geistige Heimat war und blieb, während ihm das Sprechen des Französischen stets einige Schwierigkeiten bereitete.

Er sagte daher nicht zuviel, wenn er als Meister der Ballade, also eines literarischen Genres, auf das die Franzosen nie ein Mitspracherecht erheben konnten, von sich bekannte: »Ich bin Nordlandmensch, und Italien kann, für *mich*, nicht dagegen an.«[3]

Gleichwohl gilt Fontane heute als der sicher namhafteste und bedeutendste Vertreter der ebenso umfangreichen wie gewichtigen französischen Kolonie in Brandenburg-Preußen. Nach seinen eigenen Ermittlungen war in Berlin zeitweilig jeder Dritte französischer Herkunft. Bei diesen Berliner Franzosen oder französischen Berlinern handelte es sich nach seiner gewiß keineswegs unmaßgeblichen Meinung durchaus nicht um vor lauter Esprit sprühende Pariser, sondern eher um solide und verläßliche Staatsbürger, denen Berlin zwar nicht seinen vielgerühmten Witz, wohl aber einiges von seinem sprichwörtlichen Arbeitsfetischismus zu verdanken hatte. Fontane hielt sie für lauter »puritanische Leute, steif, ernsthaft und ehrpußlich, was sie vielfach bis auf diesen Tag geblieben sind«.[4]

Diese Hugenotten hatten bekanntlich nach Aufhebung des Ediktes von Nantes im Jahre 1685 ihres protestantischen Glaubens wegen ihre französische Heimat verlassen müssen. Am 29. Oktober desselben Jahres hatte der Große Kurfürst jenes Potsdamer Edikt erlassen, in dem er diesen Heimatvertriebenen Asyl in seinen Landen anbot und das viele für wichtiger für die brandenburgische Geschichte als die gewonnene Schlacht von Fehrbellin ansahen. Er ließ die protestantischen Franzosen wissen, »daß Wir dannenher aus

10

gerechtem Mitleiden, welches Wir mit solchen Unseren, wegen des heiligen Evangelii und dessen reiner Lehre ange-.fochtenen und bedrängten Glaubens-Genossen billig haben müssen, bewogen worden, mittels dieses von Uns eigenhändig unterschriebenen Edikts denenselben eine sichere und freie Retraite in alle Unsere Lande und Provinzen in Gnaden offerieren...«

Welchen erstaunlichen wirtschaftlichen Profit Brandenburg-Preußen aus diesem taktisch so überlegenen Schachzug seines Kurfürsten schlug, ist längst geschichtsnotorisch geworden. Die ebenso tüchtigen wie glaubensstarken Franzosen stimulierten in diesem östlichen Lande, das ihnen in vielem zunächst kläglich genug erscheinen mochte, den wirtschaftlichen Aufstieg, der eben eingesetzt hatte, beträchtlich. Noch Friedrich der Große stattete Ludwig XIV. sarkastisch für seinen Beschluß, das Edikt von Nantes zu liquidieren, seinen Dank ab. Die französischen Protestanten bildeten lange einen loyalen Staat im Staate, bis sie sich immer mehr zu guten Preußen und schließlich zu nicht weniger guten Deutschen entwickelten, deren Beitrag zum Entstehen einer deutschen Kulturnation einfach nicht fortzudenken ist.

In seinem Aufsatz ›Die Märker und die Berliner und wie sich das Berlinertum entwickelte‹ vom November 1889 beschäftigte sich Fontane eingehend mit dem Anteil der Réfugiés an der Entstehung des Berliner Volkscharakters. In der zweiten Hälfte des 17. Jahrhunderts war Berlin nach seiner Auffassung noch gänzlich unberlinisch. »Da kamen 1685 die Réfugiés ins Land«, heißt es dann weiter, »und zu 8000 oder 10000 alten Berlinern gesellten sich auf einen Schlag 5000 Franzosen, woraus es sich erklären mag, daß seitens so vieler Beurteiler von dieser großen Einwanderung her (jeder dritte Mensch war ein Franzose) die Wandlung in dem geistigen Leben Berlins gerechnet und ein Uranfang des modernen Berlinertums angenommen wird. Nach dem Maße meiner Kenntnis aber durchaus mit Unrecht. Die große Bedeutung der französischen Einwanderung von 1685 ist unbestreitbar, und unbestreitbar auch, daß sie sich zum Segen für Stadt und

Land gestaltete. Die Réfugiés waren Muster von Loyalität, ohne je servil zu werden, und gaben ein gutes Beispiel nach mehr als einer Seite hin. Aber der ›richtige Berliner‹ stammt nicht von ihnen her, kann nicht von ihnen herstammen ... Ihr Haupteinfluß neben feineren Umgangsformen, für die sie das Vorbild gaben, war ein gewerblicher; sie führten vieles ein, was bis dahin gar nicht da war, und anderes hoben sie durch ihre Geschicklichkeit und ihren Geschmack auf eine höhere Stufe... Aber keiner ist unter ihnen, von dem sich sagen ließe, daß er an Herstellung des spezifisch berlinischen Geistes mitgearbeitet hätte. Ja, die meisten würden dagegen protestieren. Und nach meinen persönlichen Erfahrungen auch mit vollem Recht.«[5]

Theodor Fontane war in der französischen Gemeinde getauft worden. Dort wurde er auch konfirmiert und vierzehn Jahre später vom selben Pfarrer getraut. Ein Kirchgänger allerdings ist er nie gewesen. Mit den Jahren stand er dem kirchlichen Calvinismus seiner Väter dann eben doch recht skeptisch gegenüber. Diese »Sorte Lebensklugheit«, die sich in einem reichlich heuchlerischen Besitzstreben ausdrückte, war ihm schon früh suspekt geworden. Selbst das Verhalten seiner eigenen, ungemein lebenstüchtigen Mutter war ihm nie ganz geheuer gewesen. Sie erschien ihm in ihrer betonten Nüchternheit, die an Herzlosigkeit grenzte, in ihrer penetranten Ordnungsliebe und klugen Berechnung nicht gerade nachahmenswert. Diese Einsichten bestärkten ihn auch darin, sich mit zunehmenden Jahren immer mehr auf die Seite seines als ungleich weniger seriös geltenden Vaters zu schlagen.

Die berechtigte Kritik, die seine französischen Vorfahren gegen die römische Kirche riskiert hatten, übertrug Fontane auf alle Erscheinungsformen kirchlicher Institutionen. Noch zu guter Letzt spielt er im ›Stechlin‹ immer wieder auf die unübersehbare Dekadenz und die ihm so fatale Politisierung der evangelischen Kirche an, und drei Jahre vor seinem Tode äußerte er sich seinem Korrespondenzpartner Georg Friedlaender gegenüber folgendermaßen über die sterilen Traditionen der Kirchen und über allen staatlichen Glaubenszwang:

12

»Ich wüßte nichts zu nennen, was *so* in der Decadence steckte wie das Luthertum. An die Stelle bestimmter Dogmen..., die übrigens mit den alten vielfach eine verzweifelte Ähnlichkeit haben, sollen nun, trotzdem die Forschung frommer Männer ihre Fraglichkeit dargetan hat, mit demselben Feuer-und-Schwert-Rigorismus die neuen aufrechterhalten werden wie die alten. Die Offiziere, die ihre Kommandoworte schreien, sind da, aber wo ist die Truppe? Ich sehe viele, die nicht da sind. Eigentlich kenne ich keinen, der ›da‹ ist, natürlich die paar tausend orthodoxen Pastoren abgerechnet. Lasse ich diese außer Spiel, so gibt es nur Rationalisten, Deisten und Atheisten; Personen, die stramm zum lutherischen Glaubensbekenntnis stünden, kenne ich nicht.«

Dieses Verdikt über die modernen Erscheinungsformen kirchlicher Traditionen betraf selbstredend auch die eigene französische Gemeinde. In ihr konnte auf die Dauer kein Platz mehr für ihn sein.

Vorerst freilich machte er noch gute Miene zum bösen Spiel. Er ließ sich sogar dazu überreden, im Jahr 1885 einen Prolog zur Zweihundertjahrfeier der französischen Kolonie zu verfertigen, in dem er die Empfindungen der Hugenotten in einen sicher nicht so ganz konventionellen Jubiläumskarmen eben auf Fontanesche Weise artikulierte:

> »So ward die Freistatt bald zur Heimatstätte,
> Zur Stätte neuer Lieb', und was seitdem
> Durch Gottes Ratschluß dieses Land erfahren,
> Wir lebten's mit, sein Leid war unser Leid,
> Und was es freute, war auch unsre Freude.«[7]

Mit den Jahren aber erloschen die Kontakte, die Fontane mit Mitgliedern der Berliner Kolonie, die er zu den »unfranzösischsten Leuten auf der Welt« rechnete, fast völlig. Er hatte seine Vorstellungen vom typischen, »eigentlichen« Franzosen vorwiegend aus der Literatur bezogen. Als es ihn schließlich selbst einmal nach Paris verschlug, sah er sich bewogen, von seiner vorgestanzten Meinung über die Franzosen und französisches Wesen einige bemerkenswerte Abstriche zu machen. Erstaunlicherweise muß die vielgepriesene Lichterstadt, dieses Dorado aller Lebenskünstler und Epikureer, eher deprimierend auf ihn gewirkt haben. »Um sich hier zu amüsieren«, faßte er damals seine ersten Eindrücke zusammen, »bedarf es gewisser guter und schlechter Eigenschaften, die ich *beide* nicht habe. Zunächst muß man Französisch können, und das ist die eine große Tugend, die ich nicht habe. Außerdem muß man Libertin sein, Hazard spielen, Mädchen nachlaufen, Rendezvous verabreden, türkischen Tabak rauchen, das Billardqueue zu handhaben wissen usw. Wer von alledem nichts hat und weiß, der ist ein verlorenes Subjekt und tut gut, seine Koffer zu packen, wenn er sich den Schwindel angesehn und seine Kunstvisiten im Louvre und in Versailles beendigt hat.«[8]

Ein Mann wie Theodor Fontane, der offenbar zum Rhapsoden preußischer Balladen, zum Verfasser von Wanderungen durch die Mark Brandenburg und zum Dichter von Berliner Gesellschaftsromanen, die alle bisherigen literarischen Maßstäbe brüsk außer Kurs setzten, geradezu prädestiniert zu sein schien, konnte mit seinem Franzosentum bestenfalls gelegentlich kokettieren. Immerhin schlug er auch einigen Profit aus seinem romanischen Blutsanteil. Dieser verschaffte ihm die unerläßliche Distanz, um seinen Blick für die eigentlichen Wesenszüge deutscher und nordischer Volksmentalität entscheidend zu schärfen.

Als entschiedener »Singleton und Einsiedler von Jugend auf«[9], für den Fontane sich hielt, war ohnehin kein rechter Platz für ihn in der angestammten französischen Gemeinde. Auch an dem erwähnten Jubiläum nahm er nur mit halbem Herzen teil. Was ihn innerlich während dieser Festivitäten beschäftigte, bekannte er wenige Tage darauf freimütig in einem Brief an Friedlaender: »Von unserem Koloniefest haben Sie wohl in den Zeitungen gelesen; es war nicht ganz so schön, wie's die Zeitungen ausposaunt haben, und nur in einem war nicht zu viel gesagt: Die Kolonistentöchter waren schön und graziös, und ihren Toiletten merkte man an, daß der Seiden-Webstuhl an der Wiege vieler gestanden hatte. Der Atlas knisterte von allen Seiten.«[10]

Im übrigen weist die Ahnenlinie Theodor Fontanes auf

einen Namensträger, der bereits 1690 nach Deutschland emigriert sein muß und sich an der Universität Königsberg als Medizinstudent immatrikulieren ließ. Später tauchte der Name dieses Jacques François Fontaine aus Nimes in Berlin auf, wo er als Strumpfwirker arbeitete und 1697 eine Frau aus dem wohlhabenden Haus Duquesne, deren Mutter Deutsche war, ehelichte. Beider Sohn, Pierre François, arbeitete nachweislich als Zinngießer in Berlin, betrieb also bereits ein Metier mit stark künstlerischem Einschlag. Der nächste Sproß der Familie, der ebenfalls eine Deutsche heiratete, führte die Schreibung des Familiennamens Fontane ein. Mit deren Sohn, Fontanes Großvater, nähern wir uns schon der überschaubaren Fontaneschen Familiengeschichte.

Von Pierre Barthélemy Fontane weiß man, daß er zum Zeichenlehrer der Kinder Friedrich Wilhelms III. avancierte, bis Königin Luise, die offenbar Gefallen an dem agilen Mann, der fließend Französisch sprach, fand, ihn als ihren Sekretär engagierte. Der große Schadow mokierte sich allerdings über diesen Maler, der ein besserer Pädagoge als ein Künstler gewesen sein muß, indem er das ironische Bonmot prägte: »Ein Herr Fontane, seines Zeichens Maler, ist Kabinettssekretär der Königin geworden; er malt schlecht, aber er spricht gut französisch.«[11]

Dieser legendäre Großvater Theodor Fontanes, sicher ein Mann von urbaner Bildung und bestimmt nicht ohne Weltgewandtheit, brachte es nach drei Heiraten zu Hausbesitz, »freilich nur in der kleinen Hamburger Straße«, wie sein Enkel es später kommentierte, und beendete seine Hofkarriere als Kastellan des Schlosses Niederschönhausen bei Berlin. Aus seiner Ehe mit Louise Sophie Deubel stammt der Vater des Dichters, Louis Henri Fontane, der Schüler des illustren Grauen Klosters in Berlin war und seine höchst durchschnittlichen Schulleistungen seinem ungemein strapaziösen täglichen Schulweg von Niederschönhausen bis ins Berliner Zentrum anlastete. Mit sechzehn Jahren allerdings rückte er 1813 als Freiwilliger ins Feld, obwohl er auch als Patriot, wie er selbst sarkastisch bemerkte, »höchstens Durchschnitt« war. Er hat zeit seines Lebens aus seiner

Napoleon-Schwärmerei nie ein Hehl gemacht; auf jeden Fall fand er es amüsanter und abwechslungsreicher, sich draußen im Feld herumzuschlagen, als daheim seine Lehre als Apotheker fortzusetzen. Immerhin kehrte er aber unversehrt und als wohlbestallter Feldlazarett-Apotheker aus seinen frühen kriegerischen Abenteuern heim, von denen er dann ein Leben lang zehren konnte. Von 1814 bis 1819 »konditionierte« er als Apothekergehilfe in Berlin und Danzig und legte schließlich sein Staatsexamen ab, ehe er, noch nicht zweiundzwanzig Jahre alt, die aus wohlhabendem hugenottischem Hause stammende Emilie Labry heiratete. Kurz darauf erwarb Louis Henri die Löwenapotheke in Neuruppin, und neun Monate nach dieser Eheschließung wurde dem jungen Paar jener Sohn geboren, der Ende Januar 1820 auf den Namen Heinrich Theodor getauft wurde und der dann dem Namen Fontane einen unauslöschlichen Klang verleihen sollte.

2
Neuruppin

Der junge Apotheker mit dem sanguinischen südfranzösi-
schen Temperament, der durch seinen natürlichen Charme
und seinen Anekdotenreichtum bald als einer der liebenswürdigsten Gesellschafter in diesem weltentlegenen märkischen Kietz galt, war, wie sich leider bald herausstellen
sollte, eine Spielernatur. Er hatte seine noble Passion, die
ihm den provinziellen Alltag ein wenig aufhellte, nicht unter
Kontrolle, und so verspielte er in den sieben Jahren von
Theodors Geburt bis zum Wegzug aus Neuruppin ein kleines
Vermögen, nämlich die stattliche Summe von 10000 Talern.
Unter diesen betrüblichen Umständen konnte es niemanden
verwundern, daß er sich ständig in ›Bredouille‹ befand und
seine liebe Not hatte, seinen Etat um jeden Preis wieder zu
stabilisieren, um seine Gläubiger zu befriedigen.

Die sicher beklagenswerte junge Frau begriff nur zu bald,
daß sie an einen notorischen Glücksritter geraten war, der
weit über seine Verhältnisse hinaus lebte, mit Pferd und
Wagen durch die Weltgeschichte zu kutschieren pflegte und
durch seine kaufmännische Unerfahrenheit und sein berufli-
ches Desinteresse die Apotheke schließlich bis zum wirtschaftlichen Ruin herunterbrachte. Dabei hätte er durch
deren Einnahme seine Familie ohne weiteres ernähren können. Erschwerend kam hinzu, daß die Charaktere der jungen
Eheleute so heterogen wie nur möglich waren. An dauernde
Harmonie oder Ausgewogenheit war nicht zu denken. Bei
eingehenderem Abwägen der gegebenen Vorausetzungen
kam Theodor Fontane später zu der Einsicht, daß diese Ehe
solch gegensätzlicher Partner von vornherein zum Scheitern

verurteilt sein mußte. Er selbst jedoch als Kind einer solchen Gegensätze vereinigte auf eine harmonische Weise wieder die dominanten Eigenschaften, die seine Eltern trennten: Temperament und Charakter.

»Mein Vater war ein großer stattlicher Gascogner voll Bonhomie, dabei Phantast und Humorist, Plauderer und Geschichtenerzähler und als solcher, wenn ihm am wohlsten war, kleinen Gascognaden nicht abhold«, entsann er sich in reiferen Jahren. »Meine Mutter andererseits war ein Kind der südlichen Cevennen, eine schlanke, zierliche Frau von schwarzem Haar, mit Augen wie Kohlen, energisch, selbstsuchtlos und ganz Charakter, aber von so großer Leidenschaftlichkeit, daß mein Vater halb ernst-, halb scherzhaft von ihr zu sagen liebte: ›Wäre sie im Lande geblieben, so tobten die Cevennen-Kriege noch.‹« [12]

Emilies Vorfahren stammten in der Tat aus dem Zentrum des posthugenottischen Widerstandes und einer fanatischen Gesinnungstreue, und es scheint sicher zu sein, daß Fontane seine Lust am Fabulieren keineswegs von seiner Mutter geerbt hat. Eher schon hat er ihr »des Lebens ernstes Führen« zu verdanken, das er schließlich auch zu schätzen wußte.

Neuruppin, sicher nicht der ideale Wohnsitz für ein junges Paar aus dem immerhin großstädtischen Berlin, hatte entschieden an Schönheit eingebüßt, als es durch einen Stadtbrand im Jahre 1787 fast völlig zerstört wurde und beim Wiederaufbau, den Friedrich Wilhelm II. durch seinen persönlichen Einsatz förderte, allzu schematisch nach einem schachbrettartigen Grundriß angelegt worden war.

»Neuruppin hat eine schöne Lage«, faßt Fontane seine Eindrücke von seinem Geburtsort am Anfang des entsprechenden Kapitels seiner ›Wanderungen‹ zusammen. »See, Gärten und der sogenannte Wall schließen es ein. Nach dem großen Feuer, das nur zwei Stückchen am Ost- und Westende übrigließ, wurde die Stadt in einer Art Residenzstil wiederaufgebaut. Solche raumverschwenderische Anlage für eine kleine Provinzstadt gleicht einem auf Auswuchs gemachten Staatsrock, in den der Betreffende, weil er von Natur klein ist, nie hineinwachsen kann. Dadurch entsteht eine Öde und Leere, die zuletzt den Eindruck der Langeweile macht.«[13]

Diese gänzlich einfallslose städtebauliche Konzeption verleitete Fontane dann auch zu dem Bonmot, »das einzig Unregelmäßige, was es in Ruppin gab«[14], seien die unregelmäßigen Verben gewesen, die er in seiner späteren knapp bemessenen Neuruppiner Gymnasialzeit zu seinem Leidwesen zu pauken hatte.

Für die verhaltene Poesie der Ruppiner Landschaft hat Theodor Fontane allerdings stets ein geschärftes Organ besessen. Er hat sie von seinen literarischen Anfängen bis hin zum ›Stechlin‹, mit dem er recht eigentlich Abschied von seiner Heimat nahm, immer wieder als Staffage für seine Romane verwandt. Dabei ist es ihm sicherlich hin und wieder unterlaufen, daß ihm in freudiger Rückerinnerung an unbeschwerte Jugendtage manche Szenen allzu euphemistisch gerieten. Immerhin: wenn er für eine Landschaft so etwas wie ein echtes Heimatgefühl empfand, so traf das am ehesten für die Grafschaft Ruppin zu, der er dann auch sein persönlichstes Kapitel in ›Wanderungen‹ gewidmet hat.

Da seine Mutter nach ihrer Trennung vom Vater im Jahre 1847 wieder nach Neuruppin zurückgekehrt war und dort ihre von so mancher bitterer Lebensenttäuschung überschatteten Altersjahre verbrachte, riß Fontanes Verbindung mit Neuruppin und dem Ruppiner Land eigentlich nie ab. Als er dann im Zenit seines Lebens das Gedicht ›Meine Gräber‹ schrieb, fing er noch einmal den ganzen Zauber dieser von der Erinnerung verklärten Landschaft ein:

> »Verfallene Hügel, die Schwalben ziehn,
> Vorüber schlängelt sich der Rhin,
> Über weiße Steine, zerbröckelt all,
> Blickt der alte Ruppiner Wall.
> Die Buchen stehn, die Eichen rauschen,
> Die Ginsterbüsche Zwiesprach' tauschen,
> Und Haferfelder weit auf und ab –
> Da ist meiner Mutter Grab.«[15]

Fontane genoß allerdings nicht das Vorrecht, der einzige große Neuruppiner zu sein. Er machte in seinen ›Wanderun-

gen durch die Mark Brandenburg‹ vielmehr einem anderen namhaften Sohn des Städtchens seine Reverenz: dem großen Architekten Karl Friedrich Schinkel, dem 1781 geborenen Sohn eines frühverstorbenen Neuruppiner Pfarrers, der es allerdings mit dem alten Zieten aus dem benachbarten Wustrau keineswegs an Popularität aufnehmen konnte. Aber nicht immer – so versichert uns Fontane glaubhaft – ist die Popularität eines Mannes ein untrügliches Indiz für seinen wirklichen Rang. Jedenfalls ist Fontanes nie nachlassende Sympathie für den alten Husarengeneral, dessen Gestalt sich für ihn als dichterisch durchaus verwertbar erwiesen hatte, längst literaturnotorisch geworden.

Nicht unterschlagen konnte er schließlich bei seiner Rekogniszierung des Neuruppiner Kulturlebens auch jenen Gustav Kühne, der von hier aus seine ›*Neuruppiner Bilderbogen*‹ in alle Welt hinausgehen ließ und so der Stadt einen globalen Ruf verschaffte. Diese Vorgänger unserer illustrierten Journale, die, »unbeeinflußt von den neuen Gesetzen der Farbenzusammenstellung«[16], den Weltereignissen immer dicht auf den Fersen blieben, spiegelten den Makrokosmos dieser Welt in höchst alltäglichen Sensatiönchen jener trotz allem noch so biedermeierlichen Zeit wider.

»Lange bevor die erste ›Illustrierte Zeitung‹ in die Welt ging«, beschreibt der versierte Journalist Fontane die Aktivitäten dieses schlauen brandenburgischen Verlegers, »illustrierte der Kühnsche Bilderbogen die Tagesgeschichte, und was die Hauptsache war, diese Illustration hinkte nicht langsam nach, sondern folgte den Ereignissen auf dem Fuße. Kaum, daß die Trancheen vor Antwerpen eröffnet waren, so flogen in den Druck- und Kolorierstuben zu Neuruppin die Bomben und Granaten durch die Luft; kaum war Paskewitsch in Warschau eingezogen, so breitete sich das Schlachtfeld von Ostrolenka mit grünen Uniformen und polnischen Pelzmützen vor dem erstaunten Blick der Menge aus; und tief sind meinem Gedächtnis die Dänen eingeprägt, die in zinnoberroten Röcken vor dem Danewerk lagen, während die preußischen Garden in Blau auf Schleswig und Schloß Gottorp losrückten. Dinge, die keines Menschen Auge gesehen, die Zeichner und Koloristen zu Neuruppin haben Einblick gehabt in alles, und der ›Birkenhead‹, der in Flammen unterging, der zwischen Eisbergen zertrümmerte, das Auge der Ruppiner Kunst hat darüber gewaltet... In jedem Augenblicke klar erkennen, was obenauf schwimmt, was das eigentlichste Tagesinteresse bildet, das war unausgesetzt und durch viele Jahrzehnte hin Prinzip und Aufgabe der Ruppiner Offizin. Und diese Aufgabe ist glänzend von ihr gelöst worden.«[17]

Natürlich wirkten auch die Auslagen der Kühneschen Druckerei auf die Imaginationskräfte des Knaben Fontane ungemein anregend, noch ehe er recht lesen und schreiben konnte. Er beschreibt das weltbekannte Verlagshaus als »ein kleines, nur drei Fenster breites Häuschen, dem ein neu aufgesetztes Stockwerk nur wenig zu gesteigertem Ansehen verhilft«. Aber es muß doch wohl – und zwar nicht nur auf kindliche Gemüter – eine geheimnisvolle Aura ausgestrahlt haben.

»Auf dem schmalen Hofe des Häuschens aber drängen sich die Hintergebäude, und jeder Zollbreit Erde ist benutzt«, entsinnt sich Fontane später an die verwirrende Raumnot des Unternehmens. »Hier erinnert die Beschränktheit und zugleich die sorgliche Ausnutzung des Raumes an den Geschäftsbetrieb englischer Zeitungslokalitäten. Aber was sind die Londoner Blätter im Vergleich zu jenen kolorierten Blättern, die aus dieser kleinen Ruppiner Offizin hervorgehen? Was ist der Ruhm der ›Times‹ gegen die zivilisatorische Aufgabe des Ruppiner Bilderbogens?

Die ›Times‹, die sich mit Recht das ›Weltblatt‹ nennt, sie gleicht immer nur dem anglikanischen Geistlichen, dem hochkirchlichen Bischof, der an schmalen Küstenstrichen entlang in den großen, reichbevölkerten Städten unserer Antipoden seine Wohnung aufschlägt und seines Amtes waltet, der Gustav Kühnsche Bilderbogen aber ist der Herrnhutsche Missionar, der überallhin vordringt.«

»Chamisso«, so weiß Fontane sogar zu berichten, »erzählt in seiner ›Reise um die Welt‹, daß er, nach selbstgemachter Erfahrung, Kotzebue für den verbreitetsten Schriftsteller halten müsse, denn er sei demselben, und zwar einem Bande seiner Komödien, 1818 auf der Insel Tahiti begegnet. Aber noch einmal, was will eine solche Verbreitung sagen neben der Verbreitung jener Dreipfennigbogen? Gebiete, die Barth und Overweg, die Richardson und Livingstone erst aufschlossen – der Kühnsche Bilderbogen war ihnen vorausgeeilt und hatte längst vor ihnen dem Innersten von Afrika von einer Welt da draußen erzählt...«[18]

Erstaunliches weiß Fontane auch von jenem Johann Christian Gentz zu vermelden, der in seinen Kinderjahren noch einen bescheidenen Eisen- und Kurzwarenladen in Neuruppin unterhielt, sich dann aber bald durch Fleiß und märkische Zähigkeit zum Unternehmer großen Stils und internationalen Ansehens emporarbeitete. Fontane mußte dieser Modellfall eines modernen Selfmademans im kapitalistischen Zeitalter uneingeschränkte Bewunderung abgefordert haben. Jedenfalls widmete er diesem Landsmann viele Seiten seiner ›Wanderungen‹. Mit dessen Sohn, Wilhelm Gentz, der es zu einem höchst angesehenen Orientmaler brachte, blieb er bis zu dessen Tod im Jahre 1890 freundschaftlich verbunden.

Der Unternehmer Gentz, der in seiner ganzen imponierenden Statur Energie und Konsequenz ausstrahlte, war ganz ein Mann nach Fontanes Geschmack. Er hatte, eine sich bietende Konjunktur geschickt ausnutzend, seine ersten Reichtümer aus dem Torf der Landschaft gewonnen. Später erzielte er durch Bank- und Wechselgeschäfte so enorme Gewinne, daß er die Wustrauer Heide erstehen und dort die Siedlung Gentzrode gründen konnte.

In den Schoß war diesem Aufsteiger sein Wohlstand allerdings nicht gefallen. »Das forderte einen langen und mühevollen Weg«, versäumt Fontane keineswegs zu betonen. »Wie er diesen Weg machte, welche Mittel er ersann, um zu seinem Ziel zu gelangen, ist bezeichnend für den Mann. Um drei Uhr war er auf und begann, den Laden selber auszufegen. Dies verriet Kraft und Energie und vor allem jenen Mut, der dem Gerede der Leute Trotz bietet. Eine Art von Genie aber entwickelte er in seinem Verkehr mit dem

Publikum. Von einer seiner Meßreisen hatte er eine acht Fuß hohe Spieluhr mitgebracht, die fünf Lieder spielte. Wollte nun eine wohlhabende Bauernfrau, die nach seiner Meinung noch nicht genug gekauft hatte, den Laden wieder verlassen, so zog er an der Uhr, die sofort ›Schöne Minka, du willst scheiden‹ zu spielen begann. Die Frau blieb nun, um weiter zu hören, und fiel als Opfer ihrer Neugier oder ihres musikalischen Sinnes.«[19]

Fontane hat sich auffallenderweise beim Schreiben seiner ›Kinderjahre‹ über seine Neuruppiner Zeit ausgeschwiegen. Sein Geburtsort dürfte seiner sonstigen Mentalität entsprechend sicher keine Offenbarung gewesen sein. In der Beurteilung des Städtchens erging es ihm um nichts besser als seinem temperamentvollen Vater, der sich nur durch eine verhängnisvolle Pflege seiner noblen Passionen über die Monotonie des spießigen Lebens der Stadthonoratioren hinwegtrösten konnte. Nicht etwa nur die Abende, sondern halbe Tage verbrachte Louis Henri im Wirtshaus des Michael Protzen, der, traut man Fontanes Charakterisierungskünsten, so etwas wie das Urbild des deutschen Michel gewesen sein muß. Auf jeden Fall verfügte dieser Protzen über eine gestrichene Portion von Bauernschläue, die ausreichte, um dem seiner Spielleidenschaft ungehemmt frönenden jungen Apotheker des Ortes, der für eine würdige Repräsentation seiner gesellschaftlichen Stellung offenbar noch nicht die notwendige Reife besaß, die letzten blanken Taler aus der Tasche zu locken.

»Der Mann war ebenso populär, wie er derb war«, empfand der junge Fontane, der es vorzog, einen großen Bogen um dessen Haus zu machen, wenn der Wirt vor seiner Tür stand und mit seiner Schlittenpeitsche knallte. »Piquet und Whist en deux zählten zu seinen Lieblingsbeschäftigungen, und wenn sein Gegner um den Einsatz verlegen war, ging es je nach Laune und Zahlungsfähigkeit um Klafter Holz oder Gänse.«[20]

Provinzielle Enge und Spießigkeit müssen auf einen Lebenskünstler von der Art des Louis Henri Fontane auf die Dauer dann eben doch deprimierend gewirkt haben. Daher ergriff er die erste Gelegenheit, die sich ihm darbot, beim Schopfe, um sich von seiner Apotheke und damit von diesem hinterweltlichen Nest endgültig zu trennen und sich endlich wieder als freier Mann zu fühlen.

Und wirklich: Er erhielt beim Verkauf des Hauses das Doppelte des Betrages, den er selbst vor nur sieben Jahren dafür aufzubringen hatte. Dieser Kuhhandel war übrigens, wie sein Sohn nicht ohne wohlwollende Ironie bemerken sollte, der einzige geschäftliche ›Coup‹ seines Lebens. Jedenfalls befreite ihn dieses Geschäft nicht nur mit einem Schlag von seinen drückenden Spielschulden, sondern bot ihm auch Gelegenheit, fast ein Jahr lang zu privatisieren und sich ganz seinen feudalen Augenblickslaunen zu überlassen. »Wär es nach ihm gegangen, so hätte er diesen Zustand der Dinge wohl nie geändert und das Interim in Permanenz erklärt; denn er hatte, während ihm die Spielpassion eigentlich nur durch den Wunsch, die Zeit hinzubringen, aufgedrungen war, eine ganz aufrichtige Passion für Pferd und Wagen, und sein Leben lang in der Welt herumzukutschieren, immer auf der Suche nach einer Apotheke, ohne diese je finden zu können, wäre wohl eigentlich sein Ideal gewesen. Er sah aber freilich ein, daß das unmöglich sei – wenige Reisejahre würden sein Vermögen aufgezehrt haben, und so war er denn nur beflissen, sich, weil's ihm so paßte, vor Ankaufsübereilungen zu bewahren.

Je kritischer er verfuhr, je länger konnte er seine Fahrten fortsetzen und seinem geliebten Schimmel, einem übrigens reizenden Tier, jeden Abend ein neues Quartier bereiten. Ich sage, seinem Schimmel, denn ein gutes Quartier für diesen lag ihm mehr am Herzen als sein eigenes. Dreiviertel Jahre, bis Weihnachen 26, ist er dann auch vielfach, um nicht zu sagen meistens, unterwegs gewesen, und zwar auf einem ziemlich umfangreichen Gebiete, das außer der Provinz Brandenburg auch noch Sachsen, Thüringen und zuletzt Pommern umschloß.«

Aber dann traf eines schönen Tages ein Brief von ihm in Neuruppin ein, in dem es hieß: »Wir haben nun eine neue Heimat, die Provinz Pommern, Pommern, von dem man vielleicht falsche Vorstellungen hat; denn es ist eigentlich eine Prachtprovinz und viel reicher als die Mark. Und wo die Leute reich sind, lebt es sich auch am besten. Swinemünde selbst ist zwar ungepflastert, aber Sand ist besser als schlechtes Pflaster.«[21]

Das alles klang natürlich verlockend und geheimnisvoll. Dementsprechend wurde dann auch die endliche Heimkehr des Vaters und Ernährers von der ganzen Familie wie ein Fest gefeiert: »Wir wurden verschlafen aus den Betten geholt und mußten uns freuen, daß es nach Swinemünde gehe. Mir klang das Wort bloß befremdlich.«[22]

Damit aber endeten abrupt Fontanes Kindheitstage in Neuruppin. Zwar gab er von Ostern 1832 bis zum Oktober des folgenden Jahres noch einmal ein kurzes Gastspiel als Gymnasiast in seinem Geburtsort, doch gerade über diese Zeit, die sicher nicht zu den Glanzpunkten in Fontanes Vita gehörte, hat er sich vielsagend ausgeschwiegen. Erst viel später entdeckte er als Poet die Schönheit des Ruppiner Landes für sich. Als der Wanderer durch die Mark Brandenburg seine literarisch so ertragreichen Exkursionen begann, durchstreifte er zuerst die Ruppiner Schweiz, den Menzer Forst und die Rheinsberger Gegend. Und als sich sein Leben dem Ende zuneigte, nahm er sich in seinem Schwanengesang noch des Stechlinsees an, dessen geheimnisvolle Melancholie seine dichterische Imagination bis zuletzt beflügelte.

3

Swinemünde

Im Juni 1827 war die Familie Fontane nach Swinemünde übergesiedelt, und sogleich stellte sich diese Hafenstadt, die erst 1815 an Preußen gefallen war, als die Erfüllung vieler heimlicher Wünsche heraus. In der Adlerapotheke, einem »Spukhaus« mit unproportional hohem Dach, verlebte Fontane die nächsten fünf Jahre seiner vergleichsweise ungetrübten Jugend. Sie waren, wie er rückblickend meinte, vielleicht die glücklichsten Jahre seines Lebens überhaupt.

»Damals war ich unschuldigen Herzens und geweckten Geistes gewesen, voll Anlauf und Aufschwung, ein richtiger Junge, guter Leute Kind. Alles war Poesie. Die Prosa kam bald nach, in allen möglichen Gestalten, oft auch durch eigene Schuld«[23], zieht er in seinen ›Kinderjahren‹ das Fazit dieser Zeit. Sicher hat er das Kapitel ›Swinemünde‹ in seiner Rückerinnerung später fast unglaubwürdig verklärt, etwa wenn er im Oktober 1890 an Georg Friedlaender schreibt: »Es gibt doch wirklich eine Art genius loci, und während an manchen Orten die Langeweile ihre graue Fahne schwingt, haben andre unausgesetzt ihren Tanz und ihre Musik. Diese Beobachtung habe ich schon als Junge gemacht, wie spießbürgerlich war mein heimatliches Ruppin, wie poetisch das aus bankerotten Kaufleuten bestehende Swinemünde, wo ich von meinem siebenten bis zu meinem zwölften Jahre lebte und nichts lernte. Fast möchte ich hinzusetzen ›Gott sei Dank‹. Denn das Leben auf Strom und See, der Sturm und die Überschwemmungen, englische Matrosen und russische Dampfschiffe, die den Kaiser Nikolaus brachten, das war besser als die unregelmäßigen Verba... Ja, Swinemünde war herrlich!«[24]

In der Tat: Dieses Jahrfünft ist in Fontanes Erinnerung so unversehrt erhalten geblieben wie sonst kaum eine andere Phase seines Lebens. Liebevoll und minuziös hat er diesen Lebensabschnitt in seinen Erinnerungen aufgezeichnet. Dabei kann es nicht überraschen, daß er, als er nach einem Menschenalter auf dem Weg nach Heringsdorf seine Reise unterbrach, von der Romantik der alten Hafenstadt, wie sie in seinem Herzen fortlebte, so gut wie nichts mehr vorfand. Sie hatte sich sehr zu seinem Leidwesen in eine physiognomielose und uniforme Garnisonstadt verwandelt. »Leutnants und Soldaten treiben sich in den Straßen herum«, berichtete er damals seiner Frau. »Dazwischen Marineoffiziere und Matrosen von der Flotte, und zu beiden Seiten des Stromes erheben sich die neuen Befestigungswerke mit ihren Türmen und Bastionen...«

Das Apothekerhaus, in dem er ein Jahrfünft »gelebt, gelernt, gespielt, gelacht, geweint« hatte, war total heruntergekommen. »Die Apotheke ist verlegt, und in dem Lokal, wo sonst rezeptiert wurde und wo der katholische Gehilfe dem protestantischen Kollegen mit dem Messingleuchter einen Schlag auf den Kopf gab, ist jetzt ein schmieriger Kaufmannsladen«, bemerkt er enttäuscht an. »Die Hof- und Garteneinrichtung ist völlig umgestaltet. Doch steht noch der Nußbaum, der damals seine noch jungen Zweige in die Fenster von Papas Stube – da, wo sein Sekretär mit der ewig knarrenden Klappe stand – hineinwachsen ließ. Ich bin in solchen Dingen so unsentimental wie möglich, und ich kann nicht sagen, daß das alles mich tief ergriffen hätte; aber von leiser Wehmut, von einer gewissen Herbststimmung wird das Herz doch beschlichen.«[25]

Was den eben Siebenjährigen auf Anhieb an Swinemünde fasziniert haben muß, war ganz gewiß die internationale Atmosphäre der Stadt, die so ganz dem ihm noch unbekannten Norden zugewandt war. Insofern stellte dieses Swinemünde durchaus eine poetische Gegenwelt zu dem höchst prosaischen Neuruppin dar. Schließlich war die Stadt ja noch bis vor kurzem schwedisch gewesen, und ein Hauch der weiten Welt wehte vom Hafen mit den fremden Schiffen her durch die Straßen. Dementsprechend war auch der Umgangston unter den Honoratioren Swinemündes ungleich freier. Jedenfalls fand der neue Apotheker als vielgewandter Causeur endlich ausgiebig Gelegenheit, vor einem ehrfürchtig zu ihm aufblickenden Publikum begeisterungsfähiger Kleinstädter zu brillieren. Selbst die Creme der Gesellschaft, darunter Konsuln und Kommerzienräte, lieh ihm erstaunlich ungezwungen ihr Ohr.

In seinem Roman ›Graf Petöfy‹ läßt Theodor Fontane sehr viel später noch einmal die verborgene Schönheit dieser nordisch geprägten Stadt, die er bezeichnenderweise »für sehr häßlich und sehr hübsch«[26] hielt, aus dem Munde der norddeutschen Schauspielerin Franziska Franz auferstehen. Aber auch das weltverlorene Kessin, in das er seine arme Effi Briest verschlagen sein läßt, ist nicht mehr und nicht weniger als eine liebenswürdige Reminiszenz an das Swinemünde seiner Kindertage.

»Überall da, wo hohe gotische Giebel in ihrem finsteren, historischen Ernst aufragen, da verschwindet der heitere Flaggenschmuck in dem umherliegenden Dunkel«, heißt es an einer Stelle. »In den kleinen und kaum hundert Jahre alten Städten aber, die keine Geschichte haben und in ihrer Kleinheit und Sauberkeit fast aussehen, als wären sie gestern aus der Spielschachtel genommen, in ihnen ist die Flagge die Hauptsache, das flatternde Band am Hut.«[27]

Hier an der Ostsee kann sich Fontanes früh regende Vorliebe für Sage und Geschichte des Nordens langsam entfalten. Aus dieser Landschaft bezieht er immer wieder Themen für seine Balladendichtungen, und selbst der Romancier, der er schließlich dann doch noch wurde, entsinnt sich noch ganz zuletzt dieser Traumwelt seiner Kindheit, als er einen Klaus-Störtebecker-Roman plant. Der menschlich so anrührenden Gestalt dieses Seeräubers, der ein Herz für die Armen des Landes besaß, konnte sich Fontane immer weniger entziehen, so sehr er zeit seines Lebens der Poesie Swinemündes hoffnungslos verfallen war.

Mit dem noch arg unterentwickelten Swinemünder Schulwesen allerdings nahm der wißbegierige Junge nur flüchtige

Kontakte auf. Er entsinnt sich bloß noch schemenhaft an »eine große Stube mit einer schwarzen Tafel, stickige Luft trotz immer offenstehender Fenster und zahllose Jungens in Fries- und Leinwandjacken, ungekämmt und barfüßig oder aber in Holzpantoffeln, die einen furchtbaren Lärm machten«[28].

In diesem etwas makabren Armleutemilieu fühlte sich der sensible Junge dann doch arg deplaziert. Die Mutter erlöste ihn schließlich von den höchst problematischen Exerzitien einer solchen staatlichen Erziehung an völlig ungeeigneten Objekten. Da der Vater über genügend Zeit verfügte, legte er einen verdächtigen Eifer an den Tag, dem Sohn auf seine Fasson ein wenig Latein, Französisch, Geographie und vor allem und immer wieder Geschichte beizubringen. Was sich auch gegen die pädagogischen Talente des alten Fontane vorbringen läßt, in jedem Fall brachte er für dieses ihm ungewohnte Metier eines Hauslehrers die notwendige Begeisterung und den unerläßlichen pädagogischen Eros mit.

Außerdem nahm Theodor nach dem Gastspiel in der »Barfüßlerschule« noch am Unterricht im Hause des Swinemünder Kommerzienrats Krause teil. Aber bei allem redlichen Bemühen, den Jungen sinnvoll für das immer problematische Leben vorzubereiten, blieb seine Bildung, wie er später selbstkritisch eingestehen muß, doch nur ein lückenhaftes »Stückwerk« oder eben auch nur »Halbbildung«, unter der er nicht wenig zu leiden hatte, ohne dieses Übel in vorgerückten Jahren noch korrigieren zu können.

Im Fach Geschichte erreichte Fontane allerdings schon bald seinen Altersgenossen gegenüber eine erstaunliche Überlegenheit. Die Historie war nämlich bereits die heimliche Passion des Vaters, die sich auf den Sohn übertrug. Auch seine hingebungsvolle Zeitungslektüre hatte Fontane dem Vater zu verdanken. Da der Elfjährige Gelegenheit hatte, einige Kapitel Zeitgeschichte zu erleben, studierte er mit wachsendem Interesse die Tageszeitungen, um den Verlauf der französischen Juli-Revolution und vor allem aber der Insurrektion in Polen zu verfolgen. So intensiv tangierten ihn damals schon geschichtliche Fakten, daß er auf die Frage nach seinen Berufsabsichten zu erkennen gab, daß er das Metier eines Professors für Geschichte für durchaus angemessen hielt. Zumindest hatte er bei seinem Vater gelernt, was Geschichte eigentlich erst interessant und lebendig macht.

Der junge Theodor verfertigte bereits in seiner Swinemünder Zeit aus eigener Initiative ein Heft mit Aufsätzen zur deutschen Geschichte von Ludwig dem Frommen bis hin zum Spanischen Erbfolgekrieg, übrigens ein bemerkenswertes Dokument jugendlicher Unbekümmertheit, Geschichte und damit menschliches Schicksal darzustellen.

Schließlich zeigte sich der eben Dreizehnjährige bei seinem Fortgang aus Swinemünde geschichtlich so versiert, daß er von den Neuruppiner Primanern als Einpauker fürs Abiturientenexamen hoch geschätzt wurde. Er ging als Repetitor ungemein sensibel zu Werke: es handelte sich für ihn nicht um eine trockene Vermittlung von historischen Daten; er versuchte, sie auch mit Leben zu erfüllen, wobei ihm seine Fantasie meist zu Hilfe kam. Sein Hauptinteresse konzentrierte sich bereits früh auf die Idole der preußischen Militärgeschichte, denen er bald schon dichterisch seine Reverenz machen sollte.

An seinem 12. Geburtstag, als sich seine unbeschwerten Swinemünder Tage bereits ihrem Ende näherten, erhielt Fontane als eiserne geistige Ration fürs weitere Leben Schellers Lexikon, Stielers Atlas und Beckers Weltgeschichte geschenkt. Mit dieser geistigen Mitgift wechselte er Ostern 1832 zum Neuruppiner Gymnasium über, wo er in die Quarta eintrat und beim Superintendenten Quartier bezog. Während ihm die tötende Langeweile der märkischen Kleinstadt mächtig zusetzte, griffen überall in Europa die Völker zu den Waffen. In Frankreich gärte es immer noch, in Belgien und den Niederlanden begann es zu kriseln, und Polens anhaltender Freiheitskampf inspirierte nicht nur die Dichter. Es gehörte damals geradezu zum guten Ton, sein Herz für die polnische Sache zu entdecken und diese Begeisterung womöglich mit auch noch so unzulänglichen literarischen Mitteln zu artikulieren.

Im übrigen hat Fontane seine Erinnerungen an seine Neuruppiner Gymnasialzeit mit auffälligem Erfolg verdrängt. Diese Monate müssen ihm eine erste Konfrontation mit staatlichen Institutionen und mit dem preußischen Schuldrill im besonderen beschert haben. Jedenfalls reichten diese Erfahrungen aus, ihn in Horror vor dem unerträglichen Bildungsdünkel examinierter Bourgeois zu versetzen. Die »rasch wachsende Verlederung der Menschen« führt er schließlich auf die vielen Examina zurück, und nach gründlichem Nachdenken gelangt er zu dem Diktum: »Wir sind deshalb das langweiligste Volk, weil wir das Examensvolk sind.« Er verabscheut die »modernen Bildungsscheusäler, denen jedes natürliche Gefühl, wenn sie's je hatten, abhanden gekommen ist. Meine grenzenlose Verachtung gegen diese Leute ist in einem steten Wachsen begriffen«. [29]

Um solche eher negative Erfahrungen bereichert, wechselte Fontane im Oktober 1833 nach Berlin über, um dort eine Gewerbeschule auf Anraten des Vaters, der aus seinem Ältesten einen Apotheker machen wollte, zu besuchen. Die preußische Metropole blieb dann bis zu seinem Tode am Ende des Jahrhunderts die Stadt seiner Wahl und seines Schicksals. Obwohl er zu den Berlinern nie ein ungebrochenes, eher ein distanziert kritisches Verhältnis hatte, hat der scharfe Beobachter und unerbittliche Kritiker Fontane seine Affinität mit Berlin nie verleugnet. Er hat seitdem diese Stadt immer nur verlassen, wenn er eine seiner vielen Reisen antrat.

4
Der Vater

Mit dem Abschied von Swinemünde war der engere Kontakt Fontanes mit seinem Vater abgebrochen, dem er selbst eine entscheidende Rolle bei der Entwicklung seiner Persönlichkeit zusprach. Eine Autoritätspersönlichkeit allerdings war dieser liebenswürdige, im Grunde aber so lebensunfähige Vater und Ehegatte einer Frau, die aus wesentlich härterem Holze geschnitzt war und sich als gelernte Preußin auf des Lebens ernstes Führen verstand, nie so recht gewesen. Wenn er sich gelegentlich auch einmal von seiner Frau dazu überreden ließ, sich in Positur zu setzen und seinem Ältesten eine Standpauke zu halten, so mißriet ihm die Szene durch allzuviel unfreiwillige Komik so sehr, daß von einem hochnotpeinlichen Tribunal mit hohem pädagogischen Effekt kaum noch die Rede sein konnte.

Für die wesentlich strengere Emilie Fontane muß die Ehe mit diesem Mann, dessen Originalität und unleugbarer Charme auch sie bestochen haben mochte und für den Geld bestenfalls den Stellenwert eines Mittels besaß, das ihm die Ausübung der Kunst des Savoir-vivre auf eine möglichst angenehme Weise versprach, auf die Dauer eine unerträgliche Schicksalsprobe gewesen sein, aus der sie sich selbst erlöste, als das Maß ihrer Geduld überzulaufen begann.

Als sich nach Jahren ständigen Auseinanderlebens das so ungleiche Paar endlich 1847 trennte, blieb eigentlich der Vater als gescheiterte Existenz auf der Strecke zurück. Immer mehr verfiel der lebensbesessene Louis Henri Fontane jener Einsamkeit und Langeweile, der sich zu entziehen er sich ein Leben lang vergeblich bemüht hatte. Er empfand es als eine böse Laune des Schicksals, das es zugelassen hatte, daß er einen Beruf ergriff, den er selbst stets nur als eine »Verlegenheitslösung« ansehen konnte. Angesichts seiner reichen Anlagen und vielseitigen Talente quälte er sich durch einen ungeliebten Beruf, der ihm jede Erfüllung seines eigentlichen Wesens versagte. Das klägliche Fiasko der väterlichen Existenz bewog Theodor Fontane später auch dazu, um jeden Preis aus seinem erlernten Apothekerberuf auszubrechen und lieber als nicht gerade auf Rosen gebetteter freier Schriftsteller sein Glück zu versuchen, als in einem Beruf dahinzudämmern, der seinem Niveau und seinen Intentionen so ganz und gar nicht entsprach.

Louis Henri verfiel mit den Jahren immer unbedenklicher seiner Spielleidenschaft. Daher erscheint er dem Sohn gegen Ende seines Daseins als Chargenspieler des Lebens, wie der bizarren Fantasie eines Molière entsprungen. Im tiefsten haftete dem gescheiterten Apotheker aber eben doch ein Hauch von Melancholie an, der ihn nur um so liebenswürdiger erscheinen ließ. Wenn sich der Läuterungsprozeß vom unbekümmerten Bonvivant zum abgeklärten Lebensphilosophen auch nur in Etappen vollzog, so rückte Fontane seinen in den Wartestand des Lebens abgeschobenen Vater von Jahr zu Jahr um ein gutes Stückchen näher. Beide, Vater und Sohn, waren unfeierliche Menschen, die mit dem Wort umzugehen verstanden, ja sie hatten so etwas wie eine Leidenschaft des Wortes und waren vom Glauben besessen, eine Sache habe sich erst erledigt, sobald sie gut formuliert ist.

Fontane selbst identifizierte sich zunehmend mit dem Typus des »humoristischen Visionärs«, der sich in »mitunter grotesken Ausmalungen, über die er dann auch wieder zu lachen verstand«, erging. Was er bei sich vor allem aber feststellen zu können glaubte, war seine »Imitatio patris«, eine bewußte und oft törichte Orientierung auf die so wenig kontinuierliche Lebenskurve des Vaters hin.

Die fixe Idee, er würde das Lebensalter des Vaters nie überschreiten, trug ihm im dreiundsiebzigsten Lebensjahr eine der »totalsten Nervenpleiten« seiner an Krisen nicht eben armen Biographie ein. Aber immerhin hat seine so eingehende Beschäftigung mit dem Persönlichkeitsbild des Vaters, seine extreme Vaterfixiertheit, ihm und damit uns allen so viele klassische Vaterbilder eingetragen, die von jenem jovialen Herrn von Ribbeck auf Ribbeck im Havelland, dem wir eines seiner volkstümlichsten Gedichte verdanken, über den Herrn von Briest, Effis Vater, bis hin zum unvergeßlichen Dubslav von Stechlin reichen. Ihnen allen hat er einiges vom unvergleichlichen Charme und dem Causeurtum seines Vaters vermittelt, den er bis zuletzt für einen weitaus besseren Causeur als sich selbst hielt.

Die in der Kindheit angeknüpften Bindungen zwischen Vater und Sohn Fontane rissen auch in vorgerückten Jahren keineswegs ab. Im Gegenteil: Die Sympathie wuchs mit der Zeit, und die Passagen der ›Kinderjahre‹, die recht eigentlich so ganz auf die vielschichtige Gestalt des Vaters hin konzipiert erscheinen, sind dem alten Fontane unter der Hand nicht nur zu einer Art gelungener Selbstcharakteristik geraten, sie stellen auch ein menschlich immer noch bewegendes Dokument dar. Sondiert man unsere Memoirenliteratur nach einem ähnlich lebendigen Vaterbild, so wird man lange suchen müssen.

Von geradezu klassischem Rang ist dann in der Tat auch die Schilderung des letzten Besuches des Dichters im August 1867 im brandenburgischen Exil Louis Henri Fontanes. Damals wohnte der Vater längst in einem anspruchslosen Haus in einer gottverlassenen Schifferkolonie irgendwo an der alten Oder in der Nähe des märkischen Kietzes Neu-Tornow. Den vitalen Südfranzosen hatte es in die Hinterwelt des unwirtlichen deutschen Ostens verschlagen. Aber er bewahrte auch jetzt als höchst fragwürdige Randfigur des Lebens eine grandseigneurale Haltung, wie sein Sohn mit berechtigtem Respekt vermerkt.

»In seinen alten Tagen waren die Irrtümer des Lebens von ihm abgefallen«, stellt der Dichter fest, »und je bescheidener sich im Laufe der Jahre seine Verhältnisse gestaltet hatten, desto gütiger und persönlich anspruchsloser war er geworden, immer bereit, aus seiner eigenen bedrängten Lage heraus noch nach Möglichkeit zu helfen. In Klagen sich zu ergehen, fiel ihm nicht ein, noch weniger in Anklagen (höchstens mal gegen sich selbst), und dem Leben abgewandt, seinen Tod ruhig erwartend, verbrachte er seine letzten Tage comme philosophe.«[30]

Dieser Abgesang eines vertanen und doch irgendwie nicht nutzlosen Lebens spielte sich in seinem bescheidenen Haus in der Betreuung eines ältlichen Mädchens ab, von dem Fontane sarkastisch bemerkt, sie mache von dem biblischen Satz »Selig sind die Einfältigen« dann doch wohl zu weitgehenden Gebrauch.

Da Louis Henri Fontane angesichts seines furiosen gallischen Temperaments ohne Gedankenaustausch eigentlich nicht recht existieren konnte, hatte er sich in seinem östlichen Asyl ins Verfertigen von Monologen eingeübt, die gleichwohl nichts an Prägnanz und Drastik zu wünschen übrig ließen. Mit einem Wort: Er dachte laut, und damit hatte er sich den Menschen gegenüber, von denen groß zu denken er nicht besonderen Anlaß hatte, ohne jeden Groll autark gemacht und innerlich bereits sogar verabschiedet.

Dieser alte, vom Leben gebeutelte und gezeichnete Mann dort irgendwo hinter dem immer noch als feudal geltenden preußischen Staatsbad Freienwalde war längst aus allen bürgerlichen Konventionen ausgeschert. Zurückgeblieben war nur noch seine lautere Menschlichkeit, der sich sein eigener Sohn immer weniger entziehen konnte. Von der tröstlichen Erfahrung ausgehend, »wie er ganz zuletzt war, so war er eigentlich«, hat er seine geistreiche und zugleich ungemein zarte Charakterstudie seines Vaters entworfen, die dann als eines der bewegendsten menschlichen Zeugnisse in unsere Literatur eingegangen ist.

Als Fontane damals nach umständlicher Bahnfahrt von Berlin aus ihm entgegentritt, gibt sich der Vater mit ungekünstelter Natürlichkeit. Das einzige an ihm, was noch an glücklichere Tage erinnerte, war das »Käpsel«, »grün mit einer schwarzen Ranke darum«, und ein »wunderschönes Bambusrohr mit einem Elfenbeinknopf oben und einer verhältnismäßig langen Metallzwinge«.

Dieser alte Mann, der sich mit dieser Begegnung im Sommer 1867 vom Sohn und damit eigentlich auch vom Leben verabschiedet, glich in vielem immer noch dem jungen Apotheker, der seinen Ältesten in Latein, Französisch und Erdkunde, vor allem aber in Geschichte unterrichtete, während die seriöse Mutter die hier praktizierte »sokratische Methode« der Wissensvermittlung kopfschüttelnd mit ihren überkritischen Marginalien begleitete. Und doch verdankte Fontane gerade diesem Unterricht seine beherrschenden Bildungserlebnisse, jedenfalls entschieden mehr als dem von Preußens Schulen vermittelten Bildungsgut.

»Wenn ich gefragt werde, welchem Lehrer ich mich so recht eigentlich zu Dank verpflichtet fühle«, bekennt er freimütig, »so würde ich antworten müssen: meinem Vater, der sozusagen gar nichts wußte, mir aber mit dem aus Zeitungen und Journalen aufgepickten und über alle möglichen Themata sich verbreitenden Anekdotenreichtum unendlich mehr gegeben hat als meine Gymnasial- und Realschullehrer zusammengenommen.«[31] Das väterliche Informationsbedürfnis, weitab von jeder papierenen Gelehrsamkeit, hat Fontane zweifellos geerbt, ebenso ist er wie jener bis zuletzt ein passionierter Zeitungsleser gewesen, der seine intellektuelle Neugier täglich von neuem stillen mußte und der sich bereits als kaum Elfjähriger »zu einem kleinen Politiker herangelesen« hatte.

Der Mangel an nur angelesener Schulweisheit hat den Vater davor bewahrt, sich seinen gesunden Menschenverstand trüben zu lassen. Das wenigstens war Fontanes Meinung, der seinem Vater einen ungebrochenen Bildungshunger bis ins späte Alter bescheinigte: »Er hielt es nämlich, wie viele zu jener Zeit, mit gesundem Menschenverstand und Lebekunst oder, wie es in unserer Haussprache hieß, mit ›bon sens‹ oder ›savoir faire‹ und war, ganz vereinzelte Ausnahmen abgerechnet, nie dazu zu bringen, sich zu willfähriger Anerkennung der ›homines literati‹ aufzuraffen. Es gab dann, wenn er seinen sogenannten ›ehrlichen Tag‹ hatte, den Tag also, wo er aus seiner sonstigen Politesse herausfiel, mitunter recht verlegene Situationen für uns

Kinder, im großen und ganzen bin ich ihm doch das Zeugnis schuldig, daß er, den ihm persönlich zu Gesichte kommenden Studierten gegenüber, in neunzehn Fällen von zwanzig immer im Rechte war. Und es konnte dies auch kaum anders sein. Er war – weil er viel Zeit hatte, leider zuviel, was für ihn verhängisvoll wurde – von Beginn seiner Selbständigkeit an ein überaus fleißiger Journal- und Zeitungsleser, und weil er sich nebenher angewöhnt hatte, wegen jedes ihm unklaren Punktes in den Geschichts- und Geographiebüchern, besonders aber im Konversationslexikon nachzuschlagen, so besaß er, auf Konversation hin angesehn, eine offenbare Überlegenheit über die meisten damals in kleinen Nestern sich vorfindenden Ärzte, Stadtrichter, Bürgermeister und Syndici, die, weil sie tagaus, tagein in ihrem Berufe sich quälen mußten, sehr viel weniger Zeit zum Lesen hatten. Erlitt er mal eine Niederlage, so gab er diese freimütig zu, ja, pries sogar seinen Sieger, blieb aber dabei, daß es ein Ausnahmefall sei.«[32]

Vor allem aber muß die übermächtige Gestalt Napoleons und das Schicksal seiner Marschälle diesen Südfranzosen immer wieder fasziniert haben. Jedenfalls ließ er sich von seines Kaisers einmaliger Größe trotz aller Gegenargumente, die sich gegen diesen vorbringen ließen, nichts herunterhandeln. Noch als der Pulverdampf der von Napoleon entfesselten Kriege längst verraucht und dieser vom Schauplatz seines weltgeschichtlichen Wirkens abgetreten war, kreiste die Fantasie des Apothekers Fontane unvermindert um die verklärte Gestalt des Franzosenkaisers und seiner treuen Paladine.

»Ich wette, daß es damals keinen Historiker gab und auch jetzt nicht gibt, der, was französische Kriegs- und Personalanekdoten aus der Zeit von Marengo bis Waterloo angeht, auch nur entfernt imstande gewesen wäre, mit ihm in die Schranken zu treten«, stellt Fontane nicht ohne Bewunderung und Stolz fest. »Wo er alles herhatte, ist mir rätselhaft.«

Gleichwohl mußte Fontane am Ende seines Lebens auch sein Faible für historische Anekdoten unverblümt gestehen: »Historischen Anekdoten habe ich nie widerstehen können.

Bin auch jetzt noch der Meinung, daß sie das Beste aller Historie sind. Was tu' ich mit den Betrachtungen? Die kommen von selbst, wenn die kleinen und großen Geschichten, die heldischen und die mesquinen, zu mir gesprochen haben.«[33]

Beide, Vater und Sohn, praktizierten eine besondere Art von Heldenverehrung. Sie waren generös genug, wahre menschliche Größe bedingungslos zu respektieren. Damit bewiesen sie ein Geschichtsverständnis, das die Ereignisse nicht aus der Froschperspektive anvisierte, ein Verfahren übrigens, das später dem Balladier Fontane ungemein zunutze kam.

Unübertrefflich jedenfalls, wie beide die grandiose Anekdote vom großen französischen Grenadier Latour d'Auvergne in einem Dialog von dramatischer Verve extemporierten.

»›Kennst du Latour d'Auvergne?‹ fragt der Ältere, dessen Herz auch noch im entlegensten Winkel Preußens für Frankreich und die französische Sache schlägt.

›Gewiß. Er war le premier grenadier de France.‹

›Gut. Und weißt du auch, wie man ihn ehrte, als er schon tot war?‹

›Gewiß.‹

›Dann sage mir, wie es war.‹

›Ja, dann mußt du aber erst aufstehn, Papa, und Flügelmann sein, sonst geht es nicht.‹

Und nun stand er auch wirklich von seinem Sofaplatz auf und stellte sich als Flügelmann der alten Garde militärisch vor mich hin, während ich selbst, Knirps, der ich war, die Rolle des appellabnehmenden Offiziers spielte. Und nun, aufrufend, begann ich:

›Latour d'Auvergne!‹

›Il n'est pas ici‹, antwortete mein Vater im tiefsten Baß.

›Où est-il donc?‹

›Il est mort sur le champ d'honneur.‹«[34]

Dem alten Mann, der nun geduldig und gefaßt auf seinen Tod wartete, kommt wieder einmal nach alter Gewohnheit auch sein besonderer Freund Michel Ney in den Sinn, der ein Leben lang seine Fantasie beschäftigt hatte.

»Ich seh ihn immer«, erzählt er noch einmal, »wie sie ihn an die Gartenmauer stellten – in den öden und einsamen Luxembourg-Garten, und war gerade ein recht klatschiges Dezemberwetter, und wie dann der Offizier, der das Peloton kommandierte, noch einmal das Kriegsgerichtsurteil vorlesen wollte mit all den Prinzen- und Herzogstiteln, wie da mein Freund Ney abwehrte und unterbrach und mit seiner tiefen Stimme sagte: ›Pourquoi tous ces titres? Michel Ney... rien de plus... et bientot un peu de poudre.‹

Und dann fielen die Schüsse, ja, bald bloß noch ein bißchen Staub.«

»Eigentlich paßt es auf jeden und zu jeder Stunde«, setzte der Lebensphilosoph, der er zuletzt war, nachdenklich hinzu.

Fontane selbst wehrt jeden Gedanken an den Tod entschieden ab, aber der Alte von der Schiffsmühle insistiert auf der Vorstellung von der ständigen Präsenz des Todes, der ihn dann auch nach wenigen Wochen schon einholen sollte. Unter diesen Umständen wird man verstehen können, daß er Wert darauf legte, sein „Weltsystem", wie er die Summe seines Lebens zu nennen pflegte, einem anderen vermitteln zu können. Da sich dazu sonst niemand finden ließ als eben seine etwas zurückgebliebene Haushälterin Louise, die ohnehin nur immer bei seinen Ausführungen wie ein Zaunpfahl dabeisitzt und verständnislos mit dem Kopf wackelt, ist er froh, nun in seinem Sohn noch einmal einen gleichrangigen Gesprächspartner gefunden zu haben.

»Der Tod ist etwas Gruseliges«, belehrt er diesen, der ihn inzwischen an bitteren menschlichen Erfahrungen und Einsichten bereits eingeholt hat. »Aber man mag wollen oder nicht, er meldet sich, er ist um einen rum, er ist da.«

Noch einmal meldet sich der charmante Causeur und Geselligkeitsmensch in Louis Henri Fontane zu Wort. Er kommt unter der Hand auch auf seine so fatale Spielleidenschaft zu sprechen, die ihm das Leben und auch das Leben seiner Frau vergiftet hat. Das »Jeu« selbst hat ihm, wie er nun seinem Ältesten verrät, nie recht Freude gemacht. »Aber wenn ich mich den ganzen Tag über gelangweilt hatte, wollte ich am Abend wenigstens einen Wechsel verspüren, und dabei bin ich mein Geld losgeworden und sitze nun hier einsam, und deine Mutter erschrickt vor dem Gedanken, ich könnte mich wieder bei ihr einfinden. Es sind nun beinah fünfzig Jahre, daß wir uns verlobten, und sie schrieb mir damals zärtliche Briefe, denn sie liebte mich. Und das ist nun der Ausgang. Zuneigung ist nicht genug zum Heiraten; Heiraten ist eine Sache für vernünftige Menschen. Ich hatte noch nicht die Jahre, vernünftig zu sein.«[36]

Fontane hört ihm aufmerksam zu und stimmt ihm im wesentlichen bei. Immer wieder kommt auch ein Stückchen Scharlatan bei dem Alten zum Vorschein, und er muß sich hüten, daß er sich selbst vor dem Schicksal des Vaters bewahrt. Hochstapelei ist ein Erbgut in der Familie. Dieser Einsicht widerspricht auch keineswegs die Tatsache, daß Heinrich Heine zu den Kriterien dieses bedeutenden Menschen das Phänomen zählt, auch immer ein bißchen Scharlatan zu sein.

Auf jeden Fall besaß auch Fontane einen gefährlichen Zug in seinem Wesen, der in die Richtung der feudalen Eskapaden seines Vaters zielte. Er ertappte sich sogar dabei, daß sein Herz sich immer mehr von seiner so honorigen Mutter distanzierte. Natürlich hatte sie in allem und jedem, was sie gegen den Vater vorzubringen hatte, eigentlich immer recht gehabt. Sie war ihm »in ihren Worten und in ihrem Tun« durchaus überlegen. Aber die rechte menschliche Wärme, die den Vater so überaus liebenswert erscheinen ließ, besaß sie keineswegs. Und wenn er die Verhältnisse, unter denen er nicht eben wenig gelitten hatte, gerecht abwog, so kam er zu dem Ergebnis, daß ihm der »Schuldige« in jedem Fall näher als der »Gerechte« stand; denn »das Langweiligste in der Welt ist... die reine, weiße, durch nichts gefärbte Vorzüglichkeit«, gibt er zu bedenken, und damit hat er sich mit dem Herzen eindeutig auf des Vaters Seite geschlagen. Ganz zuletzt hat er ihm sogar seinen naiven Egoismus vergeben, der stets Geld für Wein und Spiel besaß und darüber die Erziehung seiner Kinder vernachlässigte. Auch über dieses Ressentiment ist nach Jahr und Tag Gras gewachsen. Fontane hat längst einzusehen gelernt, daß im Zweifelsfalle stets das Herz entscheidet, das man auf die Waagschale zu legen hat. Und so hat er noch zu guter Letzt am Bild seines Vaters entscheidende Retuschen vornehmen können.

Sein Freund Lepel hatte daher durchaus recht, wenn er ihm zum Tode des Vaters schreibt: »Dein Vater hat ein hohes Alter erreicht und seine letzten zehn bis fünfzehn Jahre in stiller Zurückgezogenheit verlebt, die ihm Befriedigung gewährte. Ich glaube, Du kannst Dir sagen, die Freude seines Alters geworden zu sein, und wirst und darfst darin eine stille Genugtuung empfinden, wenn Du seiner gedenkst. Nicht jeder kann das so!«

In der Tat: Die schuldhaften Verfehlungen des Vaters war Fontane längst bereit zu übersehen, und in jedem Urteil, das er über ihn fällt, liegt etwas ungemein Versöhnliches. Er behielt ihn in seinem Gedächtnis, wie er ganz zuletzt war, und da konnte er eben in ihm nichts anderes erkennen als einen vom Leben selbst geschlagenen und gedemütigten Liebhaber des Lebens, an dessen Bonhomie und Humanität so wenig zu zweifeln war wie an seinen guten Vorsätzen.

5
Vormärz

Am 1. Oktober 1833 trat Theodor Fontane in die Gewerbe-schule Karl Friedrich Klödens in Berlin ein. Nach einem kurzen Aufenthalt in einer Pension bezog er bei seinem Onkel August, einem Halbbruder seines Vaters, in der feudalen Burgstraße Quartier. Dieser Onkel, über den die aufregendsten und kuriosesten Geschichten in der Familie kursierten, mutet bereits wie eine der späteren Romanfiguren Fontanes an. Er war mit »Tante Pinchen« verheiratet, die mit hohen Erwartungen eine schauspielerische Karriere angestrebt hatte, während ihr Ehemann ebenfalls in den Künsten, in der Malerei und der Schauspielkunst, trotz unverkennbarer Begabungen bestenfalls dilettiert hatte. Schließlich hatte er es immerhin doch noch zum Besitzer eines Geschäftes für Malutensilien gebracht, das in Berlin als konkurrenzlos galt und das sich sicher zu einem prosperierenden Unternehmen hätte entwickeln lassen, hätte es seinem Besitzer nicht an den unerläßlichen charakterlichen Qualitäten und an einer guten Portion Durchhaltekraft dazu gefehlt.

Da August sich auf geregelte Arbeit ebensowenig wie auf eine straffe Haushaltsführung verstand und er einem prosaischen Pflichtenkreis das ungezwungene Leben eines Bohemiens vorzog, der immer ein wenig von der Hand in den Mund lebte, begann sein sozialer Abstieg erst langsam, dann aber auf eine für all seine Freunde geradezu bestürzende Weise. Der junge Theodor verspürte allerdings so gut wie nichts von den seltsamen Eskapaden seines durch und durch unseriösen Onkels, der seinen Vater an Leichtlebigkeit um vieles übertraf. Er wird ihn später als einen Redensartenmenschen charakterisieren, »der alles haben mochte, nur nicht Charakter und Gesinnung«.[37] Seine ganze Lebenskunst bestand darin, seine Zeit auf eine möglichst genußreiche Art totzuschlagen.

Zunächst genoß Fontane noch das vornehme Milieu der Burgstraße, in der sich Augusts Wohnung neben der Kriegsakademie befand. Der Junge ließ das alte Berlin, das er bald für sich entdecken sollte, mit all seinen Reizen von hier aus auf sich wirken.

»An Sommerabenden lagen wir im Fenster und sahen die Spree hinauf und hinunter«, erinnert er sich später. »Es war mitunter ganz feenhaft, und wer dann von der Prosa Berlins, von seiner Trivialität und Häßlichkeit hätte sprechen wollen, der hätte einem leid tun können. In dem leisen Abendnebel stieg nach links hin das Bild des Großen Kurfürsten auf und dahinter das Schleusenwerk des Mühlendamms. Gegenüber aber lag das Schloß mit seinem ›Grünen Hut‹ und seinen hier noch vorhandenen gotischen Giebeln, während in der Spree selbst sich zahllose Lichter spiegelten.«[38]

Natürlich wirkte das süße Leben der Berliner Fontanes auf den Neffen eher demoralisierend. In der Schule zumindest war es deshalb mit seinem Lernen »bis zum Lachen traurig« bestellt. Fontane hielt sich schadlos, indem er überall in der Stadt seine Studien trieb, die er für wichtiger als alle Buchgelehrsamkeit zu halten schien. Auch der unbestechliche Beobachter regt sich schon damals in ihm, und so schildert er dieses jugendliche Idyll später so:

»In den vielen Freistunden, die mein Onkel sich gönnte, saß er tagaus, tagein am Klavier und sang seine Figaro-Arien zum hundertsten Male, dann und wann eine Kußhand werfend oder sich unterbrechend, um einen reizenden Pudel – der natürlich Figaro hieß – durch den gekrümmten Arm springen zu lassen. Ich hockte auf einem kleinen Stuhl zwischen Ofen und Sofa, sah nach dem Spitzentuch mit den goldenen Nadeln und nach ›Figaro‹, der eben wieder durchsprang, und glaubte an die beste der Welten.«[39]

Bei dem Spitzentuch mit den goldenen Nadeln handelte es sich um ein besonderes Schmuckstück aus dem Besitz Tante Pinchens, die sich ebenfalls als passionierte Lebenskünstlerin herausstellte, bis eines Tages um Ostern 1835 alle Herrlichkeit ein Ende hatte und man mit Sack und Pack in eine wenig ansehnliche Mietskaserne in die Große Hamburger Straße umziehen mußte.

Dieser Luftikus von einem Onkel, dessen Lebensroman schließlich damit endete, daß er sich als Defraudant nach Amerika absetzen mußte, war alles andere als ein gutes Vorbild für den Neffen, der allerdings schon eine erstaunliche Selbstkritik ausgebildet hatte.

»Ich kann sagen, mir ist das ›Affable‹ durch Erscheinungen wie die meines Onkels geradezu verleidet worden, und wenn ich mich, was öfter geschieht, auf meine ›Liebenswürdigkeit‹ hin angesprochen fühle, so kommt mir jedesmal der Gedanke, ›solltest du vielleicht auch?‹, und eine Gänsehaut überläuft mich.«[40]

Das Proletariermilieu des Berliner Ostens, das vielen gescheiterten und dunklen Existenzen ein Refugium bot, stimulierte die Fantasie des heranwachsenden Literaten eher noch mehr. Weniger Eindruck allerdings schien die Klödensche Lehranstalt auf den Jungen zu machen. Nicht einmal seine Lieblingsfächer wie Geschichte waren im Lehrplan vorgesehen, und so suchte er aus der Not eine Tugend zu machen, indem er sich der Faszination der großen Stadt Berlin überließ, die er bereits am frühen Morgen durchstreifte, während seine Mitschüler noch die Schulbänke drückten.

Bei diesen »ersten märkischen Wanderungen«, wie er später diese jugendlichen Erkundungszüge zu nennen pflegte, wagte er sich bis in die Jungfernheide und den Grunewald vor, denen damals schon seine heimliche Liebe gehörte. Damals erwarb er sich auch jene soliden Lokalkenntnisse, aus denen er dann später in seinen Berliner Romanen aus dem vollen schöpfen konnte. Der Realismus, dem er sich verschrieben hatte, erforderte penible Lokal- und Detailkenntnisse, für die er bereits in seinen frühen Berliner Jahren das Fundament gelegt hatte.

Im etwas makaber anmutenden Milieu der Großen Hamburger Straße tauchte auch schon einer der dubiosen Freunde des Onkels in Fontanes Gesichtskreis auf, jener Rat Kummer nämlich, der in seiner Biographie noch eine besondere Rolle spielen sollte; denn bei dem Pflegekind dieses »Tausendkünstlers« und »Erfinders der Reliefkarten und -globen«[41] handelte es sich um den Adoptivvater jener Emilie Rouanet, die später Fontanes Frau werden sollte.

Bei der ersten Begegnung muß Emilie auf ihn recht exotisch gewirkt haben, wie ein »Ciocciaren-Kind aus den Abruzzen«, das allerdings eine noch uneingestandene Faszination auf ihn ausübte. Damals trug die um fünf Jahre jüngere »heruntergeklappte nasse Stiefel, einen kleinen Mantel aus rotem Marino mit schwarzen Käfern drin und einen sonderbaren, nach hinten sitzenden Strohhut, der ihr bei den Berliner Straßenjungen den Beinamen ›das Mädchen mit der Eierkiepe‹ eingetragen hatte... Das Gesicht, ein blasses Dreieck mit vorspringender Stirn und Stupsnase, war nahezu häßlich, aber die zurückliegenden, etwas unheimlichen Augen glühten wie Kohlen und machten, daß man das Kind bemerken mußte«.[42]

Kurz vor Fontanes Abgang von der Gewerbeschule zu Ostern 1836 endete das fragwürdige Intermezzo dieser so sorglosen Jahre mit einem vollkommenen Eklat. Onkel August hatte nämlich Mündelgelder unterschlagen, und die Polizei erschien zur Hausdurchsuchung in der Wohnung. Mit dem süßen Leben war es nun vorerst vorbei, aber Fontane hat immerhin aus dieser Zeit eine Menge wichtiger Lebenserfahrungen in sein späteres Leben hinüberretten können.

»Da war alles auf Schein, Putz und Bummelei gestellt«, entsinnt er sich in seinen Erinnerungen ›Von Zwanzig bis Dreißig‹ an diese Zeit. »Medisieren und witzeln, einen Windbeutel oder ein Baiser essen, heute bei Josty und morgen bei Stehely, nichts tun und nachmittags nach Charlottenburg ins Türkische Zelt fahren – das war so Programm. Wo das Geld dazu herkam, erworben oder nicht erworben, war gleichgültig, wenn es nur da war.«[43]

Da Fontane gerade in dieser kritischen Zeit mit der Berechtigung zum einjährigen Militärdienst aus der Schule entlassen worden war, bezog er auf Anweisung des Vaters eine Lehrstelle in der Roseschen Apotheke in der Spandauer Straße. In deren Besitzer, Wilhelm Rose, lernte er wohl zum erstenmal den Typ eines Bourgeois kennen, wie er in seinem Alterswerk als Negativfigur noch eine bestimmende Rolle spielen sollte. Immerhin war nun ein neues Kapitel seiner Vita aufgeschlagen worden, und Fontane fand Gelegenheit, eine Bilanz der ersten Etappe seines Lebens zu ziehen.

»Ich war unter Verhältnissen großgezogen«, resümierte er, »in denen überhaupt nie etwas stimmte. Sonderbare Geschäftsführungen und dementsprechende Geldverhältnisse waren an der Tagesordnung. In der Stadt, in der ich meine Knabenjahre verbracht hatte – Swinemünde –, trank man fleißig Rotwein und fiel aus einem Bankerott in den anderen, und in unserem eignen Hause, wiewohl uns Katastrophen erspart blieben, wurde die Sache gemütlich mitgemacht, und mein Vater, um seinen eigenen Lieblingsausdruck zu gebrauchen, kam aus der ›Bredouille‹ nicht heraus. Trotz alles jetzt herrschenden Schwindels möcht' ich doch etwas sagen dürfen: die Lebensweise des mittelguten Durchschnittsmenschen ist seitdem um ein gut Teil solider geworden. Reell und unreell hat sich strenger geschieden. Alles in allem hatte ich, wenn ich von meiner Mutter – die aber ganz als Ausnahme dastand – absehe, so wenig geordnete Zustände gesehn, daß mir die Vorgänge um Onkel August, so sehr sie mich momentan erschüttert hatten, unmöglich einen besonderen moralischen Degout, am wenigsten aber einen nachhaltigen, hätten einflößen können. Meine jetzt grenzenlose Verachtung solcher elenden Wirtschaft trägt leider ein ziemlich verspätetes Datum.«[44]

Ein für allemal vorbei waren die Zeiten, in denen Fontane in der Unruhe seiner frühen Jahre ziellos Berlin durchstreifen konnte. Auch die Caféhausbesuche seiner Schulzeit schränkte er erheblich ein. In diesen Hauptquartieren der preußischen Intelligenz hatte er sich mit Nachrichten, die für ihn damals schon die Welt bedeuteten, vollgepfropft.

»An der Ecke Schönauser- und Weinmeisterstraße«, wird er sich später an diese sorglose Zeit erinnern, »will also sagen, an einer Stelle, wohin Direktor Klöden und die gesamte Lehrerschaft nie kommen konnten, lag die Konditorei meines Freundes Anthieny, der der Stehely jener von der Kultur noch unberührten Ost-Nordost-Gegenden war. Da trank ich dann, nachdem ich vorher einen Wall klassisch-zeitgenössischer Literatur: den ›Beobachter an der Spree‹, den ›Freimütigen‹, den ›Gesellschafter‹ und vor allem mein Leib- und Magenblatt, den ›Berliner Figaro‹, um mich her aufgetürmt hatte, meinen Kaffee. Selige Stunden! Ich vertiefte mich in die Theaterkritiken von Ludwig Rellstab, las Novellen und Aufsätze von Gubitz und vor allem die Gedichte jener sechs oder sieben jungen Herren, die damals – vielleicht ohne persönliche Fühlung untereinander – eine Berliner Dichterschule bildeten.«[45]

Neben dem Café Anthieny war es vor allem das bekannte Café Sparganpani, Unter den Linden 50, in dem der spätere geniale Gestalter Berliner Lebens sein immer hellwaches Neuigkeits- und Sensationsbedürfnis befriedigen konnte. »Hier ist das lebendigste, intelligenteste Treiben, der mannigfachste Verkehr und doch der stillste, weil das Journalstudium der Hauptzweck ist«, schildert Fontane dieses Dorado seiner frühen Lesefreuden. »Die Vormittagsstunden von 10 bis 12, die Zeit nach der Mittagstafel, die mittleren Abendstunden: dies ist die Zeit, wo der Besuch dort am zahlreichsten ist.« Und noch in dem so puritanischen England bricht er in Rückblick an seine Berliner Caféhauserlebnisse in die Worte aus: »Ach Sparganpani! Ach, süßer Heimwehschauer überläuft mich, so oft ich deinen Namen ausspreche, und wenn dir nicht die Ohren klingen, so klingen sie keinem mehr.«[46]

Um Ostern 1836 hatte Theodor Fontane seine Lehrstelle bei der Roseschen Apotheke in der Berliner Spandauer Straße angetreten. Daß er einmal Apotheker werden sollte, war seit langem in der Familie eine ausgemachte Sache, obwohl jeder wußte, daß die Interessen und Neigungen des Jungen in eine ganz andere Richtung hin tendierten. Für ihn selbst stand daher überhaupt gar nicht erst zur Debatte, daß er die erstbeste Gelegenheit benutzen würde, um aus dem ungeliebten Beruf auszuscheren und sein Schicksal herauszufordern, indem er sich als freier Schriftsteller etablierte.

»Mein Vater sprach: ›Car tel est notre plaisir‹, zudem war er selbst Apotheker; ein anderer Grund liegt nicht vor. Mit sechzehn Jahren trat ich in die Lehre. Mein Lehrherr war human; meine eigenen Neigungen stießen nicht gerade auf Widerstand, so hielt ich aus«,[47] beschreibt er seinen Start in einem Beruf, den er später mit einer vielsagenden Konsequenz bei biographischen Angaben zu verleugnen pflegte, in einem Brief an Gustav Schwab.

Vier Jahre lang hielt es Fontane in der Apotheke des Wilhelm Rose im Zentrum des alten Berlin aus, das in dieser Zeit kaum etwas von seiner Faszination für ihn einbüßte. Seine erste Berührung mit der Welt der Bourgeoisie muß ihn damals zutiefst beeindruckt haben. Die »Geldsackgesinnung« gab ihm zu denken, und als er Rückschau über diese Jahre hielt, faßt er seine gesellschaftlichen Erfahrungen in die Worte zusammen: »Der Bourgeois, wie ich ihn auffasse, wurzelt nicht eigentlich oder wenigstens nicht ausschließlich im Geldsack; viele Leute, darunter Geheimräte, Professoren und Geistliche, Leute, die gar keinen Geldsack haben oder einen sehr kleinen, haben trotzdem eine Geldsackgesinnung und sehen sich dadurch in der beneidenswerten oder auch nicht beneidenswerten Lage, mit dem schönsten Bourgeois jederzeit wetteifern zu können. Alle geben sie vor, Ideale zu haben; in einem fort quasseln sie vom ›Schönen, Guten, Wahren‹ und knixen doch nur vor dem Goldenen Kalb, indem sie tatsächlich alles, was Geld und Besitz heißt, umcouren oder sich doch innerlich in Sehnsucht danach verzehren. Diese Geheimbourgeois, die Bourgeois ohne Arnheim, sind die weitaus schrecklicheren, weil ihr Leben als eine einzige große Lüge verläuft. Daß der liebe Gott sie schuf, um sich selber eine Freude zu machen, steht ihnen zunächst fest; alle sind durchaus ›zweifelsohne‹, jeder erscheint sich als ein Ausbund der Güte, während in Wahrheit ihr Ton nur durch ihren Vorteil bestimmt wird, was auch alle Welt einsieht, nur sie selber nicht. Sie selber legen sich vielmehr alles aufs Edle hin zurecht und beweisen sich und anderen in einem fort ihre gänzliche Selbstlosigkeit. Und jedesmal, wenn sie diesen Beweis führen, haben sie etwas Strahlendes.«

All diese so trübselig stimmenden Erfahrungen, die er sich so viel später erst in seinem großangelegten Berliner Gesellschaftsroman ›Frau Jenny Treibel‹ ungeniert vom Herzen schreiben konnte, hatte Fontane im Roseschen Hause einsammeln können. Dort akzeptiert und führt er auch noch die »letzte Waschfrauenarbeit« unwidersprochen aus, weil er sich damit trösten konnte, recht eigentlich sich doch nur auf dem Weg zum Parnaß zu befinden. Denn bald erschienen nun seine ersten Arbeiten wie ›Pizarros Tod‹ oder ›Simson im Tempel der Philister‹ in seinem Leib- und Magenblatt, dem ›Berliner Figaro‹, und angesichts dieses glücklich vollzogenen literarischen Debüts, das sein lädiertes Selbstgefühl beträchtlich auffrischte, empfand er »die ganze Prinzipalität samt aller Provisoren und Gehilfen als etwas tief Inferiores«.

Da er sich als Apotheker nie eine gesellschaftliche Anerkennung erträumen konnte, ließ er sich seinem Freund Lepel gegenüber über seine berufliche Situation so aus: »Es heißt zwar immer: ›Arbeit schändet nicht‹, und namentlich solche, die immer auf dem Sofa gelegen haben, sind sehr freigiebig mit diesem Trost, aber rufe Dir mal meine ganze Wesenheit vor die Seele und frage Dich dann, was ich empfinde, wenn ich dem Lehrling zurufe: ›Sputen Sie sich! Wiegen Sie genau! Denken Sie, die China-Pomade kostet dem Herrn X. Y. kein Geld?, Mein Gott, lassen Sie doch das schöne Kind nicht so lange warten; Sie sehen ja, sie hat Eile‹, Darauf ergreif' ich in heiligem Eifer selbst die Pomadenbüchse, wickle mit einer zarten Bemerkung die Salbe in doppeltes Papier und überreiche irgendwelchem Saumensch, die abends hinter den Haustüren abgeknutscht wird, pfiffig lächelnd, ihre Haarschmiere.«[48]

Erst mit wachsender Reife konnte Fontane seinem Vater verzeihen, daß er mit ihm nichts Höheres im Sinne gehabt habe, als ihn in die erstbeste Apotheke als Lehrling zu stecken. Denn Louis Henri Fontane wäre bei einer geordneteren Lebensführung durchaus imstande gewesen, seinem Sohn eine Ausbildung, die seinen Begabungen entsprach, zukommen zu lassen. Wenige Tage, nachdem er den Apothekerberuf endlich an den Nagel hängen konnte, schüttete er abermals Lepel sein Herz aus.

»Es könnte alles anders sein!« heißt es in diesem Brief. »Sieh, das verbittert mich jetzt zu Zeiten bis ins tiefste Herz. Der Egoismus meines Vaters, der immer Geld hatte für Wein und Spiel und nie für die Erziehung seiner Kinder, hat schlimme Frucht getragen. Man ließ mich Apotheker werden, weil man das Geld verprassen wollte, was zur Ausbildung der Kinder hätte verwandt werden müssen, und jetzt, wo sich die Reue darüber leise im Herzen regt, ist es zu spät: die Not ist da, der Bankerott bricht herein – jetzt *kann* niemand mehr helfen.«[49]

Damals, im Herbst 1849, hatte der Vater sein Hab und Gut schon so weit verwirtschaftet, daß er auch seine letzte Apotheke in Letschin im Oderbruch veräußern mußte. Die Mutter hatte sich damals bereits von diesem aufregenden Sohn des Glücks abgesetzt, um den Rest ihres Lebens mit ihrer zunächst noch unverheirateten Tochter in Neuruppin zu verbringen.

Erfreulicherweise aber hatte Fontane in seinem Prinzipal Rose auch einen Mann gefunden, der selbst geistige Interessen besaß und sie entsprechend zu kultivieren pflegte. So ließ er im Turmzimmer seines Hauses, vier Stock hoch gelegen, für bildungshungrige Professorenfrauen Vorträge halten, an denen sein jüngster Lehrling auch teilnehmen durfte.

Ganz allgemein läßt Fontane in diesen Lehrjahren keine Gelegenheit aus, seine so schmerzlich empfundenen Bildungslücken notdürftig zu schließen, und da sein Chef Mitbegründer eines Lesezirkels ist, der vor allem die Autoren des Jungen Deutschland, deren Namen damals in aller Mund sind, unter die Leute bringen möchte, fehlt es dem jungen Literaten keineswegs an anregender und informativer Lektüre. Fast die gesamte Gegenwartsliteratur wandert durch seine Hände, und mit beachtenswerter Hingabe liest er die damals hochgelobten Jungdeutschen, die für sich nicht mehr oder weniger beanspruchten, als einen markanten Strich unter die bisherige literarische Tradition in diesem Lande gemacht zu haben. Die Namen der Gutzkow, Kühne, Laube oder Wienbarg werden für Fontane »Haushaltsworte«. Auch der von Gutzkow herausgegebene ›Telegraph‹, den sein Prinzipal abonniert hat, eröffnet ihm eine neue Welt. Von all diesen Leseeindrücken zeigt sich dieser so literaturbeflissene Adept der Pharmazie so inspiriert, daß er immer wieder selbst zur Feder greift und von der Stille der Rezeptierstube insofern profitiert, als sie ihm Muße für eigene dichterische Konzeptionen erlaubt.

Während er im Laboratorium Quittenextrakt zu rühren hat, mit dem Rose einen schwunghaften Handel mit England betrieb, hatte er ausgiebig Gelegenheit, seiner noch ungezügelten Inspiration freien Lauf zu lassen.

»So saß ich dann, tagaus tagein, mit einem kleinen Ruder in der Hand, an einem großen eingemauerten Zinnkessel, in dem ich, unter beständigem Umherplätschern, die Queckensuppe kochte«, gesteht er später. »Schönere Gelegenheit zum Dichten ist mir nie wieder gegeben worden; die nebenherlaufende, durchaus mechanische Beschäftigung, die Stille und dann wieder das Auffahren, wenn ich von der Eintönigkeit eben schläfrig zu werden anfing, alles war geradezu ideal, so daß, wenn zwölf Uhr herankam, wo wir unser Räuberzivil abzulegen und uns für ›zu Tisch‹ zurechtzumachen hatten, ich die mir dadurch gebotene Freistunde jedesmal zum Niederschreiben all dessen benutzte, was ich mir an meinem Braukessel ausgedacht hatte. Bevor der Herbst da war, hatte ich dann auch zwei größere Arbeiten vollendet: eine Dichtung, die sich ›Heinrichs IV. erste Liebe‹ nannte, und einen Roman unter dem schon das Sensationelle streifenden Titel ›Du hast recht getan‹.«[50]

Den Stoff zu seinem Drama hat Fontane einer Novelle Zschokkes entnommen, während sein erster ›Roman‹ auf dem Bericht einer Ehetragödie basierte, die sich in der Mark Brandenburg zugetragen hatte, auf einer ›Cause célèbre‹, die damals die Gemüter bewegte und in aller Munde war.

Natürlich weisen Fontanes tastende Versuche, auf literarischem Terrain festen Fuß zu fassen, alle nur erdenklichen Schwächen von Erstlingsarbeiten auf. Dementsprechend hat er sich dann später auch ganz energisch von seiner frühen Prosa distanziert. Aber immerhin hatte er mit der naiven Unbefangenheit des Autodidakten seine ersten Schritte ins literarische Leben seiner Zeit unternommen. Er wurde sogar, sobald sich ihm überhaupt eine Gelegenheit dazu bot, Mitglied von zwei literarischen Vereinigungen, die dem Genius zweier Poeten, nämlich Lenaus und Platens, huldigten.

Als Fontane im Herbst 1840 eine Stellung in Burg bei Magdeburg annahm, empfand er sich in diesem trostlosen Nest wie im Exil. Bereits nach einem Vierteljahr verließ er es dann auch wieder fluchtartig. Aber immerhin nutzte er diese wenigen Wochen produktiv aus, um ein satirisches Epos im Stile des Anastasius Grün mit dem Titel ›Burg‹ zu verfertigen, das er dann zwei Schauspielerinnen, die es auch nach Burg verschlagen hatte, zu deren sichtlicher Belustigung vorlas.

Die nächste Etappe seines Lebensweges war Leipzig, dem er ein prosperierendes literarisches Leben zutrauen mochte. Seine Verbindungen zu Berlin brachen damit vorerst einmal ab, auch seine Beziehungen zum ›Berliner Figaro‹, der nicht nur im Dezember 1839 die erste in Neuruppin spielende Versnovelle mit dem ominösen Titel ›Geschwisterliebe‹ publiziert hatte, sondern auch von Januar bis März 1840 nicht weniger als zwölf Fontane-Gedichte seinen Lesern zumutete. Immerhin hatte dieses literarische Debüt den Vorteil, daß es Fontanes Selbstgefühl beträchtlich aufmöbelte und ihm das Bewußtsein vermittelte, doch für etwas Höheres geboren zu sein, als sich sein Lebtag mit dem »Corpus chemicum« herumzuschlagen.

Am 1. April 1841 trat Fontane in die Dienste der Neubertschen Hofapotheke in Leipzig. Die Stadt, immerhin Goethes »Klein-Paris«, das seine Leute bildet, entsprach in vielem Fontanes geistigem Habitus. Er verfügte durchaus über ein Organ für ihre Merk- und Sehenswürdigkeiten, und da er mit Arbeit nicht gerade überhäuft war und ihn sein Quartier, das er mit zwei anderen jungen Leuten teilen mußte, nicht gerade zu kontemplativem Verweilen einlud, nahm er jede freie Stunde wahr, um Wanderungen durch Leipzig und Umgebung zu unternehmen. So ist überliefert, daß der Historiker in ihm voll auf seine Kosten kam, als er das Schlachtfeld der Völkerschlacht von 1813 aufsuchte, wobei ihn seine Schlachtfeldbegeisterung zu ein paar Versen minderer Qualität inspirierte.

In der literarischen Öffentlichkeit Leipzig machte er sich bekannt, als er erfahren hatte, daß der Leipziger Schiller-Verein seinen Reliquienkult so sehr auf die Spitze getrieben hatte, daß er eine Weste seines literarischen Idols erworben hatte, und er in der Nachfolge Heines ein paar kecke und persiflierende Verse über ›Shakespeares Strumpf‹ verfertigte, in denen es dann vielsagend und nicht ohne Pfiff heißt:

»Laut gesungen, hoch gesprungen,
Wenn verschimmelt auch und dumpf,
Sei's! Wir haben ihn errungen,
William Shakespeares wollnen Strumpf.«[51]

Talentproben wie diese öffneten Fontane schlagartig den Zugang zum Leipziger Herwegh-Klub, in dem er nicht nur eine große Zahl gleichgesinnter Belletristen kennenlernte, sondern auch viele Anregungen für sein schriftstellerisches Metier empfing. Hier begegnete er auch jenem Wilhelm Wolfsohn, der dann noch lange Zeit sein Korrespondenzpartner sein sollte und der ihn in die russische Literatur einführte. Auch die Beziehungen zu Max Müller, einem Sohn des Dichters der ›Winterreise‹, wurden damals angeknüpft. Müller, der es als Sprachforscher und Sanskritist in Oxford zu internationalem Ruf brachte, kreuzte ebenfalls noch häufig Fontanes Weg.

Die Mitglieder des Herwegh-Vereins pflegten in einer Zeitschrift mit dem betont progressiven Titel ›Eisenbahn‹, die den Untertitel ›Ein Unterhaltungsblatt für die gebildete Welt‹ trug, zu publizieren. Der Verleger Robert Binder forderte Fontane zur Mitarbeit auf, und in den folgenden Monaten erleben wir einen vom Herwegh-Fieber ergriffenen Theodor

Fontane, der mit subversiven Versen aufwartete, die seinen Freund Max Müller zu der Überzeugung verleiteten, er hätte ein zweiter Heinrich Heine werden können.

Wahrscheinlich verfügte der junge Poet, der sich ins politische Fahrwasser eines bärbeißigen Bürgerschrecks begeben hatte, dann eben doch nicht über das unnachahmbare politische Pathos seines großen Vorbildes, wenn ihm auch zuweilen Verse von ungewohnter Aggressivität gelangen. Im Grunde bewegte er sich nicht auf seinem eigentlichen poetischen Terrain, sondern auf den ausgetretenen Pfaden illustrer Vorbilder, wenn er etwa im Herwegh-Stil lustig drauflos dichtete:

»Kein Wunder!

Wozu dies Ausposaunen,
Dies Christusbildbestaunen,
Weil es die Augen jüngst verdreht?
Es wird das Bild des Herren
Bald Mund und Nas' aufsperren,
Wenn ihr so fort im Krebsgang geht.

Es herrscht in eurem Lande –
So viel zu Christi Schande,
Daß mir es ganz natürlich scheint,
Wenn ich mit Nächstem lese:
In jeder Diözese
Hat jüngst ein Christusbild geweint.«[52]

Der jugendliche Feuerkopf, der Grund zur sozialen Frustration hatte, da er materiell nicht gerade auf Rosen gebettet war, gab sich verständlicherweise so lange als engagierter Bürgerschreck aus, bis er zu begreifen begann, daß er seiner Animosität gesalbten Häuptern gegenüber doch wohl zu sehr die Zügel hatte schießen lassen und daß von einem emanzipierten Volk nicht eben viel Gescheites zu erwarten war.

Der Läuterungsprozeß des Revoluzzers Fontane, der dann während der tollen Tage in Berlin keine ganz so glückliche Figur abgab, vollzog sich über viele Etappen hin in einem lange währenden Lernprozeß. Im Jahre 1854 hatte er von seinen jugendlichen politischen Eskapaden immerhin so viel

Abstand gewonnen, daß er in einem für Theodor Storm verfaßten Lebenslauf über seine politische Vergangenheit die Worte einflechten konnte: »Es kam die Herwegh-Zeit. Ich machte den Schwindel gründlich mit.«[53] Damals betrachtete er den »stupiden Halbliberalismus«, dem er eine Zeitlang wie so viele erlegen war, als eine Jugendsünde, die er sich selbst verziehen hatte. Der Weg vom blassen Herwegh-Epigonen bis zum vielumjubelten Balladendichter der Berliner Dichtervereinigung »Tunnel über der Spree« sollte sich noch als recht mühsam erweisen.

Als Theodor Fontane Anfang 1842 schwer erkrankte, stellte ihm sein Leipziger Arzt ein Attest aus, das ihm eine schleunige Rückkehr nach Berlin nahelegte. Es wurde ihm dringend angeraten, »um die Neigung zu Rückfällen, die sich bis jetzt bei allen Witterungsveränderungen kund gegeben hat, zu verhüten und um seine sehr geschwächte Gesundheit zu verbessern, sich nach Hause zu begeben und für jetzt sich aller körperlichen Anstrengungen zu enthalten«.

Fontane begab sich aber keineswegs nach Berlin, sondern in die Pflege von Tante Pinchen, die inzwischen mit Onkel August auch nach Leipzig übergesiedelt war. Hier erholte er sich so schnell, daß er bereits zu Ostern einen Ausflug in die Sächsische Schweiz unternehmen konnte, wo er wahrscheinlich auch jenes Mädchen kennenlernte, das dann die Mutter seines ersten unehelichen Kindes werden sollte. Ob sie auch die Mutter des zweiten Kindes, für das Fontane zu sorgen hatte, war, hat die Fontane-Forschung trotz allen detektivischen Scharfsinns nicht ergründen können.

Am 1. Juli 1842 wechselte Fontane kurzentschlossen nach Dresden über, um in der Salomonisapotheke des Dr. Struve, die damals als die erste in ganz Deutschland galt, Dienst zu tun. Über seine menschliche Erscheinung und Ausstrahlung in dieser Zeit liegt eine aufschlußreiche Charakteristik seines Kollegen Richard Kersting vor, in der es heißt: »Fontane ist ein prächtiger Kerl, der mit seinem scharfen Verstand, hellem Geist und glühender Fantasie weit über mir steht; er liebt auch das Schöne und strebt nach dem Guten, aber sonst ein kurioser Kauz. Um Wissenschaft kümmert er sich gar nicht,

Charakter habe ich noch nicht viel bemerkt. Er verteidigt nicht selten die niederträchtigsten Maximen, aber nicht eigentlich, weil sie die seinen seien, sondern weil es ihm Gelegenheit gibt, seinen Scharfsinn glänzen zu lassen. Von Natur sehr sanft und gutmütig, kommen da bisweilen sehr jugendlich aussehende Widersprüche zum Vorschein, wie überhaupt sein geistiger Habitus viel Schönes, Edles, aber auch noch manches Unreife zeigt. Eitelkeit ist seine Hauptschwäche.« Im übrigen zeigt sich Kersting durch Fontanes Gegenwart ungemein animiert. Überhaupt bringt er durch sein Temperament ein wenig Leben »in die hölzerne Genossenschaft« seiner Kollegen. Bei allen poetischen Verdiensten des neuen Kollegen bescheinigt ihm Kersting vor allem, daß er ein ungemein tüchtiger Apotheker ist.

Natürlich partizipiert Fontane wie stets weidlich am Dresdener Kulturleben. Das Theater vor allem beginnt ihn zunehmend zu faszinieren. Hintereinander sieht er damals Döring als Franz Moor, Devrient als Hamlet und »Demiselle« Bauer als Ophelia. Er läßt sich aber durch so prominente Namen keineswegs bluffen und analysiert die Leistungen der großen Akteure auf dem Theater leidenschaftslos. In diese Zeit fallen auch die ersten Kritiken des Theaterkritikers Fontane, der einmal in die Theatergeschichte als Theaterberichterstatter der ›Vossischen Zeitung‹ und als erkorener Doyen der Berliner Kritikergilde eingehen soll. Die Leipziger ›Eisenbahn‹ brachte damals seine Besprechung des Trauerspiels ›Bernhard von Weimar‹ von Julius von Mosen, die in einem negativen Urteil über den eklektizistischen Autor kulminierte, das von der Nachwelt längst bestätigt ist.

6
Der ›Tunnel über der Spree‹

Der stets agile ungarische Literat Moritz Gottlieb Saphir, der auch in Berlin eines seiner meist kurz bemessenen publizistischen Gastspiele gab und schließlich, mit der preußischen Zensur in Kollision geratend, frühzeitiger als vorgesehen das Weite suchte, war im Jahre 1827 auf die keineswegs so ausgefallene Idee gekommen, sich in einem sogenannten Sonntagsverein nicht nur billige Mitarbeiter für seine verschiedenen Publikationsblätter zu verschaffen, sondern sich auch so etwas wie eine literarische Hausmacht zur Rückendeckung für seine satirischen Attacken zuzulegen. Diese nämlich hatten ihn in ihrer oberflächlich witzelnden Aggressivität oft genug in die Schußlinie der preußischen Polizeiorgane versetzt, die ihn dann auch, nachdem er eine Festungshaft abgebüßt hatte, schleunigst über die Grenzen abschoben.

Der clevere Boulevardier Saphir imponierte den kritischen Berlinern mit seinen Gazetten wie ›Berliner Schnellpost für Literatur, Theater und Geselligkeit‹, der er einen ›Beiwagen für Kritik und Antikritik‹ ankoppelte, oder mit seinem ›Berliner Courier‹ offenbar nicht so durchschlagend, daß er als eine unverzichtbare Berliner Institution des Vormärz respektiert worden wäre. Sein Verschwinden von der Berliner Kulturszene wurde daher bestenfalls vom Nachwuchs unter den Berliner Belletristen bedauernd zur Kenntnis genommen. Auf Saphirs oberflächliche Witzeleien schien man in der Spreestadt, die in dieser Hinsicht Besseres gewohnt war, offenbar verzichten zu können.

Als bleibendes Erbe hinterließ dieser vielgewandte Sohn des Balkans, als er sich 1830 über München nach Paris absetzte, nur seinen Dichterverein, dem er in Anlehnung an den damals vielbewunderten Londoner Themsetunnel den kuriosen Namen ›Tunnel über der Spree‹ verliehen hatte. Diese Institution sollte ihn dann noch bis gegen Ende des Jahrhunderts überleben.

Schon das Gründungsstatut sah eine Gesellschaft vor, »die, alle religiöse, politische und finanzielle Tendenz ausschließend, sich bloß mit humoristisch-literarischen Arbeiten beschäftigen sollte«. Eulenspiegel blieb dementsprechend dann auch die eigentliche Symbolfigur des ›Tunnel‹. Am humorigen Tunnel-Ton hielt man noch lange fest, indem man kritikwürdige Verhältnisse nicht mit tierischem Ernst anging, sondern sie schlicht ins Lächerliche zog. Fontanes Unfeierlichkeit kam diese Neigung zum Witzigen im allgemeinen Tunnel-Jargon entschieden entgegen.

Die Musensöhne, die Moritz Saphir um sich geschart hatte, spekulierten alle darauf, daß ihnen die sonntäglichen Zusammenkünfte den Zugang zum Parnaß eröffnen würden. Leider bewegten sich die meisten, die in der Hoffnung auf künftige dichterische Lorbeeren unter der Flagge dieses Berliner Bürgerschrecks mitgesegelt waren, im Brackwasser einer gepflegten Mittelmäßigkeit. Ihre Parforceritte auf dem abgehalfterten und bereits ein wenig asthenischen Pegasus konnten ihren Mangel an Talent so wenig kaschieren wie die Lautstärke ihres Auftretens, mit dem sie ihr Image aufzubessern gedachten. In einer verständlichen kollegialen Selbstbeweihräucherung hatte auch dieser Dichterverein seine Daseinsberechtigung nachgewiesen.

Fontane hatte sich schon von seinen Anfängen an durch eine nur allzu berechtigte Künstlerskepsis vor anderen gleichstrebenden Musensöhnen ausgezeichnet. Er machte sich nie Illusionen darüber, daß die dichterischen Lorbeeren ungewöhnlich hoch zu hängen pflegen, und die Erkenntnis, daß Genie nur ein Synonym von Fleiß wäre, ist nicht erst die Frucht seines Alters, als er in Blickrichtung auf Adolph von Menzel unseren Zitatenschatz um den Hexameter bereicherte: »Gaben – wer hätte sie nicht? Talente – Spielzeug für Kinder / Erst der Ernst macht den Mann, erst der Fleiß das Genie.«[54] Fontane brauchte nicht erst durch das Purgatorium einer Dichterexistenz, die ihm nichts Menschliches ersparte, hindurch, um schließlich jugendlichen Autoren mit seiner immer herzlichen Skepsis den wohlmeinenden Rat zu erteilen: »Es ist immer dasselbe Lied: Wer durchaus Schriftsteller werden muß, werd' es; er wird schließlich in dem Gefühl, an der ihm einzig passenden Stelle zu stehen, auch seinen Trost, ja, sein Glück finden. Aber wer nicht ganz dafür geboren ist, der bleibe davon.«[55]

Fontane vertrat nie einen Absolutheitsanspruch für Wissenschaft und Kunst. Im Gegenteil dämpfte er immer merklich die hochgespannten Erwartungen von Kunstenthusiasten, die so gern den Boden der Realitäten unter den Füßen verloren, und zog in jedem Fall ›Hübschheit‹ dem Genie vor.

Bernhard von Lepel, der während Fontanes Militärzeit als Premierleutnant in seiner Kompanie stand, hatte diesen in den literarischen Sonntagsverein ›Tunnel über der Spree‹ als ›Rune‹, also als Gast, eingeführt, und kein Mensch hätte damals ahnen können, daß der Name jenes unbekannten Adepten einmal als der des einzig überragenden Mitglieds dieser Gesellschaft einen gesicherten Platz in unserer Literaturgeschichte einnehmen würde.

Es war der 29. September 1844, als der »Apotheker Herr Fontane« für würdig befunden wurde, als ordentliches Mitglied unter dem Namen Lafontaine in den ›Tunnel‹ aufgenommen zu werden. Den Aufnahmeantrag hatte der damalige Kammergerichtsrat Traugott Wilhelm von Merckel gestellt, der dann in der weiteren Biographie Fontanes noch eine durchaus positive Rolle spielen sollte. Merckel war poetisch zwar ein Dilettant, aber man sagte ihm nach, als überzeugter Konservativer den so überaus griffigen Reim »Gegen Demokraten helfen nur Soldaten« in seiner dichterischen Werkstatt geschmiedet zu haben.

»Er war der lauterste und gesinnungsvornehmste Mann, den ich in meinem ganzen Leben kennengelernt habe, dabei von einem tiefen Bedürfnis nach Freundschaft und Liebe«[56], legte Fontane ein ihn rühmendes Bekenntnis zu Merckel ab, dessen Frau übrigens eine Schwester des als etwas bigott geltenden Kultusministers von Mühler war.

In seinen biographischen Aufzeichnungen ›Von Zwanzig bis Dreißig‹ entsinnt sich Fontane mit sichtlichem Behagen seiner Anfänge in dieser literarischen Gemeinschaft so:»Lauter Werdende waren es, die der Tunnel allsonntäglich in einem von Tabaksqualm durchzogenen Kaffeelokal versammelte: Studenten, Auskulatoren, junge Kaufleute, zu denen sich alsbald auch noch Schauspieler, Ärzte und Offiziere gesellten, junge Leutnants, die damals mit Vorliebe dilettierende Dichter waren, wie jetzt Musiker und Maler. Um die Zeit, als ich eintrat, siebzehn Jahre nach Gründung des Tunnels, hatte die Gesellschaft ihren ursprünglichen Charakter bereits stark verändert und sich aus einem Vereine dichtender Dilettanten in einen wirklichen Dichterverein umgewandelt. Auch jetzt noch trotz dieser Umwandlung, herrschten »Amateurs« vor, gehörten aber doch meistens jener höheren Ordnung an, wo das Spielen mit der Kunst entweder in die wirkliche Kunst übergeht oder aber durch entgegenkommendes Verständnis ihr oft besser dient als der fachgemäße Betrieb...

Überflog man den zu einem Drittel aus Offizieren und zu einem zweiten Drittel aus adligen Assessoren zusammengesetzten Tunnel, so mußte man – noch dazu nach eben erst erfolgter Niederwerfung einer revolutionären Bewegung – eigentlich mit Sicherheit annehmen, in einem derartig kombinierten Zirkel einem Hort des strengsten Konservativismus zu begegnen. Das war aber nicht der Fall. In dem ganzen Tunnel befand sich, außer Hesekiel, kein einziger richtiger Kreuzzeitungsmann...

Die Tunnelleute waren, wie die meisten gebildeten Preußen, von einer im wesentlichen auf das nationalliberale Programm hinauslaufenden Gesinnung, und bis diesen Tag ist es mir unerklärlich geblieben, daß, mit Ausnahme kurzer Zeitläufe, diese große politische Gruppe keine größere Rolle gespielt und sich nicht siegreicher als staatsbestimmende Macht etabliert hat.«[57]

In seinen ersten Tunnel-Jahren tritt Fontane immer selbstsicherer als gleichwertiger Partner den literarischen Zelebritäten seiner Zeit gegenüber. Der alte Poet Eichendorff, noch Reminiszenzen an unvergeßliche romantische Tage erweckend, kreuzt im Hause Kuglers seinen Weg und fordert ihm den ihm gebührenden Respekt ab, der ewig problematische Theodor Storm, mit dem der so gänzlich unfeierliche Fontane zunächst so herzlich wenig anzufangen weiß, tritt in sein Leben, Adolph von Menzel, noch jugendlich, aber schon unübersehbar mit dem Charisma eines Genies ausgestattet, beginnt ihn zu faszinieren, die Lokalmatadoren der damaligen Berliner Literatur wie Friedrich Eggers, Louis Schneider und George Hesekiel, sicher allesamt nicht zur allerersten Creme des deutschen Dichteraufmarsches zählend, aber die amusische preußische Metropole dann eben doch angemessen in der deutschen Literatur repräsentierend, gehörten zu diesem Kreis, der nun Fontanes geistige Heimat über viele Jahre hin sein wird. Mit vielen von ihnen fühlte er sich durchaus freundschaftlich verbunden, wenn auch unter jungen Literaten schwelende Rivalitäten oft nur notdürftig zu kaschieren sind.

Sicher ist in jedem Fall, daß dieser junge namenlose Apotheker in einer so illustren Gesellschaft eine durchaus passable Figur abgab. Es gehörte kein besonders entwickeltes Gespür dazu, um sein poetisches Talent zu wittern. Zumindest als Verfertiger von Balladen war dieser Lafontaine, der auf den Spuren des frühverstorbenen Tunnel-Genossen, des Grafen Moritz von Strachwitz, wandelte, unschlagbar. Als reiner Lyriker hatte er allerdings schon beizeiten in weiser Erkenntnis seiner gebotenen Grenzen kapituliert und anderen neidlos den Vortritt gelassen. Die Ballade, spürte er bald, war das Genre, in dem er brillieren konnte. Hier lag er in diesem Lande einsam an der Spitze. Nicht zuletzt war es dann auch sein Verdienst, daß vom ›Tunnel‹ so etwas wie eine Renaissance der Ballade ausging, die dann in unserer Literaturgeschichte rühmlich zu Buche schlug.

Doch bei allen frühen Erfolgen hielt sich Fontane keineswegs für einen gottbegnadeten Poeten. Vor jeder Künstlerhybris bewahrte ihn seine heilige Nüchternheit und sein Talent zur Selbstkritik. Immerhin hatte er den im ›Tunnel‹ zugebrachten Stunden zumindest zu verdanken, daß er sein hinter dem Ladentisch so leicht angeschlagenes Selbstgefühl wieder gehörig aufladen konnte. Der Verfasser der preußischen Balladen galt bereits unter literarischen Gourmands als unbezweifelbare Hoffnung. Über seine persönliche Ausstrahlung während seiner Tunnel-Jahre aber liegt aus der Feder Paul Heyses ein aufschlußreiches Dokument vor. Über seine erste Begegnung mit Lafontaine verfertigte dieser in der Rückerinnerung im Jahre 1889 folgendes Poem:

> »Da ging die Tür, und in die Halle
> Mit schwebendem Gang wie ein junger Gott
> Trat ein Verspäteter frei und flott,
> Grüßt' in die Runde mit Feuerblick,
> Warf in den Nacken das Haupt zurück,
> Reicht diesem oder jenem die Hand
> Und musterte mich jungen Fant
> Ein bißchen gnädig von oben herab,
> Daß es einen Stich ins Herz mir gab.
> Doch: *Der* ist ein Dichter! wußt' ich sofort.
> Silentium! Lafontaine hat's Wort.«

Der unscheinbare Apothekengehilfe wurde auch ohne akademische Ausbildung und ohne Reserveleutnantspatent von allen seiner literarischen Leistung entsprechend geschätzt. Auch Franz Kugler, Kunsthistoriker und Verfasser der populären Fridericus-Biographie, zu der der junge Menzel seine unüberbietbaren Illustrationen beisteuerte, einer der Protagonisten des damaligen Berliner Kulturlebens, zeigt sich von der menschlichen und künstlerischen Erscheinung Fontanes merklich gefesselt.

»Was sich schon bei einigem Studium seiner Poesie wie auch seiner Prosa ergibt«, vermerkt er 1853, also zu einer Zeit, in der sich Fontane bestenfalls als Balladier profilieren konnte, »und was ich im persönlichen Verkehr oft habe innig bewundern müssen, ist der tiefe strenge Ernst, mit welchem er arbeitet. Da ist nichts oberflächlich hingeworfen, nichts – wie leicht es in der Ausführung erscheine – was nicht das

Ergebnis treuer, nie rastender künstlerischer Arbeit wäre. Ich weiß, daß einzelne Strophen seiner Gedichte das Resultat mehrwöchentlicher Anstrengungen sind. Er ist nicht im Stande, von der Arbeit abzulassen, ehe sie nicht das geworden ist, was sie seiner Intention nach sein sollte, ist somit aber freilich auch in keiner Weise im Stande, aus der dichterischen Produktion irgendwie eine Art von einträglichem Geschäft zu machen.

So ist zugleich sein ganzer persönlicher Charakter. Überhaupt spiegelt sich darin, schon in seiner äußeren wohltuenden Erscheinung, der echte Poet ab. Seine edle Gestalt, sein Blick spricht die innere Noblesse und Reinheit seines Wesens aus, dabei ist er, bei allem äußerlich Bedrückenden seiner Lage, heiter und harmlos wie ein Kind, und, schon bedenklich kränkelnd, spricht er – wenn er es überhaupt einmal tut – nur mit lächelnder Resignation von der nahen Zeit, da dies harmlose deutsche Dichterleben vorüber geweht sein werde.«

Der ›Tunnel‹ bedeutete für Fontane zuerst und vor allem eine hohe Schule der Ballade. Von seiner politischen Tendenzdichtung distanzierte er sich mehr und mehr, und mit seiner Naturlyrik, die er im ›Tunnel‹ vortrug, konnte er kaum auf Applaus rechnen. Sie bewegte sich, wie er bald selber begriff, lediglich auf den ausgetretenen Pfaden literarischer Konventionen und zündete keineswegs. Den wirklichen Fontane fand man in ihr nicht.

Der große Durchbruch zum anerkannten Poeten, der in ihm steckte, erfolgte erst am 15. Dezember 1844, als er seinen ›Tower-Brand‹ vor dem Gremium vortrug und spontan stürmischen Beifall dafür erntete. Im ›Tunnel‹-Protokoll dieses Tages bemerkte Merckel, noch ganz unter dem Eindruck dieses starken künstlerischen Erlebnisses stehend:»Um daher mit einem eklatanten Effekt die Sitzung zu schließen, zündete Lafontaine den Tower an. Einem Zuge der Geister der in diesem Gebäude sukzessiv Erschlagenen, der endlich mit Jubel das glimmende Tannenscheit begrüßt und mit Brandfackeln durch die Gemächer fliegt, einem Sturme, der sich ins Feuer und dieses in den Turm wirft, und der

Hyperbel, daß die durstigen Flammen die durch Blut und Tränen feuerfest gemachten Brandmauern wie Becher ausleeren, konnte kein sterblicher Verein widerstehen. Der Brand wurde stürmisch da capo verlangt, und als die Mauern zum zweitenmal leer waren, rief man den genialen Brandstifter ebenso stürmisch heraus.«

Nach so vielen vergeblichen Exkursionen in literarisches Neuland hinein hatte Fontane durchaus den Eindruck, sich nunmehr auf die richtige Fährte begeben zu haben. Er nahm endgültig Abschied vom freischwebenden Lied, das seine Domäne, wie er nun einsah, nicht war und nicht sein konnte, und schrieb ein wenig resigniert darüber an Wilhelm Wolfsohn: »Das Lyrische hab ich aufgegeben, doch möchte ich sagen blutenden Herzens. Ich liebe eigentlich nichts so sehr und innig wie ein schönes Lied, und doch ward mir gerade die Gabe für das Lied versagt. Mein Bestes, was ich jetzt geschrieben habe, sind Balladen und Charakterzeichnungen historischer Personen.«[58]

Als Balladendichter kann Fontane endlich seine genuine schriftstellerische Begabung voll ausspielen. In diesem literarischen Genre kam ihm das Erbe des Vaters, der voller geschichtlicher Anekdoten steckte und sie voll Witz und geistigem Charme zu artikulieren verstand, ungemein zustatten. Auch für ihn war das historische Detail interessanter und natürlich auch poetisch ergiebiger als alles, was man unter dem Begriff ›großer Stil‹ zu subsumieren pflegte, womit man die Leser bestenfalls langweilte. Das Wesentliche in der Geschichte wird damit verschüttet und oft mit unverbindlichen Abstraktionen zugedeckt, zumindest bietet man ihm keinerlei Chance, die Hintergründe des geschichtlichen Geschehens transparent zu machen und in eine menschlich noch greifbare Sphäre zu rücken.

Während Fontane in seinen Reifejahren Wert darauf legte, über seine frühe Prosa den Schleier des Vergessens zu breiten, weil sie den sensiblen Stilisten in einige Verlegenheit versetzte, vertrat er gegen Ende seines Lebens, nachdem sein gewichtiges Romanwerk schon vorlag, die Überzeugung, bestenfalls ein paar seiner Balladen würde man in einem

Jahrhundert noch als Ernte eines immer von neuem bemühten Schriftstellerlebens zur Kenntnis nehmen. Daß er zumindest in diesem Punkt eine längst widerlegte Fehlprognose stellte, da der Romancier Fontane seither laufend an internationalem Renommee dazugewonnen hat, ist menschlich ganz gewiß verständlich und für die Selbsteinschätzung Fontanes symptomatisch.

Fontane muß es selbst als befreiend empfunden haben, daß er mit einem Male seinen eigenen Stil gefunden hatte. Dabei stellte sich zugleich heraus, daß die heroisch-numinose Ballade, wie sie hierzulande etwa seit den Tagen Bürgers mit allen Schauern und Exaltationen des Gespenstischen gepflegt wurde und die dann in Goethe und der Droste einige herausragende künstlerische Höhepunkte zeitigte, seine Sache so wenig war wie etwa die moralisch-symbolische Ballade Schillers, mit der ein Mann von der geistigen Statur Fontanes, der nun allerdings alles andere als ein spekulativer Kopf war, so herzlich wenig anfangen konnte. Dieser Gascogner im schlichten Gewande eines Märkers, der nur zögernd den Boden der harten Tatsachen verließ, fühlte sich noch am ehesten der keineswegs unbedeutenden Muse des frühverstorbenen Grafen Strachwitz verpflichtet, der sich bereits daran begeben hatte, altenglische Balladen in die etwas schwerer zu handhabende deutsche Sprache zu transponieren. An ihm orientierte sich Fontane durchaus, bis er ihn mit der Behandlung des von Strachwitz schon vorbehandelten Douglas-Stoffes durch einen Geniestreich dann noch überbieten sollte.

Aber bis zu seinem ›Archibald Douglas‹, der Fontanes Dichtertum endgültig vor aller Welt legitimierte und dem man einen gewissen literarischen Ewigkeitsrang nicht absprechen kann, war es vorerst noch ein weiter Weg. Erfreulicherweise erlag ein Mann mit so sicherem Stilgefühl keinen Augenblick der Gefahr, sich Rückfälle in ein oft unerträgliches spätromantisches Epigonentum zu leisten oder eine theatralische Meiningerei zu zelebrieren, die noch mit den unechten Versatzstücken einer längst überwundenen literarischen Tradition zu imponieren versuchte. Obwohl er eigentlich nie der Gefahr so vieler literarischer Debütanten erlag, seine frühen literarischen Versuche zu überchargieren, fand er sich noch im Jahre 1878 in seinem Huldigungsgedicht an Klaus Groth, den er als literarischen Antipoden ganz besonders zu schätzen wußte, bewogen, sich von diesem frühen »Tüg«, das ihm wohl etwas zu spektakulös geraten war, gründlich zu distanzieren. »Wat süll all de Lärm! Woto? Up min Seel,/dat allens bumst un klappert to veel«, so legte er damals selbst Gerichtstag über gewisse literarische Jugendsünden ab, als er sich nach Jahr und Tag zu der Lebensweisheit durchgerungen hatte, daß sich Großes in der Stille zu vollziehen pflegt, und er sich auch als Dichter alldem verschrieben hatte, »wat läuschig is«.[59]

Sein durch nichts zu erschütternder Realitätssinn bewahrte Fontane allerdings davor, hoffnungslos in einem neuromantischen Fahrwasser zu versacken. Mit dem weisen Vorbedacht eines geborenen Stilisten schulte sich Lafontaine an naheliegenden und ihm längst vertrauten preußischen Stoffen, wie sie sein ›Tunnel‹-Genosse Friedrich Scherenberg mit einem allerdings oft klirrenden Pathos mit erstaunlichem verlegerischen Erfolg versifiziert hatte. Fontane schritt resolut und mit dem Selbstbewußtsein eines dichterischen Originals über seine Vorbilder hinaus, und wo andere sich in Pathos und einer penetranten nationalistischen Sentimentalität ergingen, hatte er wesentlich zeitlosere Stilmittel einzusetzen. Er bediente sich des Humors, über den er in einer so erfrischenden geistigen Souveränität verfügte, dann auch ausgiebig, wenn auch immer wohldosiert, zuweilen auch einer klug berechneten Prise Ironie, die seine Verse konsumierbarer machten und ihnen bis heute ihre Glaubwürdigkeit erhalten haben.

Dieser deutsche Dichter zumindest, dem alle gestelzte Feierlichkeit suspekt war, setzte auf menschliche Unmittelbarkeit und erreichte damit überall dort eine erstaunliche Vitalität, wo andere über eine leiernde museale Wirkung nicht hinausgelangten. Mit einem Wort: Er holte die bereits in unerreichbare mythische Fernen entrückten preußischen Helden auf den ihnen so zuträglichen, wenn auch unwirtlichen märkischen Sand zurück. Aus Gründen der höheren künstlerischen Glaubwürdigkeit bediente er sich vor allem der Anekdote, von der er sicherlich zu Recht annahm, sie erreiche das Zentrum historischer Persönlichkeiten eben doch psychologisch überzeugender als der Mythos. Ganz im Gegensatz zu den oft so gestelzten ›Tunnel‹-Barden führte der junge Fontane den veredelten patriotischen Gassenhauer in die Literatur ein, ohne der naheliegenden Gefahr der Vulgarität zu erliegen. In Hinblick auf die knorrige Charakterfigur Derfflingers heißt es dann etwa ohne alles literarische Brimborium schlicht so:

»Es haben alle Stände
So ihren Degenwert,
Und selbst in Schneiderhände
Kam einst das Heldenschwert;
Drum jeder, der da zünftig
Mit Nadel und mit Scher',
Der mache jetzt und künftig
Vor Derffling sein Honneur.«[60]

Im Jahre 1850 konnte Fontane dann acht Preußenlieder, die vorher bereits in Cottas ›Morgenblatt für gebildete Leser‹ und in dem von Louis Schneider redigierten ›Soldaten-Freund‹, einer ›Zeitschrift für faßliche Belehrung und Unterhaltung des preußischen Soldaten‹, erschienen waren, unter dem Titel ›Männer und Helden‹ der literarischen Öffentlichkeit vorlegen. Es handelte sich bei diesen ›Balladen‹ keineswegs um Handlungslyrik alten Stils, sondern viel eher um Charakterbilder von unverfälschten Tatmenschen, denen Preußen seine Größe zu verdanken hatte. Das offizielle Preußen allerdings nahm von diesen zu seinem Ruhme verfertigten Gedichten nur wenig Notiz. Dafür erreichten diese antiintellektuellen und betont volkstümlichen Verse eine für deutsche Verhältnisse ungewöhnliche Resonanz. Sie gehörten bald zum eisernen Bestand deutscher Lyrikanthologien. Die Formulierungskünste Fontanes hatten sich von allem Anfang an als so frappierend herausgestellt, daß seine Preußenlieder ein breiteres Publikum nicht unberührt lassen konnten und daß man ihnen auf Anhieb Lesebuchcharakter bescheinigte.

Mit diesen dichterischen Psychogrammen, die so viel Anekdotisches auf eine sublime Weise verwerteten, hatte Fontane etwas völlig Neues geschaffen, das die Fantasie der Deutschen beschäftigte. Endlich einmal wurde wahres Heldentum völlig unpathetisch gefeiert, und man mußte schon auf die Tage Lessings zurückgreifen, um ähnliche Vorstöße in dieser Richtung in der deutschen Literatur dingfest zu machen. Diese Dessauer, Derfflinger, Schwerin, Zieten, Keith oder selbst der Prinz Louis Ferdinand, der als Liebling des Volkes in der preußischen Heldengeschichte figurierte, hatten endlich einmal einen berufenen und sachlich kompetenten Sänger gefunden. Sie alle waren Männer von archaischer Statur, die sich extrem von den höchst mittelmäßigen und menschlich oft so wenig imposanten Vordergrundgestalten des neuen Preußen unterschieden. Mit ihnen rief Fontane zugleich auch wieder die bereits als antiquiert geltenden preußischen Tugenden herauf, und man spürt an der Intensität seines künstlerischen Einsatzes, daß er diese Männer der Tat aufrichtig bewunderte. Bei ihnen handelte es sich um alles andere als labile Hamlet-Naturen, die mit dem Leben spielen und vor lauter Reflexionen nicht mehr zum eigentlichen Leben vorstoßen. In ihnen brachte er Welteroberern seine Huldigung dar, die ein Kapitel deutscher Geschichte geschrieben hatten, das er zu den beachtlichsten im Buch der deutschen Historie überhaupt rechnete.

Ganz allgemein läßt sich sagen, daß Fontane mit seinen preußischen Heldengedichten literarisch ähnliches gelungen war, was Adolph von Menzel mit Bravour auf dem Gebiet der bildenden Kunst zustande gebracht hatte: eine künstlerische Sublimierung der ewig jungen preußischen Idee, die immer noch und trotz allem eine der großen deutschen Möglichkeiten darstellt. Er hatte sich damit hoch über die meist nur gutgemeinten, zuweilen aber leider eben auch kraß chauvinistischen Reimereien deutscher Barden erhoben. Ganz im Gegensatz zu Menzel aber, der als »kleine Exzellenz« bei Hofe in hohem Ansehen stand und dort ein und aus ging, konnte ein auch politisch so unsicherer Kantonist wie Theodor Fontane kaum mit Beachtung rechnen. Er verfügte über keinerlei Qualifikationen für einen Höfling oder Byzantiner.

Die Welt, in der die preußischen »Männer und Helden« groß geworden waren und die sie groß gemacht hatten, galt für unsere Literatur bis dahin als eine Terra incognita. Fontanes Imagination konnte sich an diesen Männern, die allesamt bestes preußisches Kaliber waren, immer wieder von neuem entzünden, wie sich die Fantasie seines Vaters an Napoleons Paladinen entzündet hatte. Von ihrer Einmaligkeit ließ er sich nichts herunterhandeln. Er war bereit, ihre Größe bedingungslos anzuerkennen und sie zu verehren, wie er dann überhaupt allem Ungewöhnlichen in der Geschichte, wo auch immer er darauf treffen mochte, ohne jegliches Ressentiment begegnete. Neidkomplexe, die unsere modernen Literaten augenscheinlich in einem sie peinigenden Gefühl eigener Inferiorität kultivieren, ließ er gar nicht erst in sich aufkommen. Im Gegenteil: »Alles Große hat von Jugend auf einen Zauber für mich gehabt«, schrieb er noch in späten Jahren an seine Tochter. »Ich unterwerfe mich neidlos.«

Die Verehrung charismatischer Persönlichkeiten nahm bei ihm bisweilen Formen an, die viele ihm verübelten, weil die Menschen einer neuen Zeit, allen voran die seelisch heimatlos gewordenen Intellektuellen, hämisch auf die vorsätzliche Denunziation alles Großen hin disponiert waren. Fontane ließ sich auch in dieser Hinsicht nicht vom Zeitgeist infizieren. Es war ihm ein moralisches, aber auch ein ästhetisches Bedürfnis, ehrfurchtsvoll über sich emporblicken zu können. So versagte er beispielsweise sogar den großen Wirtschaftsbossen seiner Zeit seine Anerkennung keineswegs, zumindest soweit sie ihre Lebensleistung selbst harten Widerständen abgetrotzt hatten. »Große Schiffsreeder, Tunnel- und Kanalbauer, die Weltteile verbinden, Zeitungsfürsten und Eisenbahnkönige sind meiner Huldigung sicher«, lautet sein kapitalistisches Credo. »Ich will nichts von ihnen, aber sie schaffen und wirken zu sehen, tut mir wohl.«[61]

Mit den Jahren distanzierte sich Fontane freilich aufgrund manch bitterer Erfahrung mit dem aufkommenden »Borussismus« von seiner jugendlichen Preußenbegeisterung. Aber das alte Preußen blieb für ihn integer. Der Alte Fritz war und blieb ein Mann seines Geschmacks, und sein Poem ›Erstes Bataillon Garde‹ ist eine einzige ehrenvolle Hommage für den großen König, aber diesmal eben ohne alles Heldenpathos. Wieder einmal läßt Fontane es sich einfallen, einen großen Preußen, wahrscheinlich den größten von allen, auf den Boden der harten preußischen Tatsachen herunterzuholen. In diesem Fall spricht menschliche Größe wieder einmal für sich selbst durch das Medium der Umwelt. Nichts braucht hochstilisiert oder gar heroisiert zu werden. Hier wird wie stets bei Fontane nicht Makulatur, sondern eben schlicht deutsch gesprochen.

Wie eine dezente Verbeugung vor dem alten, längst in lauter Dunst eines schäbigen Borussismus aufgegangenen Preußentums wirkt auch heute noch in seiner unmißverständlichen menschlichen Ausstrahlung sein ›Herr von Ribbeck auf Ribbeck im Havelland‹ von 1889, das eine alte märkische Sage behandelt, sie aber auf eine Weise überhöht, daß ihre Menschlichkeit sich bis in diese Tage hinein nicht abgenutzt hat. Die Mär von jenem generösen brandenburgischen Schloßherrn und Junker, der ein Herz für die Kinder besaß und ihnen noch postum seine Segnungen in Gestalt eines aus seinem Grab sprossenden Birnbaums zuteil werden läßt, erhält unter der formenden und penibel ziselierenden Hand Fontanes einen so hohen Grad von klassischer Volkstümlichkeit, wie sie in unserer Literatur so nur selten erreicht wurde. Jedenfalls hat dieses Stück Poesie über viele Kindergenerationen hin seine Faszination bewahrt – und damit dürfte es auch in unserer Computerwelt vorerst kein Ende haben. An geistigem Charme und dichterischer Grazie, an grandseigneuraler Bonhomie und unprätentiöser Altersweisheit war Fontane bald den meisten seiner zeitgenössischen Autoren weit überlegen.

Mit seinen Preußen-Elogen hatte Fontane, wie sich bald herausstellte, auch die meisten Mitglieder der »Berliner Kleindichterbewahranstalt«, wie ausgerechnet Emanuel Geibel den ›Tunnel‹ abzuqualifizieren liebte, bereits weit hinter sich gelassen. Kenner der damaligen Gegenwartsliteratur erkannten bald, daß hier eine genuine dichterische Kraft am Werke war, immer bereit, sich auch über bestehende Konventionen vehement hinwegzusetzen. So mutete er den reichlich gestelzt wirkenden ›Tunnel‹-Barden, nachdem er das Heroische ein wenig vom Podest heruntergeholt und menschlich plausibel gemacht hatte, auch Verse wie etwa seinen ›Grafen Hohenstein‹ zu, den er trotz ihrer verhaltenen Aristophobie am 25. Oktober 1846 im ›Tunnel‹ vortrug, ein Sittenbild in Heinescher Manier, das die Zuhörer nur mit einem mokanten Lächeln quittierten:

»Mein Vater war ein Edelmann,
Die Bäurin macht er trunken,
Am andern Morgen schied er dann,
Mit neuem Sieg zu prunken.

Ein strenger Gott hat ungebeugt
Auch mir den Fluch geschrieben:
Wen Lust statt Liebe nur gezeugt,
Der hat kein Herz zum Lieben.

Da sprach der Hans: ›Mach dich nur schlecht,
Als stammtest du vom Bösen.
Es ist der Liebe altes Recht,
Die Seelen zu erlösen.‹«

Das alles war sicher keineswegs Balsam in den Ohren der konservativen Majorität des ›Tunnels‹. Verse wie diese mußten den adeligen Mitgliedern ebenso suspekt sein wie die Gedichte des englischen Arbeiterdichters John Critchey Prince, den damals in Deutschland keine Seele kannte und der auch bald wieder vergessen war. 1842 hatte Fontane subversive Verse dieses englischen Sozialutopisten und Revoluzzers ins Deutsche übersetzt und mit einem biographischen Vorwort versehen. Indem er den Deutschen diesen »Sänger des Sozialismus« so dringend ans Herz legte, spielte er sich selber zum Apologeten dieser Ideologie in seinem Exkurs über Prince auf:
»Gott sei Dank, die Welt ist eine Welt des Fortschritts, und ob auch noch Jahrhunderte vergehen mögen, bevor der

große Schritt geschieht, zu dem die Welt bereits den Fuß erhoben hat – ob spät, ob früh, geschehen wird er doch. Was frommt es, daß so mancher die Augen schließt, um nichts wahrzunehmen, was seine Bequemlichkeit, seine Ruhe beeinträchtigen könnte? Ist denn etwa nichts geschehen, weil er in erzwungener Blindheit nichts bemerkt? Diese Strauße oder doch ihre Enkel – denn das Geschlecht stirbt noch so bald nicht aus – werden ihren Irrtum erst gewahren, wenn sie zu spät und staunend den Mund vielleicht ebenso lange aufsperren, wie die Augen sie geschlossen hielten.

Keiner meiner Leser wird mehr im Zweifel sein, worum es sich handelt. Es gilt die Emanzipation vieler Millionen, deren Leben voll Entbehrungen und Sorgen aller Art, einer ewigen Nacht zu vergleichen, während sich die Reichen im Sonnenschein des Glücks ergötzen. Das Gesetz erkennt ihnen Menschenrechte, aber nicht jene Berechtigungen zu, deren Vollgenuß dem Adel, deren Nießbrauch wenigstens dem Bürger wurde, und ihre bescheidenen Ansprüche an Glück und Freude und Wohlleben werden nur zu oft als ›freche Forderungen‹ unberücksichtigt gelassen.«[63]

Einige Gedichte seines sozialistischen Protegés aus England hatte Fontane bereits in der ›Eisenbahn‹ erscheinen lassen. Er hatte es dabei nicht unterlassen, auf die desolaten sozialen Verhältnisse im industrialisierten England hinzuweisen, die dieser geistige Vorkämpfer des Radikalismus in England mit leider künstlerisch nicht ganz ausreichenden Mitteln so tapfer attackierte. Da er in Deutschland mit seinen aufrührerischen Attacken irgendwie ins Leere stieß, distanzierte sich Fontane mehr und mehr von seiner vermeintlichen literarischen Entdeckung jenseits des Kanals.

Zur eigentlichen Meisterschaft als Balladendichter gelangte Fontane allerdings erst in dem Augenblick, als er mit englischen Balladen konfrontiert wurde und sogleich Feuer fing. Percys ›Reliquies of Ancient English Poetry‹ und Walter Scotts ›Minstrelsy of the Scotish Border‹ von 1802, die er 1848 kennenlernte, eröffneten ihm ganz neue und ungeahnte künstlerische Dimensionen. Instinktiv empfand Fontane damals wie auch später während seiner Reise durch Schottland gewisse Affinitäten zwischen dem Schottischen und dem Altpreußischen. Der Romantiker in ihm sah sich daher zum Übersetzen von Stücken aus Percys Sammlung überredet. Darüber hinaus verfertigte er auch einige Balladen im altschottischen Stil, von denen einige bereits im Jahrbuch des ›Tunnels‹, ›Argo‹, 1854 veröffentlicht wurden. In einem seiner berühmten Stuart-Gedichte, seinem ›Lied des James Monmouth‹, schwingt noch unverkennbar der alte Heine-Ton hindurch:

»Es zieht eine blutige Spur
Durch unser Haus von alters,
Meine Mutter war seine Buhle nur,
Die schöne Lucy Walters.

Am Abend wars, leis wogte das Korn,
Sie küßten sich unter der Linde;
Eine Lerche klang und ein Jägerhorn –
Ich bin ein Kind der Sünde.

Meine Mutter hat mir oft erzählt
Von jenes Abends Sonne,
Ihre Lippen sprachen: Ich habe gefehlt!
Ihre Augen lachten vor Wonne.

Ein Kind der Sünde, ein Stuartkind,
Es blitzt wie Beil von weiten,
Den Weg, den alle geschritten sind,
Ich werd ihn auch beschreiten.

Das Leben geliebt und die Krone geküßt
Und den Frauen das Herz gegeben
Und den letzten Kuß auf das schwarze Gerüst
Das ist ein Stuart-Leben.«

Balladen wie diese zeigen Fontane durchaus ganz in seinem künstlerischen Element, aber der Reifungsprozeß ist unübersehbar, so, wenn er bei seiner Vorlesung im ›Tunnel‹ im Jahre 1852 für seinen ›Sir Patrick Spens‹, einer freien Übertragung der gleichnamigen Ballade von Percy, mit der Zensur »Sehr gut« honoriert wird.

Seinen größten Erfolg allerdings errang Fontane aber erst zwei Jahre später, als er vor demselben festlich gestimmten Gremium am 3. Dezember 1854 seinen ›Archibald Douglas‹, noch unter dem Titel ›*Der Verbannte*‹, vortrug. Damals konnte er für seinen Vortrag mit Recht den frenetischen Beifall seiner Freunde quittieren. In der Tat war er diesmal über sich selbst hinausgewachsen, als er in Anlehnung und Fortführung eines bereits von Strachwitz angeschlagenen Themas das Hohelied der Treue anstimmte, indem er die menschlich so ergreifende Begegnung König Jakobs mit seinem Lehnsmann, die in die selbstzerstörerischen Kämpfe ihrer Clans verstrickt sind, poetisch sublimierte. Dieses kleine, aber so gewichtige Kunstwerk, sicherlich die bedeutendste psychologische Ballade unserer Literatur, stellt auch im Gesamtwerk Fontanes, in dem viele Kostbarkeiten aufzuspüren sind, einen besonderen Glücksfall dar. Er hatte damit eine Meisterschaft erreicht, die es ihm ermöglichte, den melodramatischen Stoff jenseits aller Sentimentalität ins Schlicht-Menschliche zu transponieren. Von nun an konnte er mit Recht von sich behaupten, auf dem Gebiet der Ballade im deutschen Sprachraum an der »Tete« zu marschieren.

Bezeichnend für Fontanes Schaffensprozeß scheint die Tatsache zu sein, daß ihn das Konzept dieses Gedichts schlagartig überfiel. Vierzig Jahre später schrieb er auf die Anfrage eines Gymnasiallehrers hin über die Entstehungsgeschichte dieser Ballade folgendes: »Die Hauptstücke des Gedichts, die Ansprache des Douglas und die Antwort des Königs darauf schrieb ich noch an demselben Abend, und zwar auf dem kalten, weißgetünchten Vorflur des Königlichen Schauspielhauses. Ich holte meine Frau ab und seh mich noch stehen, wie ich ein kleines Blatt nach dem andern an den Wandpfeiler legte, um mit dem Bleistift, der doch keine rechte Spitze mehr hatte, besser schreiben oder doch das Nötigste festhalten zu können.«

Fontane, der von vornherein sein Leben »auf den Vers« gestellt hatte und für ein paar gelungene Verse sicher das Leben eines Hungerleiders in Kauf genommen hätte, empfand sich nach dergleichen Erfolgen nicht mehr als einen jener »Sonntagsdichter«, denen der Zugang zum Parnaß ewig verschlossen bleibt. Aber seine gefestigte Überzeugung von seiner dichterischen Potenz verleitete ihn keineswegs zur Hybris, nicht einmal zu einer durchaus motivierten Künstlereitelkeit. Immer noch sah er ohne einen Anflug von Koketterie einen Musenjünger in sich, der zunächst sein Pensum an Wochenarbeit zu verrichten hatte, ehe er sich an einen Reim heranmachen konnte, »wenn Gott ihm einen gibt«. Solche Geniestreiche waren auch bei ihm ganz und gar nicht die Regel. Der junge Apotheker, der sich zudem noch mit Artikelschreiben abzuplagen hatte, um seinen Etat aufzumöbeln, mußte geduldig auf die Gunst des schöpferischen Augenblicks warten.

Im Jahre 1851 erschien bei Reimarus in Berlin Fontanes »andre kleine Dichtung« in einer Miniaturausgabe unter dem lapidaren und anspruchslosen Titel ›Gedichte‹. Die Kritik zeigte sich der Auswahl gegenüber im großen und ganzen durchaus wohlwollend, wenn auch keineswegs begeistert, aber das deutsche Lesepublikum verhielt sich diesen Versen gegenüber, wie nicht anders zu erwarten, völlig indifferent. Der erhoffte Durchbruch fand vorerst nicht statt, und natürlich reflektierte Fontane ein wenig selbstquälerisch über die Möglichkeiten literarischer Erfolge in diesem Lande. Dabei fand er selbstkritisch genug heraus, daß seine eigentliche Stärke einseitig auf dem engen Feld der Ballade lag.

»Wie viele Felder hat die Poesie, und wie wenige bebau' ich!« gestand er sich ein. »Sprech' ich vom Formellen, so finden Sie keine Hexameter, keine Oden- und Hymnenstrophen, keine Sonette, Terzinen und Ottaven, keine spanischen Trochäen, keine Ghaselen, keine Makamen und hunderte Spielereien zu geschweigen. Das Fehlen dieser Formen ist weder was Zufälliges noch was Gleichgültiges – mit diesen Formen fehlen gleichzeitig bestimmte Dichtungsarten, denen jene Formen eben zugehören, gleichsam angewachsen sind. Sie finden in meinen Sachen keine Idylle, keine Fabel, keine Legende, kein still beschreibendes, kein Lehrgedicht. Es fehlt die Dithyrambe, es fehlt das Naive und Drollige und vor allem: es fehlen – die Lieder, das Lyrische überhaupt. Was der Art sich findet, ist teils dem Wert, teils der Zahl nach unbedeutend.«[65]

Seine eiserne Selbstkritik zwang Fontane geradezu, unter

seinen frühen lyrischen Versen und Gelegenheitsgedichten »furchtbar wie Karl Moor Musterung zu halten«.

Von den revolutionären Gedichten seiner Herwegh-Phase fand keines mehr Gnade vor dem überkritischen Blick Fontanes. Er hatte übrigens zu Weihnachten 1849 im Dessauer Verlag der Gebrüder Katz durch Wolfsohns Vermittlung den nordischen Romanzen-Zyklus ›Von der schönen Rosamunde‹ herausgebracht, in dem er ein oft variiertes Thema der altenglischen Volksdichtung aufgegriffen hatte und der es immerhin zu drei Auflagen brachte, weil er dem spätromantischen Zeitgeschmack des Vers-Epos um ein gutes Stück entgegenkam. Sein ›Tunnel‹-Freund Louis Schneider, der als Vorleser des Königs Friedrich Wilhelm IV. diesem ganze Passagen daraus vortrug, konnte dadurch den Monarchen leider keineswegs für Fontane erwärmen.

Als dann 1861 seine Balladen bei seinem neuen Verleger Wilhelm Hertz erschienen, konnte er bereits mit solchen Glanzstücken wie ›Archibald Douglas‹ oder ›Der Tag von Hemmingstedt‹ aufwarten. Aber Furore machte er auch mit dieser Sammlung nicht, die er 1875 mit einer Auswahl seiner Verse als 2. Auflage seiner ›Gedichte‹ unter die Leute brachte. Fontane, der damals den Glauben an den literarischen Spürsinn des deutschen Publikums verloren haben mochte, schrieb seinem Verleger resigniert: »Ich wünsche sehnlichst, daß Sie nicht mit einem zitronengelben Chimborasso fontanescher Balladen für alle Ewigkeit sitzen bleiben.«

Und wirklich dauerte es die kleine literarische Ewigkeit von vierzehn Jahren, bis 1889 eine Neuauflage erscheinen konnte, die dann ein knappes Drittel neuer Arbeiten aus der nimmermüden Feder Fontanes, vor allem auch Sprüche, enthielt, in denen sich die inzwischen errungene Altersweisheit Fontanes niederschlug. Aber auch der großartige ›Fritz Katzfuß‹, in den ein Stück seiner eigenen Biographie eingegangen ist, die Menzel-Apotheose ›Auf der Treppe von Sanssouci‹ und nicht zuletzt auch ›Herr von Ribbeck auf Ribbeck im Havelland‹, ein gelungener Wurf, der noch einmal Fontanes Namen auch in die letzte deutsche Schulstube tragen sollte, befanden sich darunter.

Recht eigentlich war Fontanes Balladenschaffen nie abgerissen. Mitten in die Zeit seiner märkischen Wanderungen meldete sich auch der Balladendichter Fontane wieder zu Wort. Sein ›Gorm Grymme‹ fällt zeitlich mit seiner Dänemarkreise im Jahre 1864 zusammen. Sie alle beweisen wie auch sein ›6. November 1632‹, diese großartige Ehrenbezeigung vor dem großen Schwedenkönig Gustav Adolf, die glückliche Hand, über die Fontane immer dann verfügte, wenn ein ihm zusagender Stoff ihn zu dichterischen Taten anfeuerte. Das war übrigens auch bei der schauerlichen Wallenstein-Ballade ›Schloß Eger‹ der Fall, in der Fontane Menschengeschichte in all ihren Schrecklichkeiten heraufbeschwört.

Auf gleicher beachtlicher künstlerischer Höhe bewegen sich auch Balladen, deren Stoff Fontane einfachen Zeitungsmeldungen verdankte. Imposant erscheint in diesem Zusammenhang die dramatisch arrangierte Tragödie des Steuermanns ›John Maynard‹, der unter Aufbietung seiner letzten Kräfte ein brennendes Schiff über den Eriesee nach Buffalo steuert und unter Aufopferung des eigenen Lebens die Passagiere vor dem sicheren Tod rettet.

Die ›Brücke am Tay‹ basiert auf einer Meldung vom Einsturz einer drei Kilometer langen Eisenbahnbrücke in Schottland am 28. Dezember 1879. Auch diesmal bewährte sich Fontanes Meisterschaft, als er einen Bericht über eine Verkehrskatastrophe in ein Kunstwerk transponierte, das zugleich ein eminent aktuelles Thema, nämlich die Grenzen menschlicher Technik gegenüber entfesselten Naturgewalten, aufzeigte. Mit diesen Heldenliedern einer neuen Zeit schließt sich der Ring Fontanescher Balladendichtung von den preußischen Feldherrnballaden bis hin zur naturmagischen Geisterballade, die modernes Leben dämonisiert. Die Reaktion der alten Brücknersleute, die in dieser weihnachtlichen Zeit die Ankunft des Sohnes erwarten und nun wissen, daß er mit dem Eisenbahnzug in die Tiefe gestürzt ist, kann künstlerisch ebenso legitim und sublim angesehen werden wie auch die aus der Hexenszene in Shakespeares ›Macbeth‹ entlehnte Vor- und Nachstrophe, die dieser menschlichen Tragödie einen zeitlosen Zug ins Mythische verleihen.

Die Tatsache, daß ihm auch noch im vorgerückten Alter Balladen gelangen, von deren künstlerischer Integrität er bei aller Selbstkritik überzeugt war, setzte ihn selbst in Erstaunen. So schrieb er im Sommer 1885, als dem 65jährigen noch einmal ein »ganzes Dutzend Balladen« gelangen, aus seiner schlesischen Sommerfrische an seinen Sohn Theodor: »Daß es mir noch einmal vergönnt sein würde, zu den Göttern oder Hämmeln meiner Jugend zurückzukehren, hätt' ich mir nicht träumen lassen.«[66]

Daß er diesmal auch Schicksal und Heldentaten von Alltagsmenschen seiner Zeit für poetisch verwendbar hielt, konnte er sich selbst durchaus als Verdienst anrechnen. Er war eben wie wenige mit der Zeit gegangen, ohne sich ihr auszuliefern. Damit bewahrte er die Ballade, die ihrem Wesen nach aristokratisch ist, vor ihrem Abstieg ins Literaturmuseum. Er riskierte durch seinen Verzicht auf die bestens bekannten alten Kämpen und Helden allerdings eine bemerkenswerte Säkularisierung dieses Genres, das dann doch noch eine ungeahnte Nachblüte im deutschen Sprachraum erleben sollte.

Nur wenige Wochen vor seinem überraschenden Tode bewährte sich noch einmal die sicher gestaltende Hand dieses geborenen Rhapsoden, als ihn Ernst Heilborn um ein Abschiedskarmen für den soeben verstorbenen Kanzler für die ›Vossische Zeitung‹ anging. Zunächst hatte Fontane abgewinkt. »Wo Tausende Blech sprechen«, lehnte er diese Auftragsarbeit ab, die noch einmal aus gegebenem Anlaß die patriotischen Empfindungen hochpäppeln sollte, »auch meinerseits auf einer Kindertrompete zu blasen, das hat mir widerstanden«.[67]

Aber dann muß das den fast Achtzigjährigen doch noch irgendwie gereizt haben, diesem Kanzler, den er bei allen Bedenken, die er gegen ihn vorzubringen hatte, doch für ein auserwähltes Werkzeug der Geschichte hielt, noch einige Worte über sein frisches Grab hinwegzusprechen. Als dann wenige Tage darauf Fontanes Poem ›Wo Bismarck liegen soll‹ in der ›Vossischen Zeitung‹ zu lesen war, wußte man, daß damit das wohl bedeutendste Bismarckgedicht überhaupt vorlag.

Fontane hatte die übermächtige Gestalt des Reichsgründers zu einem neuen deutschen Mythos gesteigert, als er ihn in die Nähe des alten Sachsenherzogs Wittekind rückte und ihn wie einen Recken der germanischen Sage unter den Eichen des Sachsenwaldes gebettet wissen wollte:

>»Widukind lädt ihn zu sich ein:
Im Sachsenwald soll er begraben sein.«[68]

Bekanntlich haben Bismarcks Erben diese ebenso anspruchslosen wie aussagekräftigen Verszeilen ins Friedrichsruher Mausoleum einmeißeln lassen. Der Dichter der alten Preußenlieder und der Einzugskarmen hatte zu guter Letzt noch ein dichterisches Mirakel zuwege gebracht, indem er einer mythenarmen Zeit einen neuen Mythos schenkte.

Noch als längst arrivierter Romancier blendete er immer wieder in seine schriftstellerische Vergangenheit zurück und gelangte in Hinblick auf seine frühen Balladen zu der Überzeugung, mit einem geringeren sprachlichen Kräfteaufwand und archaischer Strenge hätte er wahrscheinlich mehr erreicht. Er war sogar selbstkritisch genug, um sich einzugestehen, daß er mit Herder, der ebenfalls eine Übertragung des Textes von ›Sir Patrick Spens‹ versucht hatte, in dieser Hinsicht nicht konkurrieren könnte.

»Was ist der Zauber altenglischer Balladen?« fragte er sich damals. »Ihre Simplizität. Ich entsinne mich noch, daß ich vor fünfzig Jahren die ›Chevy-Chase‹ besser als Herder übersetzen wollte und mir auch einbildete, es sei mir gelungen. Jetzt bin ich sehr für Herder und erschrecke vor meinen famosen Vollreimen.«[69]

Über den ›Edward‹ äußerte er sich ähnlich:»Ich hab es, als ich ganz jung war, übersetzt und wollte damals dem alten Herder zeigen, was 'ne Harke ist... Erst später ist mir die Erkenntnis gekommen, daß meine Tamtamübersetzung neben der großartigen Schlichtheit des alten Generalsuperintendenten nicht bestehen könne.«

Im Entscheidenden bleibt Fontane dabei, daß es das Brandenburg-Preußische, das Skandinavische und Angelsächsische war, was seine künstlerischen Kräfte stimulieren konnte. Diese Affinität mit allem Nordischen prädestinierte ihn zum Balladendichter wie wenige. Er verstand sich auf ein wirkungsvolles Arrangement, er verfügte zudem über rhetorischen Schwung und eine volkstümliche Diktion, die der Eingängigkeit seiner Verse ungemein zunutze kam. Zuletzt gelangen Fontane dann noch einige Spruchgedichte, in die er die nicht unerhebliche Weisheit seines Alters einbringen konnte. In ihnen lebte der ganze, der eigentliche Fontane, wie er am Ende war. Die illusionslose Sachlichkeit und ihr skeptischer Unterton machte gerade diese Verse so liebenswert. Sie wirken wie aus dem Augenblick heraus improvisiert, und doch sind sie das Ergebnis langer menschlicher und künstlerischer Prozesse. Viele dieser Verse bieten sich geradezu als ein Extrakt Fontanescher Lebenskunst an, die in der Feststellung kulminiert, auch das Glück wäre bei einigem guten Willen zu lernen.

Im Vergleich mit den dichtenden Zeitgenossen läßt sich Fontanes singulärer literarischer Rang leicht fixieren. Der Debütant der Berliner Dichtervereinigung ›Der Tunnel über der Spree‹ hatte sich nach zögernden Anfängen und höchst kritischen Zwischenstationen doch noch hoch über seine ›Tunnel‹-Genossen erheben können. Freilich hat dieser Aufstieg zum Parnaß, der den anderen mißriet, teuer bezahlt werden müssen. Während jene zum großen Teil zur preußischen Honoratiorenkaste aufstiegen und sich bürgerlich schon bald etablierten, blieb Fontane eigentlich bis zuletzt auf einer der unteren Stufen der sozialen Leiter hoffnungslos stecken und hatte stets um die materielle Absicherung seines Lebens zu kämpfen.

Er brauchte sich über diese Art von Zurücksetzung allerdings nicht zu wundern: schließlich war er ein reizbarer Mensch und politisch dazu ein unsicherer Kantonist gewesen. Ein Mann, der seine Aversion gegen falsche und forcierte Gefühle, gegen Pathos und angemaßte Feierlichkeit nicht unterdrücken konnte, mußte im Leben, zumal im preußischen Leben, den kürzeren ziehen. Kühle und Nüchternheit sind in Deutschland nie Erfolgsempfehlungen gewesen, und schließlich gehörte auch Fontane zu denen, die nie über ihren Schatten springen konnten. »Man bringt es nicht weit bei fehlendem Sinn für Feierlichkeit«, wußte er nur zu gut. Und so mußte er sich seine bürgerliche Reputation durch literarische Leistungen erringen, die einen ganzen Menschen erforderten. Daß er zuletzt die Summe seines Lebens eher mit einer verhaltenen Melancholie als mit ungetrübter Heiterkeit artikulierte, wird man verstehen und ihm menschlich verzeihen wollen. Beim Rückblick auf seine »Lebenswege« schrieb er sich gerade in Hinblick auf seine ›Tunnel‹-Zeit, als er mit so vielen inzwischen avancierten Leutnants, Referendaren und Studenten Kontakt hatte, als kleines unbekanntes Kirchenlicht ein Gedicht vom Herzen, das fünfzig Jahre zurück in seine literarischen Anfänge blendet:

»Fünfzig Jahre werden es ehestens sein,
Da trat ich in meinen ersten ›Verein‹.
Natürlich Dichter. Blutjunge Ware:
Studenten, Leutnants, Referendare.
Rang gab's nicht, den verlieh das ›Gedicht‹,
Und ich war ein kleines Kirchenlicht.

So stand es als Anno 40 wir schrieben,
Aber ach, wo bist du Sonne geblieben,
Ich bin noch immer, was damals ich war,
Ein Lichtlein auf demselben Altar.
Aus den Leutnants aber und Studenten
Wurden Genräle und Chefpräsidenten.

Und mitunter, auf stillem Tiergartenpfade,
Bei ›Kön'gin Luise‹ trifft man sich grade.
›Nun, lieber F., noch immer bei Wege?‹
›Gott sei Dank, Exzellenz... trotz Nackenschläge...‹
›Kenn ich, kenn ich. Das Leben ist flau...‹
›Grüßen Sie Ihre liebe Frau‹...«[70]

7

Begegnungen mit Theodor Storm

Nach seinem zweiten Englandaufenthalt im Jahre 1852 hatte Fontane, um wesentliche Auslandserfahrungen bereichert, die seinen geistigen Horizont vorteilhaft erweitert hatten, ein entschieden kritischeres Verhältnis zum ›Tunnel‹ bezogen. Zwar gab er noch einmal dem Wunsch der Mehrheit nach und ließ sich bis zum Mai 1854 zum Sekretär der Vereinigung wählen, aber es entging seinem Scharfblick keineswegs, daß auch diese Dichtervereinigung kaum noch vor dem Schicksal so vieler Vereine und Parteien in diesem Lande eingeschworener Individualisten zu bewahren war, sich in lauter gegeneinander operierende Fraktionen aufzuspalten.

Als Konsequenz der künstlerischen Belanglosigkeit der meisten Mitglieder hatte sich unter dem bereits auf Verschwörung hindeutenden Namen ›Rütli‹ so etwas wie ein Nebentunnel konstituiert, eine »Tunnelsahne«, wie Fontane diese Sezession besonders aktiver und literarisch potenter ›Tunnel‹-Mitglieder zu bezeichnen pflegte. Der Kunsthistoriker Friedrich Eggers war der eigentliche Initiator dieses elitären Zweiges am absterbenden Baum des ›Tunnel‹, dem sich Kugler, Heyse, Merckel, Lepel und Storm spontan anschlossen und dessen eigentlicher gesellschaftlicher Mittelpunkt das Haus Kuglers war, von dem es hieß, hier würde niemand vorgelassen, der nicht bereits auf einen Band Gedichte verweisen könnte. Später stießen noch der Kunsthistoriker Wilhelm Lübke, der musische Jurist Karl Zöllner und der Kunstmaler August von Heyden zum eigentlichen Kern des ›Rütli‹. Die meisten von ihnen haben vor allem als Korrespondenzpartner Fontanes in dessen Biographie eine nicht zu übergehende Rolle gespielt.

»Sie dichteten, sie sangen, sie kalauerten Humor«, erinnerte sich der Dramatiker Adolf Wilbrandt, der als Student Zugang zu diesem illustren Kreis fand, in seinen Memoiren an einige der ›Rütli‹-Sitzungen. »Sie entluden ihn auch besonders gern in Gelegenheitsgedichten, so bei Kuglerschen und anderen Festen. Das schönste Feuer und die blühendsten Einfälle hatte dann Theodor Fontane; auch sein schwungvoller Vortrag war siegreich, und seinem eindrucksvoll mitredenden, schön niederhängenden Schnurrbart kam kein anderer gleich...«

Fontane bewies eine überraschende Anhänglichkeit an den ›Rütli‹ und versäumte selbst noch in den Jahren 1881 und 1882, als ihm der ›Tunnel‹ bereits in legendäre Fernen entrückt war, kaum eine der Sitzungen, die in wöchentlichem Wechsel in den Wohnungen der einzelnen ›Rütlionen‹ stattfanden. Es handelte sich dabei um mehr oder weniger zwanglose Plauderabende über allerdings vorwiegend künstlerische und wissenschaftliche Themen. Menzels Gegenwart, dessen Rang und Genie Fontane ohne alle Einschränkung bewunderte und anerkannte und den er für einen der seltenen Ausnahmemenschen hielt, die ihm je begegnet waren, machte ihm diese Abende zu einem besonderen Erlebnis.

Ein noch engerer Kreis von gleichgesinnten ›Tunnel‹-Mitgliedern versammelte sich in der ›Ellora‹, einer geselligen Vereinigung von eher familiärem Charakter. Jedenfalls wurden auch die Familienangehörigen in die Zusammenkünfte mit einbezogen, die immer mehr den Charakter eines zwanglosen literarischen Kränzchens annahmen. Zeitweilig fiel sogar Emilie Fontane die Rolle einer ›Elloramutter‹ zu. In dieser Eigenschaft stickte sie auch die Vereinsfahne mit einem großen indischen Elefanten im Mittelfeld. Der Name ›Ellora‹ ging nämlich auf einen indischen Höhlentempel zurück, über den ein Mitglied sich anmaßte, einen Lexikonartikel auch ohne jegliche Kenntnis der Materie zu schreiben. Der oft so blutige Dilettantismus der ›Tunnel‹-Leute sollte damit wieder einmal gehörig auf die satirische Schippe genommen werden.

Jedenfals muß die Kommunikation und die Freundschaft, die Fontane trotz seines betonten Singletums in diesem Kreise pflegte, ihm ein elementares Bedürfnis gewesen sein.

Fünf Mitglieder der ›Ellora‹, nämlich Eggers, Zöllner, Lübke, Roquette und der Architekt Richard Lucae, die ihn als Experten in ihrem jeweiligen Fachgebiet auf seinen Wanderungen durch die Mark oft begleitet hatten, überlebte Fontane. Je mehr er sich aber seinem »Eigentlichen«, seinem späten Romanschaffen, näherte und er seine gesamten schöpferischen Kräfte auf sein Alterswerk, an das sich der Ruhm seines Namens knüpft, konzentrierte, um so mehr glitt er unversehens in die Rolle eines Einzelgängers hinein, der sich nicht in einer wenn auch nur von ihm parodierten Vereinsmeierei verzetteln mochte und konnte, weil ihm nicht mehr viel Zeit blieb, seine eigentliche schriftstellerische Mission zu erfüllen.

Im Jahre 1852 lernte Fontane auch Theodor Storm bei einer Sitzung des ›Rütli‹ kennen. Ihre Wege kreuzten sich seither immer wieder, und wenn auch die Bewunderung des Märkers für diesen Lyriker von Geblüt aus dem hohen Norden echt und ehrlich war, so hat Fontane diesen versponnenen Husumer doch immer als einen dezidierten Prototyp eines deutschen Provinzlers empfunden, den Storm nun allerdings in einer eher penetranten Weise für ihn verkörperte. »Wir waren zu verschieden«, gesteht er sich selbst in seinem Lebensrückblick ein. »Er war für den Husumer Deich, ich war für die London-Brücke!«[71]

Trotz dieser unleugbaren Andersartigkeit gelangte Fontane nach Storms Tod zu dem Fazit, daß seine Begegnungen mit dem Mann aus dem deutschen Norden zu den glücklichsten Fügungen seines Lebens zählten.

Als Storm als schleswig-holsteinischer Emigrant Ende 1852 in preußische Dienste trat, fand er sich in Berlin sowohl von den Behörden als auch von der Gesellschaft mit aller Dezenz behandelt. Sein Ruf als Dichter war so gefestigt, daß man ihm im Kreise des ›Rütli‹ beim Vortrag seiner Verse wahre Ovationen darbrachte.

»Die Damen schwärmten ihn an, und die Männer, wie gewöhnlich, mußten mit«, berichtet Fontane von Storms erstem Auftritt in der preußischen Hauptstadt. Eigentlich hätte Storm von dem Empfang, den ihm seine Berliner Freunde und Bewunderer bereiteten, begeistert sein können. Sie richteten ihm zu seinem Geburtstag am 14. September 1853 im Hause Kuglers eine Feier aus, über die er an seine Frau nach Hause berichtete:»Neben dem Geburtstagstisch stand Kugler und blies Waldhorn, sein Lieblingsinstrument. Dann aßen wir vortrefflich... und Fontane zog natürlich wieder ein langes Gedicht aus der Tasche.«

»Er hätte eigentlich zufrieden sein können«, räsonierte Fontane in seinen Erinnerungen ›Von Zwanzig bis Dreißig‹, in denen er Storm ein ganzes Kapitel widmete, sicher mit Recht. »Aber er war es nicht und zog es vor, obschon er ganz unpolitisch war, mehr oder weniger den politischen Ankläger zu machen. Mit seiner kleinen, feinen Stimme ließ er sich über das Inferiore preußischen Wesens ganz unbefangen aus und sah einen dabei halb gutmütig, halb listig an, immer als ob er fragen wollte: ›Hab ich nicht recht?‹ Was wir Altpreußen uns auf diesem Gebiet gefallen lassen müssen und tatsächlich beständig gefallen lassen, spottet jeder Beschreibung. Storm war einer der Schlimmsten. Er blieb, aller auch von ihm anerkannten Guttaten ungeachtet, antipreußisch.«[72]

Fontane, durchaus der konziliantere von beiden, versuchte redlich, Storms Attacken gegen Preußen und alles Preußische mit Gelassenheit hinzunehmen. Aber er verfolgte Storms permanente Nörgelei »mit Zustimmung und mit Ungeduld. Mit Zustimmung, weil ich das, was man Preußen vorwirft, oft so gerechtfertigt finde, daß ich die Vorwürfe womöglich noch überbieten möchte; mit Ungeduld, weil sich in dieser ewigen Verkleinerung Preußens eine ganz unerträgliche Anmaßung und Überheblichkeit ausspricht, also genau das, was man uns vorwirft... Vieles in ›Berlin und Potsdam‹ war immer schon ledern und ist es noch; wenn's aber zum Letzten und Eigentlichsten kommt, was ist dann, um nur *ein* halbes Jahrhundert als Beispiel herauszugreifen, die ganze schleswig-holsteinische Geschichte neben der Geschichte des Alten Fritzen!«[73] Fontane bestreitet Storm die Legitimation, dergleichen pauschale Verdikte über Preußen zu fällen. Er hält ihn für eine Kritik an einem Staat, der durch seine Leistungen alles andere, was sich auf deutschem Boden an Geschichte vollzogen hat, glatt in den Schatten stellt, so wenig kompetent wie den Berliner Budiker in seinem Gedicht ›Erstes Bataillon Garde (1780)‹, in dem die Füseliere zwar ihren König in Grund und Boden verfluchen, sich aber energisch dagegen verwahren, wenn ein anderer sich an dergleichen Verteufelungen seiner geschichtlichen Persönlichkeit beteiligt:

»Ne, Freund Budiker, so geht es nicht.
Zuhören kannst du, wenn wir mal fluchen,
Aber du darfst es nicht selber versuchen,
Wir dürfen frech sein und schimpfen und schwören,
Weil wir selber mit zugehören.
Wir dürfen reden von Menschenschinder,
Dafür sind wir seine Kinder;
Potsdam, o du verfluchtes Loch,
Aber Er, er ist unser König doch...«[74]

Selbst den Vorwurf Storms, in Berlin werde der Mensch nicht nach seiner Persönlichkeit, sondern nach Rang, Titel und Orden taxiert, kontert Fontane mit den Worten: »Sie tun uns Unrecht. Graf Arnim, mit einem halben Fürstentum hinter sich, verkehrt mit dem Lokomotivbauer Borsig oder mit Prof. Dove völlig ebenso wie mit seinesgleichen. Ja, ich muß es bekennen, wir haben von diesem Nivellement zuviel und kranken an einer Impietät, die bereits der Ankergrund war und wieder sein wird, darauf die Revolution (bei uns ein reiner Einwanderer) ihre Haken auswirft.«[75]

Als Theodor Storm der Berlinischen »Geschmacksbildung« eine sittliche Bildung konfrontiert, die gelegentlich Opfer zu bringen verstehe und »ein Märtyrertum« schaffe, kriegt er von Fontane folgendes zu hören: »Glauben Sie wirklich, daß wir dieser Kräfte bar und bloß sind? Dann wäre unser letzter Tag gekommen. Die Stadt Berlin stellte außer den Linientruppen, die bereits verschiedene Regimenter bildeten, im Jahre 13 zehntausend Freiwillige, und die Bevölkerung der Stadt betrug damals nicht voll 180000. Schleswig-Holstein in Ehren, aber das haben sie uns noch nicht nachgemacht. Das Volk hier hat eine echte und wahre Opferfreudigkeit; – auch die sogenannten ›Gebildeten‹, ja sogar die ›Berliner Kinder‹ (was in vielen Stücken eine unleidliche Sorte ist) haben davon, vorausgesetzt, daß es was gilt.«[76]

Man muß es Theodor Storm zugute halten, daß er ein sicheres Flair für den Poeten in Fontane besaß, noch ehe andere bereit waren, Fontane überhaupt ein dichterisches Talent zu testieren. Zu einer inneren Übereinstimmung allerdings gelangten beide nie. Nicht umsonst verlieh Fontane ganz am Ende noch dem Baron von Innstetten, Effi Briests etwas fragwürdigem Ehemann, einige Züge Storms, der für diesen sicher integren und honorigen Karrieremenschen zweifellos in vielem Modell gestanden hat.

Storm erschien Fontane als Korrektheit in Person. In der Tat konnte sich dieser Mann des Nordens immer wieder über die saloppen Umgangsformen und den legeren Briefstil Fontanes alterieren, so daß Fontane sich für einige seiner Formulierungen in aller Form entschuldigte.

»Nach dieser gründlichen Revozierung und Abbitte«, heißt es in diesem Zusammenhang, »bitt' ich es mir nicht als norddeutsche Dickköpfigkeit auszulegen, wenn ich bei aller Nachgiebigkeit im Einzelfall doch aufs Bestimmteste erkläre, gerade so bleiben zu wollen, wie ich bin, und mir nicht einen Charakter wegdisputieren oder wegratschlagen zu lassen, der seine sittliche Berechtigung hat trotz einem. Ich habe nicht Lust, hier den deutschen Biedermann par excellence zu spielen, aber ich darf mit gutem Gewissen behaupten, daß ich von Natur offen, ehrlich, unverstellt und ein lebhaftes, unterm Einfluß der Minute stehendes Menschenkind bin.«

»Mein lieber Storm«, läßt er sich bei anderer Gelegenheit einfallen, ihm zu schreiben, »ich denke so: man soll jede an sich berechtigte Natur (und als solche werden Sie die meinige wohl anerkennen) gelten und gewähren lassen und selbst vor gewissen Konsequenzen solcher Naturen nicht erschrecken. Es gibt notorische und fragliche Unanständigkeiten.

Jene werd' ich nie begehn, diese sehr oft. Glauben Sie doch nicht, daß um die letzteren irgendwer glücklich herumkomme.«[77]

Nach einigen Hinweisen auf gewisse Grenzfälle des gemeinsamen gesellschaftlichen Verkehrs folgert Fontane:»Sie wollen daraus ersehn, daß, wie in tausend Dingen des Lebens, so auch hier, man sich selbst im reinen sein und hinterher sich aus der Auffassung der Menschen nicht allzuviel machen muß. Man wird je nach den Personen, mit denen man verkehrt, sein gesellschaftliches Betragen in Einklang mit den Wünschen und Anschauungen zu bringen haben, aber im Letzten wird man bleiben, wie man ist, bevor einem nicht das Einsehen kommt, daß dies ›Sein‹ eigentlich nichts taugt.«[78]

Fontane zeigte sich durchaus geneigt, über alle Marotten Storms großzügig hinwegzusehen, also über seinen Provinzialismus, seine lokalpatriotische »Husumerei«, die es ihm unmöglich machte, einen »palatinischen Caesar von einem eiderstädtischen Deichgrafen«[79] zu unterscheiden, und seinen »Jean-Paulismus«, der dahin tendierte, »alles auf Idylle zu stellen«. Fontanes Forderung lautete hingegen: »Es soll sich die Dichtung nach dem Leben richten, an das Leben sich anschließen, aber umgekehrt eine der Zeit nach weit zurückliegende Dichtung als Norm für modernes Leben zu nehmen, erscheint mir durchaus falsch.«[80]

Mit einem solchen Programm hat sich Fontane selbst treffend charakterisiert, und man kann begreifen, daß es ihm oft schwerfiel, gewisse kauzige Züge Storms, selbst sein Lieblingsthema, »wie feine Lyrik eigentlich sein müsse«, über das er sich stundenlang ergehen konnte, nicht mit einigen satirischen Sottisen zu versehen.

Geradezu klassischen Rang erreichte aber Fontanes Schilderung von einem Tiergartenspaziergang mit dem Husumer, dem sich ein ewig denkwürdiger Besuch des Cafés Kranzler unter den Linden anschloß.

»An einem mir lebhaft in Erinnerung gebliebenen Tage«, heißt es da, »machten wir einen Spaziergang in den Tiergarten, natürlich immer im Gespräch über Rückert und Uhland, über Lenau und Mörike und ›wie feine Lyriker eigentlich sein müssen‹. Denn das war sein Lieblingsthema geblieben. Es mochte zwölf Uhr sein, als wir durchs Brandenburger Tor zurückkamen und beide das Verlangen nach einem Frühstück verspürten. Ich schlug ihm meine Wohnung vor, die nicht allzuweit ablag; er entschied sich aber für Kranzler. Ich bekenne, daß ich ein wenig erschrak. Storm war wie geschaffen für einen Tiergartenspaziergang an dichtbelaubten Stellen, aber für Kranzler war er nicht geschaffen. Ich seh' ihn noch deutlich vor mir. Er trug leinene Beinkleider und eine leinene Weste von jenem sonderbaren Stoff, der wie gelbe Seide glänzt und sehr leicht furchtbare Falten schlägt, darüber ein grünes Röckchen, Reisehut und einen Schal. Nun, ich weiß sehr wohl, daß gerade ich vielleicht derjenige deutsche Schriftsteller bin, der in Sachen gestrickter Wolle zur höchsten Toleranz verpflichtet ist, denn ich trage selber dergleichen. Aber zu soviel Bescheidenheit ich auch verpflichtet sein mag, zwischen Schal und Schal ist doch immer noch ein Unterschied. Wer ein Mitleidender ist, weiß, daß im Leben eines solchen Produktes aus der Textilindustrie zwei Stadien zu beachten sind: ein Jugendstadium, wo das Gewebe mehr in die Breite geht und noch Elastizität, ich möchte sagen, Leben hat, und ein Altersstadium, wo der Schal nur noch eine endlose Länge darstellt, ohne jede zurückschnellende Federkraft. So war der Stormsche. Storm trug ihn rund um den Hals herum, trotzdem hing er noch in zwei Strippen vorn herunter, in einer kurzen und einer ganz langen.

So marschierten wir die Linden herunter, bis an die berühmte Ecke. Vorne saßen gerade Gardekürassiere, die uns zulächelten, weil wir ihnen ein nicht gewöhnliches Straßenbild gewährten. Ich sah es und kam unter dem Eindruck davon noch einmal auf meinen Vorschlag zurück: ›Könnten wir nicht lieber zu Schilling gehen; da sind wir allein, ganz stille Zimmer.‹ Aber mit der Ruhe des guten Gewissens bestand er auf Kranzler.

En avant denn, wobei ich immer noch hoffte, durch gute Direktiven einiges ausrichten zu können. Aber Storm machte jede kleinste Hoffnung zuschanden. Er trat zu der brünhildenhaften Kontordame, die bei der Garde gedient haben konnte, sofort in ein lyrisches Verhältnis und erkundigte sich nach den Einzelheiten des Büffets, alle reichlich gestellten Fragen bis ins Detail erschöpfend. Die Dame bewahrte gute Haltung. Aber Storm auch. Er pflanzte sich, dem Verkaufstisch gegenüber, an einem der Vorderfenster auf, in das zwei Stühle tief eingerückt waren. ›Hier wird er Platz nehmen‹, an diesem Anker hielt ich mich. Aber nein, er wies auch hier wieder das sich ihm darbietende Refugium ab, und den schmalen Weg, der zwischen Fenster und Büffet lief, absperrend, nahm er unser Gespräch über Mörike wieder auf, und je lebhafter es wurde, je mächtiger pendelte der Schal mit den zwei Puscheln hin und her. Ich war froh, als wir nach einer halben Stunde wieder heil heraus waren.«[81]

Nach Storms Tod im Dreikaiserjahr 1888 bekräftigte Fontane noch einmal in einem Nekrolog in aller Form seine Hochachtung vor dem Lyriker Storm, mit dem ungezwungen Umgang zu pflegen, ihm wegen unüberwindlicher Gegensätze verwehrt geblieben war. Entscheidend trug dazu auch Storms fast eigensinniges Insistieren auf einer allzu verbiesterten Preußenaversion bei. »Er machte zwar aus seinem Antipreußentum niemals einen Hehl und stand noch ganz auf dem Standpunkt, wonach ein Gardeleutnant (von dem ihm ein gut Teil zu wünschen gewesen wäre) entweder unbedeutend oder nichtssagend oder ein trauriges Werkzeug der Tyrannei ist«, entsinnt er sich, »aber ich müßte lügen, wenn ich sagen wollte, ich hätte daran Anstoß genommen. Im Gegenteil, es amüsierte mich bloß, weil man daran studieren konnte, was selbst so hervorragende Menschen an naivem Vorurteil leisten. Er hätte sich dieser Vorurteile entkleiden können, aber er wollte nicht. Was war es? Ich kann schließlich nichts anderes finden, als daß er und zwar sehr ausgeprägt les défauts de ses vertus hatte, mit einem Worte, daß er mir *zu* ausgesprochener Lyriker war... Er war im Banne seiner lyrischen Natur, und was sich nicht mit der Stormschen Natur deckte, daran konnte er doch so recht eigentlich nicht heran...«[82]

Gegen Ende seines Lebens erinnert er sich bei Abfassung seiner autobiographischen Aufzeichnungen nicht ohne eine gewisse grandseigneurale Bonhomie des Dichters Storm, den er zu den drei führenden Lyrikern in diesem Lande seit Goethes Tod rechnet. Als er schließlich die deutsche Gegenwartsliteratur seiner Zeit leidenschaftslos sondierte, gelangte er zu dem deprimierenden Fazit:»Seit Keller und Storm tot sind, welche Dürftigkeit!«[83]

Noch einmal tritt ihm die Gestalt des Husumer Meisters hell ins Bewußtsein, als er, wie gesagt, seinem preußischen Landrat von Innstetten bis in charakteristische Details hinein Züge Storms verleiht, so etwa die Passion für Spukgeschichten, die Fontane selbst als einen»Drehpunkt der ganzen Geschichte« bezeichnet. Sein letztes Wort über Storm aber vertraut er einem Brief an Julius Rodenberg an, in dem er es seiner Wahrheitsliebe zuschreibt, daß er an notorischen Schwächen Storms nicht vorübergehen konnte.»Das Zeitalter des Schönrednerischen ist vorüber«, verkündet er,»und die rosenfarbene Behandlung schädigt nur den, dem sie nicht zuteil wird.«[84]

8
Das tolle Jahr

Nicht mit einem Schlage hatte sich der Barde der brandenburg-preußischen Heroenzeit zu einem überzeugten Revoluzzer gemausert, der seine angesichts der eigenen prekären
sozialen Lage durchaus verständlichen subversiven An-
wandlungen zunächst noch privat kultivierte. Mit der zunehmenden Dramatisierung der äußerst vertrackten deutschen
Dinge allerdings empfand er schließlich keine Skrupel mehr,
sich widerstandslos vom allgemein vorherrschenden Zeit-
trend mitreißen zu lassen.

Obwohl er sich zu Recht für einen unbeirrbaren Apologeten von Preußens Gloria hielt, der sein dichterisches Ingenium immer wieder an den wahrhaft imperialen Gestalten
der preußischen Geschichte aufladen konnte, schlug sein
Herz dennoch für die Sache des Volkes. Der Ästhet in ihm,
den die fulminante Geschichte dieses Staates seit jeher
tangiert hatte, wurde unversehens vom Moralisten verdrängt, der Unrecht nicht ertragen konnte und der sich
berufen fühlte, seine Feder für die Sache der Freiheit zu
rühren, was immer man auch darunter verstehen mochte.

Mit einem Wort: Der Provisor der Jungschen Apotheke
Ecke Neue Königstraße und Georgenkirchstraße identifizierte sich ohne alle Einschränkung mit den Unterprivilegierten
dieser Residenz, die sich soeben zur Weltstadt zu mausern
schien. Er war nicht eben mit materiellen Gütern gesegnet,
und da er nie Aussicht hatte, eine eigene Apotheke zu
erwerben, fand er sich durchaus berechtigt, seine Inferiori-
tätskomplexe zu pflegen und zu hätscheln.

Fontane bewohnte damals »einen Hundestall, eine Räuberhöhle mit noch zwei anderen deutschen Jünglingen«, in der er »keine freie Verfügung über die Schlafstelle« hatte. Es besteht daher durchaus Grund zu der Annahme, daß er nur wenig Gelegenheit fand, mit diesen Zufallskumpanen geistig zu kommunizieren, woran ihm in diesen Jahren ungemein gelegen sein mußte. Nimmt man ihn wörtlich, so erweckt die Schilderung seines damaligen Berliner Domizils den fatalen Eindruck, als handle es sich dabei um eine gewagte Vorwegnahme des später von professionellen Sozialkritikern mit so viel Larmoyanz hochgespielten Zille-Milieus.

Die lichtlosen und verräucherten Spelunken des Berliner Vogtlandes und anderer Elendsviertel waren schon von der alternden Bettina von Arnim, die soziale Empörung nicht erst zu affektieren brauchte, ebenso minuziös wie tendenziös beschrieben worden. Den literarischen Extrakt ihrer so trübsinnig stimmenden Streifzüge durch die noch unentdeckten Schattenreiche Berlins, der rücksichtslos die soziale Misere all derer aufdeckte, von denen man in Hofkreisen grundsätzlich nicht oder bestenfalls hinter vorgehaltener Hand zu sprechen pflegte, hatte sie dem König zur dringenden Pflichtlektüre verordnet. Fontane allerdings konnten dergleichen berechtigte Attacken auf die sozialen Tränendrüsen kaum noch neue Einsichten vermitteln. Der unentwegte Wanderer, der er immer schon war, hatte längst auf eigene Faust seine Erkundungszüge durch Berlin unternommen und dabei auch die Nachtseiten der Hauptstadt keineswegs ausgespart.

Was ihn nun selbst betraf, so fühlte er sich mit der Hefe des Volkes, das nie mit einem Platz an der Sonne rechnen konnte, durchaus solidarisch. Auf sein schriftstellerisches Talent, an das er trotz aller Vorschußlorbeeren, mit denen seine Freunde vom ›Tunnel‹ keineswegs geizten, konnte er keine Zukunft errichten. Es mußte noch eine gute Weile vergehen, ehe er sich die Tollkühnheit leisten konnte, sein Leben »auf den Vers« zu stellen und eine Familie zu gründen.

Wie die Dinge lagen, konnte er sich nur zu den Massen

rechnen, die damals auf dem harten Berliner Boden zu rumoren begonnen hatten, um endlich einmal nach so zahlreichen Enttäuschungen mit beachtlichem Stimmaufwand ihre ihnen schändlicherweise vorenthaltenen Rechte anzumelden.

Nun, so wollte ihm scheinen, bot sich ihm die Chance, sich auch einmal vom Atem der Geschichte anwehen zu lassen. Es hatte sogar den Anschein, als würde das eben munter anhebende Kapitel preußischer Geschichte sogar mit Blut geschrieben werden. Jedenfalls sah sich Fontane, wenn auch nicht gerade als Protagonist, so doch wenigstens als Statist des makabren Geschehens ins Zentrum sozialer Eruptionen versetzt, die plötzlich sein Leben aus zweiter Hand zu beenden schienen. Es bedurfte nicht einmal des natürlichen Vitalitätsüberschusses des noch nicht einmal Dreißigjährigen, um seinem politischen Temperament spontan die Zügel schießen zu lassen. Es war nunmehr an der Zeit, seinen nicht sonderlich abgewogenen aufrührerischen Worten, die seine Freunde aus dem konservativen Lager als verzeihliche Entgleisung eines Heißsporns, der sonst ein schätzenswerter Mensch war, zur Kenntnis genommen hatten, endlich auch entsprechende Taten folgen zu lassen.

Gleichwohl entbehrt die Vorstellung, daß der im Grunde so unsoldatische Theodor Fontane am 18. März 1848, als das Volk von Berlin auf die Barrikaden stieg, die Gelegenheit wahrnahm, seine seit Jahren angestauten freiheitlichen Empfindungen auf handgreifliche Weise abzureagieren, sicher nicht einer gewissen unfreiwilligen Komik. Schenkt man seinen am Ende seines Lebens verfertigten Aufzeichnungen über diese Ereignisse Glauben, so ließ er allerdings seinen »Winkelried-Gefühlen« insoweit freien Lauf, als er versuchte, in einem unsinnigen Alleingang die Georgenkirche zu stürmen und dort Sturm zu läuten, um nach altem Revoluzzerbrauch die Volksmassen für die Straße zu mobilisieren. Nachdem er jedoch die Kirchentür verschlossen gefunden hatte und er sie auch mit einem rasch herbeigeholten Wäschepfahl nicht einrammen konnte, war sein bestes revolutionäres Pulver bereits verschossen.

Trotz dieses Mißerfolges will Fontane sich dann mit einer Operettenflinte, die, wie er beteuert, einmal im Lustspiel ›Sieben Mädchen in Uniform‹ im Königstädter Theater keineswegs martialischen Zwecken gedient hatte, hinter einer schnell errichteten Barrikade postiert haben, um nun seinerseits nach so vielen verbalen Unmutsäußerungen auch einmal handgreiflich etwas für die geschundene Freiheit zu tun. Da der gediente Einjährige aber im Übereifer zuviel Pulver geladen hatte und er überhaupt den Eindruck erweckte, sich und dazu noch andere Kombattanten in Lebensgefahr zu bringen, erregte er Mißbilligung und Anstoß bei wutentbrannten Revolutionären, die ihn erst wieder zur Räson bringen mußten, für die Fontane selbst in solchen Situationen empfänglich gewesen zu sein scheint.

Diese verdiente Zurechtweisung hatte immerhin den Vorteil, Fontanes aufgeputschten revolutionären Elan bald wieder verpuffen zu lassen. Auf Umwegen muß der frustrierte Winkelried klammheimlich wieder in sein ärmliches Quartier geschlichen sein. Hier hatte der verhinderte Revoluzzer dann ausgiebig Gelegenheit, über seine allzu spontanen politischen Aktivitäten in aller Ruhe zu meditieren. Er muß dabei zu wesentlich abgeklärteren Resultaten über die »Gesamtmiserabilität« von Revolutionen in Deutschland gelangt sein. Weder die aufgebrachten Bürger noch die Soldaten schienen ihm so recht bei der Sache zu sein. »Unsere Leute sind nicht darauf eingerichtet, sich untereinander zu massakrieren«, meinte er nachdenklich. »Solche Gegensätze haben sich hierzulande nicht ausbilden können.«

Noch fast ein halbes Jahrhundert später kommentierte er sein revolutionäres Intermezzo in einem Brief vom 19. März 1895 an Friedlaender so: »Heute vor 47 Jahren feierte ich den Sieg der Revolution mit einem Karabiner in der Hand, den ich am Tage vorher aus dem Königstädter Theater geräubert hatte, um damit für die Freiheit zu kämpfen; ich stellte ihn aber beiseit', als ich ihn hatte, weil ich seiner Schußkraft fast noch mehr mißtraute als meiner Heldenschaft. Wer sich in Preußen auf Revolution einlassen will, muß sehr optimistisch leichtsinnig oder sehr tapfer sein.«

Damals fand Fontane auch Gelegenheit, seine Vorstellung von Heldentum gründlich zu korrigieren. »Heldentum ist eine wundervolle Sache, so ziemlich das Schönste, was es gibt«, stellte er fest, »aber es muß echt sein. Und zur Echtheit, auch in diesen Dingen, gehört Sinn und Verstand. Fehlt das, so habe ich dem Heldentum gegenüber sehr gemischte Gefühle.«[85]

Er ließ sich am 19. März auch dann nicht durch das in der Stadt kursierende Gerücht, der König habe die Forderungen des Volkes kompromißlos gebilligt, aus dem Konzept bringen, wenn auch auf den Straßen alles jubelte und die Spießbürger emphatisch Bruderküsse austauschten. »Mir persönlich war nur durchaus elend zumute«, erinnert er sich später an diesen Tag, an dem die Berliner bereit waren, unechte Rütliszenen aufzuführen, die seinen reizbaren Nerven unerträglich zu sein schienen. »Mich verließ das Gefühl, daß alles, was sich da Sieg nannte, nichts war als ein mit hoher obrigkeitlicher Bewilligung zustandegekommenes Etwas.«

Während die anderen nichtsahnend in falscher Einschätzung der wahren Situation frohlockten und ihren Pyrrhussieg feierten, sah Fontane an diesem 19. März »schon im Geiste den in natürlicher Konsequenz sich einstellenden Tag, wo denn auch wirklich, sieben Monate später, dieselben Gardebataillone wieder einrückten und der Bürgerwehr die zehntausend Flinten abnahmen, mit denen sie im Sommer über weder die Freiheit aufzubauen noch die Ordnung herzustellen vermocht hatte«.[86]

Der ausgebildete Unteroffizier Fontane war Realist genug, um die Vergeblichkeit und Aussichtslosigkeit eines bewaffneten Aufstandes gegen eine gutausgerüstete und gedrillte Truppe einzusehen. Trotz aller berechtigten Skepsis resignierte er aber keineswegs, sondern setzte in vorsichtiger Abschätzung der noch vorhandenen Chancen, dem herrschenden Regime doch noch am Zeuge flicken zu können, den Kampf auf seine Fasson fort, indem er in diesen fulminanten Tagen, in denen er sich übrigens auch als Wahlmann für die Nationalversammlung wählen ließ, ein paar Brandartikel für die ›*Berliner Zeitungshalle*‹ schrieb, die seine Freunde vom ›Tunnel‹, hätten sie diese zur Kenntnis genommen, bestenfalls mit einem Stirnrunzeln quittiert hätten.

Bemerkenswert in diesem Zusammenhang ist noch ein Bericht Fontanes über einen Spaziergang mit seinem Vater durch die Berliner Straßen nur drei Tage nach jenem unheilvollen 18. März, bei dem sie dem König in Begleitung des Ministers v. Arnim begegneten. »Du hast Glück, Papa, jetzt erleben wir was«, vermerkt Fontane zu diesem Auftritt. »Und richtig, hart an der Stelle, wo wir standen, hielt der Zug, und an die rasch sich vermehrende Volksmenge richtete jetzt der König seine so berühmt gewordene Anprache, darin er zusagte, sich, unter Wahrung der Rechte seiner Mitfürsten, an die Spitze Deutschlands stellen zu wollen. Der Jubel war ungeheuer. Als der Zug vorbei war, sagte mein Vater: ›Es hat doch ein bißchen was Sonderbares, so rumzureiten. Ich weiß nicht...‹ Eigentlich war ich seiner Meinung. Aber es hatte mir doch auch wieder imponiert, und so sagt' ich dann: ›Ja, mit dem Alten ist es nun ein für allemal vorbei. So mit Zugeknöpftheiten, das geht nicht mehr. Immer an die Spitze.‹

›Ja, ja.‹

Und nun gingen wir auf Fuhlmanns Kaffeegarten zu.«[87]

Wenn Fontane auch im nachhinein diese im Grunde so makabre Szene, die an diesem Märztag des Jahres 1848 auf den Straßen mitten in Berlin ablief, in ein biedermeierliches Idyll herunterzuspielen sich bemüht, so besteht doch kein Zweifel daran, daß ihn dieses Kapitel uneingelöster deutscher Geschichte in einen eher depressiven Zustand versetzte. Jedenfalls schrieb er wenig später an Lepel über seine wahre seelische Verfassung: »Hypochondrische Anfälle, halb melancholisches Brüten, halb leidenschaftliches Auffahren gewinnen immer mehr Macht über mich, so daß ich mitunter überhaupt an mir verzweifle, und an dem Poeten schon ganz unbedingt.«[88]

In diesen turbulenten Tagen tauschte Fontane dann auch, um wenigstens den Menschen in sich zu retten und nicht an der Menschheit zu verzweifeln, den Poeten in sich gegen den

Journalisten ein, der brandaktuellen Themen auf den Fersen blieb. Das politische Schicksal konnte er sicher nicht mehr wenden, aber er konnte auf diese Weise wenigstens vor sich selbst bestehen, wenn er in den Spiegel blickte.

Die vier Beiträge, die er der dann auch schon Anfang 1849 verbotenen ›Berliner Zeitungshalle‹, dem Publikationsorgan des Zentralausschusses der deutschen Demokraten, beisteuerte, rührten in der Tat an den Nerv der so unerfreulichen politischen Dinge in diesem Lande. Sie machten wie nur wenige Arbeiten Fontanes Furore, und selbst der vielgewandte Varnhagen von Ense fühlte sich als unbestechlicher Chronist dieser Epoche von Fontanes erstem Aufsatz über ›Preußens Zukunft‹ so tangiert, daß er unter dem 31. August folgende Notiz seinem Diarium anvertraute: »Ein kleiner, trefflich geschriebener Aufsatz in der Zeitungshalle hier, von Th. Fontane unterschrieben, sagt geradezu, Preußen stirbt und muß sterben, es soll seinen Tod sogar eigenhändig vollziehen! Dies hat mich sehr ergriffen. Es ist viel Wahres darin, und ich schreibe für einen Verurteilten, Sterbenden, Toten! Es ist entsetzlich!«

Was aber war es, was Fontane an Ungewöhnlichem zu verkünden hatte? Er hatte in einem geharnischten Alleingang das neue Preußen attackiert, das sich nach seiner Meinung immer mehr zu einem unüberwindlichen Hindernis auf dem Wege zu einem geeinten Deutschland herausstellte. Mit diesem Artikel nimmt er bereits die deprimierenden Erfahrungen des Bismarckreiches vorweg, wenn er feststellen zu können meint: »Die Auferstehung Deutschlands wird schwere Opfer kosten. Das schwerste unter allen bringt Preußen. Es stirbt. Jeder andere Staat kann und mag in Deutschland aufgehen; gerade Preußen muß darin untergehen.«

Fontane wagt in der Tat nicht mehr oder weniger, als den Tod Preußens, das seine besten Traditionen verraten hat, vorauszusagen. Er signalisiert damit eine Entwicklung, die dann mit der Liquidierung Preußens durch das Kontrollratsgesetz vom Februar 1947 zu einem tragischen Abschluß gekommen ist.

In einer politischen Hochspannung, die gehörig an seinen reizbaren Nerven zerrte, hatte Fontane dem Staat, dessen Heroenzeit er wie kaum ein anderer besungen hatte, das Ende seiner Geschichte prophezeit. »Eine preußische Republik ist eine Unmöglichkeit«, führt er aus. »Preußen muß zerfallen. Seine Provinzen gleichen ebensovielen Eisenstäben, die ohne Anziehungskraft untereinander nur durch das Tau eines absoluten Willens zusammengehalten werden. Das Tau ist mürbe geworden, es ist zerrissen, und die Eisenstäbe werden folgen, wohin der Magnet der Stammesgleichheit sie zieht. Preußen war eine Lüge. Das Licht der Wahrheit bricht an und gibt der Lüge den Tod. Mögen Tausende sich erheben und Preußen eine Wahrheit, mich einen Lügner nennen, mögen sie in Ermangelung eines andren Beweises das Paradepferd unserer glorreichen Geschichte reiten, ich antworte ihnen, das jetzige Preußen hat keine Geschichte.«[89]

Auch die anderen in der ›Zeitungshalle‹ erschienenen Fontane-Aufsätze verraten einigen Weitblick. Gleichwohl ist ihr Revolutionspathos, ihr demagogischer Unterton nicht zu überhören. Alle gipfeln mehr oder weniger unverblümt in der Aufforderung an die Deutschen, ihre Potentaten endlich zum Teufel zu jagen. Noch kurz bevor Wrangel in Berlin einmarschierte und dem revolutionären Spuk ohne einen Schwertstreich ein Ende bereitete, konnte man Fontanes Beitrag ›Einheit oder Freiheit‹ lesen, der in den Worten gipfelte: »Unsere Einheit ohne das ganze Maß der Freiheit ist ein Unding... Ohne Freiheit gibt es wohl eine Einheit der Kabinette, eine Einheit der Polizei, eine Einheit von allem Möglichen, nur nicht die Einheit des deutschen Volkes!«

»Was ist es, was euch fehlt?« ruft er den Volksvertretern zu.

»Wohl fehlen die Geister, aber die Begeisterten noch mehr; es fehlen die Herzen fürs Volk!« Und eben damit hatte Fontane wohl an den neuralgischen Punkt dieser Revolution gerührt. Wer war es schließlich, der Europa vom Joch Napoleons befreit hat? »Das Volk und nochmals nur das Volk befreite sich und seinen König mit.« Daß man ihm den verdienten und versprochenen Lohn dann doch noch vorenthielt, hielt er schlechterdings für skandalös.

Während sich die politischen Ereignisse in Preußen zuungunsten des Volkes zu entwickeln begannen, hatte sich im Leben Fontanes ein entscheidender Szenenwechsel vollzogen. Er hatte sein Domizil im Krankenhaus Bethanien aufgeschlagen, wo er in seiner Eigenschaft als Apotheker zwei Diakonissen in seine pharmazeutischen Geheimnisse einzuweihen hatte. In der geradezu klösterlichen Abgeschiedenheit Bethaniens fand Fontane dann auch die erwünschte und notwendige Muße, über die turbulenten Zeitläufte, von denen auch er sich hatte treiben lassen, ausgiebig zu meditieren. Er nutzte diese Gelegenheit, um die sich überstürzenden Ereignisse der letzten Monate noch einmal zu überdenken und zu ordnen. Dabei beschlich ihn das Gefühl einer »großen Gesamtmiserabilität«, ein vernichtendes »Elendsgefühl über das, was eine Revolution sein sollte«.[90]

Langsam begann er zu begreifen, daß auf dem blutgetränkten Berliner Pflaster eine an sich gute und berechtigte Sache, die schon lange zur Lösung angestanden hatte, mit höchst unzulänglichen Mitteln verpatzt worden war. Nach diesem blutigen Anschauungsunterricht in praktizierter Geschichte ließ er sich für alle Zukunft nicht mehr von seiner Überzeugung »von der absoluten Unbesiegbarkeit einer wohldisziplinierten Truppe jedem Volkshaufen, auch dem tapfersten gegenüber« abbringen. Auch vom Sozialismus zeigte er sich vorerst einmal gründlich geheilt. »Es gibt nichts Schrecklicheres als die Menschheitsbeglücker par force«, faßte er seine Enttäuschungen zusammen.

Fünfviertel Jahre genoß der Apotheker Fontane das weltabgeschiedene Idyll Bethaniens wie das bescheidene Glück einer Eremitage, und noch im nachhinein bekannte er über dieses Göttergeschenk einer schöpferischen Pause in so desolater Zeit: »Sonderbarerweise hat es sich für mich immer so getroffen, daß ich unter Muckern, Orthodoxen und Pietisten, desgleichen unter Adeligen von junkerlicher Observanz meine angenehmsten Tage verlebt habe. Jedenfalls keine unangenehmen.«

Sein Glücksgefühl spricht sich spontan in einem am 17. September 1848 an Lepel gerichteten Brief aus: »Ein Sonnenstrahl des Glücks hat mich getroffen. Ich bin in Bethanien bei freier Wohnung und Station mit 20 Reichstalern monatlich angestellt. Nur während zweier Mittagsstunden hab ich in der Apotheke zu arbeiten; die übrige Zeit ist mein. Du kannst Dir denken, wie viele Pläne und Hoffnungen ich an diese Muße knüpfe.«[91]

Noch einmal locken ihn die Erfolge der Konterrevolution aus seiner Reserve, und nur vier Tage später bekommt Lepel folgendes von seinem reizbaren Freund zu hören: »Ich bin nicht in der Stimmung, auf Deinen unendlich friedlichen Brief, der nach Abgeschiedenheit und nach jedem beliebigen Jahrgang – nur nicht nach 1848 schmeckt, einzugehn«, schreibt er ungeniert. »Die Ereignisse der letzten Tage: der Wrangelsche Armeebefehl und das Ministerium Pfuel, Eichmann, Bonin erklären geradezu die Konterrevolution und fordern zum Kampf heraus.

Was auch der Ausgang desselben sein mag, ich wünsche ihn und bin außer mir, jener herrlichen Mittel zu entbehren, ohne welche jede Beteiligung Unmöglichkeit ist.

Mit dürren Worten: Hast Du nicht auf väterlicher Rumpelkammer eine alte, aber gute Büchse? Ich fordere es von Dir als einen Freundschaftsdienst, mich nicht im Stich zu lassen, wenn Du meinen Wunsch erfüllen kannst, und sehe einigen Zeilen, noch lieber aber dem Muskadonner in Person entgegen. Lach nicht, die Sache hat ihre sehr ernsthafte Seite. Wär ich nicht, wie immer, in Geldverlegenheiten, ich würde mir auf die einfachere Weise helfen und nicht einen so sonderbar klingenden Wunsch (manchen würd er nach Renomisterei schmecken) Dir ans Herz legen.

Vielleicht wird alles anders, als es den Anschein hat, und auch mein Fieber geht wieder vorüber. Dann sollst Du nach langer Zeit wieder einmal vom Poeten hören; aber der Augenblick erheischt Taten, oder doch Wort und Tat. Schande jedem, der zwei Fäuste hat, mit Hand ans Werk zu legen, und sie pomadig in die Hosentasche steckt. Hätt ich Zeit und namentlich Geld, ich wäre ein Wühler comme il faut, denn alles ist faul und muß unterwühlt werden, um im ersten Augenblick die Mine springen lassen zu können. Ich bedaure, zu so winziger Tätigkeit verdammt zu sein, aber was ich leisten *kann*, das *will* ich doch auch leisten, und deshalb stöbre nach und bewahrheite das alte: wer da suchet, der wird finden.«

Lepel, keineswegs gesonnen, sich von den ihm »eigentümlichen sanguistischen Ergüssen« seines Freundes provozieren zu lassen, kündigte nicht etwa die Freundschaft, sondern reagierte in einer betont noblen Haltung, indem er die subversiven Argumente Fontanes Stück um Stück zerpflückte. Er selbst hatte sich längst vom Getümmel des politischen Kampfes zurückgezogen und sich seinem ruhigen Temperament entsprechend wieder der Poesie zugewandt. Er erwies sich in dieser menschlichen Zerreißprobe dann eben doch als der Überlegenere, wenn er zu bedenken gibt:»Zwei so verschiedene Leute – dies würde der Argwohn aus Deinem Briefe lesen – können im Jahr 1848 keine Freunde sein, also auseinander mit ihren Herzen, die nur der Gesang zusammengeführt hatte, der jetzt kein Recht mehr hat zu leben. Dies alles würde der Argwohn sagen; aber das Vertrauen, das selbst da noch weiß sieht, wo die Farbe vielleicht blutrot ist, weil es weiß sehen *will*, das Vertrauen betrachtet Deinen Brief anders und rechnet ihn zu den Dir eigenen sanguistischen Ergüssen, die so voll Eifers sind, daß Du vor lauter Eifer nicht siehst, also rechenschaftslos über Deine Worte bist. Ich bin von den Deinigen, ich weiß es, nicht der einzige, der schon öfter darunter litt; aber so wie diesmal noch nie.«

Am 12. Oktober zeigt sich Fontane dann bereits weitaus besonnener und gesteht sich selbst und dem Freunde ein, daß bei dem brieflichen Schlagabtausch Unbesonnenheit und Taktlosigkeit ihm die Feder geführt haben. Er bittet kurz und bündig »jedes verletzenden Wortes halber um Entschuldigung«. An diesem Tage schrieb Fontane übrigens den wohl ernstesten Brief seines Lebens. Jedenfalls zog er die Summe seiner politischen Erfahrungen und versuchte, sein gestörtes Verhältnis zum neuen Preußen zu klären.

»Ich verkenne nicht«, hieß es in diesem offenen Bekenntnis, das er einem bewährten Freunde ablegte, »daß das preußische Volk seine Bedeutsamkeit mehr seinen Fürsten als sich selbst zuzuschreiben hat: der Große Kurfürst und der Alte Fritz haben Preußen gemacht. Aber schon an diesen beiden Männern tritt der Charakterzug der Hohenzollern: ›erst *sie* und dann das *Volk*‹ ins grellste Licht, und nur die Unbildung des Volkes einerseits, andererseits die leuchtenden Geistesgaben jener Fürsten sind imstande gewesen, jenes ausgeprägte Herrschergelüst vergessen zu machen. Es kam die Französische Revolution, und der Gottesodem der Freiheit wehte über die Welt. Er berührte auch Preußen; Stein wurde Minister, und in den Jahren der Erniedrigung wurde uns ein wahrhaft königliches Geschenk – die Städteordnung... Das Jahr 13 kam; das Volk und nochmals nur das Volk befreite sich und seinen König mit. Friedrich Wilhelm III. bekundete damals seine ganze Schwäche und Unbedeutendheit. Die Schlacht von Belle-Alliance war geschlagen; das Volk pflanzte Freiheitsbäume, in seinem Jubel vergaß es, daran zu denken, daß es auch innere Feinde gibt, die ein freies Volk nicht dulden darf. Nicht großgezogen in der Freiheit, noch ohne Sinn und Zunge für ihren Feuerwein – wohl aber, nach Tagen voll Mut und Kraft, von dem verzeihlichen Wunsche beseelt, nun auch in aller Muße des Sieges und seines Teils daran sich zu freuen: in dieser Stimmung schlich sich jene politische Flauheit ein, die von der königlichen Herrschaft so schnöde mißbraucht und der Grund zu allen Kämpfen wurde, deren kleinsten Teil wir erst bestanden haben. Der Sturz Humboldts und Boyens, die Beseitigung aller freisinnigen ehrlichen Männer, die dem Volk nun auch geben wollten, was ihm versprochen war, die Metternichsche Politik und, als ihre Blüte, die Karlsbader Beschlüsse, alle diese Einzelheiten sind Schandflecke auf den Purpurmänteln unserer Fürsten...«[92]

Als am 10. November 1848 die Wrangelschen Truppen dann durch das Hallesche Tor nach Berlin einmarschierten und die preußische Nationalversammlung auf und davonjagte, ist Fontane trotz allem und gegen alle höhere Einsicht über den Ausgang der Dinge noch optimistisch genug, um dem Freund zu schreiben: »Man hat das widerliche Reaktionsgesicht so frech und unverhohlen gezeigt, daß sich der ganze alte Schandstaat über dem Pulverfaß befindet und bei nächster Gelegenheit in den Mond fliegen muß. Ich wünsche jetzt keinen Kampf; wer bereits mit dem Rasiermesser vor dem Spiegel steht, um sich den Hals abzuschneiden, den zu erdolchen wäre überflüssig. Genug davon; ich bin eines guten Ausgangs so gewiß, daß ich in den letzten Tagen wieder Ruhe gewonnen habe, um bei meinen historischen Studien fortzufahren.«[93]

Bei diesen »historischen Studien«, mit denen Fontane wieder als Poet in die Gegenwart einzugreifen gedachte, handelte es sich um sein mehr politisches als historisches Drama ›Karl Stuart‹. Merklich an Schiller geschult und auf den Pfaden des großen Schwaben wandelnd, schildert dieses Lehrstück den Kampf des englischen Königs gegen das Parlament, in dem er schließlich unterlag. Als Tyrann, Verräter, Mörder und Landesfeind zum Tode verurteilt, wurde er am 30. Januar 1649 vor dem Whitehall-Palast in London hingerichtet.

Fontanes Dramenfragment ›Karl Stuart‹ war ganz und gar eine Frucht dieser hektischen Revolutionszeit. Er schrieb in innerer Erregung gegen das kurzsichtige Insistieren des preußischen Königs auf seinem Gottesgnadentum und seine Unfehlbarkeit an, gegen diese »ganze Unverschämtheit eines absoluten Herrschers«, und plädierte für eine uneingeschränkte Souveränität des Volkes.

Fontane hatte sich vom Schicksal der Familie Stuart immer schon fasziniert gezeigt. Wir verdanken diesem Interesse einige unserer besten Balladen. Nun aber erkannte er zwingende Analogien zwischen dem Kampf des englischen Parlaments vor zweihundert Jahren und den aktuellen Verfassungsstreitigkeiten im modernen Preußen. In Bethanien fand er ausreichend Muße, die notwendigen Quellenstudien zu beenden, aber wie fast alle politischen Dichtungen aus den Tagen der Revolution blieb auch sein Versuch, einen historischen Stoff im Drama zu aktualisieren, ein Torso. Der endgültige Sieg der Konterrevolution, von dem Fontane sich überrascht sah, dämpfte das Interesse an diesem Stoff merklich. Als er mehrere Szenen seines Menschheitsdramas im ›Tunnel‹ vorlas, gab Lepel lakonisch, aber sicher zutreffend zu Protokoll: »Was dem Journalisten frommen mag, steht unter dem Dichter. Er diene der Kunst, nicht der Partei!« Mit der Niederlage der Revolution in Preußen war Fontanes politisches Drama, an das er die Mühe eines ganzen Jahres verwandt hatte, ohnehin gegenstandslos geworden. Ganz abgesehen davon, daß Fontane sicher nicht zum Dramatiker prädestiniert war, zwang ihn nach Ablauf seines Vertrages mit Bethanien wieder die bitterste materielle Not dazu, sich einer erträglicheren literarischen Brotarbeit zuzuwenden.

Zu dem so schmerzlich empfundenen politischen Debakel, das er in einer qualvollen Zuschauerpose ertragen mußte, trat in dem Augenblick, als Fontanes Tätigkeit in dem erst 1847 eröffneten Krankenhaus Bethanien im August 1849 beendet war, auch noch die materielle Misere. Abermals stand er vor dem Nichts, und er hatte nicht die geringste Veranlassung, mit geschwellten Hoffnungen in die Zukunft zu blicken.

»Fünfviertel Jahre verblieb ich in Bethanien«, erinnert er sich später. »Als es damit auf die Neige ging, trat ernsthafter denn je die Frage an mich heran: ›Ja, was nun?‹ Ich war all die Zeit über in jedem Anbetracht derartig verwöhnt worden, daß mir Stellungen ›wieder draußen in der Welt‹ unmöglich behagen konnten, und zwar um so weniger, als ich das notorisch Beste davon, also Stellungen wie in Dresden und Leipzig, schon längst vorweg hatte. Was also tun? In einen elenden Durchschnittskasten mit schlechter Luft und schlechtem Bett wieder hineinkriechen, bei Tisch ein zähes Stück Fleisch herunterkauen und den Tag über allerlei Kompaniechirurgenwitze anhören zu müssen, all das hatte was geradezu Schauervolles für mich, und nach ernstlichem Erwägen kam ich endlich zu dem Schluß: Es sei das beste für mich, den ganzen Kram an den Nagel zu hängen und mich, auf jede Gefahr hin, auf die eigenen Beine zu stellen. Auf jede

Gefahr hin! Daß eine solche da sei, darüber war mir kein Zweifel...«[94]

An den Erwerb einer Apotheke war in diesem entscheidenden Augenblick nicht zu denken. Die damalige Verwaltungspraxis hatte in ihrer Konzessionsvergabe eine Apothekenspekulation mit überhöhten Preisen ermöglicht, die als »Apothekenschacher« in die Geschichte unserer Pharmazie eingegangen ist. Hätte Fontane damals über die nötigen Mittel verfügt, um eine Apotheke kaufen zu können, hätte seine Biographie eine entschieden andere Wendung genommen, und die deutsche Literatur hätte vielleicht auf ihren Klassiker Fontane verzichten müssen.

»Ihnen im Vertrauen gesagt«, schrieb er daher schon 1851 an Ignaz Hub, »(da ich stets der Meinung war, man könne vom Dichten nicht leben, und Pillendrehen sei nicht um ein Haar prosaischer als Artikelschreiberei fürs Geld), würd' ich bis an mein sanftseliges Ende Apotheker geblieben und innerhalb der Literatur immer nur als Dilettant aufgetreten sein, wenn ich Vermögen genug gehabt hätte, mir ein Apothekengeschäft zu kaufen. Daran war indes (alle anderen Bedingungen wie Examina usw. waren längst erfüllt) gar nicht zu denken, und so war ich eines schönen Tages nolens volens ›Dichter‹ von Fach.«[95]

Recht eigentlich datiert also Fontanes tollkühne Existenz als freier Schriftsteller vom 1. September 1849 ab. Damals stand für ihn fest: In die »Giftbude« irgendeiner Apotheke in diesem Lande wird er unter keinen Umständen mehr zurückkehren. Und so verschanzt er sich mit dem Manuskript seines ›Karl Stuart‹ in einem verwanzten Zimmer im dritten Stock des Hauses Louisenstraße 12. Hier kostete er, wie er beteuert, die Reize eines Chambre garni aus. »Die knarrende Bettstelle, die mitleidsvoll aus den Fugen geht, um einer obdachlosen Wanzenfamilie ein Unterkommen zu bieten, der wankelmütige Nachttisch, das gevierteilte Handtuch, die stereotypen Schildereien: Kaiser Nikolaus und Christus am Kreuz«[96] stellten das Ambiente des jungen Poeten dar, der sich damals auch in der Rolle eines »Kutschenschlagaufmachers bei der Eisenbahn«[97] vorstellen konnte.

In diesem Berliner Milieu schrieb er dann bereits am 5. Oktober an Lepel den wohl verzweifeltesten Brief seines Lebens, in dem es heißt:»Kannst Du mir sagen, mein lieber Lepel, warum ich zu gar nichts komme? Ich mache so geringe Ansprüche, und doch – selbst das Kleinste wird mir verweigert. 400 Taler, worauf mit Recht der Spruch erfunden ist: ›Zum Leben zu wenig, zu Sterben zu viel‹, ersehne ich nun schon seit Jahr und Tag, und obschon ich gar nicht wählerisch bin, obschon ich all und jede Subalternstellung, die nicht besondere Fachkenntnisse erheischt, mit Freuden annehmen würde, dennoch ist es nicht möglich, auch nur ein solches Minimum zu ergattern. Es gibt mehr denn zwei Dutzend Posten, zu denen ich nicht schlechter wie andre Menschenkinder zu verwenden wäre.

Geschäftsführer einer Apotheke, Eisenbahnbeamter, Sekretär, Kalkulator, Registrator, Lehrer in Chemie, Geographie und Geschichte, Konstabler-Wachtmeister, Redakteur einer gesinnungslosen Zeitschrift, ministerieller Zeitungsleser und Berichterstatter, Billeteur eines Theaters, Büchercroupier in der Königl. Bibliothek und noch hundert andre Dinge könnt' ich so gut werden wie alle die Hinze und Kunze, denen das Glück des Lebens in Gestalt von 400 Talern so reichlich zufließt. Sage mir, Lepel, woran liegt es? Greife nicht zu dem alten, billig gewordenen Witze: ›Weil Du zu allem taugst, taugst Du zu gar nichts‹, nein, das bestreit' ich allen Ernstes; ich habe in all den Stellungen, die mir bisher meinen Bissen Brot gewährten, wenn auch schweren Herzens, doch immerhin meine Pflicht erfüllt, und ich würde es wieder tun, gleichviel an welchem Platz auch man mich ferner stellen möchte.

Der langen Rede kurzer Sinn ist der: Lepel, Freund! Steige wieder auf die Warte und schau aus, ob Du nicht in Nah oder Fern ein Plätzchen entdeckst, eine ›kleinste Hütte, in der Raum ist für ein glücklich liebend Paar‹, natürlich mit nicht allzuviel Arbeit, vor allem mit den unerläßlichen 400 Talern jährlich.«[98]

Trotz allen guten Willens mußte Lepel in einem so prekären Falle passen. Dafür hatte Wilhelm Wolfsohn, der Freund aus Leipziger Tagen, ungleich mehr Erfolg. Er verschaffte Fontane einen Dessauer Verlag, in dem zu Weihnachten 1849 sein Romanzenzyklus ›Von der schönen Rosamunde‹ erschien. Ein Lichtblick für den lyrischen Panegyriker Preußens war es dann auch, daß zur gleichen Zeit seine Preußenlieder unter dem Titel ›Männer und Helden‹ bei A. W. Hayn in Berlin erschienen. Vor allem aber vermittelte Wolfsohn dem jüngeren Freund die Berliner Korrespondenz für die radikale ›Dresdner Zeitung‹. Das war das Signal für Fontane, seinen durch die Zeitereignisse längst überholten ›Karl Stuart‹ ad acta zu legen, sich als mäßig honorierter Lohnschreiber wieder dieser so unerfreulichen Gegenwart zuzuwenden und für sächsische Leser, die ihr Antiborussentum gar nicht erst hinter dem Berg zu halten versuchten, mehr oder weniger aufsässige Artikel zu verfertigen.

Fontane hatte das Dresdner Angebot gierig wie ein Ertrinkender das nach ihm ausgeworfene Seil ergriffen, und in den folgenden fünf Monaten entstanden nicht weniger als dreißig Fontane-Artikel für diese sächsische Postille, die allesamt von einem beachtenswert revolutionären Pathos getragen erscheinen und die er wohlweislich unter einer Chiffre veröffentlichte. Von nun an blieb über Jahrzehnte hin der Journalismus seine Haupteinnahmequelle, und der Poet mußte wohl oder übel hinter dem Publizisten zurücktreten.

Schon Fontanes erster Aufsatz vom 18. November war ein ätzender Affront gegen die damalige preußische Regierung. »Das Polizeiregiment ist in Blüte«, läßt er sich über diesen Staat aus, dessen glorreiche Geschichte ihm immer wieder durchschlagende dichterische Impulse verliehen hatte. »Auflösungen demokratischer Vereine und Ausweisungen mißliebiger Persönlichkeiten sind Parole und Lösung – das Alpha und Omega neupreußischer Staatsweisheit. Es ist eine Schande.«[99] Am 9. Dezember überrascht er seine Leser mit der knalligen Schlagzeile »Der wiedergeborene Polizeistaat« und liest den Regierenden in Berlin ganz gehörig die Leviten: »Hat man die Trümmer weggeräumt? Hat man in Wahrheit ein Neues aufgeführt? Mitnichten! Noch unter dem Nachhalle der Revolution sprang aus der Stirn des Ministers Kühlwetter das gewappnete Konstablertum, und der Neubau des Alten begann. Der beschränkte Untertanenverstand ward wieder als Basis genommen, und Hochmut und Grobheit – die Ecksteine und der Mörtel des alten Baues – stellten in kurzem aufs neue eine Herrlichkeit her, die, alles frühere überragend, das Gendarmentum der dreißiger Jahre als armselige Stümperei erscheinen ließ.... Die Grundlage unseres Staates ist nicht mehr das Recht, sondern die Polizei.«[100]

Der Realist, der seit jeher in Fontane steckte, ließ sich jedoch auf die Dauer nicht von persönlichen Ressentiments und politischen Emotionen, in denen sich ein dubioser Zeitgeist austobte, die Feder führen. Er versuchte vielmehr, klar und unmißverständlich zwischen dem alten Preußen, dem seine ganze Sympathie gehörte und für das sein Herz nie zu schlagen aufgehört hatte, und dem »Polizeistaat der Gegenwart« zu differenzieren. Damit rückte er der Wahrheit dann auch um ein entscheidendes Stück näher. Schließlich mutete er dann auch den kritischen Sachsen die unpopuläre Wahrheit zu, »daß der altpreußische Militärstaat nie aufhörte, ein Rechtsstaat zu sein«.[101]

Auf die Dauer ging es Fontane gehörig gegen den Strich, dauernd den musterhaften »Parforce-Demokraten« herauszukehren und blindwütig gegen Preußen vom Leder zu ziehen. Wahrscheinlich hatte er inzwischen nach Abschätzung der wahren Machtverhältnisse auf deutschem Boden doch einsehen gelernt, aus welcher Richtung der Wind wehte und auf welcher Seite die Hoffnung auf eine erträgliche politische Zukunft und auf eine Einigung Deutschlands liegen würde. Seinem Realitätssinn hatte er es schließlich zu verdanken, daß er sich nicht in eine Richtung vergaloppierte, die seiner Verbundenheit mit allem, was an preußische Traditionen erinnerte, einen unheilvollen Stoß verliehen hätte.

Am 15. Januar ergeht dann wieder einmal ein Hilferuf an Freund Lepel, in dem es mit der für Fontane schon obligatorischen Pointierung heißt: »Eggers fragte mich gestern, ob ich nicht Bilderaufseher im Museum werden wollte? Du kennst

doch die langweiligen Gesichter und die dünnen Leiber mit dem Bedientenrock darauf! Nächstens, wenn beim Latrinenpersonal ein altes Weib gestorben sein wird, werden sie mich fragen, ob ich nicht um ihre Stelle einkommen will. Soll ich Dir nun noch von mir schreiben? Wenn ich so auf mich blicke, wundre ich mich jedesmal, daß ich noch lachen kann, guten Appetit und, horribile dictu, selbst einen Rest von Hoffnung habe. Es geht mir eigentlich erbärmlich. Nicht, als ob ich Not litte, durchaus nicht; aber es kann doch so nicht bleiben! Die Unterstützungen, die gepumpten Gelder, selbst die kleinen Verdienste – alles nimmt doch mal ein Ende, und was dann? Selbst das Unglaubliche angenommen, meine Gläubiger hätten eine mehr wie deutsche Geduld – selbst an die Möglichkeit eines regelmäßigen, kleinen literarischen Erwerbs gedacht – was frommt mir das alles?! Ich brauche eine feste Stellung, brauche sie aus hundert Gründen. Jahr für Jahr sieht meine Braut vergehn, ohne daß wir einen Zollbreit vorwärtskämen; meine Mutter weint über die aussichtslose Lage ihrer Kinder; und selbst abgesehen von all diesem, auch der Poet geht in einer Lage wie die meinige vollends zugrunde. Seit vielen Monaten kennt meine Seele keine Ruhe; wo bleibt da die Muße, das Gesammeltsein, ohne welche nichts Halbweges gedeihen kann! Wenn sich's nicht *bald* ändert, so siehst Du mich wahr und wahrhaftig doch noch als Kondukteur auf den Wagen klettern. Ich finde auch nichts Schreckliches darin; denn selbst Gassenkehren und Steineklopfen ist eine noblere und poetischere Beschäftigung wie das begeisterungslose Verseleimen eines hungrigen, fadenscheinigen Poeten.«[102]
Auf die Nachricht hin, Merckel habe die Leitung des sogenannten ›Literarischen Kabinetts‹ bei der neuen als reaktionär verteufelten Regierung Manteuffel übernommen, schrieb Fontane am 8. April 1850 einen Brandbrief an Lepel, bei Merckel anzufragen, ob er als Mitarbeiter in Betracht käme. »Setz alle Segel bei«, beschwört er den Freund, »aber mit Vorsicht. Ich gelte, namentlich Merckeln gegenüber, für einen roten Republikaner und bin jetzt eigentlich ein Reaktionär vom reinsten Wasser.«[103]

Mit dergleichen eindeutigen Worten hat Fontane endgültig Gerichtstag über sein politisches Gewissen abgehalten und seinen aufgeputschten Emotionen des Jahres 48 abgeschworen. Während Lepel bei Merckel für ihn ein gutes Wort einlegt, verschwindet Fontane selbst erst einmal aus Berlin, um sich als Kriegsberichterstatter auf dem schleswig-holsteinischen und dänischen Kriegsschauplatz seine Sporen zu verdienen. Hier oben im Norden findet unter der Anteilnahme von ganz Deutschland nämlich der etwas groteske Abgesang der Revolution statt, die so viele deutsche Gemüter in einen wahrhaftigen Furor teutonicus versetzt hat. Die innenpolitischen Fronten zwischen konservativ und progressiv beginnen sich unversehens zu verwischen. Angesichts der äußeren Bedrohung rücken die Deutschen wieder enger in schöner Einmütigkeit zusammen. Alle marschieren in Reih und Glied, als hätte man nicht eben noch gegeneinander auf den Barrikaden deutscher Hauptstädte gestanden. Auch Fontane ist kaum noch zu zügeln, den Kriegsschauplatz im Norden aufzusuchen, wo für die deutsche Sache gefochten wird.

Zwei Tage nach der Schlacht von Idstedt reist er im Juli 1850 nach Hamburg. Von hier aus bekennt er seinem Freund Lepel, daß er angesichts der Indifferenz, mit der das offizielle Preußen die gemeinsame deutsche Sache vertritt, am liebsten zum »Kuhfuß« greifen und in Reih und Glied treten möchte, könnte er nur dem Zug seines Herzens folgen. Nur Freiwillige aus ganz Deutschland, das ist damals seine hörenswerte Meinung, wären noch in der Lage, die Sache der schleswig-holsteinischen Landsleute zu retten. »Gerade weil alle Welt jetzt schreit: ›Die Sache ist verloren!‹ und weil sie's vielleicht wirklich ist«, alteriert er sich, »geziemte es deutschen Männern (wo ist Diogenes mit der Laterne?), mit dem guten Recht jenes herrlichen Landes zu stehn oder zu fallen. Meine Schmähung trifft mich mit: ich habe feierlich versprochen, mich bei Handlungen nicht zu beteiligen. Denk ich an meine Mutter und Braut, so erscheint mir die bloße Beobachterrolle sogar wie eine Pflicht... Man hat den gewöhnlichen Lumpenhunden nur das voraus, daß man wie der wittenbergstudierte Hamlet sich über seine Lumpenschaft vollkommen klar ist.«[104]

In Altona erreichte Fontane dann Merckels Aufforderung, als Lektor ins ›Literarische Kabinett‹ einzutreten. Diese Nachricht vom 5. August bewahrte Fontane davor, sich in einer ihm keineswegs zusagenden Heldenpose in kriegerische Abenteuer zu stürzen. In der sicheren Erwartung, daß er vorerst einmal von allen materiellen Miseren verschont sein würde und er aufgrund dieser Anstellung sogar die Eheschließung nach langer Verlobungszeit wagen könnte, begab er sich stehenden Fußes nach Berlin zurück. Diese »Rückberufungs-Order« sollte ein neues entscheidendes Kapitel seines Lebens einleiten.

9
Emilie Fontane

An jenem denkwürdigen 5. August 1850 schrieb Fontane auf die Nachricht von seiner Anstellung im ›Literarischen Kabinett‹ postwendend an seine Braut nach Berlin: »Schleswig-Holstein aufgegeben. Wenn Dir's paßt, im Oktober Hochzeit.« Durch diese lakonischen Zeilen eines notorischen Hungerleiders klingt das beglückende Gefühl, nun endlich sicher »im Hafen«, wie er zu sagen pflegte, einzulaufen. Fünf Jahre waren vergangen, seitdem Fontane sich mit Emilie Rouanet verlobt hatte. Wie wir wissen, hatte er die Braut bereits im Hause seines ominösen Onkels August vor vielen Jahren kennengelernt, als sie ihm noch als ein »ziemlich verwildertes Kind« erschienen war. Emilie war während der Witwenschaft ihrer Mutter als Kind eines preußischen Armeearztes geboren und auf eine Anzeige in der ›Vossischen Zeitung‹ hin dem Berliner kinderlosen Ehepaar Kummer zur Adoption übergeben worden. Fontane war sechzehn Jahre alt, als ihn das etwas exotische Aussehen dieses Kindes aus einer Réfugié-Familie, dem er sogleich ein gewisses »Abruzzentum« testierte, so beeindruckt, daß er später schreiben konnte: »Ich möchte beinah sagen, daß ich mich auf der Stelle in das sonderbare Kind verliebte.«

Am Hochzeitstag 1853 verfaßte Fontane ein paar Verse für seine Frau, in denen er auf die nicht eben leichte Kindheit dieses »Ciocciarenkindes« anspielte: »Wenig Liebe, / viele Hiebe, / Mädchen mit der Eierkiepe.«[105] Er entsann sich noch gut der besonderen melodramatischen Begabung Emilies, mit der sie ihn durch eine gelungene Wiedergabe einer Szene aus Shakespears ›Romeo und Julia‹ überrascht hatte.

Als er sie dann nach neun Jahren mit wesentlich anderen Augen wiedersah, war ihr von ihrem Exotentum nicht mehr viel anzumerken. »Die Kleine, mittlerweile 19 Jahre alt«, erinnert er sich, »hatte sich total verändert. Nicht bloß das Abruzzentum war hin, auch die mildere Form; das Südfranzösische hatte sich beinah ganz verflüchtigt, und die tiefliegenden dunklen Augen, die mir, ohne schwarz zu sein, immer kohlschwarz erschienen waren, sahen jetzt in dem hierzulande üblichen Halbgrau hell und lachend in die Welt hinein. Alles in allem, beweglich und ausgelassen, vergnügungsbedürftig und zugleich arbeitsam, war sie der Typus einer jungen Berlinerin, wie man sie sich damals vorstellte. Sie hatte sich vergleichsweise verhübscht, aber von ihrer Rassenhöhe war sie ziemlich herabgestiegen – wohl zu ihrem und meinem Glück. Wir nahmen nämlich den alten herzlichen Ton gleich wieder auf, und die Leute wußten bald, was daraus werden würde. Sie hatten sich auch nicht verrechnet, und anderthalb Jahre später, an jenem 8. Dezember, war ich verlobt.«[106]

An diesem für seine Biographie so denkwürdigen Tag hatte man gemeinsam Onkel Augusts Geburtstag gefeiert, und Fontane brachte das junge Mädchen nach Hause. »Da wir beide plauderhaft waren«, beschreibt er die nun folgende Verlobungsszene mit feiner Ironie, »so war an Verlegenheit nicht zu denken, und diese Verlegenheit kam auch kaum, als sich mir im Laufe des Gespräches mit einem Male die Betrachtung aufdrängte: ›Ja, nun ist es eigentlich das beste, dich zu verloben.‹

Es war wenige Schritte vor der Weidendammer Brücke, daß mir dieser gefährlichste Gedanke meines Lebens kam, und als ich die Brücke wieder um ebenso viele Schritte hinter mir hatte, war ich denn auch verlobt. Mir persönlich stand dies fest. Weil sich aber die dabei gesprochenen Worte von manchen früher gesprochenen nicht sehr wesentlich unterschieden, so nahm ich plötzlich, von einer kleinen Angst erfaßt, zum Abschied noch einmal die Hand des Fräuleins und sagte ihr mit einer mir sonst fremden Herzlichkeit: ›Wir sind aber nun *wirklich* verlobt.‹«[107]

Die Tollkühnheit dieser spontanen Überrumpelungsaktion auf der Weidendammer Brücke bekam Fontane, der kaum auf eine materielle Basis für eine Eheschließung rechnen konnte, bald zu spüren. Jahr für Jahr verstrich seit jenem Abend, ohne daß er seiner ewigen Braut die geringste Aussicht auf eine Beendigung der Verlobungszeit machen konnte. Zweifel an der Richtigkeit dieses Entschlusses konnte er nur schwer unterdrücken. So schrieb er zwei Jahre darauf an Wilhelm Wolfsohn: »Ich habe in meiner Liebe viele Kämpfe durchgemacht; ich habe (ohne deshalb meine Braut je minder geliebt zu haben) meine Verlobung wie eine Übereilung betrachtet, ich habe mir die Befähigung abgesprochen, je ein Weib glücklich machen zu können, und habe gleichzeitig meinen eigenen Untergang als eine Gewißheit vor Augen gesehn; zu allem hab ich den Höllensaft brennender, verzweifelter Eifersucht gekostet, oder richtiger, meine Seele monatelang damit getränkt.«[108]

Er wurde in dieser fünfjährigen Verlobungszeit eigentlich das quälende Gefühl, sein Herz nun zwischen einer Frau, die zu Recht Erwartungen auf ihn richtete, und seiner Kunst, der Literatur, der er sich mit Leib und Leben verschrieben hatte, teilen zu müssen, nicht los. Die Vorstellung, in Zukunft wie der Graf von Gleichen mit zwei Geliebten leben und dabei für die rechte Harmonie unter ihnen sorgen zu müssen, befeuerte ihn nicht gerade zu neuen Taten. Er ließ seine dichterische Fantasie spielen und stellte sich selbst die Gewissensfrage, ob er seine Muse oder aber seine Frau künftig mit »der feurigen, schwarzen Orientalin«, die der thüringische Graf von seinem Kreuzzug mit nach Hause gebracht hatte, identifizieren solle.

In den folgenden Jahren hatte er Emilie wegen des Hochzeitstermins immer wieder zu vertrösten. Als ihm alle Felle davongeschwommen sind, trägt er sich ernsthaft mit dem Gedanken, sein Schicksal an das seines Onkels August zu heften, der als der Glücksritter, der er nun einmal war, wie so viele damals nach Amerika ausgewandert ist, um dort eine neue Existenz zu gründen. Aber Fontane weiß nur zu gut, daß es sich bei diesem Onkel um einen so »vollendeten

Bummler« handelt, daß er immer weniger Lust verspürt,
»mit ihm zu verkehren und dadurch gewissermaßen seine
Schwindeleien gutzuheißen, mindestens zu tolerieren«.

Seiner Braut zum Troste aber reimte er dennoch ein paar
Strophen zusammen, um sie wenigstens poetisch zur Auswanderung in glücklichere Regionen dieses Planeten zu
überreden:

»Liebchen, komm, vor dieser Zeit, der schweren,
Schutz zu suchen in den Kordillieren;
Aus der Anden ew'gem Felsentor
Tritt vielleicht noch kein Konstabler vor.

Statt der Savignys und der Uhden
Üben dort Justiz die Botokuden,
Und durchs Nasenbein der goldne Ring
Trägt sich leichter als von Bodelschwingh.

Ohne Wühler dort und Agitator
Frißt uns höchstens mal ein Alligator,
Schlöffel Vater und selbst Schlöffel Sohn
Respektieren noch das Maranon.

Dort kein Pieper, dort kein Kiolbassa,
Statt der Darlehnsscheine Geld in Kassa,
Und in Quito oder Santa Fé
Nichts von volksbeglückender Idee.

Laßt die Klänge Don Juans und Zampas,
Hufgestampfe lockt uns in die Pampas,
Und die Rosse dort, des Reiters wert,
Sichern dich vor Rellstabs Musenpferd.

Komm, o komm; den heimatlichen Bettel
Werfen wir vom Popokatepettel,
Und dem Kreischen nur des Kakadu
Hören wir am Titicaca zu.«[109]

Auf so becircende Sirenenklänge hin – so hat man gemeint –
hat noch nie ein Mädchen die Koffer gepackt, um hinter einer
unbesonnten Vergangenheit einen dicken Strich zu machen
und dem geliebten Mann in unerprobte Abenteuer zu folgen.
Emilie hielt auch ohne die Verwirklichung solcher fragwürdigen Projekte fest zu Fontane. Die Faszination, die sich schon
früh eingestellt hatte, riß auch in diesen endlos erscheinen-

den Verlobungsjahren keinen Augenblick ab, obwohl sie Emilies Geduld auf eine harte Probe stellten. Was er für sie empfand, vertraute er Wolfsohn an: »Du hast das junge Mädchen bei Deinem Hiersein gesehn. Das Hervorstechende ihres Wesens ist, körperlich und geistig, das Interessante; sie wird mich auch da zu fesseln wissen, wo mir größere Schönheit, umfassenderes Wissen und selbst tieferes Gefühl auf meinem Lebenswege begegnen sollten. Mit einem Wort, sie ist ›liebenswürdig‹, sie hat jenes unerklärbare Etwas, was allem einen Reiz verleiht; die Schwächen selbst werden so zu Tugenden gestempelt; launenhafte Wünsche und Einfälle kleiden sich in das Gewand des Eigentümlichen.«[110] Unter solchen Voraussetzungen beteuert Fontane immer wieder, daß es eben doch wohl der »glücklichste Gedanke seines Lebens« war, den er »wenige Schritte vor der Weidendammer Brücke« gefaßt hatte. Er verzichtete dann auch großmütig auf alle Ausreisepläne, und er mochte dringende Gründe dazu haben, über die er sich Lepel gegenüber so äußerte: »Ich gedenke auszuhalten, einmal, weil ich noch hoffe, dann aber auch, weil ich, übersiedelnd in die Neue Welt, Bande zerreißen müßte, die mich mit meinem eigentlichen Leben an unsere deutsche Erde fesseln. Wir sind nicht alle gleich in dem, was das Herz begehrt: und die Freiheit und Unabhängigkeit, die der eine draußen in der Welt sucht, findet der andre in dem Freistaat der Kunst und Wissenschaft. Ich liebe die deutsche Kunst, das ist mein eigentliches Vaterland, und es aufgeben, hieße, mich selbst aufgeben.«[111] Auch über seine Bräutigamskalamitäten läßt er sich demselben Freund offenherzig genug aus. »Für Deinen liebenswürdigen Brief vom gestrigen Tag meinen Dank«, heißt es da am 1. März 1849. »Er hob nämlich den tristen Eindruck eines fünf Minuten vorher erhaltenen Schreibens stellenweise wieder auf. Denke Dir: ›Enthüllungen No. II‹: zum zweiten Male unglückseliger Vater eines illegalen Sprößlings. Abgesehen von dem moralischen Katzenjammer ruf' ich auch aus: ›Kann ich Dukaten aus der Erde stampfen usw.‹.

Meine Kinder fressen mir die Haare vom Kopf, eh die Welt weiß, daß ich überhaupt welche habe.
O horrible, o horrible, o most horrible! ruft Hamlets Geist, und ich mit ihm. Das betreffende interessante Aktenstück (ein Brief aus Dresden) werd' ich Dir am Sonntag vorlegen... und wenn nur diese Vaterfreuden, dieser Segen, diese heimlichen Überraschungen nicht wären!«[112]

Das ominöse Dresdner Aktenstück hatte bei Fontane »hypochondrische Anfälle« und ein »melancholisches Brüten« ausgelöst.

»Ich komme erst wieder zu mir«, so schüttet er dem Freunde sein Herz aus, »wenn ich verheiratet bin. Teils ist mir die Liebe eines Weibes wahrhaftiges Bedürfnis für Leib und Seele, teils muß ich der Frage überhoben sein, die ich aus Liebe zu meiner Braut tagtäglich an mich richte: nun, wie lange dauert's noch? Nimmt dieses Warten kein Ende? Wird dieser Wunsch erfüllt oder jene Hoffnung betrogen werden? Ein Mädchen verlobt sich doch nicht, um eine altjüngferliche Braut zu werden, und wenn die Meinige auch Gott sei Dank zart genug ist, mich mit solchen Anfragen nicht zu quälen, so weiß man doch am Ende, was in solchen Herzen vorgeht und was dieser oder jener Blick zu bedeuten hat. Ich hätte in der Tat nicht den Mut auf ein halb Jahr in die weite Welt zu gehn und Stoffe zu sammeln, während das Mädchen, das ich zu lieben vorgebe, das vierte Jahr schwinden sieht, ohne dem Ziel näher zu sein wie am ersten Tag.«[113]

Mit seiner Berufung ins ›Literarische Kabinett‹ stand, wie es schien, ihrem gemeinsamen Glück nichts mehr entgegen. Auf Fontanes Brief vom 5. August schrieb Emilie spontan zurück: »Also Oktober! Alle Verwandten... haben lange Gesichter gemacht, aber niemand hat zu widersprechen oder auch nur abzuraten gewagt.«

In der Hoffnung auf die 40 Taler, die Fontanes neues Amt monatlich abwerfen sollte, fand dann am 16. Oktober in der Tat endlich die Trauung in der Französischen Kirche statt. »Pastor Fournier a béni dans le temple de Berlin le mariage de Henri Theodore Fontane, littérateur, avec Georgine Emilie Caroline Rouanet-Kummer«, heißt es im offiziellen Bericht.

Der Bräutigam selber aber erinnert sich später an diesen Tag nicht ohne bemerkensw¯rtes Behagen:»Ich habe viele hübsche Hochzeiten mitgemacht, aber keine hübschere als meine eigene.« Die Hochzeitsgäste, darunter auch so illustre Tunnelfreunde wie Paul Heyse und Friedrich Eggers, aber auch »viele französische Rasseköpfe« hatten sich in einem kleinen Lokal in der Bellevuestraße versammelt, das wegen seiner »Spargel und Kalbkottelets« in hohem Ruf stand, und der Oberkellner vom Café National, dem Treffpunkt des ›Tunnel‹, hatte das festliche Arrangement übernommen. »Das reizendste für mich war, daß ein Bräutigam nicht zu antworten braucht«, vermerkt Fontane zu diesem Tag. »Ich beschränkte mich auf Kuß und Händedruck und aß ruhig und ausgiebig weiter.« Er entwickelte dabei offensichtlich einen so gesegneten Appetit, daß Pastor Schultz von Bethanien die glückliche Braut neckte: »Liebe Emilie, wenn der so fortfährt, so wird seine Verpflegung Ihnen allerhand Schwierigkeiten machen.«[114]

An diesem Berliner Oktobertag des Jahres 1850 begann eine Dichterehe, deren Erfüllungen, aber auch Krisen sogar heute noch bis in alle Details aufzudecken sind, da Emilie die mit Abstand intensivste Briefpartnerin des passionierten Briefschreibers Fontane war und es auch bis zuletzt blieb. Noch am Tage seines Todes hatte er an seine damals von Berlin abwesende Frau einen seiner menschlich so überlegenen und heiteren Briefe geschrieben, die bald das Entzücken aller Fontane-Enthusiasten werden sollten. Fontane hat die Zahl dieser Briefe, die er von seinen Reisen an Emilie schickte, mit der selbstironischen Übertreibung, die er so sehr liebte, selbst einmal mit zehntausend Stück beziffert, aber einige tausend dürften es wohl schon gewesen sein, die für den lebhaften geistigen Austausch mit seiner Frau zeugen. In vielen von ihnen versuchte er sogar, in einem langwierigen didaktischen Prozeß Gehalt und Form seiner literarischen Projekte zu klären, an denen sie mitfühlend und mitdenkend Anteil zu nehmen pflegte.

Fontane wußte nicht nur vor ihr und anderen ihre so positiven spezifisch fraulichen Eigenschaften, vor allem auch ihre haushälterischen Qualitäten durchaus schmeichelhaft herauszustreichen. Die Rolle, die sie in seinem Leben spielte, ist sicher nicht zu unterschätzen. Schließlich schenkte sie ihm sieben Kinder, von denen drei bald nach der Geburt starben. Vier andere aber wuchsen heran, drei Söhne und eine Tochter.

»Um nur zwei Dinge zu nennen«, rühmte er Emilie in ›Von Zwanzig bis Dreißig‹, »sie hat mir alle Bücher und alle Zeitungen vorgelesen und hat mir alle meine von Korrekturen und Einschiebseln starrende Manuskripte abgeschrieben, also, meine dicken Kriegsbücher mit eingerechnet, gute vierzig Bände. Sie war vor allem eine Haushälterin von jener nicht genug zu preisenden Art, die Sparsamkeit mit Ordnungssinn und Helfefreudigkeit verbindet... Ich muß aber auf die Gefahr hin, mich in ein komisches Licht zu stellen, noch weiteres an meiner Ehehälfte loben, und zwar ihr Temperament, ihren ausgesprochen ästhetischen Sinn, ihre Naivität und nicht zum wenigsten ihre Unlogik.«[115]

Trotz dieses sicher selbstlosen Einsatzes für das Fontanesche Lebenswerk scheint sie für den besonderen literarischen Rang ihres Mannes, auch als er schon weltliterarisches Format erlangt hatte, bis zuletzt kein geschärftes Organ besessen zu haben. Sie widersprach daher auch keineswegs ihrem Bruder, der den erfolglosen und schwer um seine literarische Reputation ringenden Fontane nur mit den bitteren Worten zu apostrophieren pflegte: »Mein berühmter Schwager, den keiner kennt«. Fontane hat dieses Bonmot dann auch selbstkritisch so kommentiert: »Niemals bin ich richtiger beurteilt worden. Endresultat von 45 Arbeitsjahren«, in denen er immerhin seine Balladen, seine ›Wanderungen‹ und seine Kriegsbücher zuwege gebracht hatte. All das aber schien nicht auszureichen, um ihm wenigstens im engsten Familienkreise ein entsprechendes Renommee als Literat zu verschaffen.

Natürlich hätte Emilie ihren Mann lieber in irgendeinem Regierungsamt innerhalb der preußischen Beamtenhierarchie gesehen, obwohl es ihn sicher auf die Dauer zermürbt hätte. So nahm sie dann sein abenteuerliches Leben als

Homme de lettres, das oft von »totalen Nervenpleiten« begleitet war und das ihr und ihren Kindern zuweilen nur ein höchst bescheidenes Leben garantierte, bestenfalls mit der Gelassenheit einer aus höherer Einsicht Resignierenden hin. Daß der ständige Frondeur gegen alle Erscheinungsformen von Beamtenbürokratie oft Wohlergehen und Bestand der Familie aufs Spiel setzte, zehrte zeit ihres Lebens an ihr, zumal sie vom Nutzen seiner enervierenden Schreibtischarbeit, die ihm alles bedeutete, nie so recht überzeugt war. Noch in ihrem hohen Alter, als man Fontane in Kreisen von Literaturexperten längst eine gewisse Klassizität konzedierte, mokierte sie sich hinter vorgehaltener Hand dem jungen Gerhart Hauptmann gegenüber: »Da hält er sich immer für einen Dichter..., und er ist doch nun einmal kein Dichter, nein wirklich, er ist doch keiner.«

Da sie ihren Mann um einige Jahre überlebte, konnte sie doch noch seinen postumen Ruhm miterleben, und so hatte sie ihm wahrscheinlich noch einiges abzubitten. Sie hatte gewiß mit ihm höchst kritische Zeiten durchleben müssen, gestand sich aber am Ende doch selbst ein, daß die Ehe mit ihm interessant war und daß sie immer wieder von neuem damit beginnen würde. Nach fast fünfzig Ehejahren gelangte sie jedenfalls an seinem Sarge rückblickend zu folgendem Fazit: »Es war ein schönes Leben mit ihm, und ich würde es gleich noch einmal beginnen.« Dabei hatte sie ganz gewiß unter dem konsequent eingehaltenen Lebenskonzept ihres Mannes am meisten zu leiden gehabt; denn ein Apotheker, der anstatt von einer Apotheke von der Schriftstellerei zu leben sich in den Kopf gesetzt hatte, war nach seiner eigenen Meinung so ziemlich »das Tollste, was es überhaupt gibt«.

Vorerst freilich gab sich das jungverheiratete Paar der schönen Täuschung hin, die Stellung im ›Literarischen Kabinett‹ des Innenministeriums böte eine durchaus tragfähige Basis für so etwas wie eine abgesicherte bürgerliche Existenz. Noch zu seinem 32. Geburtstag hatte Fontanes Vater, selbst über jeden Vorwurf allzu bürgerlicher Seriosität hoch erhaben, dem Sohn den wohlgemeinten Wunsch mit auf den Weg gegeben, aus seiner schriftstellerischen Fronarbeit möchte endlich doch auch ein materieller Profit abfallen, »ohne welchen – was man auch immer dagegen anführen mag – irdisches Wohlbehagen nun einmal nicht bestehen kann. Die gütige Vorsehung möge Dich nach dieser Richtung hin begünstigen, wenn auch nur zum vierten Teil so wie die Balzac, Scribe, Sue, Victor Hugo und Konsorten.« Leider ging dieser fromme väterliche Wunsch nicht in Erfüllung. Die Schicksalsbegünstigung à la Victor Hugo ließ nur allzu lange auf sich warten, wie Fontane schon kurz darauf an Lepel sarkastisch bemerkt. »Am 31. v. M., als ich in der Schadowstr. 4 erschien«, heißt es in diesem Brief vom 7. Januar 1851, »überraschte mich die Silvestergabe, daß das Kabinett aufgelöst und der Literat Th. Fontane an die Luft gesetzt sei. Eilig strich ich noch 40 Rth. Diäten für Monat Dezember ein und verschwand für immer aus den heiligen Hallen, in denen ich fünfmal vier Wochen Zeuge der Saucenbereitung gewesen war, mit welchen das Literarische Kabinett das ausgekochte Rindfleisch Manteuffelscher Politik tagtäglich zu übergießen hatte. Gott sei Dank kann ich mir nachträglich das Zeugnis ausstellen, daß von meiner Seite kein Salz-, Senf- oder Pfefferkorn jemals zu der Schandbrühe beigesteuert worden ist.

Meine Frau, als ich ihr erklärte, daß nun jedes Hindernis beseitigt sei und das Hungern losgehen könne, kriegte natürlich einen kleinen Schreck; meine Beredsamkeit indes und der Hinweis auf vorläufig nach vorhandene 40 Rth. beruhigten ihr geängstigtes Gemüt, und es werden bald nun acht Tage, daß sie das Unverschuldete mit Fassung trägt. Es versteht sich von selbst, daß meinerseits Schritte in Hülle und Fülle geschehen, um den Schaden wieder auszuflicken; bis jetzt – wie sich wiederum von selbst versteht – ohne Erfolg. Vielleicht krieg ich eine kleine Stellung bei der ›Konstitutionellen Zeitung‹.«[116]

Wieder einmal, nun ganz auf sich selbst gestellt und ohne alle berechtigte Hoffnung, auf eine vernünftige Weise zu Geld zu gelangen, richtete Fontane ein Gesuch um Gewährung einer Poetenpension an den König, jedoch Innenminister Westphalen, sein bisheriger Vorgesetzter, winkte energisch ab, und in der entsprechenden Aktennotiz taucht der Passus auf, daß »die politischen Gesinnungen des p. Fontane nicht ganz lauter« seien.

Auch der Plan, ein Barbarossa-Epos zu verfertigen, wurde damals sang- und klanglos wieder begraben, um nicht, wie Fontane zu bedenken gibt, die österreichische Politik in Italien, die wieder einmal zu diesem Zeitpunkt zur Debatte steht, zu billigen oder gar zu glorifizieren. Die literarischen Honorare, die er sich erarbeitet, sind erschreckend niedrig, die Eröffnung einer Pension für Schüler scheitert, und so versucht Fontane nach Ablegung eines Examens sein Glück als Englischlehrer.

Otto Roquette, der mit seinem Versepos ›Waldmeisters Brautfahrt‹ eben einen durchschlagenden Bucherfolg errungen hat, nimmt an dem nun allerdings deprimierenden Schicksal des jungen Paares lebhaften Anteil. »Fontane hatte eine praktische Tätigkeit verlassen, um ganz als Schriftsteller zu leben«, schrieb er rückblickend in seinen Erinnerungen. »Wie schwierig er sich den Lebensweg bereitete, mußte er damals schon erkennen, zumal er sich jung verheiratet hatte... Doch stand er bereits in dichterischem Rufe, und seine Balladendichtung entfaltete sich in dieser Zeit zur Blüte. Auch Fontane war eine großartig zugeschnittene Natur, wie in seiner stattlichen Erscheinung, so in seinem Wesen. Die Gegensätzlichkeit seiner damaligen politischen Gesinnung, mit welcher er zur konservativen Regierungspartei hielt, hinderte uns in unserem Verkehr nicht. Verstand er doch genug Humor, um selbst zu lachen, wenn wir die Größe und Verhältnisse der ›Konfliktzeit‹ mit grausigen Scherzen verhöhnten und im Gespräch verarbeiteten.«

In dieses schicksalschwere Jahr 1851 fällt neben der Geburt seines ersten Sohnes George auch die Herausgabe seines ersten Gedichtbandes. Ansonsten aber erlebt Fontane nur Schlappen, die ihn zu zermürben scheinen. Manuskripte, an die er Tage oder Wochen intensivster Arbeit gewandt hatte, werden ihm mit fadenscheinigen Ausflüchten von den Redaktionen wieder dankend zurückgereicht.

Die Arbeit an einer Anthologie, dem ›Deutschen Dichter-

album‹, zahlt sich für ihn materiell kaum aus, ja selbst seine Bewerbung um die Stelle eines Sekretärs des Berliner Gartenbauvereins endet mit einer brüsken Ablehnung. Daher ist er heilfroh, als er im Mai eine Aushilfe in der Apotheke von Bethanien übernehmen darf, so daß er die Familie zusammen mit Privatunterricht, den er in Englisch, Geschichte und Geographie erteilt, notdürftig über Wasser halten kann.

In einer Zeit allgemeiner politischer Stagnation und Reaktion und nicht abreißender finanzieller Miseren hätte er schon einigen Grund gehabt, an sich und der Welt zu verzweifeln. Immer mehr bedrückt ihn die Vorstellung, sein Lebenskonzept eben doch zu kühn geplant zu haben, und so bekommt der allzeit verläßliche und besorgte Lepel von ihm wieder einmal zu hören: »Auch mit Dir groll' und zürn' ich; Du bist nicht der Kerl, an dem man sich aufrichten und erquicken könnte. Dir sieht auch diese arme, impotente Zeit aus den Augen; man kommt dahin, sich nach dem Verbrechen finsterer Jahrhunderte zurückzusehnen, es war doch was damit; – heutzutag aber ist alles matt wie die Limonade in ›Kabale und Liebe‹, matt wie die Liebe selbst.«

Und wirklich: Er hatte die »Geduld eines Esels« aufgebracht, und es, wie er schrieb, »rechts und links und in der Mitte versucht; die Tollheit der Extreme und die Schwächlichkeit (meiner Meinung nach freilich unverschuldet) des Juste milieu ekeln einen an«. Und als dann im Oktober der damalige Kulturminister Karl von Raumer ihm die Gewährung einer durchaus subalternen Stellung in seinem Ministerium abgelehnt hatte, kann sich Fontane Lepel gegenüber nur noch zu einem moderierten Zynismus oder Galgenhumor durchringen, indem er diesmal schreibt: »Fast ist diese Konsequenz des Pechs zum Lachen. Was mag das Schicksal mit mir vorhaben? Was Großes – muß ich bezweifeln, also vielleicht Ochsenkopp oder Arbeitshaus. *Das* hätt ich schneller und billiger haben können.«[117]

Angesichts seiner Notlage kann man verstehen, daß sich Fontane am Ende dann doch noch – auch gegen seine bessere Überzeugung – an die Reaktion verkaufte und sich bereitfand, an dem ihm so suspekten »Manteuffelschen Hexenbrei« mitzukochen. Sein Entschluß, wieder einen Posten in der Regierung anzunehmen, ist von der äußersten Verzweiflung diktiert gewesen. Jedenfalls schrieb er ganz in diesem Sinne am 30. Oktober 1851 an Lepel: »Ich habe mich heut der Reaktion für monatlich 30 Silberlinge verkauft und bin wieder angestellter Scirlifax (in Versen und Prosa) bei der seligen ›Deutschen Reform‹ auferstandenen ›Adler-Zeitung‹. Man kann nun einmal als anständiger Mensch nicht durchkommen. Ich debütiere mit Ottaven zu Ehren Manteuffels. Inhalt: der Ministerpräsident zertritt den (unvermeidlichen) Drachen der Revolution. Sehr nett!«[118]

Fontane sah sich der Not gehorchend in die Rolle des Judas gedrängt, und nur das Verständnis seiner Freunde für seine Zwangslage bewahrte ihn davor, die letzte Selbstachtung zu verlieren. Trotzdem bekannte Fontane, das Bewußtsein von der Existenz eines monatlichen Fixums von dreißig Talern garantiere ihm keineswegs die gewünschte Gewissensruhe. »Meine Handelsweise entspricht zwar den Diebstählen aus der Not«, versichert er, »es ist das Sechserbrot, das der Hungrige aus dem Scharren nimmt – aber es ist immer gestohlen. Wie ich's drehn und deuteln mag – es ist und bleibt Lüge, Verrat, Gemeinheit. Die Absolution, die mir die hündische Verworfenheit der Welt und dieser Zeit angedeihen läßt, kann mir nicht genügen. Der feiste Ernst Schultze sprach zu seiner Frau: ›Jotte doch, das bißchen Überzeugungsopfer; da müssen andere Leute ganz andere Geschichten opfern!‹ ›Schreibtafel her!‹ ruft Hamlet. Wenn unsre Zeit mal eine Überschrift braucht, so bitt ich, diesen großen Worten zu ihrem Recht zu verhelfen. Und *das* Volk will Freiheit, will Republik! Vivat Louis Schneider! Er hat recht: uns frommt nur noch die Knute.«[119]

Das Maß des eben noch Erträglichen schien für Fontane damit überzogen zu sein. Seine physische Widerstandskraft war durch die Entbehrung so vieler Jahre gebrochen, und von seinem gewohnten dichterischen Elan war nichts mehr zu verspüren. Er erkrankte damals ernsthaft, und das schreckliche Jahr 1851 endete für ihn und seine junge Frau noch unglücklicher, als es begonnen hatte.

Aber auch im kommenden Jahr schien sich keine Wendung zum Besseren hin anzubahnen. Von den vier Kindern, die Emilie bis 1855 zur Welt gebracht hatte, überlebte nur das älteste. Dazu stellte sich heraus, daß Fontanes Tätigkeit in der ›Zentralstelle für Presseangelegenheiten‹, die er am 1. November 1851 aufgenommen hatte, eben doch nicht die materielle Basis für ein sorgenfreies Leben bot. »Chambregarnisten« und Schülerpensionäre, die Fontanes bei sich aufnahmen, mußten auch weiterhin für eine Aufbesserung des stets hart angeschlagenen Etats sorgen. Darüber hinaus gab Fontane neben seinem Zeitungsdienst nach wie vor Privatstunden.

Im übrigen hatte er sich mit dem Gedanken abgefunden, sich nicht länger in den Elfenbeinturm eines Poeten zurückziehen und verschanzen zu können. Er unterzog sich – wenn auch widerstrebend – der Brotarbeit des Journalismus, die er nicht anders wertete als etwa das Aktenschreiben der Juristen oder das Rezeptieren des Apothekers. Mit seiner Zeitungsschreiberei, bekannte er Lepel, kratze er sein Geld zusammen, um dann bitter hinzuzufügen: »Und doch ist die schlechteste meiner Balladen, für deren beste ich vielleicht zwei Reichstaler 7½ Silbergroschen gekriegt habe, mehr wert als alle Korrespondenzartikel zusammengenommen, mit denen ich bis jetzt das ›Danziger Dampfboot‹ usw. beglückt habe... Freie Liebe hat nie was eingebracht; man sei eine Hure, und man kriegt seine Taler so gut wie alle die Lotten und Rieken, die sich deutsche Schriftsteller nennen.«[120]

Aus dieser Situation schien es für Fontane nur einen Ausweg zu geben: der Rückzug nach England.

Es gingen jedoch noch viele Jahre ins Land, in denen die Familie Fontane von der Hand in den Mund lebte und Emilie ihre gesamten hausfraulichen Tugenden in die Waagschale zu werfen hatte, um die Stimmung auszubalancieren und die »Powertät« wenigstens der Umwelt gegenüber geschickt zu kaschieren. Zur Hebung ihres Lebensgefühls trug diese permanente Misere natürlich nur wenig bei, so sehr Fontane ihr auch durch Vermittlung seiner Lebensphilosophie zu einem maßvollen Stoizismus zu verhelfen versuchte. So

traktierte er sie schon 1861 mit dem sicher gutgemeinten
»Weihnachtsspruch«, den sie in Ermangelung lukrativerer
Geschenke unterm Weihnachtsbaum fand:

>»Sei heiter!
> Es ist gescheiter
> Als alles Gegrübel;
> Gott hilft weiter,
> Zur Himmelsleiter
> Werden die Übel.«[121]

Als seine Frau sieben Jahre später kränkelte, schrieb er ihr
nicht gerade tröstlich: »Man hat gegen sich selbst und fast
noch mehr gegen andere die Pflicht, nicht mehr und nicht
länger krank zu sein, als eben unvermeidlich ist; man kürzt
sich und andern dadurch die frohen Lebensstunden ab und
gibt gar nichts dafür. Daß es an Bangen und Sorgen im Leben
nicht fehlt, dafür ist ja ohnehin gesorgt; aber nun mache man
auch dies Trübsals-Maß nicht voller als nötig ist.«
 Der Brief endet mit den hörenswerten Sätzen, die oft als
die Quintessenz Fontanescher Lebenskunst bedrängten Seelen zur Nacheiferung ans Herz gelegt zu werden pflegt:
»Leicht zu leben ohne Leichtsinn, heiter zu sein ohne Ausge-
lassenheit, Mut zu haben ohne Übermut, Vertrauen und
freudige Ergebung zu zeigen ohne türkischen Fatalismus,
das ist die ganze Kunst des Lebens. In vielen Stücken ordne
ich mich unter, aber in diesem Punkt bin ich Autorität.«[122]
 Die sicher unvermeidlichen Krisen seiner Ehe, die ihm
mehr zusetzten, als er sich selbst eingestehen mochte, versuchte Fontane oft mit einer nur gespielten Nonchalance zu
überspielen. Im Mai 1869 legt er seiner Mutter noch einmal
recht offenherzig ein Bulletin über seine üblichen häuslichen
Spannungen vor: »In unsrem Haus, unberufen und unbe-
schrien, geht es leidlich. Emilie, die von Weihnachten bis
Ostern, körperlich und geistig, in trauriger Verfassung war,
hat sich wieder recht erholt und sieht die Welt im allgemeinen und mich im speziellen wieder mit anderen Augen an.
Ich könnte Ehe-Monatstabellen herausgeben. Vom November an abnehmend, Weihnachten letztes Viertel, dann vier

Monate totale Verfinsterung, zu Ostern der erste goldne Sichelstreifen, der holde Mondkahn, um nun in den Stillen Ozean des Frühlings und Sommers einzuschiffen. Nach Pfingsten Vollmond. Ich nehme dies alles jetzt wie Naturerscheinungen hin, freue mich des blauen Himmels und murre nicht, wenn es regnet. Ich weiß, alles hat seine Zeit.«[123]

Immer nahm Fontane unausbleibliche Malaisen daheim in Kauf, wenn es sich darum handelte, seine innere Freiheit, die so gern berufene »Independenz«, zu bewahren, für die er alles in der Welt hingegeben hätte.»Nur darauf kommt es schließlich an. Independenz über alles«, verkündet er mit apodiktischer Sicherheit.»Alles andre ist zuletzt Larifari.«[124]

Trotz aller Schwierigkeiten, die sich ihm entgegentürmten, ist Fontane, nur seinem Genius vertrauend, seinen schweren Weg zu Ende gegangen, immer bemüht, sich und seine Familie »vor Erniedrigung und Unwürdigkeit« zu bewahren. In dieser Lebenspraxis, sich nichts zu vergeben, hatte er eine erstaunliche Kunstfertigkeit entwickelt. Auch in kritischen Lagen konnte er aus jeder Lage noch den Honig schlürfen.

»Meine Situation hier würden einige als eine verzweifelte ansehn«, so gab er seiner Frau in einem Brief vom September 1873 zu verstehen.»Ich behandle diese Dinge aber wie unser Sohn George. Als er zur 1. Kompanie kam, schrieb er, er habe nun den Vorteil, der Musik am nächsten zu marschieren, eine Version, die er, als er einige Wochen später zur 4. und letzten Kompanie kam, dahin abänderte, er habe *nun* den Vorteil, die Musik des unmittelbar folgenden Bataillons zu hören. Er hat ganz recht: es kommt immer nur darauf an, daß, wie und wo man auch marschiert, man allerorten die *Musik* des Lebens hört. Die meisten hören nur Dissonanzen.«[125]

Der Lebenspraktiker Fontane dachte mit betonter Nüchternheit über die Ehe, und diese Taktik half ihm über manche kritische Situation hinweg. Auch vom Glück hatte er eine keineswegs hochgespannte Meinung. Er mißtraute ihm stets und immer. In seinem ›Graf Petöfy‹ legt er seiner weiblichen Hauptfigur, einer norddeutschen Schauspielerin, seine eigene Meinung über das sogenannte Glück in den Mund. Auf die Frage, ob sie glücklich sei, antwortete sie ohne langes Besinnen: »Ich weiß es nicht..., aber ich hoff es. Vielleicht kann man glücklich sein, wenn man es sein will, und ich habe einmal gelesen, man könne das Glück auch lernen. Das hat mir gefallen. Und wirklich, es muß Mittel dazu geben.«[126] Aus der Schauspielerin Franziska Franz spricht in der Tat eine spezifische norddeutsche Sachlichkeit, die Fontane sehr wohl zu schätzen wußte, weil er allen übertriebenen Emotionen aus dem tiefsten Grunde seines Herzens mißtraute.

Auch im Verhältnis zu seiner Frau hat sich Fontane durchaus als der Lebenspraktiker, der er nun einmal war, bewährt. Er wußte immer, daß oft schon eine herzhafte Portion Eisbein das gestörte menschliche Gleichgewicht wiederherstellen konnte. Als er im Frühjahr 1872 eine Badekur für seine gesundheitlich hart angeschlagene Frau für unbedingt notwendig hält, beschwört er eine ihrer Freundinnen, sie um jeden Preis zu einer gemeinsamen Badereise zu überreden. Den Einwand Emilies der hohen Kosten halber zerstreute er mit der beherzigenswerten Bemerkung: »Wer nicht wohlhabend ist, hat *nie* Geld zu derlei Dingen, ebensowenig wie ich jemals das Geld dazu gehabt hätte, mir einen Überzieher machen zu lassen. Ich trage aber doch Überzieher seit länger als 30 Jahren, und sie sind schließlich noch immer bezahlt worden. Wo ein ›Muß‹ ist, da findet sich auch ein Weg. Im übrigen darf ich versichern, daß eine solche Badereise uns nicht mal eine wirkliche Verlegenheit schaffen würde, auch nicht eine Minute.«[127]

Teil II

Wanderjahre

10
England und kein Ende

Während Fontane, wie er sich später selber eingesteht, sich dem damals modischen Weltschmerz einer Generation von politisch frustrierten Utopisten überläßt, rückt er auch in seiner Leipziger und Dresdner Zeit als Literat seinem Ziel um kaum einen entscheidenden Schritt näher. Ein Züricher Verlag, der auch die ebenso eingängigen wie subversiven Verse des damaligen marktbeherrschenden lyrischen Vorreiters der Progressiven, Georg Herwegh, unters Volk oder vielmehr einer eher intellektuellen und elitären Oberschicht bringt, schickt das Konvolut mühsam erarbeiteter Fontane-Gedichte offenbar ungelesen an den Absender zurück, der sich so gerne in den Fußstapfen seines verehrten Vorbildes bewegt hätte. Auch der Versuch, sich endlich als Redakteur bei einem Leipziger Journal zu etablieren, scheitert kläglich, und so tritt Fontane schließlich abgeschlagen seinen Rückzug in das weltverlorene märkische Kietz Letschin irgendwo im Oderbruch an, um sich wenigstens in der Apotheke des Vaters, der wieder einmal seinen Wohnort gewechselt hat, ein wenig nützlich zu machen.

»Mit mir also war's nichts im Literatentum«, beklagt er sein sicher bedauerliches Schicksal. Am liebsten hätte er in dieser Situation seinen gelernten Beruf an den Nagel gehängt, um noch einmal ganz von vorne anzufangen. Eine Zeitlang spielte er sogar mit dem naheliegenden Gedanken, sein Abitur nachzuholen und Geschichte zu studieren. Aber die Realisierung dieser Idee scheiterte erneut an der leidigen Geldfrage. Doch um aus seinen verlorenen Tagen doch noch ein wenig Kapital zu schlagen, übersetzte er damals

Shakespeares Hamlet, ohne damit allerdings zu einem Abschluß zu gelangen. Wie erlöst fühlte er sich dann, als er zum 1. April 1844 seine Einberufung ins Kaiser-Franz-Gardegrenadier-Regiment in Berlin erhielt.

Als Einjährig-Freiwilliger fühlte sich Fontane durch den Exerzierdrill in der Kaserne nicht sonderlich gefordert. Im Gegenteil stabilisierte sich seine immer noch angegriffene Gesundheit in diesen Monaten seines Militärdienstes zusehends. Darüber hinaus blieb ihm genügend Muße zu intensiver Lektüre vor allem der englischen Literatur, die ihm damals besonders am Herzen lag. Scott und Dickens, Thackeray und Thomas Moore, aber auch Lord Byron waren die künstlerischen Idole, bei denen Fontane in die Schule ging. Vor allem wandte sich der passionierte Shakespearomane, der Fontane zeit seines Lebens blieb, dem großen englischen Dramatiker zu, über den er sich ganz im Gegensatz etwa zu seinen kritischen Marginalien zu Goethe oder Schiller nie kritisch geäußert hat. Allein Shakespeares und der Percyschen Sammlung altenglischer Balladen halber hatte es sich für ihn gelohnt, die englische Sprache zu lernen.

In diesem Augenblick spielte ihm der Zufall die große Chance zu, daß Bernhard von Lepel, der ihn in den ›Tunnel über der Spree‹ eingeführt hatte, in seiner Kompanie als Premierleutnant Dienst versah. Ihre Freundschaft vertiefte sich in dieser Zeit, obwohl Lepel im konservativen Lager stand und sich literarisch als etwas farbloser Platenepigone betätigte.

Fontanes Dienstzeit bei den »Franzern« wurde schon nach ein paar Wochen unterbrochen. Hermann Scherz, ein Freund aus Neuruppiner Tagen, hatte ihn aufgestöbert und ihn auf seine Kosten zu einer Englandreise eingeladen. Ein ungemein liebenswürdiger Regimentskommandeur hatte ihm zudem in diesen unbeschwerten Frühlingstagen des Jahres 1844 Urlaub gewährt. Da Fontane mit England Begriffe wie »Freiheit« und »weite Welt« assoziierte, erschien ihm die Insel jenseits des Kanals wie das gelobte Land, auf das er schon seit Jahren »wie die Juden in Ägypten auf Kanaan« hoffnungsvoll geblickt hatte.

Die Freunde fuhren damals mit der Bahn nach Magdeburg, von dort mit einem Elbdampfer bis Hamburg und dann über die Nordsee nach London. Die vierzehn Tage, die Fontane in dieser Weltstadt verbringen durfte, veranlaßten ihn am Ende seiner Reise zu emphatischen Darstellungen der jenseits des Kanals empfangenen Eindrücke.

»London hat einen unvertilgbaren Eindruck auf mich gemacht«, äußerte er sich nach seiner Heimkehr. »Nicht sowohl seine Schönheit als seine Großartigkeit hat mich staunen lassen. Es ist das Modell oder die Quintessenz einer ganzen Welt. Der mehrerwähnte Umstand, daß London mehr Nachtwächter (zwölftausend) hat als das Königreich Sachsen Soldaten, ist am ehesten geeignet, eine Vorstellung von den Dimensionen dieser Riesenstadt zu geben.«[1]

Die St.-Pauls-Kathedrale, der Tower und Westminster faszinierten Fontane damals so ungemein, daß er den Vorsatz faßte, später einmal für längere Zeit die britische Metropole aufzusuchen, um eine gewisse Weltläufigkeit zu gewinnen.

Aber er machte in diesen beiden Wochen auch Abstecher nach Windsor, Hampton Court, Eton und Brighton. In Windsor wollte es sogar der Zufall, daß er den Zaren Nikolaus, von Prinz Albert und dem Herzog von Cambridge eskortiert, zu Gesicht bekam. Mehr aber noch machte in Hampton Court ein Porträt der Maria Stuart einen unverlöschlichen Eindruck auf ihn.

Vor allem jedoch fand der Binnenländer Fontane endlich einmal Gelegenheit, einen Blick über den ihn beengenden Zaun des deutschen Provinzialismus zu werfen. Dabei stellt er fest, daß »hinter den Bergen auch Leute wohnen«, worüber er früher nie nachgedacht hatte. Diese Engländer nötigten ihm zweifelsohne Respekt ab, und er ereiferte sich sogar, die sicher nicht unberechtigte Kritik an den höchst fragwürdigen sozialen Verhältnissen in England mit Hinweis auf die nicht weniger himmelschreienden Notstände im eigenen Lande zu entkräften und herabzuspielen. Schließlich war in Deutschland eben erst ein blutiger Weberaufstand niedergeschlagen worden.

Auf jeden Fall verfügten die englischen Demokraten über das Prä, sich im Besitz jener Freiheiten und staatsbürgerlichen Rechte zu wissen, auf die deutsche Patrioten trotz der scheinheiligen Versprechungen ihrer Fürsten immer noch vergebens warteten.

Schließlich und endlich setzte man sich jenseits des Kanals bereits mit einiger Aussicht auf Erfolg für die Aufhebung der unnötig verteuernden Kornzölle und die Einführung des Freihandels ein.

Mit solchen Hinweisen zerrupfte Fontane, der von sich behaupten konnte, er hätte in den vierzehn Tagen seines Englandaufenthaltes mehr dazugelernt als seit Jahr und Tag bei sich zu Hause, bereits die Argumente des kurz darauf erscheinenden Pamphlets von Friedrich Engels über die ›Lage der arbeitenden Klassen in England‹. Für diesen Brandenburger blieb England zunächst das Land der individuellen Freiheiten, die er als Fanatiker der »Independenz« nach seinen Erfahrungen mit der »knechtischen Bevormundung« im eigenen Lande sehr wohl zu schätzen wußte.

Acht Jahre danach, im April 1852, betrat Theodor Fontane zum zweiten Mal den Boden des viktorianischen England, diesmal als Korrespondent der ministeriellen Presse, vor allem der sogenannten ›Adler-Zeitung‹, für die er die politische Berichterstattung übernommen hatte. Als wichtigen Nebeneffekt dieser Exkursion übers Meer hoffte er selbstredend, durch eifrige Studien der Seele dieses geheimnisvollen, aber in vielem so respektablen Volkes, das sich nicht nur ein weltumspannendes Imperium geschaffen hatte, sondern auch im Weltreich der Literatur ein bestimmendes Mitspracherecht besaß, um ein gutes Stück näherzurücken.

Diesmal war Fontane vehement aus der Berliner Enge ausgebrochen, wo ihm gewisse Gesichter immer unerträglicher geworden waren. »Wär ich nur erst weg!« war das Grundgefühl, das ihn monatelang beherrscht hatte. Noch kurz zuvor hatte er einem Tunnel-Freund gestanden: »Diesem Leben in der Kunst entsagen zu müssen, ist ein Schmerz, den ich nie verwinden werde.« Er war sich darüber im klaren, daß er die Kunst-Askese im Ausland leichter als daheim ertragen könnte, weil er anderswo ohnehin als Ausländer vor tauben Ohren zu sprechen gezwungen war. Am 22. April 1852 traf Fontane nach umständlicher Reise über Köln, Aachen und Brüssel in Calais ein. Der Kanal präsentierte sich ihm bei Sonnenuntergang in seiner ganzen imposanten Schönheit, obwohl er wieder einmal schwer unter der Seekrankheit zu leiden hatte. Aber dann tauchte Dover im Glanz seiner zauberhaften Lichter vor ihm auf, eine hinreißende landschaftliche Szenerie mit den hellerleuchteten Kalkbergen hinter der weiten Meeresbucht.

Nach vierstündiger Fahrt durch die grünen Hügel der Grafschaft Kent stellte sich bei seiner Ankunft London sofort wieder der gleiche überwältigende Eindruck wie bei seiner ersten Reise ein, als er als völlig unbelasteter noch jugendlicher Tourist die Stadt aufgesucht hatte. »Ankunft in London um elf Uhr«, vermerkte er nun in seinen Aufzeichnungen. »Rätselhafterweise ein wahres Heimatgefühl gehabt. Mir wurde die Brust weit, und das Herz schlug mir höher, als mein Cab über die schöne Waterloo-Brücke hinweg in das vollste Leben der Stadt zwischen City und Westend hinabrollte. Ich vergaß für einen Augenblick alles andere: Frau, Kind, Not, Sorge – der alte Zauber dieser Londongröße ward wieder lebendig und hatte mich.«[2]

Dieses euphorische Gefühl, die Schatten der preußischen Gegenwart abgestreift zu haben und nun ein neues ungezwungeneres Leben beginnen zu können, verflüchtigte sich jedoch schon bald, nachdem London sich auch von seiner Alltagsseite gezeigt hatte. Der gänzlich unbekannte Journalist aus dem fernen Preußen, mit nur wenig Geld und einigen fragwürdigen Empfehlungsschreiben ausgestattet, zudem durch seine unzulänglichen Kenntnisse der englischen Umgangssprache in seiner unbeschränkten Kommunikation mit den Londonern behindert, empfindet seine Verlassenheit in dieser Mammutstadt schmerzlich. Ihm fehlen die menschlichen Beziehungen, auf die er so sehr angewiesen ist, ganz besonders, und er macht gar nicht erst den Versuch, Kontakte mit den nach London exilierten deutschen Emigranten aufzunehmen. Als mehr oder weniger offizieller Vertreter der als reaktionär eingestuften preußischen Regierung konnte er der Sympathie dieser Asylantengruppe keineswegs sicher sein.

Zuerst gerät er sogar in ein billiges Hotel, das ihm von einem Mitreisenden empfohlen worden war, und muß feststellen, daß hier zahllose deutsche Achtundvierziger wohnen, die, würde er sich ihnen zu erkennen geben, ihm als schreibenden Büttel des reaktionären Berliner Regimes arg zusetzen würden. Freundschaft und Verständnis kann er von diesen gestrandeten deutschen Existenzen jedenfalls nicht erwarten. Daher ist er um so mehr auf Kommunikation mit Angehörigen der preußischen Botschaft angewiesen, die damals von Christian Carl Josias von Bunsen geleitet wird, der bis 1842 Ministerresident in Rom war und den manche zu den herausragenden geistigen Vertretern der preußischen Diplomatie rechnen. Er hat sich nämlich als Autor kultur- und kirchengeschichtlicher Abhandlungen einen Namen gemacht. Seine gesellschaftlichen Qualifikationen weiß man in London sehr wohl zu schätzen. Auch Fontanes Freund aus Leipziger Tagen, Max Müller, der inzwischen als Orientalist nach Oxford berufen wurde, gehört zu dem Kreis namhafter Gelehrter, die Bunsen um sich zu versammeln pflegt.

Da Bunsen einen nicht unbeträchtlichen Einfluß auf den romantischen König Friedrich Wilhelm IV. ausübte, dem er die Einführung einer evangelischen Kirche im Stile der englischen Hochkirche ans Herz legte, wurde er von der ›Kreuzzeitung‹ hart attackiert. Dieser Umstand schon mochte ein hinreichender Grund sein, Fontane gegenüber als dem Vertreter dieser konservativen Presse äußerste Distanz zu bewahren. Da dieser den Deutschen in London als entschiedener Manteuffelianer galt, ließ er im Verkehr mit dem gemäßigt liberalen Bunsen und seinen gleichgestimmten Mitarbeitern die gebotene Vorsicht walten. Die gutgemeinten Empfehlungsschreiben, die Lepel ihm mit auf den Weg gegeben hatte, konnten bei Bunsen leider eher das Gegenteil erreichen.

»Lepel hat ihm jedenfalls meine Situation geschildert und vermutlich beim Giftmischer angefangen und beim Quehlianer aufgehört«, schrieb Fontane daher merklich ernüchtert am 29. Mai an seine Frau. »Beides wird den alten Herrn mit Entsetzen erfüllt haben: der frühere Apotheker ist unter allen Umständen wissenschaftlich nicht ebenbürtig, und der ministerielle Zeitungsschreiber ist ein Lump.«[3] Immerhin spricht es für Bunsens Generosität, daß er sich bei den Universitäten Cambridge und Oxford umhörte, ob dort in absehbarer Zeit mit der Errichtung einer deutschen Professur zu rechnen sei, für den er den nicht ganz unbekannten Berliner Literaten vorschlug. Natürlich wurde auch dieser Plan wie so viele Projekte im Laufe von Fontanes Leben nicht realisiert. Aber immerhin ergab sich daraus dann doch noch eine Freundschaft mit Georg von Bunsen, dem Sohn des Gesandten, der mit sichtlicher Freude und sicher auch nicht ohne inneren Nutzen mit Fontane London durchstreifte und mit ihm auch weiterhin in enger Verbindung blieb.

Nach Versendung der Empfehlungsschreiben fand Fontane dann doch noch einigen Anschluß, vorwiegend allerdings bei deutschen Landsleuten. Ansonsten gehörte er zu den eifrigsten Bewunderern der Londoner Museen und Galerien, die er ständig aufsuchte. Darüber hinaus benutzte er jede freie Minute, sich mit der englischen Literatur bekannt zu machen.

Thackerays ›Vanity Fair‹ war für ihn ein fulminantes Leseerlebnis. Er legte die Lektüre dieses Jahrhundertromans daher auch seiner Frau dringend ans Herz: »Wenn Du ein *höchst* interessantes Buch lesen willst, so hol Dir das oftgenannte ›Vanity Fair‹ von Thackeray ... ich stell' es fast noch über Dickens.«

Der in dieser Zeit mit Recht politisch und sozial frustrierte Fontane ging mit Thackeray vor allem in bezug auf eine harte Gesellschaftskritik durchaus konform. Auch Thackeray versuchte, mit seinen exzellenten schriftstellerischen Mitteln den »Humbug« und die Heuchelei der Gesellschaft erbarmungslos aufzudecken. Er scheute dabei nicht einmal vor einem Zynismus zurück, den ostentativ zur Schau zu tragen sich Fontane immer noch nicht traute.

Trotz alledem ist der literarische Extrakt Fontanes von seinem zweiten Englandaufenthalt, der unter dem Titel ›Ein Sommer in London‹ erschien, merklich von der Gesellschaftskritik Thackerays geprägt worden. Thackeray und Dickens hielt er, verglichen mit der kontemporären deutschen Literatur, in der »daguerrotypischen treuen Abschilderung des Lebens und seiner mannigfachen Erscheinungen« für unübertrefflich. »Der letzte Knopf am Rock und die verborgenste Empfindung des Herzens werden mit gleicher Treue wiedergegeben. Sie sind vollendete Charakterdarsteller.« Der Not gehorchend, trifft Fontane verzweifelte Anstalten, seine knappen Einkünfte um jeden Preis aufzubessern. So empfahl er sich in einem Inserat in der ›Times‹ als deutscher Sprachlehrer, um dann zu erfahren, daß er sich gegenüber der Konkurrenz so vieler deutscher Emigranten keine Chancen ausrechnen konnte. Aus dieser Zeit datiert dann übrigens auch seine Bekanntschaft mit dem Londoner Arzt Dr. Morris, der zu Fontanes Sprachschülern gehörte und dann gegen Ende seines Lebens noch einer seiner anregendsten Korrespondenzpartner werden sollte.

Zweifellos gehörte dieser englische Sommer zu den betrüblichsten in Fontanes Leben. Er fühlte sich in seiner Londoner Isolation nicht nur gedemütigt, sondern auch gelangweilt. Da er keinerlei nennenswerte Gesprächspartner fand, besuchte er die Gottesdienste, um wenigstens beim Zuhören in der Regel recht lederner Predigten ein wenig zu profitieren. Gleichwohl spielte er damals noch mit dem Gedanken, auf seinen Poetenberuf zu verzichten und sich als Apotheker in London niederzulassen. Aber wie in aller Welt sollte er in den Besitz einer Apotheke gelangen? Statt dessen erreichten ihn nun schon die Notrufe seiner Frau, die um diese Zeit ihr zweites Kind erwartete und sich um die Zukunft sorgte.

»Jetzt sag ich: ›Du mußt zurück. Es ist erbärmlich, eine Frau so lange allein zu lassen‹«, schreibt er ihr am 20. Juli. »»Ein bißchen Englisch mehr oder weniger macht den Kohl nicht fett! Und wenn ihr etwas zustieße – du müßtest dir stets Vorwürfe machen usw.!‹ Und dann sag ich mir wieder:

›Courage! Ausgehalten! Helfen kannst du deiner Frau doch nicht. Du kannst nun mal schlechterdings das Kind nicht kriegen, wohl aber ist es ein Unterschied, acht Wochen länger hier oder nicht; denn so sicher wie die Fallgeschwindigkeit eines Körpers sich steigert, so ist es mit dem Lernen einer Sprache. Anfangs merkt man es kaum, daß man von der Stelle kommt, bis man mit einem Male das ganze Gebiet durchfliegt und übersieht.‹ In beiden Fällen hab ich recht, und es wird wohl dahin kommen, daß ich weder Herz noch Verstand, sondern bloße Äußerlichkeiten entscheiden lasse.«[4]

Knapp vierzehn Tage später versichert er Emilie dann noch einmal, daß er »mit Kopf und Beinen« bemüht ist, »ein bißchen Glück und Unabhängigkeit« für sie beide zu ergattern. Angesichts der desolaten Berliner Verhältnisse, die er wie die Pest verabscheut, ist er sogar bereit, »sich mit verzweifelter Kraft an diese Londoner Langweiligkeit anzuklammern«.

»Es ist langweilig hier«, bekennt er gründlich ernüchtert, »aber ich lerne einsehen, daß Langweiligkeit durchaus nicht das Schlimmste ist, was dem Menschen passieren kann, und daß geistreiche Zirkel, ›Tunnel‹ mit guten und schlechten Versen, Cap-Keller und selbst Niquet und Habel nichts sind gegen eine Tasse Tee, aber mit dem Bewußtsein getrunken: Ihr könnt mir alle gestohlen werden. Ich wünsche sehnlich, Dich hier zu haben; aber im Vertrauen gesagt und unter der ausdrücklichen Versicherung, daß ich hier wirklich ein sehr einfaches Dasein führe: ich habe auch nicht die geringste Sehnsucht, nach Berlin zurückzukehren. *Muß* ich zurück, so werd ich dem sauren Apfel auch sein Süßes – was er unbestreitbar hat und was ich derart hier nie finden werde – wieder abzugewinnen wissen. Aber noch in der letzten Minute werde ich hier bemüht sein, mich von der ledernen Gnade meiner Heimat zu emanzipieren... Es fällt mir zentnerschwer auf den Leib, wenn ich dran denke, daß ich vielleicht in vier Wochen all das Unerträgliche wieder zu ertragen habe. Nun, wie Gott will! Aber strampeln will ich dagegen, solang ich irgend kann...«[5]

Als sein Sohn George seinen Geburtstag begeht, reimt er aus eben dieser trübseligen Stimmung heraus ein paar skeptische Verse zusammen, die nun keineswegs mehr von der jugendlichen Euphorie seiner ersten Englandreise zeugen.

»Mein lieber George! Und kann ich Dir auch
Am heutigen Tage nichts schenken,
So will ich doch nach altem Brauch
In Versen deiner gedenken;

In Versen, worin Dein Dichter-Papa
Sich immerdar ergossen,
Wenn ihm, was just nicht selten geschah,
Die Pfennige spärlich flossen.

Ich wünsche Dir tüchtig Fleisch und Speck
Und immer dickere Waden,
Und wächst Dein Herz am rechten Fleck,
So kann das auch nicht schaden.

Dein Vater ist nicht schlecht, nicht gut,
Nur grade kein Menschenfresser;
Drum sage nicht: ›es liegt im Blut‹ –
Sondern werde ein bissel besser.

Die Schulen leisten jetzt so viel,
So klug wird unsre Jugend,
So komm denn auch, du höchstes Ziel
Der eingetrichterten Tugend.

Ach, wenn Du dann in Prima sitzt
Und unter Sextaknaben
Gewahrst, wie Dein Vater schwitzt –
So wolle Mitleid haben.

Blick auf den Ulx – der Dein Papa –
Mit nachsichtsvollen Augen,
Denn ›ehren sollst Du die Eltern ja‹
Auch wenn sie gar nichts taugen...«[6]

Erstaunlich eigentlich, wie schnell Fontanes zunächst so positives Verhältnis zu England mit den Wochen immer mehr abkühlte. Je mehr sein Scharfsinn dem immer mehr aufkommenden »Mammonismus« der Inselbewohner auf die Schliche kam, um so mehr fühlte er sich gründlich desillusioniert. Als er dann am Ende des Sommers im September wieder nach Berlin zurückkehrte, konnte er froh sein, seine alte Stelle in der ›Zentralpressestelle‹ erneut antreten zu können. Das erste Fazit dieses englischen Sommers zog er in einem Brief an seinen Freund Friedrich Witte, in dem es bezeichnenderweise heißt:»Ich bin nicht sehr traurig darüber, daß es mit England nichts wurde. Ich würde mich dort bei aller Bewunderung, die ich dem *Ganzen* zolle, nie heimisch gefühlt haben. Denn der einzelne, auf den man doch zumeist angewiesen ist und in dem einzig und allein der dauernde Reiz des Lebens liegt, läßt dort viel zu wünschen übrig. Ja, ich muß es sagen, mehr noch denn hier.«[7]

Als Dichter, so beteuerte er, hätten ihm die Sprachschwierigkeiten besonders zu schaffen gemacht.»Wir Schreiber aber bedürfen dieser Meisterschaft über die Sprache, um uns überhaupt wohl zu fühlen. Wir müssen uns mit Leichtigkeit in Assonanzen und Alliterationen ergehen können. Wir müssen imstande sein, unser Ohr mit dem Wohllaut eines neuen Reimes zu kitzeln. Wir müssen mit der rechten Hand sechs Antithesen und mit der linken zwölf Wortspiele ins Publikum schmeißen können, wo wir's nicht können, wo wir's nicht einmal verstehen, wenn's andre tun, da ist nicht unser Boden, da ist nicht unsre Lebenslust, und Heimweh befällt *uns* doppelt. – Nichtsdestoweniger wäre ich gern auf zwei oder fünf Jahre in England geblieben. Denn es ist eine unvergleichliche Schule, ist's für jeden und für mich insbesondere. Du weißt so gut, als ich Dir's sagen kann, daß es bei mir in hundert Stücken hapert und daß mich die *halbe* Bildung zur Verzweiflung bringt, die das Kennzeichen und die Lebensgefährtin eines Giftmischers ist.«[8]

Unleugbar allerdings hat der fünfmonatige Englandaufenthalt Fontanes seinen geistigen Horizont entschieden geweitet. Von nun an besaß er gegenüber anderen deutschen Schriftstellern den nicht zu unterschätzenden Vorteil, einmal über den Zaun geguckt zu haben und über ein anderes als nur provinzielles Denken zu verfügen. Nun brachte er Erkenntnisse mit nach Hause, die keine andere Stadt der Welt als London ihm hätte vermitteln können. Vor allem auch dies: er sah nun die deutschen und speziell die preußischen

Kalamitäten eben doch aus größerer Distanz. Zudem hatte der Autodidakt Fontane entschieden an Weltläufigkeit dazugewonnen, und wenn er sich künftig als Nichtakademiker über seine Bildungslücken mokierte, so geschah das bereits in einer beachtenswert selbstironischen Überlegenheit.

Als Dichter allerdings war er in diesem Sommer um keinen Schritt vorangekommen. Rechte Arbeitsstimmung wollte in dieser enervierenden Weltstadt so recht nicht aufkommen, in der er sich nun herumtrieb und auf sein Glück wartete, wie er in nicht gerade euphorischer Stimmung nach Hause schrieb. Bei allem Verständnis für den skurrilen Humor der Engländer waren ihm manche Seiten der englischen Volksseele doch recht suspekt. Mit seinen deutschen Landsleuten in London entwickelte er auch nur wenig Glück. Als ihn der preußische Gesandte zu einem Lunch einlädt, zeigt er sich über die Unverbindlichkeit nichtssagender Höflichkeitsfloskeln eher verstimmt.

»Schöne, weite Räume, Livreebediente, exzellente Speisen, freundliche Bewirtung, lebhafte Unterhaltung mit Anekdoten in allen Sprachen«, malt er ein impressionistisches Bild von diesem Empfang, um fortzufahren: »Man sitzt dabei wie ein Hammel und denkt wahrhaft manchmal, nun wird man selber tranchiert werden; – selbst fressen kann man nur mit halber Gewandtheit.«[9]

Alles in allem hatte seine jugendliche Anglomanie dann eben doch einen gewaltigen Stoß erhalten. Sein Englandbild hatte sich als korrekturbedürftig herausgestellt, und so berichtete er seiner Mutter:»Das darf ich bereits versichern, daß mein diesmaliges Urteil über London anders ausfallen wird als vor acht Jahren. Ich war damals unerfahren, gutmütig und, wenn ich so sagen darf, schwärmerisch genug, alles, was ich anders fand, auch sofort besser zu finden.«[10]

Diesmal war der schöne Enthusiasmus seiner frühen Jahre verflogen, und Fontane ging bei der Beurteilung von Land und Leuten entschieden bedachtsamer und nüchterner zu Werke. Zweifellos hatte das Land in diesen Jahren einen gewaltigen Schritt in die Zukunft vollzogen. Die Industrien, die Maschinen, der Handel mit Massengütern, all das waren

Erscheinungen, die ihm diesmal nicht entgingen. Leider war angesichts solcher rasanten Entwicklung zum Industriestaat die Seele dieses Landes auf der Strecke geblieben. Der in England trotz allem immer noch praktizierte Konservatismus mit Zopf, Perücken und sonstigen aus der Mottenkiste der Geschichte entnommenen Utensilien, dieses oft schwer zu ertragende Konglomerat aus Mittelalter und Neuzeit, eine höchst anrüchige Mischung von salbungsvoller Philanthrophie und brutalem Zweckdenken, dem jedes Mittel zur Selbstbehauptung recht ist, Bigotterie und Sonntagsheiligung um jeden Preis waren ihm mit einem Male ebenso suspekt wie die betonte Exklusivität einer snobistischen und längst steril gewordenen Oberschicht, die den Ton im Lande angab und mit der man sich konformistisch zu arrangieren hatte.

Statt des erwarteten »merry old England« hatte Fontane ein »money-making-people« vorgefunden, und er stellte sich daher die Frage, ob es sich bei diesem Volk, für das alles und jedes zum Objekt ökonomischer Spekulationen geworden war, nicht doch schon um einen Koloß auf tönernen Füßen handelte.

Fontane brachte die Gründe für diesen degenerativen Entwicklungsschub und die schleichende Dekadenz auf die Formel eines Mammonismus, der spontane Regungen immer mehr ersticken ließ. Er sah die Engländer von der gleichen Krankheit befallen, die schon einmal in der Geschichte die Spanier ergriffen hatte, als die Pizarros alle höheren menschlichen Regungen in Blut und Gold erstickten. »Die Woche verrinnt in restlosem Mammonsdienst«, charakterisiert er diese neuen Engländer, »und der Tag des Herrn ist eitel Lüge und Schein. Mechanisch wandern die Füße in die Kirche, aber die Seele durchjagt schon wieder die Citystraßen und sucht in den Spalten des Börsenberichts nach Gewinn oder Verlust.«

Diese obskure Spielart eines seelenlosen Modernismus empfand Fontane eher als makaber. Er testierte diesen Engländern, sie wären in ihren Herzen bereits »erstorben«. »Das Land steht offen, aber die Häuser sind zu«, bekam er am eigenen Leib zu spüren. Anstelle der Liebenswürdigkeit, die ihn noch 1844 so bezaubert hatte, war nun ein unausrottbarer Argwohn allem Fremden gegenüber getreten. Jeder Fremde, fand Fontane heraus, gilt so lange als nicht integer, bis er nicht das Gegenteil davon bewiesen hat. »Er erscheint sich überall wie ein vor Gericht Befindlicher, auch wenn er mit dem reinsten Herzen von der Welt an die Barre tritt.« Durch den Zustrom der politischen Asylanten hatte sich so etwas wie eine Ausländerfeindlichkeit gebildet, die die legendäre Gastfreundschaft der Engländer Lügen strafte.

»Der Deutsche lebt um seinetwillen, der Engländer – versteht sich in egoistischem Sinne – um anderer willen. Er will nichts geben, aber er will empfangen: Lob, Ehre, Bewunderung. Der Engländer repräsentiert immer, ich glaube, auch wenn er allein ist... Man spricht über englischen Komfort, und mit Recht; aber man darf das Wort nicht falsch übersetzen. Der Engländer hat tausend Bequemlichkeiten, aber er hat keine Bequemlichkeit. Er hat die weichsten Teppiche, die besten Polster, die schärfsten Rasiermesser und dennoch – keine Bequemlichkeit. Woher das? Der Engländer lebt wie ein Fürst, zum mindesten wie ein Minister; an die Stelle der Bequemlichkeit tritt der Ehrgeiz... Er ist alles mögliche Gute und Große, aber er ist langweilig, und mitten in unser Staunen hinein mischt sich eine unendliche Sehnsucht zurück nach unserem kleinbürgerlichen Deutschland, wo man so gar nicht zu repräsentieren, aber so prächtig, so bequem und gemütlich zu leben versteht.«

Auch gegen die in England praktizierte Demokratie meldet Fontane nach eigenem Augenschein seine Bedenken an. Diese Adels- und Kapitalistenclubs in Westminster, in deren Hände die Macht des Landes kumuliert, können unmöglich, wie man vorgibt, die Vox populi darstellen. Im Gegenteil: »Es gibt kein Land, das – seiner bürgerlichen Freiheiten ungeachtet – der Demokratie so fern stünde wie England und begieriger wäre, teils um die Gunst des Adels zu buhlen, teils den Glanz und Schimmer desselben zu kopieren. Daher die stereotypen Formen des englischen Lebens: der Kleine wetteifert mit dem Großen, der Arme mit dem Reichen.«

Unter solchen Umständen nähert sich Fontanes Englandkritik, die er in seinem 1854 erschienenen ›Ein Sommer in
London‹ vorträgt, der gnadenlosen Abrechnung etwa Rus-
kins und den düsteren Prophezeiungen Carlyles. Leider sah
er auf längere Frist hin ähnliche Gefahren auch auf Deutschland zukommen. Seine Englandkritik nimmt, wie sich im
nachhinein bestätigen läßt, gewisse deprimierende Zustände
der deutschen Gründerjahre vorweg. Anglisierung, Materia-
lisierung und Dehumanisierung, all das waren die Gespen-
ster, die er bereits vor den Toren erblickte und die er nur zu
gern von Deutschland abgewehrt hätte. Er wuchs gerade in
diesen Jahren immer mehr zu einem entschiedenen Apologeten eines geistigen Deutschland heran, das sich nicht dazu
mißbrauchen ließ, für andere die Kastanien aus dem Feuer zu
holen, und das sich auf seinen kulturellen Auftrag besinnen
würde.

»Das gelbe Fieber des Goldes zehrt an diesem Land, das
seine Seele an den Mammonteufel verkauft hat«, faßt er seine
Londoner Impressionen zusammen. »England, in äußere,
selbst unglückliche Kriege verwickelt, mag die roten Backen
der Gesundheit noch ein Jahrhundert und darüber zur Schau
tragen, aber das Lager von Boulogne in einer Nebelnacht
zehn Meilen nördlich verpflanzt, und der Goliath liegt am
Boden.«

Mit geradezu prophetischem Scharfblick diagnostiziert
Fontane die englische Krankheit zum Tode, die zerstörend
wie ein Gift im Körper wühlt. »Spekulationen, Rennen und
die Jagd nach Geld, Hochmut, wenn es erjagt ist, und
Verehrung vor dem, der es erjagt hat, der ganze Kultus des
goldenen Kalbes ist die große Krankheit des Volkes«, lautet
sein verheerendes Urteil, und einem alten Engländer, der
deutsche Verhältnisse noch in bester Erinnerung hat, legt er
die Worte in den Mund: »Bei Ihnen gibt es Menschen und
Herzen, aber dieses England hat nur Beine und Börsen.«

Im Wertevergleich zwischen beiden Ländern reicht Fonta-
ne je länger, um so mehr Deutschland die Krone: »Englands
Kraft besteht in der anspruchsvollen Schätzung seiner selbst,
Deutschlands Größe in der bescheidenen Würdigung alles

Fremden. England ist selbstsüchtig bis zur Begriffsverwirrung, Deutschland gerecht bis zur eigenen Preisgebung.« Der Selbstanalyse der deutschen Volksmentalität aber steuert Fontane dann noch diese bemerkenswerte Marginalie bei:»England ist praktisch, Deutschland ideal. Wunderbarer Widerspruch! Dasselbe Volk, das den Schein über die Wahrheit setzt, das Milionen im Götzendienst der Eitelkeit und hohler Repräsentation verprunkt, das Himmel und Hölle in Bewegung setzt, um beim Herzog von Wellington vorfahren und dem alten Herrn einen Kratzfuß machen zu können, dasselbe Volk ist praktisch vom Wirbel bis zur Zeh, von der Magna Charta an bis zur neupatentierten Häcksellade und erobert die Welt, nicht – wie sonst wohl Eroberer – aus Ruhm- und Tatendurst, sondern um unterm Zusammenströmen aller Schätze daheim einen praktischen Nutzen und einen komfortablen Platz am Kamin zu haben. Und wir?! Dasselbe Volk, das die Wahrheit liebt und dem Wesen der Dinge nachforscht, es verliert im Suchen nach dem Wirklichsten die Wirklichkeit unter den Händen und wird zum Träumer, dem das Leben in seiner Welt über die Welt da draußen geht.«

Gemütlichkeit kann unter solchen Umständen in England erst gar nicht aufkommen. Daher kann man dem Freund exquisiter Tafelfreuden nur zu gut abnehmen, daß seine Gedanken immer wieder hinüber in die Berliner Heimat schweifen.

»Was hab ich seitdem nicht alles lieben gelernt«, ringt es sich aus seiner bedrückten Seele los, »Hofjäger und Frühkonzerte, Zeltebier und Vossische Zeitung, Murmelspiel und Drachensteigen; aber eines mehr als alles andere, dich warme Zufluchtsstätte erfrorener Chambregarnisten, dich freundlichen Mann, wenn alles scheel steht, dich barmherzigen Samariter, der er, wenn wir ›Weiß‹ befehlen, die warme Milch des Lebens in unsere Tassen gießt – dich Sparganpani! Ach, ein süßer Heimwehschauer überläuft mich, sooft ich deinen Namen spreche, und wenn dir nicht die Ohren geklungen, so klingen sie keinem mehr. Verschwenderischer fast als König Richard bot ich manchmal in verzweifelten Momenten ›ganz London für deine kleinste Tasse Kaffee‹.«

Langeweile und Monotonie der englischen Pubs konnte nach Fontanes ehrlicher Überzeugung gegenüber all dieser opulenten Berliner Kulinarik in keiner Weise bestehen. Fontane hatte bald herausgefunden, daß das infantile englische Repräsentationsbedürfnis bei ihm gegenüber dem preußischen Prinzip des »Mehr sein als scheinen« kaum eine Chance hatte. Aber immerhin hatte er dazugelernt, daß man sein Vaterland nur in der Fremde richtig schätzen lernt. Diese Einsicht reihte er zu den anderen Sentenzen in seinen Zitatenschatz ein, ohne sich auf den Vorwurf eines blindwütigen Chauvinismus gefaßt zu machen. Als Resümee seiner intensiven Englandstudien legte er schließlich einem ›liebenswürdigen Landsmann‹ die Worte in den Mund: »England, that's the first country of the world, but Germany still a little before it.«

Im Herbst 1855 reiste Fontane zum dritten Mal, diesmal für längere Zeit, nach London. Die Weisung, die ihm seine Dienststelle mit auf den Weg gegeben hatte, lautete, in der britischen Hauptstadt eine »deutsch-englische Korrespondenz« herauszugeben. Diese sollte sich darum bemühen, die Spannungen zwischen England und Preußen abzubauen, das im immer noch tobenden Krimkrieg, in den England verwickelt war, strikt Neutralität bewahrte. Dr. Metzel, der Leiter der ›Zentralpressestelle‹ der preußischen Regierung, hatte Fontane als den am meisten geeigneten Kandidaten für diese höchst diffizile Londoner Mission vorgeschlagen.

»Als der geeigneteste dazu«, hieß es dementsprechend in einem Schreiben Metzels an den damaligen Ministerpräsidenten von Manteuffel, »erscheint mir der pp. Fontane, welcher eine ansprechende Persönlichkeit hat und wenn gleich als politisch durchgebildet nicht betrachtet werden kann, so doch soviel allgemeine geschichtliche Kenntnisse, sprachliche Fertigkeit und in Folge zweimaliger längerer Anwesenheit in London Personal- und Ortskunde besitzt, daß das Unternehmen Aussicht auf Erfolg durch seine Mitwirkung bietet.«

Aufgabe der neu errichteten Korrespondenz sollte sein, »über englische Zustände, Gesetze und Einrichtungen«, vor allem aber auch über das wissenschaftliche und künstlerische Leben auf der Insel laufend zur Information der Berliner Regierungsstellen zu berichten und damit auch die gesamte deutsche Presse im Sinne der Manteuffelschen Neutralitätspolitik zu beeinflussen.

Fontane reiste über Hamburg, diesmal an Bord der verwanzten ›Countess of Lonsdale‹, und ertrug noch einmal »die aller Schilderung sich entziehenden Strapazen einer Seereise«, ehe er am 10. September in London eintraf und dort sogleich in den Wirbel hineingezogen wurde, den die Nachricht vom Fall von Sewastopol bei den Engländern ausgelöst hatte.

Trotz seines monomanischen Arbeitseifers und der Mithilfe des ihm von Berlin zugeteilten Mitarbeiters Dr. Wentzel war dem neuen Unternehmen einer Pressekorrespondenz nur wenig Erfolg beschieden, da in London bereits eine andere Korrespondenz unter der Leitung des Deutsch-Ungarn Schlesinger existierte, die eine kaum zu überwindende Konkurrenz darstellte. Auch lebte damals Lothar Bucher im Londoner Exil und betätigte sich als Berichterstatter für die Berliner ›Nationalzeitung‹. Da die benötigten Mittel nicht ausreichten, um die wesentlichen englischen Zeitungen zu abonnieren, arbeiteten Fontane und Wentzel in den verschiedenen Londoner Cafés, um zu ihrem Material zu gelangen.

»Um neun Uhr beginnt die Arbeit und dauert bis drei«, berichtete Fontane seinen Vorgesetzten in Berlin. »Dann jagt der Schreiber in die Druckerei; ich ziehe mich an und lauf ihm nach; um 4 ½ steh ich unter lauter Druckerjungen mit einem großen Kleisterpinsel und verklebe die 80 Blätter, die der Schreiber faltet, höchst eigenhändig; dann fahren wir auf die Post. Ohngefähr um 6 ½ komm ich zu Tisch; spätestens um 9 bin ich wieder zu Haus, studiere die Abendblätter, schreibe eine Art Leitartikel und mache einige Notizen für den anderen Tag. Gegen 12 Uhr kommt Wentzel nach Haus, der bis dahin im Café Divan gesessen und auch Zeitungen gelesen hat. Dann plaudern wir bis 2 Uhr und gehen dann zu Bett. Wir dürfen es ein leidlich beschäftigtes Dasein nennen.«[12]

Der Mißerfolg der Korrespondenz veranlaßte den Auftraggeber in Berlin, noch größere Aktivitäten von ihren Londoner Vertretern zu fordern. Das Arbeitspensum nahm von nun an Ausmaße an, die Fontane eigentlich nur mit Humor, den er gottlob besaß, ertragen konnte. »Sie versprechen die Thronrede«, schreibt er beispielsweise an Metzel nach Berlin. »An demselben Abend muß ich dreiviertel Meilen laufen oder fahren, um darüber den Rat meines Freundes Morris einzuziehn. Die Rede kommt; ich muß an meinen Freund Schweitzer schreiben, ihn herzitieren usw. Das Geld wird knapp; wer muß auf die Gesandtschaft, wer muß sich eine weiße Weste etc. anziehen (denn Bernstorff sollte schon zurück sein), wer anders als pp. Fontane? Er läuft zweimal vergeblich hin; wer muß an den Grafen Brandenburg eine Art Eingabe machen! Natürlich ich. Die Briefe von Dr. Metzel wollen beantwortet sein – wer hat sie zu schreiben? Ich. Ich bin noch nicht fertig, da schickt der Drucker einen Brief und zeigt mir an, daß das Papier verbraucht und die höchste Not sei. Wer muß Hals über Kopf nach Drury-Lane, um das Papier zu kaufen? Ich. Wer muß jeden Tag (und zwar im Galopp) auf die Druckerei und von der Druckerei auf die Post? Ich. Wer muß die Abendblätter lesen und extrahieren bis tief in die Nacht hinein? Ich! Und endlich und letztens, wer muß die Spalten füllen?«[13]

Mit Fontanes »gutem Humor« allein, für den man in Berlin ohnehin kein Verständnis hatte, war die verfahrene Situation kaum noch zu retten. Abermals kollidierte der Künstler in Fontane gehörig mit der preußischen Bürokratie und ihrer »popeligen Unteroffizierswirtschaft«, die er für weit unter seinem Niveau hielt und auf den Tod nun einmal nicht ausstehen konnte. Daher reagierte er zum Leidwesen seiner Vorgesetzten völlig unbürokratisch auf Anweisungen aus Berlin. Als Repressalie für einen nicht ganz korrekten Rechnungsbericht verzögerte man absichtlich die Zustellung unerläßlicher Mittel, so daß Fontane in die höchst fatale Situation geriet, auch mit der inneren Einrichtung Londoner Leihhäuser Bekanntschaft zu machen, und dazu, »krank vor Wut, Aufregung und Anstrengung«, nahe daran war, die Flinte endgültig ins Korn zu werfen.

Seine Lage war also alles andere als beneidenswert, und so schickte er wieder einmal einen rechten Jammerbrief an Metzel nach Berlin: »Denken Sie sich auf einen kurzen Augenblick in meine Lage. Seit Jahren lieb ich und studier ich jenes *eine* große Kapitel – England. Seine Sprache, seine Literatur, seine Geschichte und auch ein Stück seines modernen Lebens kenn ich, was man so ›kennen‹ heißt, und der größte Wunsch, der mich erfüllt, ist der, daß das sogenannte Kennen zu einem wirklichen werden möge. Plötzlich heißt es: ›reise!‹ Mir ist, als täten sich die Himmel vor mir auf. Ich klappe die Balladenbücher zu, ich stehe auf von der verhältnismäßig mußevollen Lektüre englischer Zeitungen in der Luisen und Leipziger Straße; Praxis, Anschauung, Unmittelbarkeit soll an die Stelle grauer, langweiliger und mühevoller Theorie treten.«[14]

Die Enttäuschung über sein wirkliches Londoner Leben hätte kaum vollkommener sein können. Daher wertete er es keineswegs als einen besonderen Schicksalsschlag, als die so wenig lukrative »Deutsch-englische Korrespondenz« nach Beendigung des Krimkrieges eingestellt wurde. Im April 1856 verlieh man ihm dann das Amt eines literarischen Hilfsarbeiters bei der preußischen Botschaft, eines Presseattachés sozusagen, der seiner Regierung in Berlin das Wichtigste über England zu unterbreiten hatte. Darüber hinaus fand er nun mehr Gelegenheit, Korrespondenzberichte sowohl für die stockkonservative ›Kreuzzeitung‹ als auch für die liberale ›Vossische Zeitung‹ anzufertigen.

Vor allem aber lernt Fontane nun endlich, von der täglichen Kärrnerarbeit seines Korrespondenzbüros befreit, das Londoner Leben in all seinen Facettierungen kennen. Man sieht ihn seitdem als heimlichen Reporter in Matrosenkneipen und Verbrecherspelunken, aber auch im Unterhaus und in den ›Debating-Clubs‹, in denen er die Debatten mit immer wacher Aufmerksamkeit verfolgt. Für die ›Vossische‹ verfertigt er darüber hinaus auch Londoner Theaterberichte.

Mehr und mehr brachte Fontane auch Artikel, die er selbst schrieb oder aus deutschen Zeitungen übersetzte, in der englischen Presse unter. Die ›Times‹, der ›Herald‹ und das

›*Morning Chronicle*‹ schätzten ihn als ständigen Mitarbeiter. Mr. Glover, den Herausgeber des ›*Morning Chronicle*‹, konnte er sogar für eine Vereinbarung gewinnen, für eine Subvention von 2000 Talern jährlich alle Artikel abzudrucken, die Fontane einreichte. Als dieser Vertrag wegen mangelnder Resonanz in der Leserschaft des Blattes wieder gelöst wurde, kommentierte Metzel den Vorgang in einem Bericht an Manteuffel folgendermaßen:»Fontane hat bei vielen sehr hoch zu schätzenden Eigenschaften nicht die Energie und die Beweglichkeit, dauernd auf einen Zweck hinzuarbeiten. Bei seinem anständigen, fast romantisch ritterlichen Wesen wird er zu leicht verletzt, wenn er auf die gewöhnliche Lebenspfiffigkeit stößt, so daß das Gebiet des Unanständigen bei ihm riesengroße Dimensionen annimmt, und es zuletzt dahin kommt, daß er es für unanständig hält, den Versuch zu machen, einen so dummen und schlauen Kerl, wie Mr. Glover ist, von der Richtigkeit dieser oder jener Ansicht zu überzeugen.«

Inzwischen hatte Fontanes Englandkritik noch neue Dimensionen dazugewonnen. Der englische ›Cant‹, der rein merkantile mit missionarischen Interessen verquickt, war Fontane unerträglich geworden.»In der linken Hand die aufgewickelte Fahne der Zivilisation, ein Stück Kalicot, in der Rechten eine seltsame Waffe, halb Opiumpfeife, halb Flintenlauf, so fällt John Bull über den Sohn der Mitte her und ruft ihm zu: ›Kattun oder Tod‹«, also lautet die brüske Interpretation britischer Kolonialpolitik. Sein Platz war immer auf seiten der Unterdrückten, und ein elementares Rebellentum gegen alle Erscheinungsform politischer Willkür und Unterdrückung konnte mit seiner bedingungslosen Sympathie rechnen.»Ich freue mich stets, wenn die getretene Schlange siegreich nach jener Stelle zischt, wo die überlegene, aber rohe Kraft verwundbar geblieben ist«[15], gesteht er bei Gelegenheit.

Diesmal fielen ihm auch die Eßgewohnheiten dieses seltsamen Inselvolkes auf die Nerven, das zwar tausend Sekten, aber nur eine Sauce kennt. Er sprach den Briten das Talent und den Mut zu einem unbefangenen Lebensgenuß ab. Nach dem Geist des vitalen und lebensbejahenden Falstaff fahnde-te er jedenfalls auf seinen zahlreichen Erkundungszügen vergeblich. Dagegen nahm ihn der trockene Humor unge-mein für die Engländer ein. Auch das Gentleman-Ideal, das er als moralisches Phänomen wertete, hatte er in seinen Vorzügen immer wieder kennengelernt. Die englische Land-schaft, die über einen stupenden Nuancenreichtum verfügt, vom lyrisch Zarten bis zu einem abweisenden Heroismus, versöhnte ihn für vieles, was er entbehren mußte. Gegen die englische Langeweile hatte er allerdings nach wie vor anzukämpfen. »Dies eigentümliche englische Leben hat etwas Einschläferndes«, heißt es wieder einmal in einem Brief an Lepel. »Es geht einem wie bei Schneetreiben einem ermüdeten Fußgänger, der sich niederläßt, um einen kurzen Augenblick zu ruhn. Gibt er einer Müdigkeit nach, schläft er ein, so ist er verloren; – es gibt hier Unzählige, die alle erfroren sind. Ich kenne die Gefahr, und das rettet mich vielleicht.«[16]

Am meisten aber leidet der Künstler in ihm unter dem völligen Mangel an geistiger Kommunikation. »Ich bin mü-de, abgespannt und beinah ohne Streben, weil ohne Hoff-nung«, gesteht er seiner Mutter. »Es fehlt mir aller Zuspruch, alle Aufmunterung, alles Mitstreben, alles, was wohltut, erfreut, erhebt, begeistert.

Lau und flau gehen meine Tage dahin... Ich las neulich sehr wahr und richtig in einem Buch: ›Es ist ein Unsinn, einen Dichter zu erwarten, wo niemand hört, und einen Maler, wo niemand sieht. Die Indifferenz der Umgebung ist der Tod aller Kunst, alles Strebens überhaupt; nur wo ein Interesse ist und ein Wettkampf der Kräfte, da kämpft man mit und freut sich der eigenen Kraft.‹ Von solchem Interesse existiert hier nichts, und die Heimat ist zu fern... Die Verbindung mit ihr ist zu lose und locker. Was man sagt, verhallt wie in der Wüste.«[17]

Gleichwohl ist er sich dessen bewußt, was er seinem Englandaufenthalt zu verdanken hat. So schrieb er am 20. September 1858 an Wilhelm Merckel: »Ich bin nicht zufrieden hier mit meinem Leben und wünschte tausenderlei

153

anders, *das* aber segne ich und stimmt mich zum herzlichsten Dank gegen mein Geschick, daß ich aus *dem* heraus bin, was ich mit einem Wort das ›Theodor-Stormsche‹ nennen möchte, aus dem Wahn, daß Husum oder Heiligenstadt oder meiner Großmutter alter Uhrenkasten die Welt sei. Es steckt Poesie darin, aber noch viel mehr Selbstsucht und Beschränktheit. Die Erkenntnis bezahlt man teuer, aber zuletzt doch nie *zu* teuer.«[18]

England war in der Tat für ihn nicht nur eine Schule seiner literarischen Bildung gewesen; jetzt hatte es sogar für seine Persönlichkeitsentfaltung eine zentrale Bedeutung hinzugewonnen. In diesen Jahren erwarb er sich jenen weiten Horizont, der ihn hoch über die sonstigen provinziellen Autoren seiner Zeit hinaushob und der dann später noch seinen Romanen jenes spezifisch Fontanesche Timbre verleihen sollte, das auch heute noch das Entzücken von Literaturkennern weit über die Grenzen des deutschen Sprachraumes ist.

Äußerlich konsolidierten sich die Verhältnisse Fontanes, als ihm vom 1. Januar 1857 ab sein Vertrag um weitere drei Jahre bei einem jährlichen Salär von 1980 Talern verlängert wurde. Im Juli dieses Jahres ließ er Emilie und die Kinder nach London kommen, und man bezog in der St. Augustine Road im feudalen nördlichen Vorort Camden Town ein passabel hergerichtetes Haus, ja, man pflegte sogar einige Geselligkeit, wenn auch meist nur mit deutschen Journalisten, darunter auch mit Faucher, dem Begründer des ersten deutschen Freihandelsvereins, den Fontane von Berlin her kannte und der in dieser Zeit als Redakteur am ›Morning Star‹ tätig war.

Die geistige Isolation in England zehrte mächtig an Fontane, der zusehends entdeckte, daß er wahrscheinlich am besten eben doch auf märkischem Boden gedeihen konnte. »Wir sind eine Pflanze im fremden Boden«, begann er einzusehen. »Es nutzt nichts, daß man alle Sorten von Mist um sie herpackt, sie geht doch aus, weil sie nun mal an andres Erdreich gewöhnt ist, und wenn es auch nur das viel verschriene märkische Land wäre.«[19]

Merckel gegenüber stimmte er die gleiche Klage an: »Ich bin wie nasses Stroh, die besten Zündhölzer wollen nicht recht helfen – es brennt nicht... Wenn ich meinem Arzt ein Bild meines Zustandes geben sollte, ich könnte ihm nicht andres sagen, als wie – der innerliche Mensch ist gelähmt.«[20] Kein Wunder, daß die schwelende seelische Krise auch einen körperlichen Kollaps nach sich zog, vor dem er sich nur durch eine mit Lepel gemeinsam unternommene Reise nach Schottland bewahren konnte. Dieser kühnen Expedition verdanken wir dann schließlich Fontanes feuilletonistische Impressionen durch das Land seiner romantischen Träume, die der versatile Reiseschriftsteller, der er ja nun einmal war, 1860 unter dem Titel ›Jenseits des Tweed‹ erscheinen ließ.

Nach London zurückgekehrt, befiel ihn das alte Malaise, und er wartete unter diesen quälenden Umständen nicht einmal den Ablauf seines dreijährigen Vertrages ab, um sich von seinen Londoner Verpflichtungen und damit von England zu lösen. Zwar empfand er das Ende des Ministeriums Manteuffel wie eine Erlösung, aber ihm fehlte die Dickhäutigkeit, sich nun, als wäre nichts gewesen, mit den Leuten der ›Neuen Ära‹, die ein liberales Regiment versprach, zu arrangieren, so sehr ihm seine Berliner Freunde rieten, in solchen Gesinnungsfragen nicht allzu sensibel zu reagieren.

»Es liegt mir nicht im geringsten daran, mich mit den ›neuen Leuten‹ zu stellen«, schrieb er daher, brüsk eine solche Anmaßung abwehrend, an Friedrich Eggers. »Alles, was dahin abzielt, find' ich dumm und verächtlich. Nicht als ob ich gegen die Personen und die Prinzipien irgendetwas hätte. Gegenteils, wenn meine letzten acht Jahre eine völlig normale, d. h. in meiner Natur begründete Entwicklung genommen hätten, würd' ich sehr wahrscheinlich auf der Seite der jetzt herrschenden Partei stehn. Ihr wißt das alles. Zeuge und Beweis dafür ist namentlich das Euch bekannte Gedicht, das ich im Jahre 1849 an den Grafen Schwerin richtete und wofür er sich, beiläufig bemerkt, nicht einmal bei mir bedankt hat. Die Gesinnung, aus der heraus, Front machend gegen Absolutismus und Demokratentum, damals jenes Gedicht entstanden ist, erfüllt mich noch.

Das Leben und die Verhältnisse aber haben mich immer zu einer andern Partei hinübergeführt, und nachdem ich acht Jahre lang bei ihr gestanden habe, hab' ich nicht Lust, nachdem sich der Wind gedreht hat, sie plötzlich im Stich zu lassen. Ich würde das selbst dann nicht tun, wenn ich die alte Wirtschaft unbedingt haßte und die neue unbedingt verehrte. So aber liegt die Sache keineswegs . . . Der aber ist schlimm dran, der voll Vertrauen aus einem Lager herüberkam und nun wahrnehmen muß, daß er den guten Ruf der Treue, Zuverlässigkeit und Konsequenz um nichts geopfert hat.«[21]

Fontane verspürte also nur wenig Lust, sich noch einmal an eine neue Regierung verkaufen zu lassen und sein Fähnlein nach dem Wind zu hängen. Augenscheinlich fühlte er sich inzwischen schon innerlich autark genug, um auch ohne jegliche Protektion sein Lebensschiff nunmehr allein durch die Stürme einer keineswegs idyllischen Zeit zu steuern. Endlich wollte er nun einmal, weit entfernt von aller Tagespolitik und frei von allen materiellen Sorgen, nichts anderes als ganz einfach Fontane sein, und das konnte für ihn immer nur heißen: ganz allein seiner inneren Stimme zu folgen und voll und ganz seinen künstlerischen Intentionen zu leben.

Obwohl er sich keinerlei Illusion darüber machte, daß er sich damit auf schwankenden Boden begeben würde, reichte er am 2. Dezember 1858 seine Kündigung ein. Er begründete sie mit dem Hinweis darauf, daß die guten Beziehungen zwischen Preußen und England weitere publizistische Bemühungen überflüssig machten, und bat um eine Abfindung in Höhe eines Jahresgehaltes. Der leitende Minister Auerswald setzte für ihn einen Abfindungsbetrag von 2000 Talern fest, 333 Taler mehr, als Fontane überhaupt erwarten durfte. Ende Januar 1859 kehrte er nach Berlin zurück. Seine Familie folgte im Februar nach. Englischen Boden hat er seitdem nicht wieder betreten.

Seine Mutter, die sich über die wirtschaftlichen Folgen seiner Demissionierung ehrlich besorgt zeigte, tröstete er mit den Worten:»Aus früheren Briefen weißt Du, daß mein Verbleiben hier . . . nicht segensreich auf die Gestaltung meiner Verhältnisse daheim gewirkt haben würde. Nach Jahren, die ich darum petitioniert hätte, hätte man mir vielleicht einen ihrer ledernen Subalternposten in irgendeinem Ministerium bewilligt. Ich zieh es aber vor, als Lehrer, Artikelschreiber und Stundengeber mich arm, aber unabhängig durchzuschlagen. Du als Kind einer anderen Zeit hast noch die hohen Vorstellungen von ›Beamtenschaft‹, ›sicherem Brot‹ usw.; ich versichere Dich aber, daß es damit nichts ist. Die alten Vorstellungen gelten nicht mehr; Einfluß, Ansehn, Auskommen, Selbständigkeit usw. liegen ganz woanders.«[22]

Die harten polemischen Schläge, die Tante Adelheid im ›Stechlin‹ gegen England austeilt, stellen wahrscheinlich das letzte Wort Fontanes zu dem nicht enden wollenden Thema England dar. Wie auch sein Briefwechsel mit Dr. Morris belegt, verfolgte er die Entwicklung des englischen Imperialismus mit zunehmender Skepsis und Aversion. Auf die Lobeshymne des Superintendenten Koseleger hin läßt er der alten Domina ihren Gefühlen gegen das neue England freien Lauf:

»Alles, was ich da so höre, kann mich für dieses Volk nicht einnehmen, und weil sie rundum von Wasser umgeben sind, ist alles so kalt und feucht, und die Frauen, bis in die höchsten Stände hinauf, sind beinah immer in einem Zustand, den ich hier nicht bei Namen nennen mag... Und wenn es dann neblig ist, dann kriegen sie das, was sie den Spleen nennen, und fallen zu Hunderten ins Wasser, und keiner weiß, wo sie geblieben sind...

Und wie sie kochen und braten! Alles fast noch blutig, besonders das, was wir hier ›englische Beafsteaks‹ nennen. Und kann auch nicht anders sein, weil sie so viel mit Wilden umgehn und gar keine Gelegenheit haben, sich einer feineren Gesittung anzuschließen...

Einer ihrer Könige, worüber ich schon als Mädchen einen Aufsatz machen mußte, hat fünf Frauen gehabt, meist Hofdamen, und eine hat er köpfen lassen, und eine hat er wieder nach Hause geschickt. Und war noch dazu eine Deutsche. Und sie sollen auch keinen eigentlichen Adel mehr haben, weil mal ein Krieg war, drin sie sich gegenseitig enthaupteten, und als alle weg waren, haben sie gewöhnliche Leute rangezogen und ihnen die alten Namen gegeben, und wenn man denkt, es ist ein Graf, so ist es ein Bäcker oder höchstens ein Bierbrauer. Aber viel Geld sollen sie haben, und ihre Schiffe sollen gut sein und dauerhaft und auch sehr sauber, fast schon wie holländische; aber in ihrem Glauben sind sie zersplittert und fangen auch schon wieder an, katholisch zu werden.«[23]

11
Der ›freie‹ Schriftsteller

Die Rückkehr von seiner zweiten Englandreise am 25. September 1852 hatte Fontane, der ausgezogen war, den Staub Berlins für längere Zeit von seinen Füßen zu schütteln, als eine Art Canossagang empfunden. Am Ende mußte er jedoch froh sein, daß man ihm seine Stellung in der ›Zentralpressestelle‹ reserviert hatte und daß ihm Dr. Metzel in den Häusern der Geheimräte Adam Flender und Karl Hermann von Wangenheim Privatunterricht vermittelt hatte. Aber der Arbeitsstreß und die häusliche Belastung verursachte schließlich auch einen körperlichen Zusammenbruch, der diesmal mehr war als eine der bei Fontane üblichen »Nervenpleiten«, von denen er sich immer wieder vergleichsweise schnell erholte. Die Ärzte diagnostizierten sogar Tuberkulose und räumten ihm keine großen Lebenschancen mehr ein. Dazu waren zwei Kinder gleich nach der Geburt gestorben. Das Elend schien kein Ende nehmen zu wollen.

Einige Zeit verbrachte Fontane damals wieder im Bethanien-Krankenhaus, diesmal allerdings als Patient. Durch die besorgniserregende Verfassung Fontanes alarmiert, verwendete sich Franz Kugler beim König für ihn und erreichte durch seine Petition immerhin, daß Friedrich Wilhelm IV. diesem politisch so unsicheren Kantonisten von einem Poeten 100 Taler bewilligte. Seine zeitweiligen Aufenthalte in Letschin, wo inzwischen sein Schwager Sommerfeldt die väterliche Apotheke übernommen hatte, besaßen eine unverkennbare therapeutische Funktion für ihn. In den geordneten Verhältnissen dieses Hauses fühlte Fontane seine Kräfte langsam wieder wachsen; er konnte buchstäblich registrieren,»wie ruckweise der Alp von Leib und Seele rutschte«. Seine Berliner »Sechserverhältnisse« belasteten ihn eben doch schwer, schwerer jedenfalls, als er es sich selber eingestehen mochte. In dieser Laune schrieb er dann auch am 17. April 1854 an Storm die entlarvenden Worte: »Es ist wunderbar, in wie nahen Beziehungen Menschenglück und Putenbraten zueinander stehn und welche Püffe das Herz verträgt, wenn man jeden Schlag mit einer Flasche Markobrunner parieren kann...«[24]

Als gelernter Preuße war er nicht bereit, sich »aushungern« zu lassen, wie er schrieb, und so schlug er sich wieder einmal mehr schlecht als recht durch die vielleicht trostlosesten Jahre seines Lebens. Von einer ausreichenden Existenz als freier Schriftsteller konnte natürlich wieder einmal nicht die Rede sein. Auch diesmal hatte er trotz aller heroischen Anstrengungen bei seinen Bemühungen, neue Beziehungen anzuknüpfen, um der Fatalität einer Hungerexistenz zu entgehen und sein Leben auf eine tragfähige Basis zu stellen, wenig Fortüne entwickelt.

Ein Lichtblick war für ihn wenigstens sein Umgang mit den beiden geheimrätlichen Familien Wangenheim und Flender. Aber auch dieser Privatunterricht stellte ihn vor schwer lösbare Probleme. »Die eine Familie war streng lutherisch, die andere streng katholisch, was mir im Geschichtsunterricht doch einige Schwierigkeiten schuf«,[25] berichtete er später über das Dilemma, in das er da hineingeraten war. Immerhin fand er durch seine gesellschaftlichen Kontakte im Hause Wangenheim endlich einmal Gelegenheit, Umgang mit überzeugten Katholiken zu pflegen. Vor allem Frau von Wangenheim forderte ihm den höchsten Respekt ab. Er hielt sie für eine der interessantesten Frauen, die ihm in seinem Leben begegnet waren.

»Daß sie so interessant war«, heißt es später in seinen Erinnerungen,»lag in den Gegensätzen, die sich in ihr einten, richtiger wohl in einem fort bekämpften, denn wiewohl sie eine scharfe Katholikin und ihrem Glauben fest und treu ergebene Frau war, so habe ich doch kaum eine Frau kennengelernt, die ihrer Naturanlage nach weltlicher gewesen wäre. Diese Weltlichkeit brach nun beständig wieder durch, ganz ungeniert, naiv, beinahe mit Freudigkeit, als freue sie sich des momentanen Triumphes über all das Höhere und Transzendentale, und diese Weltkindschaft, ein Boden, auf dem wir uns fanden, lieh der ganzen Frau einen ganz eigenartigen Zauber. Mit dieser Weltkindschaft und der großen gesellschaftlichen Feinheit und Freiheit, die sie auszeichnete, hing es auch zusammen, daß sie nichts lieber tat, als mit mir über katholische Dinge zu sprechen und an meinen mit Fidelität vorgetragenen Ketzereien eine unaussprechliche Freude zu haben.«[26]

Im Hause Wangenheim begegnete Fontane einem illustren Kreis von hohen Beamten, Offizieren, Politikern, Geistlichen und Künstlern. Die Generosität und Toleranz in diesem Hause schufen eine Atmosphäre, in der Fontane sich entfalten und schließlich sogar brillieren konnte. »Bei Wangenheims wurde vier Stunden politisiert, ohne daß die Worte: Ultramontan, Carlisten, Hauptmann Schmid, Kullmann auch nur ein einziges Mal genannt worden wären«, berichtete Fontane. »Es ging immer namenlos, ins allgemeine hinein, unter fleißiger Heranziehung Chinas und Japans, Rußlands und Nordamerikas. Nur einmal, beim Kaffee, nahm mich der alte W. in die Ecke und sagte schelmisch: ›Sie wissen doch, Bismarcks Kugel ist nun gefunden!‹ Ich machte ein verblüfftes Gesicht, weil ich, in ahnendem Gemüte, fühlte: ›jetzt kommt etwas Furchtbares‹, und richtig, er erzählte mir, vorgestern sei in Moabit von einem Heckenzaun her ein Schuß abgefeuert worden, der einen Vorübergehenden getroffen habe; die Kugel säße noch in der Backe. Welche, gab er nicht an. ›Die reine Bismarck-Kugel‹, so schloß er.«

Fontane kommentierte diese Unterhaltung so: »Die Sache, so unsinnig sie ist, machte doch einen tiefen Eindruck auf mich; ja, sie machte ihn, weil sie so unsinnig ist. Er wollte ungefähr sagen: jeder Strolch, der aus einem Hinterhalt ein Pistol abfeuert, wird jetzt politisch ausgenutzt; die Moabiter Kugel war nichts andres als die Kissinger Kugel und umgekehrt; aber man macht aus allem eine ›Bismarck-Kugel‹, um die Katholiken-Hetze fortsetzen zu können.«[27]

Als Dichter war Fontane in diesen schweren Jahren, die seine Charakterstärke auf eine bemerkenswert harte Probe stellten, sichtlich gereift. Natürlich hatte die nimmermüde Feder des Balladendichters, Novellisten, Kritikers und Übersetzers keinen Moment geruht. Schließlich konnte er sich beim Aufbau einer halbwegs bürgerlichen Existenz nur auf sie verlassen. 1852 hatte er das ›Deutsche Dichter-Album‹ herausgegeben; zwei Jahre später brachte er gemeinsam mit Franz Kugler in einem Dessauer Verlag ein belletristisches Jahrbuch unter dem Titel ›Argo‹ auf den Weg. Dieser Band enthielt dann auch gleich drei Prosastücke aus seiner Feder, ›Tuch und Locke‹, ›James Monmouth‹ und ›Goldene Hochzeit‹, dazu drei Balladen und nicht weniger als neun freie Übertragungen aus dem Englischen. Aber auch Storm hatte seine Novelle ›Ein grünes Blatt‹ und der junge Paul Heyse die Erzählung ›La Rabiatta‹, die seinen Namen bald berühmt machte, beigesteuert. Daß die Prosatexte Fontanes ihn noch keineswegs auf dem Weg zu sich selbst zeigen und sie die spezifisch Fontanesche Handschrift noch vermissen lassen, kann nicht überraschen. Aber gewisse Ansätze zu seinen typischen Charakterkonstellationen zeichnen sich diesmal schon deutlich ab.

Bemerkenswert auch, daß 1853 in Karl Biedermanns ›Deutschen Annalen‹ ein programmatischer poetologischer Beitrag Fontanes, ›Unsere lyrische und epische Dichtung seit 1848‹, anonym erschien. Hier nun legte Fontane seinen literaturbeflissenen Zeitgenossen wie auch sich selbst die Gewissensfrage vor, wer unter den zeitgenössischen Autoren überhaupt dazu berufen wäre, »das angefangene und wieder unterbrochene Werk der hervorragenden Geister des vorigen Jahrhunderts fortzusetzen«[28]. An dieser Stelle beschwor er die Schatten Bürgers und Herders als berufene Vorbereiter einer neuen realistischen Poesie herauf. Ansonsten riskierte er in diesem Aufsatz kühn vorweggenommene, aber ungemein erfrischende Gesamturteile über seine ›Tunnel‹-Freunde Scherenberg, Geibel, Roquette, Merckel, Lepel, Storm und Heyse.

In diesem kunsttheoretischen Exkurs bekennt sich Fontane kompromißlos zu einem neuen Realismus in der Literatur und distanziert sich damit bewußt von der Kunstauffassung, die im ›Tunnel‹ vertreten wurde. Die Rolle und Bedeutung des Realismus in der neueren Kunst definiert er eindeutig so: »Der Realismus in der Kunst ist so alt wie die Kunst selbst, ja, noch mehr: er *ist* die Kunst. Unsere moderne Richtung ist nichts als eine Rückkehr auf den einzig richtigen Weg, die Wiedergenesung eines Kranken, die nicht ausbleiben konnte, solange sein Organismus noch überhaupt ein lebensfähiger war.«[29]

Der 35jährige hatte mit diesem Aufsatz bereits die poetologische Legitimation seines realistischen Alterswerks eingeholt. Der Bewunderer und hingebungsvolle Leser der Bücher von Dickens und Thackeray hatte als Zeitgenosse, der die geistigen Eruptionen seiner Zeit sensibler als andere witterte, von einer verschwommenen Romantik, wie sie vor allem in Deutschland zelebriert wurde, Abschied genommen und den Realismus zur adäquaten Ausdrucksform der sich nunmehr aufdrängenden und völlig neuartigen gesellschaftlichen Fragestellungen erhoben. Damit ergab sich für ihn die kühne These:»Was unsere Zeit nach allen Seiten hin charakterisiert, das ist ihr Realismus. Dieser Realismus unserer Zeit findet in der Kunst nicht nur sein entschiedenstes Echo, sondern äußert sich vielleicht auf keinem anderen Gebiet unseres Lebens so augenscheinlich wie gerade in ihr.«[30]

Schon ein Menschenalter vor dem endgültigen Durchbruch des konsequenten Naturalismus distanziert sich Fontane entschieden von dessen zu erwartenden Überspitzungen. Für ihn handelt es sich beim echten Realismus nicht um eine akribische Darbietung des »Handgreiflichen«, sondern um eine Darstellung des Wahren.»Er schließt nichts aus als die Lüge, das Forcierte, das Nebelhafte, das Abgestorbene«, faßt er zusammen.

Was versteht Fontane also unter dem neuen Realismus? »Vor allen Dingen«, definiert er unmißverständlich,»verstehen wir *nicht* darunter das nackte Wiedergeben alltäglichen Lebens, am wenigsten seines Elends und seiner Schattenseiten... Es ist noch nicht allzu lange her, daß man (namentlich

in der Malerei) *Misere* mit Realismus verwechselte und bei
Darstellung eines sterbenden Proletariers, den hungernde
Kinder umstehen, oder gar bei Produktionen jener sogenannten Tendenzbilder (schlesische Weber, das Jagdrecht u.
dergl. mehr) sich einbildete, der Kunst eine glänzende Richtung vorgezeichnet zu haben. Diese Richtung verhält sich
zum echten Realismus wie das rohe Erz zum Metall: die
Läuterung fehlt.«[31]
Während etwa Freiligraths Lyrik in diesem Aufsatz mit
besonders positiven Zensuren bedacht wird, bricht Fontane
erbarmungslos den Stab über das wohl erfolgreichste Mode-
poem jener Zeit, über das ebenso bigotte wie restaurative
Versepos ›*Amaranth*‹, das sich Oskar von Redwitz hatte
einfallen lassen und das als Bibel der Konterrevolution bis
zur Jahrhundertwende 44 Auflagen erreichte. Fontanes Verdikt über dieses bläßliche Produkt von Butzenscheibenlyrik
fiel dann auch entsprechend verheerend aus. Seinem Freund
Fritz Witte gegenüber äußerte er sich über dieses Opus so:
»Das Buch ist im höchsten Grade widerwärtig und in der
Poesie dasselbe, was die Zeitungsartikel der Kreuzzeitung in
der Prosa sind – herzloses, gemachtes, kokettes Christentum. Ich wüßte nicht, was mich seit lange unter literarischen
Arbeiten in dem Maße angewidert hätte wie diese Christen-
tumsfratze mit Namen Amaranth.«[32]
In der bitteren Erkenntnis, auf welche Weise angesichts
der völligen Wertblindheit dieses Volkes der Dichter und
Denker Bucherfolge zustande kommen, verfolgte er nicht
ohne verhaltenen Groll auch später noch die Monsterauflagen
gen literarischer Schmierenkomödianten wie etwa des maßlos platten und philiströsen Julius Wolff, gegen den er in der
Lesergunst nicht konkurrieren konnte. Mit der vielsagenden
Floskel »Die Dummheit ist das ewig Siegende« glaubt Fontane diese Erscheinungen auf dem deutschen Buchmarkt ausgiebig kommentiert zu haben.
»Wir entsinnen uns, die ›Amaranth‹ vielfach bei Landpre-
digertöchtern vorgefunden und den Herrn Pastor selber in
leidlicher Ekstase über ›diese herrliche Dichtung‹ gesehen zu
haben, so daß an diesem Beispiele wieder recht klar gewor-

den ist, wie kleine Zahlen das Häuflein derer aufweist, die überhaupt irgendwelches Verständnis für eine Dichtung (gleichviel welche) mitbringen, und daß sich die meisten Menschen, selbst Personen von sogenannter literarischer Bildung, sofort ihres Urteils, ja selbst ihres gesunden Menschenverstandes begeben, sobald sie gereimte Jamben vor sich haben. Der albernste Autoritätsglaube, die geistloseste Nachplapperei tritt sofort an die Stelle der eigenen Kritik, und, zu bequem zum Nachdenken, zu feig zum Widersprechen, faselt sich groß und klein in eine Begeisterung hinein, die natürlich so lange dauert wie die Mode und der Antrieb, den sie gibt.«[33]

Über die miserable gesellschaftliche Stellung des freien Schriftstellers hat er sich immer wieder Gedanken gemacht, da er auf Grund eigener trübseliger Erfahrungen als deutscher Autor nur ein Versagen der Gesellschaft dieser Berufsgruppe gegenüber konstatieren konnte. In einem Aufsatz ›Die gesellschaftliche Stellung der Schriftsteller‹ im ›Magazin für Literatur‹ im Dezember 1891 forderte er daher nicht mehr oder weniger als ihre staatliche Approbation.

»Unser Aschenbrödeldasein ist unzweifelhaft«, heißt es da. »Die Anschauung, daß nur Examen, Zeugnis, Approbation, Amt, Titel, Orden, kurzum alles das, wohinter der Staat steht, Wert und Bedeutung geben, beherrscht die Gemüter mehr denn je, und die freien Genies, die ›Wilden‹, immer suspekt gewesen, sind es jetzt mehr denn je.«

Schon bald hatte Fontane das anrüchige deutsche Paradoxon herausgefunden: »Wer Literatur herstellt, muß hungern und sich mühsam durchs Leben schlagen, wer aber mit ihr handelt, werde reich dabei. Wer von Berufs wegen schreibt, ist dazu gezwungen, weil er sonst nichts Gescheites gelernt habe.« Im Grunde handle es sich bei den »Tintensklaven« immer noch um »katilinarische Existenzen«.

Dem Staate falle unter diesen Bedingungen daher die Verpflichtung zu, das allgemeine Renommee dieses Standes zu heben. Kann er sich aber dazu nicht durchringen, so bleibt den Schriftstellern nichts anderes übrig, als ein höheres Selbstwertgefühl zu entwickeln.

Wie er über die Fatalität einer schriftstellerischen Existenz in Deutschland dachte, legte er auch dem Alten Fritz in den Mund, als er ihn in seinem Huldigungskarmen an Adolph von Menzel auf den Terrassen von Sanssouci auftreten läßt. Als der König an ihn die Frage nach seinem Metier richtet, sieht sich Fontane merklich in Verlegenheit versetzt. Die Antwort des Königs fällt dann auch ebenso drastisch wie realistisch aus:

>»Schriftsteller, Majestät. Ich mache Verse!‹
Der König lächelte: ›Nun hör' Er, Herr,
Ich will's Ihm glauben; keiner ist der Tor
Sich dieses Zeichens ohne Not zu rühmen,
Dergleichen sagt nur, wer es sagen muß,
Der Spott ist sicher, zweifelhaft das andere.
Poète allemand!‹«[34]

»Poète allemand« – das ist natürlich ein glänzendes und dabei selbstverschuldetes Elend. Fontane hatte es bitter auf den einzelnen Stationen seines Lebensweges als deutscher Dichter zu spüren bekommen. Hätte er nicht unbändige vitale und geistige Kräfte in das Unternehmen seiner Schriftstellerei investiert, hätte er eine so opulente Lebensernte nicht einbringen können. Insofern hatte er ein Recht, sein Leben mit einem Ritt über den Bodensee zu vergleichen. Er war eben noch einmal, wie er es selbst empfand, mit einem blauen Auge davongekommen. Dabei hatte er im Lotteriespiel seines Lebens nie auf den Zufall gesetzt. Als geborener Calvinist hatte er es immer mit der Berechenbarkeit des Schicksals gehalten. Bei allem mußte er zugeben, daß dieses Schicksal oft an einem seidenen Fädchen gehangen hatte.

»Personen von solcher Ausrüstung, wie die meine war: kein Vermögen, kein Wissen, keine Stellung, keine starken Nerven, das Leben zu zwingen – solche Menschen sind überhaupt keine richtigen Menschen, und wenn sie mit ihrem Talent und ihrem eingewickelten Fünfzigpfennigstück ihres Weges ziehen wollen..., so müssen sie sich wenigstens nicht verheiraten«, war seine nachträgliche Überzeugung, gegen die er in allen Punkten leichtsinnigerweise verstoßen hatte. Denn einen Apotheker, »der anstatt von einer Apotheke von der Dichtkunst leben will«, hielt er sicher zu Recht »für das Tollste, was es gibt«[35].

Und doch: Es war Fontane keine andere Wahl geblieben, als den Passionsweg eines deutschen Schriftstellers zu Ende zu gehen, der von seinen Zeilenhonoraren oder den allzu spärlichen Erträgnissen seiner beschämend niedrigen Buchauflagen sich und seine Familie durchs Leben zu bugsieren hatte. Er war dabei unter unsäglichen Mühen zu seinem »Eigentlichen« vorgestoßen. Und als er schließlich sein Leben rekapitulierte, hielt er mit seiner Meinung nicht hinter dem Berg, dieses glanzlose und immer wieder bedrückende Leben noch einmal zu führen. Zuletzt hatte sich dessen Ertrag für ihn und für die Nachwelt ein und allemal gelohnt.

12
Der Mann der ›Wanderungen‹

Nach Abschluß seines englischen Intermezzos und seiner endgültigen Rückkehr nach Berlin am 15. Januar 1859 sah sich Fontane materiell wieder einmal vor ein Nichts gestellt. Nach vergleichsweise sorglosen Jahren mußte er sich erneut auf die zermürbende Suche nach neuen Geldquellen begeben. Zwar kam er als Literat nicht mit leeren Händen in die preußische Metropole zurück, aber durchschlagend Neues, das die Blicke der literarischen Öffentlichkeit auf ihn gelenkt hätte, hatte er nicht vorzuweisen. Immer noch ist er auf die Hilfe seiner Freunde angewiesen. So erhält er gleich in diesen Tagen eine Einladung Paul Heyses nach München; denn schon hegt man dort den sicher etwas abenteuerlichen Plan, ihn in die Position eines Privatbibliothekars und literarischen Sekretärs des Königs Maximilian II. zu lancieren.

Fontane begab sich in der Tat unverzüglich nach München und bewegte sich tagelang im Kreise klassizistischer und nachromantischer Epigonen der Münchener Dichterschule, die ihn in allerbester Absicht in eine literarische Richtung drängen mochten, welche nun ganz gewiß nicht seine Domäne war und auch nie sein konnte. Am 19. März wurde Fontane dann vom bayrischen König in Audienz empfangen. »Mit Hilfe von drei Paar wollenen Strümpfen«, mokierte er sich später über seinen Auftritt an so erlauchter Stelle, »hatte ich meine Füße endlich so dick und elastisch gemacht, daß alle Risse und Falten in meinen Lackstiefeln wie ausgeplättet waren.«

An Merckel schrieb er über den Hergang dieser Audienz folgendes:»Die ersten Fragen drehten sich um Dessauer, Zieten, Balladenstoffe usw. Von Schottland wanderten wir nach England, mein Leben dort, schwenkten nun aus dem Literarischen ins Politische über. Erst einiges über England, dann Beziehungen zwischen England und Preußen, dann italienische Fragen, Preußens Haltung, die Chancen des neuen Ministeriums usw. Wie Sie sich denken können, brach ich diese kitzlichen Themata nicht vom Zaun. Sie kamen eben, und es lag für mich kein Grund vor, ängstlich darüber hinzugehn. Er entließ mich äußerst gnädig.«»Welchen Eindruck ich gemacht habe, kann ich natürlich nicht wissen. Unter allen Umständen aber bin ich froh, daß diese Audienz überhaupt stattgefunden und meinem Aufenthalt hier wenigstens zu einer Art von Resultat verholfen hat. Das Weitere müssen wir abwarten.« Seiner Frau allerdings gestand er, noch ehe die Angelegenheit entschieden war:»Meine Neigungen liegen eigentlich nach einer ganz andern Seite hin, und die Stellung hier wird mir nie etwas andres sein als ein Notbehelf.«[36]

Obwohl Fontane Heyses gute Absicht und dessen »hilfsbereite Liebe wie einen Segen des Himmels« wertete, konnte er sich mit dem Gedanken, im deutschen Süden Fuß zu fassen, nicht befreunden. Überdies betrachteten die autochthonen Münchener Poeten den Zuzug norddeutscher Dichter nicht ohne inneren Widerstand.

Wie zu erwarten, zerschlug sich das Münchener Projekt, und, nach Berlin zurückgekehrt, mußte Fontane sich wieder aufs Bittstellen und Antichambrieren verlegen. Als man wegen der italienischen Frage im Sommer 1859 mit einem Kriegseintritt Preußens rechnete, schrieb er an Heyse, er denke allen Ernstes daran, in die Armee einzutreten,»nicht von Begeisterung wegen, sondern um untergebracht zu sein«.»Ich schwanke noch zwischen Train, Magazininspektor und Lazarettapotheker. Und das alles nach 4 Jahr England! Wenn man 4 Jahr Zuchthaus gehabt hätte, könnt' es nicht schlimmer sein.« Da Preußen vom Krieg verschont blieb, zerrannen auch diese Pläne im Sande.

Schließlich verschaffte ihm Friedrich Eggers den Posten eines der drei Vertrauenskorrespondenten, die vom Leiter der Regierungspresse der ›Neuen Ära‹, Geheimrat Duncker, persönlich über die Absichten und Pläne der Regierung unterrichtet wurden. Die unpersönliche Sachlichkeit in der neuen Dienststelle behagte Fontane allerdings nur wenig. »Alle diese Leute sind steif, unumgänglich, genau das, was die Engländer ›pompous‹ nennen«, klagte er Heyse. Allerdings wurde er durch eine Indiskretion, die ihm unterlief, bald wieder aus diesem inneren Kreis ausgeschlossen, und schon mit dem Jahresende 1859 nahm er seinen Abschied. Damit fand er Gelegenheit, zehn Vorträge über England auszuarbeiten, die er dann vom 10. Januar bis zum 14. März in Arnims Hotel hielt.

Der erste dieser Vorträge behandelte das Thema ›Whigs und Tories‹. Hier versuchte er, sowohl den englischen Konservativen als auch den Liberalen von einem sublimeren historischen Aspekt aus Gerechtigkeit widerfahren zu lassen. Beide Parteien sind ohne merkliche Verarmung des politischen Szenariums in England einfach nicht fortzudenken, lautet die Quintessenz seiner Erkenntnisse. In einem streng dialektischen Prozeß vertreten die Whigs das Prinzip des Fortschritts, während die Tories die Kontinuität guter alter Traditionen zu ihrem ›Programm erhoben haben. Von seinen Zuhörern forderte Fontane daher nicht mehr oder weniger, als im Interesse des Fortschritts ein Whig zu sein, »aber in des Herzens Liebe und Treue ein Tory«[37].

Aber dann neigt sich die Waage des Schicksals doch endlich einmal zu seinen Gunsten, als sich durch die Vermittlung des Romanciers George Hesekiel die stockkonservative ›Kreuzzeitung‹ bei ihm meldet und ihm die Bearbeitung der englischen Artikel anträgt. Für diese journalistische Funktion hält sich der Englandexperte in der Tat für prädestiniert, obwohl ihm die ganze Richtung dieser Zeitung gehörig gegen den Strich geht. Seinen Antrittsbesuch beim Chefredakteur dieses Blattes, Dr. Tuiscon Beutner, schilderte er später mit einer geradezu umwerfenden Drastik, die über alle Malaisen seines Lebens zu triumphieren scheint.

»Vier Uhr war Sprechstunde«, berichtet er über diese entscheidende Begegnung in seinem Leben. »Pünktlich erschien ich in der Bernburger Straße, wo der Chefredakteur schräg gegenüber der Lukaskirche wohnte. Matthäi wäre wohl besser gewesen, aber Lukas war auch gut. Endlich in der zweiten Etage glücklich angelangt, zog ich die Klingel und sah mich gleich darauf dem Gefürchteten gegenüber. Er war aus seinem Nachmittagsschlafe kaum heraus und rang sichtlich nach einer der Situation entsprechenden Haltung. Ich hatte jedoch verhältnismäßig wenig Auge dafür, weil ich zunächst nicht ihn, sondern nur sein unmittelbares Milieu sah, das links neben ihm aus einem mittelgroßen Sofakissen, rechts über ihm aus einem schwarz eingerahmten Bilde bestand. In das Sofakissen war das eiserne Kreuz eingestickt, während aus dem schwarzen Bilderrahmen ein mit der Dornenkrone geschmückter Christus auf mich niederblickte. Mir wurde ganz himmelangst, und auch das mühsam geführte Gespräch, das anfänglich wie zwischen dem eisernen Kreuz und dem Christus mit der Dornenkrone hin und her pendelte, belebte sich erst, als die Geldfrage zur Verhandlung kam. London hatte mich nach dieser Seite hin etwas verwöhnt, und ich sah mit Schmerz die Abstriche, die gemacht wurden. Als so zehn Minuten um waren, stand ich vor der Frage: ›Ja‹ oder ›Nein‹. Und ich sagte: ›Ja‹. Nicht leichten Herzens.«[38]

Immerhin waren anderthalb Jahre vergangen, ehe er wieder eine feste Anstellung gefunden hatte. Er versuchte nunmehr wie immer, das Beste daraus zu machen, und hatte dann auch im Zentrum des preußischen Konservatismus ausgiebig Gelegenheit, seinen politischen Standort zu überdenken. Dabei brauchte er nicht einmal aus seinem Herzen eine Mördergrube zu machen, um sein konservatives Credo abzulegen. Als er am 19. November 1861 als Beisitzer und Stimmenzähler an der Urwahl zum Abgeordnetenhaus teilnahm, schrieb er noch am selben Tag an seinen neuen Verleger Wilhelm Hertz: »Übrigens hab' ich doch auch heute wieder gesehn, daß alle ernsten Leute, die nach Zuverlässigkeit, Treue, Charakter, meinetwegen auch ein bißchen nach

171

Fanatismus und Verbissenheit aussehn, konservativ sind –
das andere ist doch der reine Treibsand, der durch die
Strömung, wie sie gerade geht, mal hierhin, mal dorthin
geworfen wird.«[39]
Das war freilich kein leichtfertiger oder opportunistischer
Renegat, der hier eine Lanze für einen seriösen Konservatismus brach. Er sah sich nun nach einer sicher schmerzlichen
Metamorphose zwar mit einigen seelischen Blessuren, aber
sonst integer am anderen Ufer der politischen Landschaft
angekommen und hatte nunmehr Gelegenheit, ein wenig
resigniert und wie unter Tränen lächelnd Rückschau auf die
politischen Eskapaden seiner Sturm- und Drangjahre zu
halten:

»In Arkadien wurd auch ich geboren.
Auch ich hab mal auf die Freiheit geschworen.

Ich haßte Schranzen und Fürstenschmeichler,
Glaubte beinah an Held und Eichler,
Und Herwegh, Karl Beck und Dingelsteten
Erhob ich zu meinen Leibpoeten.

›... Auf dem offnen Meere der Freiheit schwimmen...
Ein Volk muß immer sich selbst bestimmen,
Ein Volk geht immer die rechten Wege,
Nieder die Polizeigehege,
Nieder die possidentes beati.‹
So dacht auch ich. O, tempi passati!

Freiheit freilich. Aber zum Schlimmen
Führt der Masse ›Sich-Selbst-Bestimmen‹,
Und das Klügste, das Beste, Bequemste,
Das auch freien Seelen weitaus Genehmste
Heißt doch schließlich, ich hab's nicht Hehl:
Festes Gesetz und fester Befehl.«[40]

Als Redakteur des englischen Artikels in der ›Kreuzzeitung‹
fand Fontane noch genügend Zeit, seinen eigenen literarischen Intentionen nachzugehen. Diesem Umstand haben
wir die ›Wanderungen durch die Mark Brandenburg‹ zu verdanken, sicherlich eines der bedeutendsten deutschen Land-
schaftsbücher überhaupt, dessen Konzept er bereits aus
England mitgebracht hatte. Bei einer Bootsfahrt auf dem

Leven-See mit anschließendem Besuch des auf einer Insel gelegenen Douglas-Schlosses Lochleen Castle war bei dem Panorama dieser Traumlandschaft vor ihm die Phantasmagorie des heimischen Rheinsberg aufgetaucht, und sogleich hatten sich zwingende Analogien eingestellt. »Auch eine Wasserfläche war es«, beschreibt er diesen Eindruck, »aber nicht Weidengestrüpp faßte das Ufer ein, sondern ein Park und ein Laubholzwald nahmen den See in ihren Arm. Ein Schloß stieg auf mit Flügeln und Türmen, mit Hof und Treppe und mit einem Säulengange, der Balustraden und Marmorbilder trug. Dieser Hof und dieser Säulengang, die Zeugen wie vieler Lust, wie vielen Glanzes waren sie gewesen? Hier über diesen Hof hatte die Geige Grauns geklungen, wenn sie das Flötenspiel des prinzlichen Freundes begleitete; hier waren Le Gaillard und Le Constant, die ersten Ritter des Bayardordens, auf- und niedergeschritten; hier waren, in buntem Spiel, in heiterer Ironie fingierte Ambassaden aus aller Herren Länder erschienen und von hier aus endlich waren die heiter Spielenden hinausgezogen und hatten sich bewährt im Ernst des Kampfes und auf den Höhen des Lebens. Hinter dem Säulengange glitzerten die gelben Schloßwände in aller Helle des Tages, kein romantischer Farbton mischte sich ein, aber Schloß und Turm, wohin das Auge fiel, alles trug den breiten historischen Stempel. Von der anderen Seite des Sees her grüßte der Obelisk, der die Geschichte des Siebenjährigen Krieges im Lapidarstil trägt.«[41]

»Die Anregung wurde Wunsch, der Wunsch wurde Entschluß... Ich bin die Heimat durchzogen, und ich habe sie reicher gefunden, als ich zu hoffen gewagt hatte«, schrieb er später in Hinblick auf die Fata Morgana des Rheinsberger Schlosses mitten im schottischen Hochland.

Auch bei einer Dampferfahrt auf dem Forth stellten sich bei Fontane Erinnerungen an die heimische Havellandschaft ein, an jenes »beinah inselförmige Stück Land, um das die Havel ihr blaues Band zieht. Es ist der gesunde Kern, daraus Preußen erwuchs, jenes Adlerland, das die linke Schwinge in den Rhein und die rechte in den Njemen taucht.«[42]

In seinem Tagebuch findet man unter dem 19. 8. 1856 dann auch die folgende Eintragung: »Einen Plan gemacht. Die Marken, ihre Männer und ihre Geschichte um Vaterlands und künftiger Dichtung willen gesammelt und herausgegeben von Th. F. Die Dinge gebe ich alphabetisch. Wenn ich dazu komme, das Buch zu schreiben, so hab ich nicht umsonst gelebt und kann meine Gebeine ruhig schlafen legen.«[43]

Dabei handelt es sich keineswegs um einen allzu impulsiven Lokalpatriotismus oder um eine höchst profane Blut-und-Boden-Mystik, die Fontane mit einem Male zu so hochgesteckten schriftstellerischen Taten beflügeln. Aber immerhin stellte er damals fest, daß es erst die Ferne ist, die uns lehrt, was wir an der Heimat besitzen.

»Aber Fremde tut noch mehr«, heißt es dann in seinem Alexis-Aufsatz. »Sie lehrt uns nicht bloß sehen, sie gibt uns auch das Maß für die Dinge... Sie leiht uns die Fähigkeit, Groß und Klein zu unterscheiden, und bewahrt uns vor jenem ebenso ridikülen wie anstößigen Lokalpatriotismus, der den Sieg der Müggelberge über das Finsteraarhorn proklamiert. Schmidt von Werneuchens landschaftliche Schilderungen... wirken zu erheblichem Teil komisch, weil seine Welt mit dem Barnim und dem Havellande abschloß.«[44]

Fontanes schottische Impressionen, die er unter dem Titel ›Jenseit des Tweed‹ 1860 herausbrachte, kann man mit einigem Recht durchaus als Etüden für das künftige Monumentalwerk seines brandenburgischen Landschaftsbuches bewerten. Auch Schottland hatte gewisse Seiten seines Wesens voll zum Klingen gebracht. Es hatte sogar wieder einmal den Poeten in ihm geweckt, und so entstand eines der persönlichsten Fontane-Bücher.

Der Kreuzzeitungs-Redakteur, der übrigens die Zeit, die er bei diesem konservativen Blatt verbrachte, zu den glücklichsten seines Lebens rechnete, zögerte keinen Augenblick, um die Gelegenheit zu ergreifen, die Mark und ihre Geschichte zu »poetisieren«. Es wollte ihm nicht recht in den Sinn, daß ausgerechnet die Mark Brandenburg ihren Sänger noch nicht gefunden hatte, »obwohl doch jede Quadratmeile märkischen Sandes ebensogut ihre Geschichte wie das Main- und Neckarland hat, nur erzählt, nur gefunden muß sie werden. Es fehlt östlich von der Elbe noch durchaus die Wünschelrute, die den Boden berührt... Wer Gelegenheit genommen hat zu beobachten, wie dieser eigentümliche, wichtige Literaturzweig in England blüht, der wird uns zustimmen, es handelt sich dabei um die Ausmünzung, um die Popularisierung unserer Geschichte.«[45]

Nun, endlich, fand er ausreichend Zeit und Gelegenheit, das Berliner Umland systematisch zu durchstreifen und die märkischen Sitze der alten Familien, Schlachtfelder und sonstige historische Stätten aufzusuchen und zu beschreiben. Aus Archiven, Pfarreien, Chroniken, Briefen, Inschriften, Anekdoten, Sprichwörtern, Baulichkeiten gewann er seinen Stoff, den er in die Gegenwart zu projizieren versuchte. Es gehörte zu seinen schriftstellerischen Ambitionen, ein Mann seiner Zeit, auf keinen Fall ein Chronist zu sein. Doch vergingen dann allerdings von diesem Zeitpunkt an noch zwei Jahrzehnte, ehe die vier Bände der ›Wanderungen‹ vorlagen und ein bis dahin literarisch unerschlossenes Territorium seine dichterische Gestaltung fand. Fontane hatte bei seinen Vorstößen ins Innere dieses literarischen Neulands durchaus auch betont volkspädagogische Absichten im Sinne gehabt. Jedenfalls äußerte er sich im Oktober 1861 über das Konzept seiner eher feuilletonistisch gedachten Berichte aus der Mark so: »Die letzten hundertfünfzig Jahre haben dafür gesorgt, daß man von den Brandenburgern (oder Märkern oder Preußen) mit Respekt spricht. Die Taten, die geschehen, und die Männer, die diese Taten geschehen ließen, haben sich Gehör zu verschaffen gewußt; aber man kümmerte sich um sie mehr historisch als menschlich. Schlachten und immer wieder Schlachten, Staatsaktionen, Gesandtschaften – man kam nicht recht dazu, Einblicke in das private Leben zu tun, und die wenigen, denen solch Einblick vergönnt war, versäumten es, Aufzeichnungen darüber zu machen. Mangel an literarischem Sinn und Überfluß an sogenannter ›Diskretion‹ (ein höchst albernes und stupides Ding, der Tod alles Interesses und zuletzt aller Geschichte) ließen die Eingeweihten nicht dazu kommen.

Eine Folge davon war, daß die Schauplätze, auf denen sich unser politisches Leben abgesponnen, auf denen die Träger eben dieses politischen Lebens tätig waren, relativ unbelebt blieben. Interesselos ging man daran vorüber. Man wußte allenfalls: ›Hinter diesen Mauern hat der und der gelebt‹, aber man wußte nicht, *wie* er gelebt hatte, und mußte sich mit zwei extremen Arten von Mitteilungen begnügen: mit seiner Beteiligung an Schlachten und Staatsaktionen und mit allertrivialstem Klatsch. Das Schönmenschliche blieb tot. Der Zweck meines Buches ist, nach dieser Seite hin anregend und belebend zu wirken und die ›Lokalität‹ wie die Prinzessin im Märchen zu erlösen. Abwechselnd bestand meine Aufgabe darin, zu der Unbekannten, völlig im Walde Versteckten vorzudringen oder die vor aller Augen Daliegende aus ihrem Bann, ihrem Zauberschlaf nach Möglichkeit zu befreien. So tauchen denn abwechselnd Namen auf, die (engste Kreise abgerechnet) niemandem bekannt waren; daneben bekannte Namen, aber auch nur bekannt als Namen. Detailschilderungen behufs besserer Erkenntnis und größerer Liebgewinnung historischer Personen, Belegung des Lokalen und schließlich Charakterisierung märkischer Landschaft und Natur – das sind die Dinge, denen ich vorzugsweise nachgestrebt habe.«[46]

Der »als geschlagene Truppe« mit eingerollter Fahne aus England heimgekehrte Fontane empfand sich als »innerlich tief müde« und war glücklich, nun in einer spezifisch deutschen Hinterwelt neue seelische Kräfte speichern zu können. In diesem total platten Lande war er allen politischen Querelen seiner Zeit meilenweit entrückt. Hier auch konnte sich der Journalist, der dem Tagesgeschehen eigentlich viel zu lange schon auf den Fersen geblieben war, von allem nur ephemeren Geschehen distanzieren. Hier konnte er, mit einem Wort, endlich nichts anderes als ganz einfach Fontane sein.

Dabei hatte er sich nicht wenig vorgenommen, als er sich daranmachte, die Mark Brandenburg für die Literatur zu entdecken; denn die Mark war so ziemlich das Letzte, »was das Poetische angeht«. »Ehrlich ist der Märker, aber schrecklich, und daß gerade ich ihn habe verherrlichen müssen«, verwundert ihn noch im nachhinein. Und doch muß es ihn ungemein befriedigt haben, sich als reisender Belletrist sozusagen in unerforschtes Land zu begeben und eine ihn wegen ihrer Materialfülle geradezu erdrückende Arbeit literarisch in Angriff zu nehmen. In dieser von der Kultur noch unbeleckten Region gab es für den hellwachen Geist dieses geborenen Beobachters stupende Entdeckungen zu machen. Die Mark, immerhin das Herz Preußens, war ohne alle Anmut und Lieblichkeit, ein karges Land mit Kiefern und Birken und mit Kasernen, wie es schien. Aber es besaß auch eine keusche und verhaltene Seele, die Fontane als erster aufspürte.

»Ohne jegliche Prätention von Forschung, Gelehrsamkeit, historischem Apparat etc. meinen Landsleuten zeigen, daß es in ihrer nächsten Nähe auch nicht übel sei und daß es in der Mark Brandenburg auch historische Städte, alte Schlösser, schöne Seen, landschaftliche Eigentümlichkeiten und Schritt für Schritt tüchtige Kerls gäbe«[47], das war, auf eine einfache Formel gebracht, sein Arbeitsprogramm, nach dem er nun fast zwei Jahrzehnte lang verfuhr.

Mit seinem getreuen Lepel hatte Fontane bereits im Sommer 1859 seine ersten Erkundungszüge in die Mark unternommen, zuerst begreiflicherweise in das heimatlich vertraute Ruppiner Land. Dieses Kapitel ist dann wohl auch Fontanes preußischstes Buch überhaupt geworden. Bald schon zeigte sich nach den ersten Teilveröffentlichungen, was Fontanes *Wanderungen* vor ähnlichen Versuchen auszeichnete: Im Gegensatz zu den meisten deutschen Provinzhistoriographen ließ er bei seiner Arbeit die große Welt jenseits der Provinzgrenzen nie außer acht und vergaß über lauter liebevoll zusammengetragenen Details niemals, daß es nicht die große Geschichte war, die er da abzuhandeln hatte. Es drehte sich in Brandenburg meist um durchaus peripheres historisches Geschehen, das vorwiegend von lokaler Bedeutung war. Fontane verriet sein exzeptionelles Format vor allem im subtilen Gebrauch des Kunstmittels des Understatements, in das er sich in seinen englischen Jahren ausgiebig hatte einüben können.

Bereits vier Wochen nach seinem ersten Aufbruch ins Ungewisse konnten die Leser der ›Vossischen Zeitung‹ unter dem Titel ›Ein Stündchen vor dem Potsdamer Tor‹ einen ersten Beitrag Fontanes zur brandenburgischen Landeskunde lesen, den er dann jedoch nicht in sein Gesamtwerk mit aufnahm. Am 6. August suchte er dann unter der fachkundigen Leitung von Karl Bormann gemeinsam mit Roquette und Wilhelm Lübke sowie anderer Freunde in dreitägiger Fahrt den Spreewald auf.

Lübke berichtete in seinen ›Lebenserinnerungen‹ über diese Exkursion:»Wir fuhren in einer lauen Sommernacht mit der Post nach Lübbenau, dem Hauptort und Eingangspunkt des Spreewaldes, wo wir zeitig morgens ankamen. Nachdem wir uns durch ein kräftiges Frühstück gestärkt hatten, traten wir in einem auf Bestellung bereitgehaltenen Kahn unsere Wanderung an... Fontane schöpfte auf dieser Fahrt die Eindrükke zu seiner köstlichen Schilderung des Spreewaldes.«

Wenige Wochen später fuhr er mit Lübke allein in die Altmark und besuchte die Orte Havelberg, Werben, Arendsee, Salzwedel, Seehausen, Stendal, Tangermünde, Jerichow und Redekon. Über diese Herbstfahrt berichtet Lübke: »Im Herbst 1859 durfte ich meinen lieben Freund Theodor Fontane auf einer seiner ›Wanderungen durch die Mark‹ begleiten. Es wanderte sich mit ihm ganz prächtig. Wir waren beide gut zu Fuß, beide mitteilsam, und so wurde unsere Reise durch die Altmark mir höchst genußreich. Während er in den Kirchen den historischen Erinnerungen nachging, machte ich Jagd auf ihre kunstgeschichtlichen Denkmäler.«

Immer wieder brach der unermüdliche Wanderer Fontane von nun an mit geradezu monomanischer Endeckerfreude in eine Landschaft auf, die damals noch als des ›Heiligen römischen Reiches Streusandbüchse‹ in ihrem eigenen Schatten stand und für Touristen ohnehin völlig indiskutabel war.

»Du wirst Klosterruinen begegnen«, zog Fontane seine

Zwischenbilanz, »von deren Existenz höchstens die nächste Stadt eine leise Kenntnis hatte; Du wirst inmitten alter Dorfkirchen, deren zerbröckelter alter Schindelturm nur auf Elend deutete, große Wandbilder oder in den treppenlosen Grüften reiche Kupfersärge mit Kruzifix und vergoldeten Wappenschildern finden; Du wirst Schlachtfelder überschreiten, Wenden-Kirchhöfe, Heiden-Gräber, von denen die Menschen nichts mehr wissen.«[48]

Theodor Fontane holte mit diesem klassischen Stück journalistischer Historiographie recht eigentlich nach, was selbst die Romantik, die den Blick für die spezifischen Reize auch nordischer Landschaften zu schärfen sich bemüht hatte, versäumte. Für die Mark jedenfalls mit ihrem oft so verhangenen elegischen Himmel, unter dem die Musen und Grazien zugegebenermaßen eher kümmerlich dahindämmerten, besaßen die Romantiker offenbar kein Organ.

Die Mark Brandenburg verhüllte vorerst noch schamhaft ihre geheimnisvollen Reize. Neben Fontane war es bezeichnenderweise ebenfalls ein deutscher Schriftsteller französischer Abstammung, Willibald Alexis, der sich in der Nachfolge des großen Walter Scott auf die Fährtensuche nach Denkwürdigkeiten und literarisch verwertbaren Stoffen aus der brandenburg-preußischen Geschichte begeben hatte.

Schließlich folgten dann auch die Maler – und nicht eben die unbedeutendsten – den bald verwehten Spuren dieser literarischen Konquistadoren. Auch sie entdeckten die heimliche Magie der noch in ihrer Urweltruhe verharrenden Wälder- und Seenlandschaft mit ihrer verhaltenen Melancholie, noch ehe licht- und lufthungrige Großstädter, allen voran natürlich die Bewohner der über ihr Weichbild hinauswuchernden deutschen Metropole Berlin, nach der Jahrhundertwende die märkische Landschaft aus ihrem Jahrtausendschlaf erweckten und sie als Erholungsgebiet der Berliner touristisch und gastronomisch erschlossen.

Fontane rechnete es sich als Berliner Schriftsteller als moralische Verpflichtung an, dieser Landschaft, die so lange in der deutschen Literatur unterrepräsentiert war, den Anschluß zu verschaffen. Da er von Hause aus über ein sicheres

Flair für alles Poetische verfügte und mit einem sechsten Sinn für alles, was in der Geschichte mit Interesse rechnen kann, ausgestattet war, erfüllte er die entscheidenden Voraussetzungen, um den sich spröde darbietenden Stoff literarisch attraktiv aufzubereiten. Was die sogenannten Heimatforscher bisher zuwege gebracht hatten, fand nicht seine ungeteilte Anerkennung, im Gegenteil; denn »alles, was von unseren historischen Kleinforschern über die Mark Brandenburg geschrieben wird, ist das Ödeste, das bodenlos Langweiligste, was Gottes Sonne je beschienen hat, und alles, was von unseren Novellisten, Belletristen und Feuilletonisten märkisch gesündigt worden ist, ist wieder wertlos in seiner historischen Dünnheit und Oberflächlichkeit. Mein stolzes Beginnen lief nur darauf hinaus: Allerkleinstes – auch Prosaisches nicht ausgeschlossen – exakt und minutiös zu schildern und durch scheinbar einfachste, aber gerade deshalb schwierigste Mittel: durch Simplizität, Durchsichtigkeit im einzelnen und Übersichtlichkeit im ganzen auf eine gewisse künstlerische Höhe zu heben, ja es dadurch sogar interessant oder wenigstens lesensmöglich zu machen.«[49]

Fontane ist nach diesem Rezept über viele Jahre hin im großen und ganzen erfolgreich verfahren und hat durch eine strenge geistige Disziplin in seinen ›Wanderungen‹ schließlich ein Werk von kompakter Geschlossenheit hinterlassen. In den beiden Jahrzehnten zwischen 1862 und 1882 erschienen die vier Bände, die Fontane ganz auf der Höhe seines schriftstellerischen Könnens zeigen. Man nimmt es ihm gern ab, daß diese Arbeit ihn nicht nur geistig ganz forderte, sie stellte auch körperlich harte Anforderungen an ihn.

»In den ›Wanderungen‹ wird wirklich gewandert«, läßt er seine Leser wissen, »und wie häufig ich das Ränzel abtun und den Wanderstab aus der Hand legen mag, um die Geschichte von Ort und Person erst zu hören und dann weiter zu erzählen, immer bin ich unterwegs, immer in Bewegung und am liebsten ohne vorgeschriebene Marschroute, ganz nach Lust und Laune. Das alles liegt hier anders, und wenn ich meine ›Wanderungen‹ vielleicht als Plaudereien oder Feuilletons bezeichnen darf, so sind diese ›Fünf

Schlösser‹ ebensoviele historische Spezialarbeiten, Essays, bei deren Niederschreibung ich um reicherer Stoffeinheimsung und noch häufiger um besseren Kolorits willen eine bestimmte Fahrt oder Reise machte, *nicht* eine Wanderung.«[50]

In der Tat stellen die ›Fünf Schlösser. *Altes und Neues aus Mark Brandenburg*‹, ein Band, dem Fontane durchaus einen Sondercharakter beimaß und den er 1889 seinen Lesern vorlegen konnte, schon wegen des größeren Umfangs, der den Rahmen des Gesamtwerks zu sprengen scheint, eine durchaus exzeptionelle Erscheinung dar.

Immer da, wo sich Fontane mit dem Stoff identifizieren konnte und sein schriftstellerisches Temperament durchbricht, wirken die entsprechenden Kapitel noch heute vital und lebensvoll wie am ersten Tag. Zuweilen allerdings, wenn er seinen Stoff nur ausbreitet, gewinnt auch seine Darstellung nur wenig Eigenleben. Wo er sich aber menschlich engagiert fühlt wie etwa in seinem Marwitz-Kapitel, erhebt er sich turmhoch über die pedantische Umständlichkeit der Heimatforscher, die sich zu keinem höheren Geistesflug durchringen können, dafür aber intolerant auf ihre wissenschaftliche Akribie pochen.

Die mediokren Geister unter den Heimatforschern, deren er sich gelegentlich zu erwehren hatte, hat er später in seinem Roman ›Cécile‹ in der Gestalt des Privatgelehrten Eginhard aus dem Grunde überzeugend und entlarvend karikiert. Dieser Langweiler mit Klapphut und Hornbrille nervte die Leute mit seiner These, die Askanier überträfen die Hohenzollern in ihren Verdiensten um die Mark Brandenburg um Haupteslänge. Er war für Fontane schon deshalb ein öffentliches Ärgernis, weil hinter den Äußerungen seines Privatkollegs kein echter Mensch und schon längst keine Persönlichkeit stand. So erwiesen sich seine bei jeder Gelegenheit vorgetragenen Sprüche als völlig substanzlose Schwätzereien, wie sie Fontane gewiß oft in heimischen Geschichtsvereinen über sich ergehen lassen mußte.

Fontane besaß durchaus die Distanz des geborenen Künstlers zum Objekt seiner Darstellung. Das hinderte ihn nicht daran, sich auch innerlich für die Aufgabe, die er sich selbst gestellt hatte, zu engagieren. »Ich habe überall liebevoll geschildert, aber nirgend glorifiziert«, verrät er sein Schaffensrezept. »Ich habe sagen wollen und habe wirklich gesagt: ›Kinder, so schlimm, wie ihr es macht, ist es nicht‹, und dazu war ich berechtigt. Aber es ist Torheit, aus diesen Büchern herauslesen zu wollen, ich hätte eine Schwärmerei für die Mark. So dumm war ich nicht.«[51]

In der Tat ließ der »Popelinsky-Charakter« der Mark stets einen faden Geschmack in ihm zurück. Auch ihre Bewohner machten es ihm nicht leicht, ein mehr als nur platonisches Verhältnis zu ihnen zu entwickeln. Vor allem vermißte der Südfranzose aus Neuruppin Charme und natürliche Liebenswürdigkeit bei ihnen.

»Wer aus der Mark ist, hat meist keine Phantasie«, konnte er aufgrund sicherlich trüber Erfahrungen konstatieren. »Die anderen sind witziger, liebenswürdiger, natürlicher. Die Märker haben etwas Steifleinenes.«[52]

An anderer Stelle heißt es nicht weniger drastisch über seine engeren Landsleute: »Wir haben in jedem Sinn zuviel Sand um und in uns, und wo viel Sand ist, da will nichts recht vorwärts; immer bloß hüh und hott. Aber dieser Sandboden ist doch auch wieder tragfähig, nicht glänzend, aber sicher.«

Auch der märkische Landadel machte von diesem Generalverdikt keine Ausnahme. »Die Kerle sind unausstehlich und reizend zugleich«, lautet das letzte Wort Fontanes über sie. Trotz ihrer Engstirnigkeit und Borniertheit blieben die märkischen Junker dennoch seine heimliche Liebe bis zuletzt. »Die märkischen Edelleute sind sehr gute Menschen«, meint er, »aber sie haben den allgemein märkischen Zug des Argwohns, der Nüchternheit und des Nichtbegreifenkönnens eines reinen, über den äußerlichsten Gewinn und Vorteil hinausgehenden Wollens.«[53]

Die Berliner allerdings nimmt er besonders aufs Korn. Sein Aufsatz über den ›Berliner Ton‹ gehört zu den substantiell bedeutendsten Beiträgen zur Naturgeschichte der immer problematischen Berliner. Als den Grundzug ihres Wesens stellt Fontane einen krassen Egoismus fest, »ein naives, vollkommen aufrichtiges Durchdrungensein von der Überlegenheit und besonderen Berechtigung der eigenen Person und des Orts, an dem die Person das Glück hatte, geboren zu werden. Um diese beiden Eitelkeiten dreht sich alles.«[54] Obwohl er dazu verurteilt war, sich ein Leben lang mit diesem »verwegenen Menschenschlag« (Goethe) recht und schlecht zu arrangieren, blieb er doch auf einer heilsamen Distanz zu ihm. Deshalb konnte er sich auch anmaßen, so wenig schmeichelhafte pauschale Urteile über die Berliner wie dieses zu fällen: »Zu sagen, daß dieser Ton einen guten Ruf hätte, wäre nicht die Wahrheit. Er ist aber besser als sein Ruf. Es heißt auch hier: Tout comprendre est tout pardonner.«[55]

Berlin stellt sich Fontane immer noch als ein mit Büros und Kasernen reichlich ausgestattetes Dorf großen Stils dar, das eines Tages erwachte und sich in eine Residenz verwandelt sah, eine Residenz mit einem Hof, einem Reichstag und einem Heuschreckenproletariat. »Bürger hatte es nie und hat es immer noch nicht. Unter dem beständigen Zufluten neuen Rohstoffes, den Behörden überliefert, immer bevormundet, und vor allem in seiner ungeheuren Mehrzahl bis in die ›hohen Stände‹ hinauf von einer nur dieser Stelle vorkommenden Bettelarmut, haben sich die Tugenden der Politesse, der Teilnahme, der Menschenfreundlichkeit, des Wohltuns nicht ausbilden können. In unglaublichem Grade tritt das Ich für sich ein, jeden als Feind ansehend, der auf den Moment wartet, wo ich ›austrete‹, um sofort in die Lücke einzuspringen. Alles ist Existenzfrage. Mit einer Art von infernalischer Heiterkeit stößt einer den anderen von der Beresina-Brücke, um sich das nackte Leben und drüben am anderen Ufer eine ›Stellung‹ zu retten.«[56]

Nicht nur der Umgang mit den Märkern stellte den konzilianten und weltgewandten Fontane vor erhebliche Probleme, auch die vielen Reisen erwiesen sich als kostspieliger, als er zunächst gedacht hatte. So kam er beim Kultusministerium um eine Beihilfe ein, die ihm dann auch in Höhe von jährlich 300 Talern bis 1869 gewährt wurde. »Glaub nicht«, heißt es in einem Brief aus den frühen Jahren seiner Wanderungen, »weil Du die Preise kennst, die Sprache sprichst und sicher bist vor Kellnern und Vetturinen, daß Du sparen kannst; ich glaube vor allem nicht, daß Du es deshalb kannst, ›weil ja alles so nahe liegt‹... Eisenbahnen, wenn Du ›ins Land‹ willst, sind in den wenigsten Fällen nutzbar, also Fuhrwerk. Fuhrwerk aber ist teuer. Man merkt Dir bald an, daß Du fortwillst oder gar fortmußt, und die märkische Art ist nicht so alles Kaufmännischen bar, daß sie daraus nicht Vorteil ziehen wollte.«[57]

Die Mühen, die der »märkische Wanderer«, als den man Fontane lange zu seinem Leidwesen abstempelte, Jahr für Jahr auf sich nahm, hat er von unterwegs einmal seiner Frau geschildert: »Es geht mir ganz gut. Aber ich bin doch sehr hin, und diese Strapazen, so ungern ich es auch einräume, übersteigen fast meine Kräfte. Es soll eine Erholung sein und ist eigentlich eine riesige Arbeit, Schlösser, Kirchen, Kirchhöfe, Inschriften, Grabschriften, Bilder, Statuen, Parks, Grafen, Kutscher, Haushälterinnen, Väter, poetische Drechslermeister – alles das und hundert anderes dazu – tanzt mir hurlyburly im Kopf herum, dazu die Landschaftsbilder, die alle beschrieben werden müssen, dazu gestern die Strapaze des Marschierens und Bergekletterns, und nun schließlich ein verdorbener Magen – das halte aus, wer kann.«[58]

In den Schlössern und Gutshäusern des Adels, in denen er den Spuren der Vergangenheit mit fast detektivischer Akribie nachging, stieß er bei seinem »Vorfahren von einer Schloßrampe auf die andere« zuweilen auf beträchtliches Mißtrauen. »Aber freilich, wenn es mir einerseits glückte, mich vor einem direkt In-Ungnade-Fallen zu schützen, so hat es mir doch andererseits (einen einzigen Fall abgerechnet) auch nie gelingen wollen, in eine direkte Gnade zu kommen. Es war eben immer nur ›a hairbreadth's escape‹«, gesteht er sich ein.

Als er später im Ländchen Friesack die Güter der verschiedenen Bredow-Linien aufsuchte, fällt die folgende bissige Marginalie eines frustrierten Fährtensuchers dabei ab: »Dabei ist das Schriftstellermetier und der Zweck, zu dem man kommt, mehr oder weniger verdächtig. ›Was will er eigentlich? Da steckt gewiß was dahinter. Solch' Berliner Skribifax kann sich doch nicht für unsere Schafställe interessieren. Kunst? Bilder? Inschriften? Kunst gibt es hier nicht, und um das Bild von Tante Rosalie mit ihrer weißen Tüllhaube kann er doch unmöglich kommen.‹«[59]

Im Zuge seiner »Poetisierung des Geschehenen« in diesem seltsamen Lande vor den Toren Berlins hatte er sich zwangsläufig vor allem mit dem Adel als dem eigentlich geschichtsträchtigen Stand zu beschäftigen. Diese natürliche Bevorzugung trug ihm dann auch sogleich einen Tadel der eigenen Frau ein, und er mußte sich mit den Worten zur Wehr setzen: »Deine kleine Reprimade wegen der ›Grafen und Exzellenzen‹ ist wohl ziemlich unverdient; ich dächte doch, daß ich mich in meinem Briefe selbst genugsam ausgesprochen habe. Das ist zwar wahr, daß ich mehr mit Adel als Bürgertum in Berührung gekommen bin, aber das ist teils eine Folge meines Metiers (Poet und ›Wanderungen‹-Schreiber), teils eine Folge meiner politischen Richtung. Poeten und Künstler haben zu allen Zeiten fast ausschließlich Verkehr mit Fürsten, Adel und Patriziat gehabt; es ist ja auch ganz natürlich. Heutzutage freilich, wo der Bürgermeister (im weitesten Sinne) eine hervorragende Bedeutung hat und zum Teil gerade der Träger all der Vorzüge ist, die sonst dem Adel und der Geistlichkeit eigen waren, braucht es nicht mehr so zu sein; wer aber im Lager der ›Feudalen‹ steht, der muß sich nicht mit den alten Elementen behelfen.«[60]

Wer so tief in die Geschichte – und damit in die Geheimnisse dieser Landschaft – wie Fontane eingedrungen war, konnte nicht gleichzeitig am Quitzowtum des Adels, am Gewerbefleiß der märkischen Bürger und der Erdverbundenheit seßhafter und freier Bauern vorübergehen. Sein Herz gehörte jedoch den Helden dieses Landes, die er bereits besungen und deren Gedächtnis er damit in die Gegenwart hinübergerettet hatte.

Aber auch an den skurrilen Käuzen, an denen wie in allen deutschen Landen auch in der Mark kein Mangel war, und den knorrigen Haudegen, die er als Männer der selbstlosen Tat zu schätzen wußte, entzündete sich seine Imagination.

Jeder Ort barg ein Geheimnis, wenn man sich die Mühe machte, ihm auf die Spur zu kommen, und eben dieser Pflichtübung unterzog sich Fontane mit einem oft spielerischen Einsatz. Er konnte sich als jemand, der für sprachliche Nuancen durchaus ein geschärftes Organ besaß, bereits am Klang der märkischen Ortsnamen berauschen. Er hörte aus ihnen etwas von der Seele des Landes selbst heraus:

>>Linow, Lindow,
Rhinow, Glindow,
Beetz und Gatow,
Dreetz und Flatow,
Bamm, Damme, Kriele, Krielow,
Patzow, Retzow, Ferch am Schwielow,
Zachow, Wachow und Großbähnitz,
Marquardt an der stillen Schlänitz,
Senske, Lenzke und Marzahne,
Lietzow, Tietzow und Rekahne
Und zum Schluß in dem Leuchtenden Kranz:
Ketzin, Ketzur und Vehlefanz.<<[61]

All diese märkischen Kietze hatte der märkische Wanderer auf seiner Stoffsuche berührt. Wo er einmal nicht so recht fündig wurde, schlug sein bedenkenloser Reportergeist andere Wege ein, um doch noch zu einem Ziel zu gelangen. Mit seinem >>romantischen Liederlichkeitsmaterial<< nahm er es nicht so penibel, wenn nur der Geist des Ganzen nicht unter seinen oft gewaltsamen Retuschen der geschichtlichen Wahrheit litt. Ihm kam es mehr auf den künstlerischen Effekt als auf die lautere Wahrheit an. So beauftragte er gelegentlich seine Schwester Elise, nach den Gründen für den 1806 erfolgten Totschlag eines Franzosen in Deetz in der Grafschaft Ruppin zu fahnden. >>Wahr braucht es ja nicht zu sein<<, schärfte er ihr dabei ein. >>Der ›Volksmund‹ hat das Vorrecht zu lügen, soviel er will, es heißt dann ›Sage‹ und wird von Gelehrten oder Käuzen meines Schlages mit höchstem Respekt behandelt. Trommle also in Deetz noch ein paar Menschen zusammen: einen Schäferknecht, der sich absteigend entwickelt hat, eine ›weise‹ Frau, einen wahrsagenden Imbécile, einer davon wird doch wohl zum Donnerwetter so viel Erfindungsgabe haben, um rauszukriegen, warum dieser arme Franzose eigentlich totgeschlagen worden ist. *Ich* selbst kann und darf nicht erfinden, einmal weil es gegen das ›historische Gewissen‹ ist, dann weil es in meinem Gemüte feststeht, daß der biedere Dreetzer von 1806 den Franzosen so totschlug, wie man einen Pfahl in die Erde schlägt, oder mit noch viel weniger Grund.«[62]

Seine geistige Überlegenheit bewahrte Fontane in all diesen Jahren des gezielten Umherschweifens in der Mark auch davor, Land und Leute unter einem parteilichen oder doktrinären Aspekt zu sehen. Er war nämlich weder als Konservativer noch als Mann der ›Kreuzzeitung‹ ausgezogen, um die Leser das Gruseln vor einer Gegenwart zu lehren, die den Wertvergleich mit einer besonnten Vergangenheit in keiner Weise aushalten konnte. Zeitweise wurde ihm sogar unterstellt, er schriebe seine ›Wanderungen‹ im Auftrag der ›Kreuzzeitung‹. »Es liegt mir daran«, rechtfertigte sich Fontane, »daß man mein Buch, seinen Zweck und seine Entstehungsgeschichte ebenso wie meine völlig freie nur allzu oft *gegnerische* Stellung unserem Adel gegenüber richtig erkennt. Der Adel wird nie den kleinen Finger für mich erheben. Er braucht es auch nicht; aber es ist doch hart, vom Adel nichts zu haben und doch zugleich, bloß weil man sich müht, Gerechtigkeit zu üben, als eine Art Söldner angesehn zu werden. Ich diene nach freier Wahl, aber nicht für 1 Taler und 8 Groschen.«[63]

Als Poet, der er nun einmal war, nahm er Welt und Leben, wie er sie bunt schillernd vorfand. Aber so poetisch waren sie nun auch wieder nicht, daß er über auftretende Mängel, etwa über die Ruppigkeit und mangelnde Sensibilität seiner Borussen, großzügig in jedem Fall hinweggesehen hätte. Und wenn er den märkischen Junkern auch eine Huldigung wie wenige darbrachte, so war er ihnen dennoch nicht opportunistisch und devot ergeben. Im Gegenteil machte er sich keinen Augenblick Illusionen über die Grenzen ihres geistigen Engagements. Er machte seinem enttäuschten Herzen dann auch unverblümt Luft, als die märkische Ritterschaft den Mann, dem sie soviel für ihre Reputation zu verdanken hatte und der dazu noch einer der bedeutendsten Schriftsteller im damaligen Deutschland war, an seinem 70. und später 75. Geburtstag schnöde ignorierte und unter den Gratulanten nicht anzutreffen war.

Gleichwohl war Fontane kein Mann kleinkarierter Ressentiments. Seine angestammte Liebe zur Mark und ihren Menschen war durch nichts zu erschüttern, und auf der Liste seiner Pläne, die er nach Abschluß seiner Arbeiten am ›Stechlin‹ noch anpacken wollte, stand an erster Stelle ein Buch über das Ländchen Friesack und das Geschlecht der Bredows, von dem leider nur 133 Druckseiten vollendet wurden. Ganz am Ende hatte er sich also noch einmal seinen alten Göttern zugewandt, den märkischen Junkern, denen – Sozialismus hin, Borussismus her – dann eben doch sein Herz gehörte. Er war noch einmal auf heimatlich vertrautem schriftstellerischen Terrain angelangt. Der Ring seines Schaffens hatte sich damit geschlossen.

Fontane konnte demnach am Rande seiner irdischen Existenz durchaus das Gefühl haben, er habe nicht umsonst gelebt und könnte nun seine Gebeine ruhig schlafen legen, wie er es 1856 bei der ersten Konzeption seines »Hauptgeschäfts« zu hoffen gewagt hatte. Er hatte in redlicher Mühe eine gute Arbeit abgeliefert, die er im Laufe der Jahre allerdings nur noch als eine Durchgangsstation zu seinem »Eigentlichen« verstanden wissen wollte. Man wird es ihm selbstredend nachsehen können, daß er den graziösen Plauderton, der ihm vorschwebte, keineswegs immer und überall durchhalten konnte. Dafür war das Material viel zu erdrückend und oft auch allzu spröde gewesen. Ungemein aber kamen ihm seine oft so mühseligen Lokalstudien bei der Konzeption seiner Romane später immer dann zustatten, wenn es sich um den Effekt eines echten Lokalkolorits handelte. Dann konnte er jedesmal auf seine stupenden topographischen Kenntnisse zurückgreifen; da stimmte dann auch jedes Detail in einer geradezu baedekerhaften Exaktheit. Diesem Umstand hatte er in der Tat die oft so bestechende Plastizität seines Erzählens zu verdanken.

13
Der Kriegsberichter

Aus seiner vergleichsweise ungestörten Arbeit an seinen
>Wanderungen durch die Mark Brandenburg<, die diesen mit
einem geradezu detektivischen Spürsinn ausgestatteten Historiker jahrelang in schöpferischer Bewegung hielt, wurde
Fontane durch die Kriege aufgeschreckt, die seit 1864 fast
über ein ganzes Jahrzehnt Europa erschütterten. Die >Kreuz-
zeitung< schickte den bewährten Chronisten der Mark als
Reporter bereits nach Abschluß des Waffenstillstandes 1864
auf den dänischen Kriegsschauplatz, und Fontane fand sich
schnell in seine neue Schlachtenbummlerrolle.

Da das »Büchermachen aus Büchern« so ganz und gar
nicht seine Sache war, drängte es ihn geradezu, sich selbst an
die Stätte des historischen Geschehens zu begeben, um an
Ort und Stelle gewissenhaft zu recherchieren und vor allem
das Atmosphärische der Ereignisse einzufangen.

Im Mai reiste er in den deutschen Norden, kam bis zu den
Düppeler Schanzen und erhielt dafür sogar eine Erinne-
rungsmedaille. Nach Beendigung der Feindseligkeiten brach
er dann abermals vom 9. bis zum 30. September nach Norden
auf, besuchte Lübeck und Kopenhagen, besichtigte Frede-
ricksborg, Wisborg, Alsen und Düppel und kehrte schließlich mit reicher Ausbeute nach Berlin zurück. Auf der Rückreise machte er in Husum Station, um Theodor Storm aufzusuchen, der sich von diesem so anregenden Gast aus Berlin
sichtlich inspiriert fühlte und über diese neuerliche Begegnung nur für Fontane Rühmliches zu berichten wußte:
»Neulich war Fontane einige Tage bei uns, was mir doch
große Freude machte; er ist trotz seiner Mitredaktionsschaft

189

bei × × × (Kreuzzeitung) ein netter traitabler Mensch und – ein Poet.«

Als dann der Berliner Verlag Decker Fontane anbot, den Feldzug gegen die Dänen literarisch aufzuarbeiten und für ein breiteres Publikum zu schildern, unterbrach er die Arbeit an seinem ersten Roman, der dann den Titel ›Vor dem Sturm‹ erhalten sollte, und übernahm, wenn auch widerstrebend, diese Brotarbeit, die ihm wenigstens eine Zeitlang eine ausreichende materielle Basis zu garantieren schien.

Er konnte bei Übernahme dieses Auftrags noch nicht ahnen, daß er von nun ab zwölf Jahre seines Lebens an eine Arbeit verwenden würde, die in keiner Weise seinen künstlerischen Intentionen entsprach, ihn aber in oft mühseliger kompilatorischer Arbeit an den Schreibtisch fesseln sollte. Er hat viel Fleiß in seine Dokumentarwerke von den kriegerischen Vorgängen von 1864, 1866 und schließlich auch von 1870/71 investiert, die sich allerdings in vielem mit seinem elementaren Interesse an Schlachten und Waffengängen aller Art deckte. So verfertigte er in diesen Jahren immerhin 4140 Seiten reiner Lohnschreiberei im Dienste des Verlages Decker, ohne daß dieses Riesenœuvre für den Verlag materiell sonderlich zu Buche geschlagen hätte.

Sehr zu seinem Leidwesen ließ er seinen Roman, dessen erster Band im Juli 1866 abgeschlossen war, just in dem Augenblick, als der Krieg gegen Österreich ausbrach, liegen. Er fand sich bereit, nunmehr auch sein zweites Kriegsbuch zu schreiben, »einmal weil ich das Schleswigholstein-Buch dadurch erst zu einem rechten Abschluß bringe, zweitens weil ich eine Lust und ein gewisses Talent für solche Arbeiten, drittens weil ich einen erheblichen pekuniären Vorteil davon habe«, schrieb er an Wilhelm Hertz, dem er im selben Brief versicherte: »Aber die Sache ist mir keine Herzenssache. Wird das Buch geschrieben – gut; wird es nicht geschrieben – auch gut. Es geht der Welt dadurch von meinem Eigensten, von meiner Natur (wohl oder übel) nichts verloren... Ich möchte das Kriegsbuch schreiben, weil der Roman, wenn Gott mich leben läßt, doch unter allen Umständen geschrieben würde.«[64]

Fontanes redliche Versuche, die gewaltigen Stoffmassen geistig zu durchdringen und sie sinnvoll zu arrangieren und darüber hinaus seiner Darstellung einen »Flavour«, eben jenen gewissen Pfiff, den man sonst bei ihm gewohnt ist, zu verleihen, scheiterten sicherlich am Zwang zur äußersten Objektivität, die er sich und dem Thema schuldig war.

Zwar hatte er später für die Darstellung des Deutsch-Französischen Krieges die anspruchsvolle Arbeitsthese aufgestellt: »Es muß sich lesen wie ein Roman. Es muß fesseln, Interesse erwecken wie eine Räubergeschichte.«[65] Aber diese gewiß löbliche Absicht ließ sich natürlich nicht realisieren. Diesmal wurde selbst ein so versierter Autor, der sich schon an Größerem versucht hatte, von der Stoffülle überwältigt. Die zahllosen militärischen Berichte, auf die er nicht verzichten konnte, mußten auf die Dauer auch den interessiertesten Leser langweilen. Andererseits konnte und wollte Fontane aber auch nicht mit der asketischen Sachlichkeit und dem sicher berechtigten Lakonismus von Generalstabswerken konkurrieren.

Obwohl er sich nicht gescheut hatte, Reisen an die jeweiligen Kriegsschauplätze zu unternehmen, blieben die Resultate seiner schriftstellerischen Bemühungen diesmal bloß kompilatorisch und daher unoriginell. Die Ausbeute seiner Reisen kam eher seinen mehr feuilletonistischen Büchern wie >Kriegsgefangen< oder >Aus den Tagen der Okkupation< zugute. Das Werk des Krieges 1870/71 stellte sich am Ende dann doch noch als das heraus, was er partout verhindern wollte: als ein Buch aus Büchern.

Schon die strikte Abstinenz allem Anekdotischen gegenüber, die Fontane sich auferlegen mußte, bedeutete für einen Autor wie ihn eine beträchtliche Einbuße an Lebenswärme. Ein pathetischer nationalistischer Zungenschlag, wie er damals für dergleichen Werke als obligatorisch galt, stand für den Verächter jeder Feierlichkeit erst gar nicht zur Debatte.

Entsprechend mager fiel dann auch der verlegerische Profit aus. Das 66er Buch erlebte zwar eine zweite Auflage, das 64er jedoch »fiel total in den Brunnen«, das 70er »ging spurlos vorüber«. All diese Geschöpfe seines schriftstellerischen Einsatzes besaßen, wie Fontane selbst sehr wohl wußte, in der Tat keine Qualitäten, die größere Lesermassen hätten mobilisieren oder für sie erwärmen können. Er hat sich mit den Jahren dann auch immer mehr von ihnen distanziert.

Das Bestechende an Fontanes ›Schleswig-Holsteinischem Krieg im Jahre 1864‹, das zwei Jahre darauf in der ›Königlich Geheimen Ober-Hofbuchhandlung‹ von Decker erschien, waren einige dramatische Gefechtsschilderungen, an denen der ehemalige Berliner Gardegrenadier seine Fachkenntnisse bewiesen hatte. Der eigentlich nennenswerte schriftstellerische Extrakt dieser Exkursionen in den Norden jedoch blieben einige eher impressionistische Reisebilder Fontanes, in denen der einfallsreiche Feuilletonist sein genuines Talent als Beobachter und subtiler Stilist entfalten konnte. Aber er brachte nicht nur diese geschliffenen Reisefeuilletons mit nach Berlin zurück, sondern auch entscheidende Eindrücke, die er später noch für einige Balladen und für seinen nach Schleswig-Holstein und Dänemark verlegten Roman ›Unwiederbringlich‹ produktiv nutzen konnte.

Kurz nach Beendigung seiner Arbeit an seinem ersten Kriegsbuch brach der preußische Krieg gegen Österreich um die Hegemonie in Mitteleuropa aus, und wieder trat Fontane sein Reporteramt an und reiste am 1. August 1866, also bereits kurz nach Beendigung der Kampfhandlungen, zu den Kriegsschauplätzen in Böhmen. Im Juli 1869 erschien dann auch der erste Band dieser Auftragsarbeit unter dem Titel ›Der deutsche Krieg 1866‹, der schließlich zwei großformatige Bände von zusammen 1100 Seiten umfaßte.

›Der Krieg gegen Frankreich 1870–1871‹ lag endlich 1876 geschlossen vor. Fontane hatte damit eine Sisyphusarbeit abgeschlossen, die ihm weder besonderen materiellen Gewinn noch literarischen Ruhm einbrachte. Immerhin konnte er später feststellen, eigentlich erst beim Schreiben des 70er Kriegsbuches und dann beim Schreiben seines Romans ein Schriftsteller geworden zu sein. Immer noch befand er sich in der Mitte seines sechsten Jahrzehnts auf dem Wege zu sich selbst. Das deprimierende Gefühl, wieder einmal viele wertvolle Jahre nur um der materiellen Absicherung willen an eine Sache gesetzt zu haben, die künstlerisch in keiner Weise zu Buche schlug, zerrte an seinen Nerven. Henriette von Merckel konnte daher im Hinblick auf die ihr befreundete Familie Fontane in ihrem Tagebuch notieren: »Gegenwärtig haben meine Freunde keine Nahrungssorgen, aber ihre reizbaren Naturen und namentlich seine Angegriffenheit und stockendes Blut machen ihnen das Leben nicht leicht.«

Fontane hatte nicht nur täglich von neuem gegen die Überfülle des Stoffes anzukämpfen, er hatte sich auch resigniert damit abzufinden, daß der preußische Generalstab für eine halboffizielle Darstellung eines »Amateurstrategen« über militärische Ereignisse seine Quellen nicht zur Verfügung stellte, so daß er auf sächsische und österreichische, zum Teil sogar auf private Materialien angewiesen war. Man mißtraute höheren Orts der vorwiegend künstlerischen und volkstümlichen Gestaltung dieser Kriegsbücher. Fontane beklagte selbst, daß er immer wieder gezwungen war, »den Gang der Erzählung, meist an der interessantesten Stelle, zu unterbrechen, um sich nach detachierten Kompagnien oder abhanden gekommenen Halbzügen umzusehn«. Doch empfand er sich selbst immerhin als einen Pionier auf diesem noch unerprobten literarischen Gebiet.

Offenbar war Fontane in seiner guten Absicht, den gewaltigen Stoff zu popularisieren, dann eben doch übers Ziel hinausgeschossen. Vor allem hatte er sich den Unwillen der Militärs zugezogen, die Leichtigkeit und Allgemeinverständlichkeit sicher nicht zu den Vorzügen fachwissenschaftlicher Arbeiten rechnen mochten. Und wirklich lesen sich einzelne Passagen wie Kapitel aus einem modernen Gesellschaftsroman. Dieser Stilbruch entsprach allerdings voll und ganz den literarischen Absichten Fontanes, der seine Kriegsbücher weniger mit der militärwissenschaftlichen als mit der literarischen Elle gemessen wissen wollte. Erst heute scheint sich das Organ für diese mit oft erstaunlicher Kunstfertigkeit geschriebenen Dokumentationen militärischen Geschehens zu schärfen.

Trotz der Verleihung des Preußischen Kronenordens IV. Klasse und des Ritterkreuzes des Wendischen Kronenordens sah Fontane das nerven- und zeitraubende Unternehmen so vieler Jahre als mißlungen an. Von angemessenen Würdigungen militärischer Fachleute, die als Experten in ihre enge Welt eingesponnen waren und kaum ein musisches Flair für Fontanes Absichten aufbrachten, konnte natürlich keine Rede sein. Die Laien aber vermißten das übliche Heldenpathos, das man hierzulande bei dergleichen Darstellungen gewohnt war, und beanstandeten einen totalen Mangel an kriegerischer Begeisterung. Ihnen wäre sicher ein Heldenepos im Gartenlaubenstil lieber gewesen. Obwohl diese Kriegsbücher Passagen aufweisen, die das Lesen lohnen, distanzierte sich Fontane immer mehr von ihnen und widersetzte sich einer Neuauflage.

In einem Brief an Mathilde von Rohr schilderte er dann noch einmal alle Malaisen dieser Arbeit, die ihn so lange an den Schreibtisch gefesselt und von seinem »Eigentlichen« ferngehalten hatte: »Zwölf Jahre habe ich an diesen Kriegsbüchern Tag und Nacht gearbeitet. Sie feiern nicht im großen, aber in empfundenen Worten unser Volk, unser Heer, unsern König und Kaiser. Ich bereiste 1864 das gegen uns fanatisierte Dänemark, war 1866 in dem von Banden und Cholera überzogenen Böhmen und entging in Frankreich nur wie durch ein Wunder dem Tode. Unabgeschreckt, weil meine Arbeit das Wagnis erheischte, kehrte ich an die bedrohlichen Punkte zurück. Dann begann meine Arbeit. Da steht sie, wenn auch weiter nichts als das Produkt großen Fleißes, ihrem Gegenstande nach aber das einzige repräsentierend, demgegenüber man eine Art Recht hat, das Interesse des Kaisers, als des persönlichen Mittelpunktes, des Helden dieser großen Epopöe (ich spreche nur vom Stoff), zu erwarten. Und eben dieser Held und Kaiser, gefragt, ›ob er einen Grund habe, dem Verfasser dieses umfangreichen Werkes wohlzuwollen oder gnädig zu sein‹, verneint diese Frage.«[66]

Im übrigen rechnete Fontane diese Jahre seiner »Schlachtenbummlergastrolle« nicht zu den unergiebigsten seines Lebens. Die Reisen in fremde Länder hatten ihn gelehrt, daß diese dem Menschen erst das richtige Maß auch für die heimischen Probleme verleihen.

Der Ausbruch des Deutsch-Französischen Krieges hatte Fontane während eines Ferienaufenthaltes in Warnemünde überrascht. »Daß ich statt der patriotischen Erregung (ich kann mir nicht helfen, unendlich viel Blech; nur die Thronrede und die Adresse waren ausgezeichnet) hier Stille habe«, schrieb er am 23. Juli 1870 an Karl Zöllner, »tut mir wohl.«[67] Er preist sich glücklich, weitab vom Schuß und dem »ewigen Trouble« entrückt zu sein. Aus Dobbertin, wo er Mathilde von Rohr im dortigen Damenstift aufgesucht hatte, schreibt er nur zwölf Tage später angesichts des allgemeinen Aufbruchs in Berlin und anderswo an seine Frau: »Das Ganze wirkt auf mich wie eine kolossale Vision, eine vorüberbrausende wilde Jagd. Man steht und staunt und weiß nicht recht, was man damit machen soll. Eine durch Eisenbahnen regulierte Völkerwanderung, organisierte Massen, aber doch immer *Massen*, innerhalb deren man selbst als ein Atom wirbelt, dem großen Zuge willenlos preisgegeben. Es ist, wie wenn es in einem Theater heißt: ›Es brennt!‹; fortgerissen einem Ausgange zu, der vielleicht keiner ist, mitleidlos gedrückt, gestoßen, gewürgt, ein Opfer dunkler Triebe und Gewalten. Manche lieben das, weil es ein ›Excitement‹ ist – ich bin zu künstlerisch organisiert, als daß mir wohl dabei werden könnte.«[68]

Bei den ersten Siegesnachrichten schlägt Fontanes gut preußisches Herz dann doch höher, und schon schreibt er nach Hause: »Das V. Korps und die Schlesier scheinen ihren alten Ruhm aufrechterhalten zu wollen. Es werden nun wohl die großen Schläge rasch folgen. Mein Herz schlug mir höher bei dieser Nachricht, und doch konnte ich ein Schmerzgefühl nicht loswerden. Wozu das alles? Um nichts! Bloß, damit Lude Napoleon festsitzt oder damit der Franzose sich ferner einbilden kann, er sei das Prachtstück der Schöpfung – um solcher Chimäre willen der Tod von Tausenden!«[69]

Wenige Wochen danach, am 27. September 1870, hatte Fontane sich im Auftrag des Verlages von Decker auf den Kriegsschauplatz im Westen begeben. Seine intellektuelle

Neugier und nicht zuletzt seine Verehrung für Frankreichs Nationalheilige Jeanne d'Arc verleiteten ihn am 5. Oktober zu dem riskanten Unternehmen, das von den Deutschen okkupierte Gebiet zu verlassen und nach Domremy im alten, romantischen Land seiner Fantasie aufzubrechen, um das Geburtshaus der ›Pucelle‹ zu besichtigen und dem viel besungenen Heldenmädchen auf seine Weise seine Aufwartung zu machen.

Der weitere Verlauf dieses Abenteuers, das ihn aus dem sicheren Toul in das von französischen Franktireuren beherrschte Gebiet führte, in das ihn seine »Amateurschaft für romantische Plätze« verlockt haben mochte, ist dann in die Geschichte, zumindest in die Literaturgeschichte, eingegangen: an jenem 5. Oktober wurde der Reisende, mit einem Revolver und einem ›Poignard‹, also einem Stockdegen, bewaffnet, vor dem Denkmal der Jungfrau von Orleans als preußischer Spion verhaftet, als er gerade mit seinem spanischen Rohr die Statue auf ihren Patinagehalt hin untersuchen wollte. Als Entschuldigung für seinen naiven Leichtsinn hatte er bestenfalls den Einwand vorzutragen, man habe seine Vorsicht »eingelullt«.

Er wurde zunächst auf die Präfektur nach Neufchâteau befördert und dann von Gefängnis zu Gefängnis geschleppt. Auf die Nachricht von seinem selbstverschuldeten Mißgeschick hin setzten seine Berliner Freunde sogleich Himmel und Hölle in Bewegung, um das zweifellos bedrohte Leben des Chronisten der Mark um jeden Preis zu retten. Die einzelnen Vorgänge dieses dramatischen Intermezzos in Fontanes sonst eher monotonem Leben erfährt man kaum irgendwo detaillierter als in dem Brief, den sein ehemaliger Rütli-Freund und Professor an der Berliner Kriegsakademie, Moritz Lazarus, der sogleich seine internationalen Beziehungen spielen ließ und über den eidgenössischen Staatspräsidenten zu intervenieren versuchte, schrieb.

»Fontane, der eine Geschichte der Kriege von 64 und 66 geschrieben hat«, heißt es in diesem Brief, »ist, um Vorstudien für seine etwaige Geschichte des siebziger Krieges zu machen, vor etwa fünf Wochen nach Frankreich gegangen;

196

auf eigene Hand, unabhängig von jedem Hauptquartier, hat er seinen Weg eingeschlagen. Von Toul aus hat er, rein der romantischen Neigung folgend, sich seitwärts begeben, um Domrémy und Vaucouleurs, die Stätten der Jungfrau von Orleans, aufzusuchen. Von Franctireurs aufgehoben, ist er nach der Zitadelle von Besançon gebracht worden, wo er sich noch befindet, wie aus den dürftigen brieflichen Meldungen von ihm ersichtlich, mit dem Verdacht der Spionage behaftet. Ich und meine Freunde, die wir seine Verhältnisse, seine Absichten und seinen Charakter kennen, wir können mit gutem Gewissen auf unser Ehrenwort versichern, daß er, jeder Aktion durchaus fern, lediglich literarische Zwecke auf seinem Weg verfolgt hat.

Wir haben uns deshalb durch gütige Vermittlung Ihres hiesigen Gesandten ... an Sie und den ganzen Schweizer Bundesrat mit der Bitte gewandt, daß Sie die Güte haben möchten, Ihren hohen Einfluß auf die französische Regierung geltend zu machen, daß Herr Fontane freigegeben resp. gegen andere gleichartige Gefangene ausgetauscht werde –, insbesondere aber dahin, daß bis zu seiner Befreiung mit aller Rücksicht auf seine leider so schwache und zarte Gesundheit mit ihm verfahren werde.«

Die Situation, der sich Fontane so unversehens ausgeliefert sah, war insofern alarmierend, als um die gleiche Zeit ein 23jähriger Fähnrich vom 4. Ulanenregiment, des gleichen Verbrechens wie Fontane angeklagt und in der Zitadelle von Besançon in Haft genommen, später in Thionville unschuldig den Kugeln eines französischen Exekutionspelotons zum Opfer gefallen war. Noch in einem Brief an den Korrespondenzpartner seiner späten Jahre, an Georg Friedlaender, gedenkt er rückblickend der wohl kritischsten Situation seines Lebens mit den Worten: »Daß ich nicht schon seit 17 Jahren im Wallgraben von Besançon liege, verdanke ich nicht meiner Unschuld oder meinem Recht, sondern einem Zufall.«

Über die Nacht, in der man über seine Verurteilung und Hinrichtung beriet und ihm der Gefängnisvorstand am Abend eröffnete: »Demain matin, Mr. le Général ... décidera votre sort«, berichtete er: »Eine furchtbare Angst ergriff mich, und mit übergeschäftiger Phantasie fing ich an, zusammenzuaddieren, was alles gegen mich sprach ... Ich sah nur schwarze Kugeln in die Urne fallen und – mon sort fut décidé. Eine halbe Stunde lag ich so oder vielleicht länger, ich weiß es nicht. Dann hatt' ich mich mit der Gewißheit meines Schicksals auch wieder gefunden. Eine Fassung kam über mich, deren ich mich nicht für fähig gehalten hätte. Ich war fertig mit allem und bat Gott, mich bei Kraft zu erhalten und mich nicht klein und verächtlich sterben zu lassen. Genug davon. War es Erschöpfung oder war es die Ruhe vollster Ergebung, – ich schlief wieder ein.«[70]

Seine endgültige Befreiung hatte Fontane allerdings nicht, wie er annahm, dem blinden Zufall zu verdanken. Mit rührender Anhänglichkeit hatten sich die Berliner Freunde für den Gefangenen, dessen Leidensweg schließlich auf der Ile d'Oléron an der Atlantikküste endete, verwandt. Durch die Bemühungen der ihm befreundeten Wangenheims, die ihre katholischen Beziehungen bei dieser Affäre mit ins Spiel brachten, erreichte der Kardinalerzbischof von Besançon immerhin, daß der auch seiner Meinung nach Unschuldige künftig »comme officier superieur« behandelt wurde. Aber nur dem energischen Eingreifen Bismarcks selbst, der in Versailles von Fontanes Mißgeschick erfahren hatte, konnte er schließlich seine Freilassung zuschreiben. Fontane, den Bismarck als den Verfasser der ›Wanderungen‹ durchaus schätzte, hat nie in seinem Leben davon erfahren, daß der Kanzler sich am 29. Oktober an den Gesandten der Vereinigten Staaten von Amerika, der während des Krieges die Interessen der in Frankreich lebenden Deutschen vertrat, mit folgender Bitte gewandt hatte: »Mein Herr, nach glaubwürdiger Mitteilung ist Dr. Fontane, ein preußischer Untertan und wohlbekannter Geschichtsschreiber, auf einer wissenschaftlichen Reise im französischen, durch deutsches Militär besetzten Distrikt verhaftet und nach Besançon abgeführt worden, wo er in Lebensgefahr zu sein scheint.

Nichts kann ein derartiges Vorgehen gegen einen harmlosen Gelehrten rechtfertigen. Ich bitte Sie daher, die Güte zu haben, formell seine Freilassung von der französischen Regierung zu verlangen und ausdrücklich zu erklären, daß wir im Weigerungsfalle eine gewisse Anzahl von Personen in ähnlicher Lebensstellung in verschiedenen Städten Frankreichs verhaften und nach Deutschland schicken und ihnen dieselbe Behandlung zuteil werden lassen, die dem Dr. Fontane in Frankreich beschieden ist.«

Da Fontane nicht zu den Kombattanten gehörte, lehnte Bismarck den Vorschlag der französischen Regierung kategorisch ab, ihn gegen einen in deutsche Gefangenschaft geratenen französischen Stabsoffizier auszutauschen. Kriegsminister von Roon ordnete vielmehr als Repressalie gegen die Hinhaltetaktik der Franzosen an, drei angesehne Bürger aus der Gegend von Domremy als Geiseln festzunehmen. Diese Sprache wurde von den französischen Behörden dann auch sogleich verstanden, aber immerhin verging noch einige Zeit der Ungewißheit, ehe der Vizekommandant der Festung Oléron Fontane eines Tages zu sich beschied, um ihm zu erklären: »Monsieur Fontane, vous êtes libre.«

Fontane hatte seine Reverenz vor Frankreichs Nationalidol in Domremy teuer zu bezahlen gehabt. Aber immerhin war er noch einmal mit heiler Haut davongekommen. Das Schicksal, so schloß er daraus, hatte ihn offenbar noch für andere Aufgaben vorgesehen. Selbst preußische Offiziere, die von dem Fall erfuhren, waren sich darin einig: »Bei uns wären Sie mit Sicherheit an die Wand gestellt worden.«

Erst nach sechstägiger gefahrvoller Fahrt durch das von Revolutionären emotional aufgeputschte Frankreich, dessen Deutschenhaß damals schrankenlos war, traf Fontane am 5. Dezember endlich in Genf ein, wohin ihm seine Frau schon entgegengefahren war. Ein paar Wochen später konnte bereits seine Gönnerin Henriette von Merckel folgende Tagebucheintragung machen: »Am Weihnachtsabend konnte Fontane den Weihnachtsbaum für seine Kinder wie sonst anstecken; als ich herüberkam, sagte ich aus tiefster Seele: ›Gott sei gedankt, daß er Sie wieder zurückgeführt hat.‹ Und ich weiß, daß diese glückliche Errettung einen tiefen Eindruck auf ihn gemacht hat.«

Bei seiner Entlassung hatte Fontane einen Revers mit der Verpflichtung unterschreiben müssen, nichts gegen Frankreich zu unternehmen und sich um die Freilassung eines französischen Offiziers zu bemühen. Schon zwei Tage nach seiner Heimkehr setzte er sich mit dem Kriegsdepartement und später mit Roon selbst ins Vernehmen, um die Erfüllung dieser Bedingung zu erwirken. Dazu fühlte er sich um so mehr verpflichtet, »als ich während meiner Gefangenschaft viel Wohlwollen von seiten unseres Feindes erfahren habe und ohne Ausnahme aufs Humanste behandelt worden bin«. Roon beschränkte sich jedoch nur darauf, die festgenommenen Geiseln freizulassen.

Schon während seiner Gefangenschaft in Oléron hatte ihn Geheimrat von Wangenheim beschworen, seine Erlebnisse, die sicher von allgemeinem Interesse sein dürften, zu Papier zu bringen, solange sie noch frisch in seiner Erinnerung hafteten. »Nutzen Sie Ihre unfreiwillige Muße«, schrieb er ihm in sein französisches Gewahrsam hinüber, »indem Sie eine Theodoriade schreiben, deren Held Sie selbst sein werden.«

Und wirklich: Fontane brachte von seinem französischen Abenteuer mit fast tragischem Ausgang ein umfangreiches Konvolut von Aufzeichnungen mit nach Hause, die er sogleich überarbeitete, so daß schon in der Weihnachtsnummer der ›Vossischen‹ der Abdruck seines Erlebnisbuches ›Kriegsgefangen‹ in Fortsetzungen erscheinen konnte. Als das Buch dann bereits Anfang 1871 erschien, hatten die Kritiker bald herausgefunden, daß es sich dabei um eines der liebenswürdigsten und persönlichsten Bücher Fontanes handelte, der in der Folge dann zu so etwas wie einer Berliner Lokalzelebrität emporstieg.

Es gab aber in dem Chor der menschlich ungemein angerührten Leser auch Stimmen, die Fontane ankreideten, er habe seine Bewacher und die Franzosen ganz allgemein all zu unkritisch und großherzig geschildert. Man hatte sich im patriotischen Übereifer auf eine »haarsträubende Räubergeschichte mit Hungerturm und Kettengerassel« eingestellt und hielt nun einen Bericht in Händen, in dem man vergebens nach großen Leidenschaften und Sensationen fahndete, dafür aber auf mehr Takt und Humor auch bei Behandlung höchst delikater Situationen stieß. Unvergeßlich blieb in diesem Zusammenhang Fontanes erstes Verhör durch einen betrunkenen Bürgermeister, »der, gedunsen und kurzhalsig, seiner apoplektischen Anlage durch sechs Liter Wein täglich zu Hilfe zu kommen schien«, und sein von diesem angeordneter Abtransport, »rechts der Kutscher, links ein Franktireur, ich eingeklemmt zwischen beiden«.[71]

Bezeichnend für den ungemeinen Grundtenor von ›Kriegsgefangen‹ ist auch eine Szene seiner ersten Station in Neufchâteau: »Im Moment unseres Eintretens erhob sich der Greffier, nahm die Lampe, schlug den Schirm zurück und schritt uns entgegen. Ich war wie vom Donner getroffen; das leibhafte Ebenbild meines Vaters stand vor mir. Wir schrieben den 5. Oktober; vor drei Jahren fast um diese Stunde war er gestorben; – hier sah ich ihn wieder, frisch, lebensvoll, hoch aufgewachsen, mit breiten Schultern und großen Augen, im Auge selbst eine Mischung von Strenge und Gutmütigkeit, wie sie ihm eigentümlich gewesen war.«

Der Reiz dieses Berichts liegt zweifellos in der erstaunlichen Generosität, mit der Fontane ohne einen Schimmer von Chauvinismus über Frankreich und seine Menschen berichtet. Selbst in Augenblicken akuter Gefahr überspielte er die Mißlichkeit der Lage durch oft groteske Nebensächlichkeiten, die bei ihm immer die Hauptsache sind. Auch die französischen Mitgefangenen kommen ungemein gut weg in diesen Schilderungen voller Situationskomik. »Alle verbindlich, rücksichtsvoll, zuvorkommend, dankbar für jeden kleinen Dienst, nie beleidigt durch Widerspruch, vor allem ohne Schabernack und ohne Neid«, testiert er ihnen großherzig. »Auch ihr Bildungsgrad... hatte mindestens, bei sonst gleichen Voraussetzungen, das Niveau des unsrigen, wie ich denn überhaupt glaube, daß wir uns nach dieser Seite hin allzu selbstgefälligen Vorstellungen hingeben.«

Diese noble menschliche Haltung dem Feinde gegenüber veranlaßte dann auch 1892 einen französischen Verlag, ›Kriegsgefangen‹ als erstes Buch Fontanes überhaupt ins Französische übersetzen zu lassen und zu publizieren. Die Franzosen zeigten sich von diesem Stück deutscher Prosa so entzückt, daß sie die deutsche Ausgabe zur Lektüre für Germanistikstudenten an französischen Universitäten einsetzten. Fontane hatte sein Versprechen, nichts Negatives gegen Frankreich zu unternehmen, auf seine Weise überzeugend eingelöst.

Kaum heimgekehrt, bekannte er freimütig: »Es ist meine Pflicht zu sagen, daß die Eindrücke die ›allerangenehmsten‹ waren und daß ich mir keine Nation denken kann, die in so vielen ihrer aufs Geratewohl gewählten Repräsentanten imstande wäre, ein günstigeres Urteil hervorzurufen... Hier lebte ich mit siebzig oder achtzig Gefangenen zusammen, die in der Zeit meiner Anwesenheit zwei- oder dreimal wechselten (so daß ich etwa zweihundert verschiedene Personen kennenlernte), und nicht die geringste Unannehmlichkeit, geschweige Unart habe ich zu erfahren gehabt... Wir könnten nach dieser Seite hin viel von ihnen lernen. Es offenbarte sich mir ein unerschöpflicher Schatz von Gutmütigkeit, leichtem Sinn und heiterer Laune. Lauter Sanguiniker. Viele waren eitel, andere ruhmredig. Wenn ich aber die Rodomontaden dieser letzteren scherzhaft erwiderte, hatt ich jedesmal die Lacher auf meiner Seite. Von nationaler Gereiztheit keine Spur, wiewohl alle, ohne Ausnahmen, voll lebhaften patriotischen Gefühls waren.«[72]

Wieder einmal, wie Jahre vorher bereits in England, gelangte er zu der Weisheit letzten Schluß, daß hinterm Berg eben auch Leute wohnen, die man respektieren, auf keinen Fall aber unterschätzen sollte. Er war von jeder Versuchung ein für allemal kuriert, die eigene Heimat auf Kosten der Vaterländer anderer herauszustreichen.

Am 9. April 1871 brach Theodor Fontane dann abermals nach Frankreich auf, diesmal allerdings mit dem Vorsatz, im besetzten Land Eindrücke einzusammeln. Diese »Osterreise«, wie er sie zu nennen pflegte, führte ihn in Gegenden, die er wegen seiner Gefangennahme und Internierung damals nicht hatte aufsuchen können, vor allem in Orte, in denen vor kurzem noch der Krieg getobt hatte. In der Nähe von St.

Denis beabsichtigte er ein Wiedersehen mit seinem Sohn George, der den Krieg mitgemacht hatte und nun dort in Garnison lag. Unvergeßlich in seinem Reisebericht ›Aus den Tagen der Occupation‹, der noch im selben Jahr erschien, die Szene, in der er schildert, wie er den Sohn heimlich beim Exerzieren »mit dem Interesse und der Kennerschaft eines alten Unteroffiziers des später historisch gewordenen Bataillons von Gaudy« beobachtete:

»Die kleine Kolonne rückte meinem Amphitheaterplatz immer näher; es war eigentlich nur noch eines Zimmers Breite zwischen mir und ihm – er *mußte* mich erkennen. Und diese Verlegenheit wollt' ich uns beiden ersparen. Zugleich aber fesselte mich die Situation, ich beschloß also zu bleiben, jedoch unter Anwendung aller nur möglichen Vorsichtsmaßregeln. Ich machte deshalb, ohne mich zu erheben, in liegender Stellung kehrt, preßte mein Gesicht in den schönen, frischen Rasen und konnte mich nun mit völliger Ruhe der. Poesie dieses Momentes, seinem sentimentalen und humoristischen Gehalt hingeben.

Wie gut kannt' ich diese Stimme: Etwas Schnauzbärtiges, das ihr, trotz der Abwesenheit dessen, was diesem Worte zur Voraussetzung dient, immer eigen gewesen war, es kam hier zu vorzüglicher Geltung. Einer, an den sich diese Stimme am meisten richtete, weckte meine besondere Teilnahme. ›Lohmeier, das is ja gar kein Exerzieren nicht‹, ›Lohmeier, Sie fallen wieder vor‹. Da lag ich und dankte Gott im stillen, daß ich nicht Lohmeier war.«[73]

In den nächsten Wochen durchstreifte der passionierte und inzwischen auch routinierte Schlachtenbummler Fontane die noch frischen Schlachtfelder des vergangenen Jahres. Er rekonstruierte die blutigen Vorgänge von Metz und Sedan, aber auch der Kunstfreund schwelgte in immer neuen ästhetischen Genüssen bei seinen Besuchen in Reims, Rouen, Amiens und schließlich in Straßburg. Er durchstreifte die »Eremitage des Jean Jacques« in Montmorency und stellte dabei kenntnisreiche Reflexionen über Mann und Werk an. Er stattete dem älteren Dumas, dessen Massenproduktion er ebenso ehrlich wie dessen genialen Leichtsinn bewunderte, seine Reverenz am Grabe ab, und der Zufall wollte es, daß er Alexander Dumas dem Jüngeren, dessen Erscheinung ihn tief beeindruckt haben mußte, persönlich begegnete. »Da war kein blondlockiger Poet«, schwärmt er von ihm, »der den Schein für das Wesen der Dinge nimmt, dies war ein Mann, der bis hin in die Dunkeltiefen des Herzens blickt, seine Geheimnisse aufschließt, seine Verworrenheiten löst. Eine Aufgabe nicht dankbar immer, vielleicht verwerflich, gewiß gefährlich; – es frommt nicht, der Gorgo ins Antlitz zu schauen oder die Rätsel der Sphinx zu lösen. Ein Letztes, Tiefstes soll den verhüllenden Schleier tragen. Aber eines bleibt ewig wahr daneben: wer es dennoch wagt, trägt den Doppelstempel von Mut und Genie.«[74]

Auf der Rückreise nach Berlin machte Fontane noch in Kassel Station, um Wilhelmshöhe »natürlich um seines letzten Gastes, um Louis Napoleon willen« aufzusuchen und die Stätte zu besichtigen, »die das Fazit war, das schließlich Gott und Geschichte aus dieser komplizierten Lebensrechnung, aus einem Chaos von Addition und Substraktion, gezogen hatten«.

Es läßt ihm keine Ruhe, ehe er nicht das Geheimnis dieses »Lügen-Louis« oder »Soulouque des Größeren« gelüftet hat. Eine so pauschale Diskriminierung des Gegners nimmt Fontane der zeitgenössischen politischen Propaganda nicht ab. Es widersprach seiner Natur, sich der allgemeinen »Entrüstungssprache« zu bedienen und mit den anderen auf den Unterlegenen einzudreschen. In der Tat lag es jenseits seiner Kraft, wie er meint, allgemeinen Zweckparolen aufzusitzen und vor den persönlichen Vorzügen des Verlierers die Augen zu verschließen, ohne sich die Mühe gemacht zu haben, der Wahrheit eine Chance zu bieten. So fügt Fontane seinem »Schlußwort« einen brillanten Essay über den letzten Franzosenkaiser an, der ihn als Meister psychologischer Analyse zeigt. Er will das nachdenkenswerte Schicksal dieses Napoleoniden als eine »still-ernste Mahnung« verstanden wissen, »das Diesseitige nach dem Jenseitigen zu gestalten«.

Fontane stellt sich wie so oft auf die Seite des Unterlegenen und fängt die auf diesen erbarmungslos niederprasselnden allzu pauschalen Verteufelungen durch eine geschickte Ehrenrettung dieses »Parvenükaisers« ab, von dem er meint, er hätte im Laufe seines 20jährigen Regiments nicht nur die Sympathien seiner Landsleute, sondern auch des Auslandes auf seiner Seite gehabt. Seine Meinung von jenen Dunkelmännern, »die noch jeder ordnungsübenden Regierung die Ehre der Opposition angetan haben«, ist miserabel. Allen, denen nichts Besseres einfällt, als schiere Entrüstung gegenüber der tragischen Figur eines geschichtlich Gescheiterten zu mimen, gibt er in Hinblick auf den französischen »Bandenhauptmann« und sein »spanisches Weib« zu verstehen, daß sie der geschichtlichen Wahrheit keinen guten Dienst erweisen.

»Sie haben zwanzig Jahre lang regiert, und nicht nach bloßer wüster Schicksalslaune«, versucht er die verbogenen Maßstäbe wieder herzustellen. »Ihr Hof, was immer seine Gebrechen sein mochten (welcher Hof wäre frei davon), kannte Treue, Anhänglichkeit, Pflichterfüllung, und Hunderte und Tausende der Allerbesten des Landes haben nicht liebedienerisch und nicht heuchlerisch, sondern in aller Aufrichtigkeit an dem Kaiser gehangen. Die Zukunft wird es lehren, daß dies nicht zuviel gesagt ist. Inmitten der furchtbarsten, gegen ihn gerichteten Aufregung hab' ich doch, eingestreut in eine Flut von Verwünschungen, immer wieder die Worte vernommen: ›Wir prosperierten unter ihm‹ oder die halbscheue Versicherung: ›Gegen *uns* war er gut.‹ Er hat Frankreich *nicht* degradiert, *nicht* in den Sumpf der Verderbnis gezogen; die Liederlichkeit ist uralt in diesem Lande; die Anbetung des goldenen Kalbes aber ist Zeitkrankheit, die überall zu finden und in Frankreich schwerlich zuerst in ihren krassesten Formen aufgetreten ist. Die Dekadenz ist nicht *seine* Tat.«[75]

Als Resultat und geistiger Extrakt dieser ertragreichen Expedition in ein nahes und doch so fernes Land, diese »Osterreise durch Nordfrankreich und Elsaß-Lothringen« im April und Mai 1871, erscheint bereits Ende November desselben Jahres das Buch ›*Aus den Tagen der Occupation*‹, das sich den Wanderungsbüchern Fontanes würdig anschließt.

14
Parkettplatz 23

Die Abwesenheit seiner Frau, die im April 1870 ihre damals
zehnjährige Tochter Mete, die für ein Jahr bei einer befreundeten englischen Familie untergebracht werden sollte, nach
London begleitet hatte, nutzte Fontane, um sich nach fast
zehnjähriger Tätigkeit für immer von der ›Kreuzzeitung‹ zu
trennen. Ein belangloses Renkontre mit dem Chefredakteur
genügte, seinen schon lange geheim gehegten Entschluß,
seinem Leben noch einmal eine andere Richtung zu verleihen und sein Glück als freier Schriftsteller herauszufordern,
zu realisieren.

Er empfand seine Bindung an diese journalistische Arbeit
in Hinblick auf seine noch unerledigten schriftstellerischen
Pläne dann eben doch als ein auf die Dauer untragbares
Handikap. Inzwischen hatte er nämlich das 50. Lebensjahr
überschritten, und das Empfinden, so unwiederbringliche
Lebensjahre für eine im Grunde inferiore journalistische
Kleinarbeit, die andere ebensogut hätten verrichten können,
zu verschwenden, quälte ihn bis zur Unerträglichkeit. Würde er nicht eine einmalige Chance seines Lebens verspielen,
wenn er jetzt nicht noch einen neuen Anfang wagte? Eine
gewisse Altersmüdigkeit meinte er nicht übersehen zu dürfen. Und so reichte er gleich nach dem Zusammenstoß mit
Dr. Beutner seine Kündigung ein. Die Redaktion der ›Kreuzzeitung‹ hat er seitdem nie wieder betreten.

»Im Grunde genommen, habe ich nun alles Irdische erreicht: geliebt, geheiratet, Nachkommenschaft erzielt, zwei
Orden gekriegt und in den Brockhaus gekommen. Es fehlt
nur noch zweierlei: Geheimer Rat und Tod. Des einen bin ich

sicher, auf den andern verzicht' ich allenfalls. Es kann mir aber auch noch beschieden sein«, zog er damals das Fazit der ersten fünfzig Jahre seines Lebens.

Damals konnte Fontane noch nicht ahnen, daß er erst in der Mitte der Fünfziger, wenn bei anderen die Schaffenskraft zu erlahmen droht, zu seiner angemessenen künstlerischen Form gelangen würde. Erst in diesem Alter packte er seine eigentliche Aufgabe an. All die Jahre vorher waren nur ein oft mühsamer Weg zu diesem Ziel, das er nun mit äußerster innerer Disziplinierung und geistiger Zucht erreichte. Damals beginnt er in fast mönchischer Zurückgezogenheit so etwas wie eine »Mauselochexistenz«, der er letztlich inmitten der immer hektischer werdenden Weltstadt Berlin seine gesteigerte Produktivität verdankte.

Natürlich hatte er seine Frau auf diesen Wechsel seiner äußeren Lebensform vorbereitet. Schon seit Dezember 1869 hatte er ihr schonend angedeutet, seine Tage bei der ›Kreuzzeitung‹ wären gezählt. Er empfand sich immer mehr nur noch wie ein Maschinenrad, »das man mit Öl schmiert, solange das Ding überhaupt noch zu brauchen ist, und als altes Eisen in die Rumpelkammer wirft, wenn die Randzähne endlich abgebrochen sind«. Er hatte damals schon seinen so wenig ermutigenden Überlegungen den verallgemeinernden Zusatz hinzugefügt:»Aber so gewiß ich das Brutale schmerzlich empfinde, so habe ich doch nun nachgerade einsehen gelernt, daß es hierzulande, in den gesegneten Gauen des Norddeutschen Bundes, überall so ist und daß man nur solange Wert hat, als man tagtäglich und immer aufs neue seine Brauchbarkeit beweisen kann...

Ich gebe die Hoffnung nicht ganz auf, noch einmal in die Welt hinauszukommen und Rom, Konstantinopel und Jerusalem zu sehn, die drei Punkte, an denen die Welt hing; aber das ist alles erst möglich, wenn die ›Kreuzzeitung‹ hinter mir liegt. Solange ich an diese geschmiedet bin und dankbar sein muß für die Kette, an der zugleich mein Brot hängt, sind solche poetische Allotria unmöglich. Ich kann nach menschlicher Berechnung nur durch zwei Dinge frei werden: durch irgendeine Verwendung im Auswärtigen Amt (die ich gerade jetzt nicht für möglich hielt') oder dadurch, daß mir ein *großer* literarischer Erfolg, etwa ein in sieben Auflagen erscheinender Roman, eine vollständig freie Bewegung wiedergibt. Treten die Fälle nicht ein, so bleibt mir nichts übrig, als auszuhalten, mich nach der Decke zu strecken und Gott zu bitten, daß es nicht schlimmer wird.«[76]

Fontane setzte nun voll und ganz auf sein Genie und gab seiner Frau zu bedenken, daß er keiner Illusion aufsäße, wenn er an seinen guten Stern glaubte. Schließlich hatte er auch einigen Grund, so etwas wie ein natürliches Selbstgefühl zu entwickeln:»Die Kinder in der Schule lernen meine Gedichte, Frau Jachmann donnert meinen ›Archibald Douglas‹, und in der Literaturgeschichte von Heinrich Kurz hab ich mein Kapitel; aber wenn ich heute noch Bote beim Kammergericht würde, mit 30 Taler Fixum Monatsgehalt und 10 Taler zu Weihnachten, so würden manche sagen: ›Nun, er ist jetzt in königlichem Dienst, er hat ein Fixum, kann sich Bewegung machen und seiner Frau eine jährliche Pension von 40 Talern hinterlassen.‹ Lehre mich die Menschen kennen. Solange man sie nicht braucht, sind sie gut; wenn man sie aber braucht, so nimmt man mit Schrecken wahr, daß sie das Schlechteste gerade gut genug für einen halten. Zum Glück verdrießen mich diese Dinge nicht; im Gegenteil, ich lache dazu; aber sie rufen einem wenigstens zu: Halte fest, was du hast, gefährde nicht durch Prätention deine Position, wiege dich nicht in Illusionen...«[77]

Fontane brauchte seine ganze Beredsamkeit, um seiner Frau in London diesen Schritt, der eine ganze Welt in ihr zusammenbrechen ließ, auf eine möglichst schonende Weise plausibel zu machen. So schrieb er ihr am 11. Mai einen Brief, in dem er ihr reinen Wein einschenkte.

»Die Hälfte unserer Trennungszeit ist nun rum«, heißt es darin,»und der Zeitpunkt ist gekommen, den ich gleich festgesetzt hatte, um Dich in unsre Geheimnisse einzuweihn. Ich habe meine Kreuzzeitungsstelle aufgegeben. Falle nicht um! Eh Du noch mit diesem Brief zu Ende bist, wirst Du hoffentlich sagen: ›Er hat ganz recht getan.‹ Vielleicht (und das wäre das beste) sagst Du's auch gleich und hast

*m 1820 entstandene
'lhouetten von Louis
ıd Emilie Fontane,
ın Eltern des Dichters.*

Die Löwenapotheke in Neuruppin, Fontanes Geburtshaus, um 1880.

Louis, Henri Fontane, der Vater,
mit 63 Jahren.
Bleistiftsskizze des Oderbruch-
Malers Helmuth Raetzer (1859).

Swinemünde (Foto nach Stahlstich von Roßmäßler, 1834).

Brautbild Familie Rouanet-Kummer
(Pastell von Th. Hillwig, 1848)

Theodor Fontane
Kreidezeichnung von
Friedrich Georg Kersting, 1843).

Franz Kugler

Bernhard von Lepel

Paul Heyse

Theodor Storm

Adolph Menzel, "Heute bei mich…"
Federzeichnng zu einer Einladungskarte zu einer "Rütli"-Sitzung. Der
Entwurf zeigt die "Rütlianer" beim Schwur. Von links nach rechts: Franz
Kugler als Karyatide (auf dem Balkon wahrscheinlich die spanische Sänge-
rin Pauline Viardot), Paul Heyse, eine Lyra zupfend, Wilhelm von Merckel
- Kammergerichtsrat - vor Heyse mit Richtschwert und Waage der Justitia,
daneben Bernhard von Lepel mit der Mütze des Kaiser-Franz-Garderegi-
ments. Theodor Fontane vor Lepel, mit Zylinder und Umhang (karikiert
wurden seine langen Haare), neben Fontane Adolph Menzel mit friderizia-
nischem Zopf, sich an einer überdimensionalen Kanne haltend (Anspielung
auf den Kaffeekonsum des Kreises).

Theodor Fontane, 1869

Schloß Rheinsberg

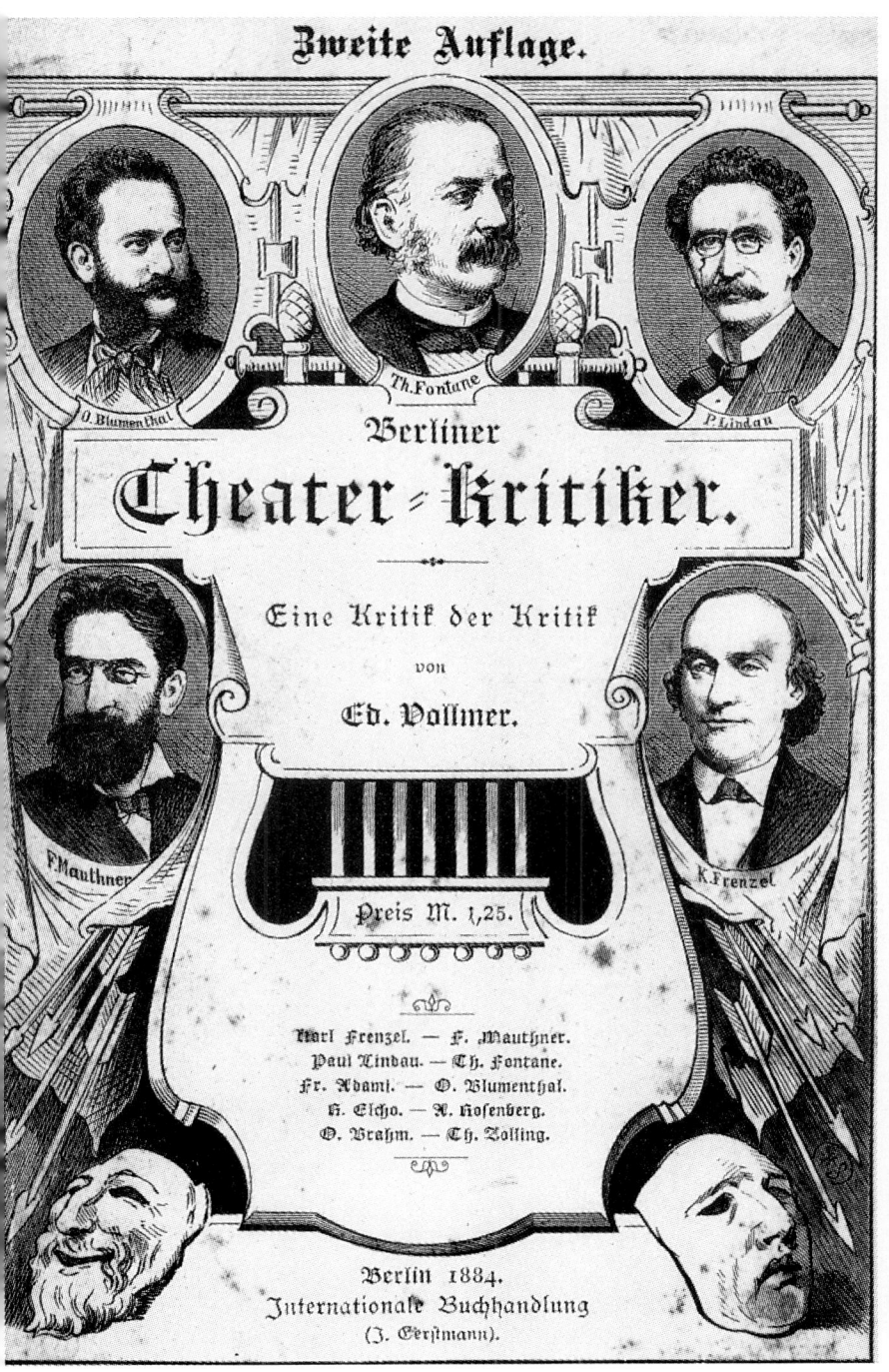

Berliner Theaterkritiker
Foto des Titelblattes, Berlin 1884

Entlassungsgesuch Fontanes, 17. Juni 1876, an Kaiser Wilhelm I.
(Ausschnitt)

Emilie Fontane
Foto (nach 1865)

Theodor Fontane
Porträt von Max Liebermann
Foto der 1896 in der Zeitschrift PAN erschienenen Lithographie

Hausansicht, Potsdamerstrasse 134c (Zeitgenössisches Foto). Die Wohnung im dritten Stock am 3. Oktober 1872 von den Fontanes bezogen, wurde die letzte Berliner Adresse des Dichters. Die letzten zwei Fenster rechts gehören zu seinem Arbeitszimmer.

Der Schriftsteller an seinem Schreibtisch, um 1880

Theodor Fontane und seine Tochter Martha (Mete) während eines Urlaubs im Riesengebirge.

*Grabstätte der Ehe
leute Fontane auf den
Friedhof der Franzö
sisch-Reformierte
Gemeinde an der Lie
senstrasse. Zustand
1990.*

*Das Fontane-Denk-
mal in Neuruppin.*

Vertrauen zu mir, daß ich nicht so gehandelt haben würde, wenn ich nicht überzeugt wäre: es war so am klügsten und besten. Einiges Gewicht muß es doch vorweg für Dich haben, daß ich meinen Entschluß und meine Handlungsweise in diesen drei Wochen noch keinen Augenblick bereut habe. Im Gegenteil, ich freue mich jeden Tag darüber ...«[78]

Fünf Tage darauf versuchte er seiner konsternierten Frau nochmals die Gründe für seinen Entschluß zu präzisieren: »Ich habe eine nach außen hin leidlich aussehende, aber in ihrem Kern perfide Stellung aufgegeben, die mich *jetzt* halb ernährte und nach zehn Jahren – nach langem, geduldigem Einstecken von Kränkungen, die sicher nicht ausgeblieben wären – gar nicht mehr ernährt haben würde. Das war das Bestimmende für meine Handlungsweise, ein ruhiger Kalkül.«[79]

Seine »Independenz« steht ihm höher als alle Glücksgüter dieser Erde: »Du weißt, daß ich längst entschlossen war, in dieser Weise zu handeln, und daß ich die Brutalität, die darin liegt, unsre Freiheit und unsre geistigen Kräfte auszunutzen, ohne vorsorglich und human an unsre alten Tage zu denken – ich sage, daß ich diese Brutalität nicht mehr ertragen kann... Es ist *gemein*, beständig große Redensarten zu machen und nie eine *gebotene* Rücksicht zu üben, die allerdings von Juden und Industriellen, von allen denen, die in unseren biedern Spalten beständig bekämpft werden, oftmals und reichlich geübt wird.«[80]

Natürlich traf Fontanes Entschluß Emilie schwer, und Henriette von Merckel kommentierte die Situation im Hause Fontane wieder einmal sicher zutreffend: »Die Genies haben für ihre Angehörigen doch zuweilen recht schwer zu tragende Einfälle! Fontane hat mir mit seiner gewohnten Offenheit seine Gründe auseinandergesetzt – es läßt sich nichts dagegen sagen, ja ich war ergriffen von der Macht seines Glaubens an sein Genie.«

Die um ihre Existenzgrundlage besorgte Emilie versuchte Fontane zu trösten, indem er ihr die künftigen Erträge seiner Feder spezifizierte. »Dieser Ertrag«, so rechnete er ihr minuziös vor, »war bis jetzt, wo ich nur die Abende resp. die

Nächte dafür hatte, gegen 1000 Taler, oder sage auch nur 800 Taler; glaubst Du nun nicht, daß ich unter dieser Dransetzung des ganzen Tages imstande sein werde, diese Summe zu verdoppeln? Das gäbe 1600 Taler. Meinst Du nicht, daß, wenn es durchaus sein *müßte*, die Sache auch davon zu bestreiten wäre? Meinst Du nicht, daß diese Summe unter allen Umständen ausreichen würde, uns vor Erniedrigung und Unwürdigkeit zu bewahren? Und nur *darauf* kommt es schließlich an. Independenz über alles! Alles andre ist zuletzt nur Larifari. Und auch von diesem Larifari werden wir immer genugsam haben; wir werden immer lebhaft, espritvoll und gesellschaftlich – liebenswürdig bleiben, und die Menschen werden sich immer ein Vergnügen und eine Ehre daraus machen, uns zu Gaste zu laden, sei es auf fünf Stunden zu einem Dinner, sei es auf fünf Wochen zu einem Besuch. Also sei heiter, vertrauensvoll. Wenn unser Niedergang nicht in den Sternen beschlossen steht, so werden wir nicht zugrunde gehn.«[81]

Und wirklich: Der Erfolg scheint mit dem Tollkühnen zu sein, der alles auf eine Karte gesetzt hat. Ende Juni 1870 wird er nach dem Tode von Friedrich Wilhelm Gubitz von der ›Vossischen Zeitung‹ mit dem Referat für die Königlichen Schauspiele als Theaterkritiker betraut. Im Dienste dieser Zeitung, der angesehensten und ältesten Berlins überhaupt, bei der sich bereits Lessing seine publizistischen Sporen verdient hatte und die als das liberale Blatt für die deutschen Industriellen und Juden galt, verfertigte er vom 1. August 1870 an bis zu seinem 70. Geburtstag Kritiken, die ihn schon bald in die vorderste Reihe der damaligen deutschen Kritiker-Equipe rückten.

Fontane verfügte nämlich – wie sich in den nächsten Jahren herausstellen sollte – über ein originäres und untrügliches literarisches Wertgefühl, das ihn nur selten im Stich ließ. Bei aller Selbstkritik hatte er selbst keine eben schlechte Meinung von seinen kritischen Talenten: »Meine Berechtigung zu meinem Metier ruht auf einem, was mir der Himmel mit in die Wiege gelegt hat: Feinfühligkeit künstlerischen Dingen gegenüber. An diese meine Eigenschaft hab ich einen festen Glauben. Hätt ich ihn nicht, so legte ich heute noch meine Feder als Kritiker nieder. Ich habe ein unbedingtes Vertrauen zu der Richtigkeit meines Empfindens.«[82] Anderen Kritikern hatte er zumindest die wichtige Einsicht voraus, daß man das kritische Metier nicht nach vorgefaßten Meinungen und Prinzipien und schon gar nicht nach einem ganzen Paragraphenkodex erledigen könnte.»Man muß sich auf seine unmittelbare Empfindung verlassen können«, postulierte er. Und dementsprechend ließ er dann zwei Jahrzehnte lang mit bemerkenswerter Resonanz beim Publikum Intuition, Vernunft und gesunden Menschenverstand, der ihm ja reichlich zur Verfügung stand, walten.

Der sonst so konziliante Fontane scheute, wenn es sein mußte, vor Verrissen keineswegs zurück. Generosität war nicht immer am Platze; denn bei literarischen Qualitätsfragen hörte für ihn die Gemütlichkeit auf. Hier ließ er keine Konzessionen gelten.

»Schlecht ist schlecht, und es muß gesagt werden«, war ein Kernsatz in seinem Kritikerkanon.»Hinterher können dann andre mit Erklärungen und Milderungen kommen.« Auch als Kritiker, der nur sich selbst gegenüber verantwortlich war, strebte er eine absolute Wahrheit wenigstens an. Daß er dabei oft genug Widerspruch erregte und zuweilen einsam gegen den Strom zu schwimmen hatte, kann nicht verwundern.»Wenn man für Lob und Tadel immer nur Mitteltöne hat, immer sich ängstlich maßvoller Worte befleißigt und eine Sprache spricht, die kein anderes Gesetz kennt als das eine, nicht anzustoßen und sich in herkömmlichen Wendungen weiter zu bewegen, so kommt, wie dies tatsächlich in vielen unserer Blätter der Fall ist, ein Schablonen-Urteil heraus...«[83]

In der Fragment gebliebenen Fortsetzung seiner autobiographischen Aufzeichnungen, denen er den bedeutungsvollen Titel ›Kritische Jahre – Kritikerjahre‹ zu geben beabsichtigte und in denen er Rechenschaft über seine in vieler Hinsicht kritischen Jahre zwischen Fünfzig und Siebzig abzulegen beabsichtigte, wollte er rekapitulieren, was er an Bedeutsamem, aber auch an Niederschmetterndem auf seinem Par-

211

kettplatz im Königlichen Schauspielhaus erlebt und wohl auch oft erlitten hatte. Wie er rückblickend bekannte, konnte man seiner Kritikerzeit, in der die Jungdeutschen wie Laube und Gutzkow, aber auch Epigonen wie Lindau oder Wildenbruch die Spielpläne beherrschten, am Ende, als sich die naturalistische Generation durch unverkennbare Geniestreiche bemerkbar machte, doch eine gewisse Brisanz nicht absprechen. Die Tatsache, daß der alternde Fontane keineswegs so senil war, um nicht doch ein sicheres kritisches Flair für den Rang der Avantgarde zu besitzen, hat man immer schon zu den besonderen Glanzpunkten seiner Kritikertätigkeit gerechnet.

Fontanes Debüt als Kritiker fiel auf den 17. August 1870, den Tag von Vionville, kurz nachdem er aus seiner Sommerfrische an der Ostsee zurückgekehrt war. Damals saß er zum ersten Mal in der für ihn so charakteristischen Haltung auf dem ihm zugewiesenen Parkettplatz 23 »mit hochgezogenen Brauen..., den Oberkörper vorgebeugt..., den sorgenvollen Blick gespannt, in leibhaftiger Fragestellung« und ließ eine gut preußische Aufführung des wieder einmal so brennend aktuell gewordenen ›Wilhelm Tell‹ über sich ergehen.

Über den ihm für die nächsten zwanzig Jahre zugewiesenen Kritikerplatz mokierte er sich noch rückblickend folgendermaßen: »In überfüllten Hotels bin ich fast immer Nummer 23 untergebracht worden und habe da Schreckliches erlebt. Das kann ich von Nummer 23 im Königlichen Schauspielhaus eigentlich nicht sagen. Ich habe da viel angenehme Stunden zugebracht, aber ein merkwürdiger Platz war es doch auch. Es war nämlich kein eigentlicher Parkettplatz, sondern nur ein Annex, ein Vorposten, ein ausgebautes Fort, man könnte auch sagen ein Sperrfort, und wuchs ganz, in die scharfe Ecke zwischen Proszenium und Parkettlogen hineingebaut, von dieser Ecke her in den Parkettgang vor. Knierempeleien waren also ganz was Alltägliches. Das Häßlichste war die Abgesondertheit. Wer eine hohe Meinung von sich hatte, der konnte sich beglückt fühlen, hier ein Gegenstand der Aufmerksamkeit zu sein, wer dieses Gefühl entbehrte, für den war es peinlich. Für den Eitlen war Nummer 23 ein

kurulischer Stuhl, für den weniger Eitlen ein Armsünder-
bänkchen. Denn man bilde sich nur nicht ein, daß ein
Theaterkritiker ein Richter ist, weit öfter ist er ein Angeklag-
ter. ›Da sitzt dieses Scheusal wieder‹, habe ich sehr oft auf
den Gesichtern gelesen.«[84]

Die Tatsache, daß Fontane in seinen Theaterkritiken einen
völlig unkonventionellen Ton anschlug, daß er selbst vor
gefeierten Autoren und prominenten Mimen keinen Kotau
zu machen pflegte, sondern mit seiner Meinung nie hinter
dem Berg hielt, wirkte ungemein erfrischend und anregend
auf das Theaterleben der Reichshauptstadt. Imponieren
konnten ihm immer nur wirkliche Könner. Schwer aber
hatten es Akteure bei ihm, die ihre mangelnde Begabung
durch ein entsprechendes Imponiergehabe zu kompensieren
versuchten. Über sie ließ er zuweilen gnadenlos sein kritisches Gewitter los. Am anderen Tage konnte man dann in
der ›Vossischen Zeitung‹ etwa folgende Sarkasmen zur Kenntnis nehmen: »Ein verkleideter Mensch tritt aus der Kulisse,
schlenkert hin und her und behauptet Der oder Jener zu sein;
aber er ist nicht Der oder Jener, ja nicht einmal er selbst.«

Nie allerdings ließ sich Fontane von Sympathien oder Anti-
pathien seine kritischen Maßstäbe verbiegen, selbst wenn er
sich wegen miserabler Leistungen auf seinem Parkettplatz
winden und krümmen mußte. Er versuchte in verantwor-
tungsvoller Ungebundenheit, Lob und Tadel gerecht zu
verteilen. Seine Rezensionen pflegte er gewissenhaft hinter
verschlossenen Türen in strenger Klausur zu schreiben.
Wenn sich an einem Vormittag nach einer Premiere ein
Besucher bei ihm einstellte, wurde er an der Tür von der
Aufwartefrau mit der Bemerkung abgewiesen: »Bedauere,
der Herr hat heute Kritik.«

Die Initialen Th. F., mit denen Fontane seine Kritiken zu
signieren pflegte, interpretierten viele, die sich mit den von
ihm angewendeten Maßstäben absolut nicht befreunden
konnten, mit »Theaterfremdling«. Diese Version stimmte
jedoch mit Fontanes eigenen Kritiker-Intentionen überein; er
legte immer auf die Feststellung Wert, sich nie als Routinier
auf ausgetretenen Pfaden zu bewegen. Gerade die auffallen-

de Abstinenz, die er bis dahin dem Theater gegenüber bewahrt hatte, prädestinierten den nunmehr Fünfzigjährigen, sich in aller Unbefangenheit seinem neuen Metier zu nähern und nicht auf Urteilen zu insistieren, die er anderen nachgesprochen hatte.

Dieser Kritiker, spürte man bald, fiel völlig aus dem Rahmen des bisher in dieser Hinsicht Gewohnten. Mit dem unverzichtbaren Rüstzeug eines untrüglichen literarischen Qualitätsgefühls ausgestattet, nahm er nunmehr jede sich bietende Chance wahr, nicht nur alten Vorurteilen konzessionslos zu Leibe zu rücken, sondern auch dem Humor ein Asylrecht in der Theaterkritik einzuräumen. Die Drastik seiner Diktion, ihre Farbigkeit und Anschaulichkeit wurden von den Berliner Theaterenthusiasten auch umgehend verstanden und honoriert.

Höheren Orts fand man Fontanes Rezensionen zwar recht amüsant, aber eben viel zu salopp und respektlos. Der etwas schnodderige Berliner Ton, in dem er mit Schauspielern, Aktricen, Intendanten und Dichtern, sogar mit Klassikern umsprang, verriet einen Mangel an Pietät, den man nicht unwidersprochen hinnehmen durfte. Dieser Kritiker fiel aus jeder Norm des bisher Gewohnten und erregte damit Ärgernis bei vielen. Offenbar besaß er kein rechtes Organ für den am Königlichen Schauspiel zelebrierten Klassizismus. Zudem hatte er die suspekte Eigenschaft, sich im Zweifelsfalle stets auf die Seite der offenen oder verkappten Rebellen zu schlagen. Daß der Balladier seiner Frühzeit sich am Ende doch noch zu einem Parteigänger der Naturalisten mauserte, während er die hohe Kunst des Bayreuther Meisters nur mit hämischen Marginalien versah, verschlug manchem allerdings die Sprache.

Da Fontane durch seine »Schlachtenbummlergastrolle« in Frankreich und seine Kriegsgefangenschaft auf der Insel Oléron an der Wahrnehmung seines Kritikeramtes über Monate hin verhindert war, konnte er erst gegen Weihnachten 1870 wieder seine Berichterstattung von den Ereignissen im Theater am Gendarmenmarkt aufnehmen. Sein erstes Renkontre mit der zeitgenössischen deutschen Literatur erfolgte dann auch prompt, als man dem Berliner Publikum eine höchst dubiose Aufführung von Karl Gutzkows mißlungenem, dafür aber um so aktuellerem Schauspiel ›Der Gefangene von Metz‹ zumutete. Fontane blieb es vorbehalten, die ganze Brüchigkeit dieses Monstrums von einem Drama aufzudecken. Er tat es in einer Besprechung, die in Berlin auf Anhieb Furore machte, da es sich bei diesem gnadenlosen Verriß immerhin um ein Opus des längst zum sakrosankten Literaturpapst der Jungdeutschen erhobenen Gutzkow handelte. »Wenn wir von dem ersten Akt absehen, so ist im übrigen eigentlich keine Szene vorhanden, die uns nicht verdrossen und geradezu entrüstet hätte«,[85] so lautete das pauschale Verdikt des Kritikers Fontane, der sich wieder einmal bei einer Aufführung auf seinem »kurulischen Stuhl« »vor seelischem und physischem Unbehagen« wand.

Noch viele Jahre später entsann er sich nur mit Grauen des Eklats, mit dem er seine Feuertaufe als Kritiker bestanden hatte: »Es war ein furchtbares Stück. Jeder vernünftige Mensch, der mal Kritiker gewesen ist oder noch ist, wird wissen, daß es zu den schwierigsten und peinlichsten Aufgaben des Metiers gehört, oft auch Berühmtheiten, ja, was schlimmer ist, auch solchen, die einem selber als Größen und Berühmtheiten gelten, fatale Sachen sagen zu müssen. Aber da sind nun wieder Abstufungen. Liegt es bloß so, daß einem die Sache nicht gefällt oder auch andern mißfällt, so kann man sich drum herumdrücken, das kann man auch noch, wenn sie einem beinah mißfällt; man hebt dann die guten Dinge (Haupthilfsmittel, unter denen Hervorhebung der ›schönen Sprache‹ eine Hauptrolle spielt) mäßig hervor und gibt dem Tadel einen sehr ruhigen, überall abwägenden Charakter.

Schlimmer, viel schlimmer wird es schon, wenn man sich über ein Stück ärgert. Aber auch hier ist noch Maßhalten möglich; ganz schlimm aber wird es, wenn man sich empört, wenn man in Indignation und Wut gerät und einem das Gefühl kommt: ja, wenn du hier nicht das Tollste sagst, so ist das eine Feigheit; du mußt deiner Indignation Ausdruck geben.

So lag es für mich, als ich diesen ›Gefangenen von Metz‹ sah. Das Antifranzösische mochte noch gehen, aber es traf sich auch, daß es auch ein antikatholisches Stück war, ja, das erst recht. Und ein von Borniertheit eingegebener Antikatholizismus ist mir immer etwas ganz besonders Schreckliches gewesen. Und nun in einer Zeit, wo eine zur Hälfte aus Katholiken bestehende deutsche Armee in Feindesland stand, in solchen Zeiten ein antikatholisches Stück oder wenigstens eine Hauptfigur in ihm, die den Katholizismus widerlich darstellte! Wie hatte man das Stück wählen können? Ich wußte nicht, wer mir schwerer auf die Nerven fiel: der Intendant oder der Dichter oder der Darsteller mit seinem Obszönitätsrüssel. Ich saß auf meinem Platz und wand mich vor seelischem und physischem Unbehagen. Es mußte dies wohl sehr stark in die Erscheinung getreten sein, denn als der Vorhang nach dem zweiten oder dritten Akt fiel, ergriff von seinem Parkettplatz her ein Herr meine Hand und sagte: ›Lieber F., wenn Sie morgen darüber schreiben, vergessen Sie nicht, daß Gutzkow ein kranker Mann ist. Oder wenigstens war, sehr krank.‹«[86]

Der unbestechliche Kritiker Fontane besaß soviel Gewissen, um sich nicht durch Beschwörungen anderer sein Urteil, zu dem er stand, modifizieren zu lassen. »Sollen immer erst ärztliche Zeugnisse angefordert werden, so ist es mit aller Kritik vorbei«, war seine unumstößliche Meinung zu dieser Frage. »Schlecht ist schlecht, und es muß gesagt werden.« So also brach er den Stab über einen Mann, »der vierzig Jahre innerhalb unserer Literatur steht und Jahrzehnte lang die Journalistik fast völlig, die Bühne zu einem guten Teile beherrscht hat«.[87]

Gutzkow war, wie sich denken läßt, über das unerwartete Verdikt Fontanes arg schockiert. Er revanchierte sich auf unfaire Weise, als er ein paar Jahre darauf Fontanes ersten Roman in einer Provinzzeitung gnadenlos verriß. Dabei konnte ihm Fontane nicht einmal diese Seitenhiebe verdenken, wie er sich seinem Verleger gegenüber äußerte, da er ihn schwer gekränkt hatte. Die Literaturgeschichte hat Fontanes Urteil über Gutzkow, den er für einen brillanten Journalisten hielt, der sich das Dichten angewöhnt hatte, im wesentlichen längst bestätigt. In anderen Ländern, das war Fontanes Überzeugung, »die mehr natürlichen Sinn für die Künste haben und durch Bildungsdrill weniger verdummt sind, hätte er vierzig Jahre lang eine solche Rolle gar nicht spielen können«.

Auch mit dem damals so überaus erfolgreichen Modeautor Brachvogel ging Fontane unbarmherzig ins Gericht, als er eines von dessen Trauerspielen über sich ergehen lassen mußte: »Was ich bei diesem Stück leide, spottet jeder Beschreibung. Ich habe, trotz meiner hohen Semester, immer noch die Schwäche, solche Geschichten ernsthaft zu nehmen und allgemeinere Betrachtungen daran zu knüpfen. Und da steigt es mir dann jedesmal heiß zu Kopf, wenn ich mir herausrechne, daß dieser Kolossalunsinn nun schon an die dreißig Jahre die deutsche Bühne beherrscht.«

Ganz unkonventionell meldet er Zweifel an Brachvogels vielgerühmter Genialität an, indem er zu bedenken gibt: »Genialität, die tollt, ist herzerfrischend. Genialität, die quasselt, ist bloß unangenehm.« So schlägt er vor, dieses Stück auf den Index zu setzen, »nicht auf den, den der Papst, sondern auf den, den der gesunde Menschenverstand entwirft«.[88]

In den zwei Jahrzehnten seiner Kritikertätigkeit hat er sein Urteil nie von Gesinnungen oder Weltanschauungen bestimmen lassen.»In Anschauungen bin ich sehr tolerant«, schrieb er 1883 an seine Frau, »aber Kunst ist Kunst. Da versteh ich keinen Spaß. Wer nicht selber Künstler ist, dreht natürlich den Spieß um und betont Anschauung, Gesinnung, Tendenz.«[89]

Fontane konnte mit so betonter Apodiktik zu Werke gehen, weil er sich auf sein künstlerisches Flair verlassen konnte. Der untrügliche Beobachter menschlicher Schwächen war auch zum Kritiker wie berufen. Der übliche »Literaturheroenkultus« rührte ihn bei Ausübung seines Kritikeramtes wenig. Er machte sich frei von allen vorgefaßten Urteilen und klopfte jedes Kunstwerk völlig vorurteilslos auf seine Vorzüge und Schwachstellen hin ab.

So schrieb er im Jahre 1874 an Karl Zöllner: »Die Lügerei der Menschen, auch derer, die etwas von den Dingen zu verstehen vermeinen oder auch meinetwegen wirklich verstehn, ekelt mich an. Nichts ist rarer als innerliche Freiheit den Erscheinungen des Lebens und der Kunst gegenüber und der Mut, eine selbständige Empfindung auszusprechen. Und doch wäre selbst das Dümmste immer noch besser als das Unwahre, aus Furcht oder Eitelkeit Nachgeplapperte.«[90] Der Prägnanz seines Urteils wurde keineswegs von dem Plauderstil, den der unerreichte Causeur unserer Literatur auch bei der Konzeption seiner Theaterkritiken anwandte, in Mitleidenschaft gezogen. Eben aus diesem Grund konnte man seine Theaterkritiken dann auch unter dem durchaus zutreffenden Titel ›Causerien über Theater‹ sammeln. Dieser voluminöse Band stellt immerhin so etwas wie eine objektive Chronik des Berliner Theaters in den beiden ersten Jahrzehnten des Bismarckreiches dar. Seine Lesbarkeit steht bis heute außer Frage.

Diese ›Causerien über Theater‹ sind immer noch ein verläßliches Indiz dafür, daß hier ein mutiger, nur seinem Gewissen verpflichteter Kritiker im Alleingang gegen den Strom obskurer literarischer Tendenzen ankämpfte, die mehr oder weniger ein kraftloses Epigonentum signalisierten. Gerade von der etwas trüben Folie dieser epigonalen Literatur hob sich, für die meisten allerdings unmerklich, Fontanes exzeptioneller Rang vorteilhaft ab. »Nichts liegt so darnieder wie die Kritik«, konnte er sich immer wieder ereifern, »alles dummes Zeug, geradezu kindisch.«

Je mehr das deutsche Drama die anrüchige Bourgeoismentalität der Gründerjahre reflektierte, um so unerträglicher wurde für Fontane sein Metier auf seinem vorgeschobenen geistigen »Sperrfort« im Königlichen Schauspielhaus. Seine ganze Kunst bestand am Ende nur noch darin, Lustspiele zu besprechen, bei denen man heulen konnte, und Trauerspiele, in denen das Erhabene sich so eng mit dem Lächerlichen berührte, daß einem das Lachen im Halse steckenblieb. Die Rührstücke, die von falschen und überspitzten Gefühlen und windschiefen Vorstellungen lebten und das wahre Leben um des Effektes willen unstatthaft vergewaltigten, waren ihm nachgerade ein Ärgernis geworden.

Natürlich mußte sich ein Kritiker, der zwar keiner Clique oder pseudokulturellen Koterie verpflichtet war, dafür aber um so kompromißloser der Wahrheit diente, viele Feinde schaffen, denen am Ende seine ganze Richtung nicht mehr paßte. Ernst von Wildenbruch, zweifellos ein integrer Charakter, aber leider eben auch nur ein Epigone reinsten Wassers, der unter Fontanes streitbarer Feder oft schwer zu leiden hatte, bewies sein menschliches Format, als er Fontane zu dessen siebzigsten Geburtstag folgende ins Schwarze treffenden Verse widmete:

»Siebzig Jahr' zur Geistesschlacht
Ist er ausgeritten,
Cliquenlos, für Geld und Macht
Hat er nie gestritten.

Immer offen das Visier,
Ohne Nackensbeugung,
Seines Schildes Wappenzier
War die Überzeugung.

Wie das Schwert zu Hieb und Stich
Schneidend er geführet,
Habe, kritisieret, ich
Seufzend oft gespüret.

›Aber keine Feindschaft drum‹,
Sagen wir Berliner –
Auch mein Rücken ist nicht krumm,
Ich bin auch kein Diener.«

Nur unter dem Aspekt einer regressiven künstlerischen Entwicklung, deren er sich durchaus bewußt war, ist es zu verstehen, daß Fontane sich nach neuen, mitreißenden Ereignissen auf der Bühne sehnte, auf der er nur allzuoft »totgeborene Seifensieder« oder lautstark posierende »Renommierbrüder« agieren sah. Selten nur noch schlug der zündende elektrische Funke über die Rampe ins Parkett, und die Fälle, in denen er innerlich beteiligt oder gar erschüttert das Theater verlassen konnte, hatten geradezu Seltenheitswert bekommen.

Fontane mühte sich also redlich, wieder Maßstäbe zu setzen. Mit seinen Verdikten schreckte er daher auch keineswegs vor der damaligen Theaterprominenz zurück. Als die emphatisch als Bühnenstar gefeierte Clara Ziegler Grillparzers ›Medea‹ spielte, bekam sie anderen Tages in der ›Vossischen Zeitung‹ wenig Erbauliches zu lesen:»Sie spielt Kaulbach. Ihr ganzes Auftreten wirkt wie die Treppenhausbilder im Museum... Der Mensch soll nicht arabeskenhaft verbraucht werden, bloß mit Rücksicht darauf, ob die Form an sich gefällig wirkt. Es kommt nicht darauf an, ob dieser vor- oder zurückgebeugte Körper, ob diese Kopf- oder Armhaltung rein äußerlich innerhalb der Schönheitslinie liegt, sondern darauf, ob diese Linie dem innerlichen Hergang entspricht, ob sie wahr ist. Diese Wahrheit hat weder Kaulbach noch Fräulein Ziegler.«[91]

Zur Zieglerschen Gestaltung der Brunhilde in Geibels gleichnamigem Stück fällt Fontane folgendes ein:»Es ist ein chaotisches Durcheinander von Echtem und Unechtem, von Richtigem und Unrichtigem, von Hinreißendem und Abstoßendem, von Rührendem und Verzerrtem, von Einfachem und Maßlosem, dennoch... ist ihr Spiel überhaupt eine Kolossalleistung.«[92]

Fontane hat sich in den zwei Jahrzehnten seiner Kritikertätigkeit nie auf Stile, Schulen oder Richtungen festgelegt. Er überließ sich ganz seinem Flair fürs Echte. Unter Umständen konnte er sogar die Klassiker unerträglich finden, wenn man sie in einem einfallslosen konventionellen Stil in Szene setzte.»Das Überlieferte ist vollkommen schal und abgestanden«, faßte er seine trüben Theatererfahrungen in einem Brief an Georg Friedlaender zusammen.»Wer mir sagt, ›ich war gestern in ‹Iphigenie›, welch Hochgenuß!‹, der lügt oder ist ein Schaf oder Nachplapperer.«[93]

Daher kann es in einer Rezension über Goethes ›Tasso‹ auch lauten:»Ach, wie gleichgültig zieht dieser verklärte Weimaraner Hof an unserm pflichtschuldiger Pietät nicht entkleideten, aber freilich modernen Sinn vorüber! Anderes, Größeres bewegt die Welt, und von den Ausnahmemenschen wendet sich das Interesse wieder dem Menschen selber zu. Das Ungewöhnliche findet er sicherlich schön und vornehm, aber nichts weiter; wer wirklich lebt, will reales Leben.«[94]

Unter diesen besonderen Umständen ist Fontanes Begeisterung zu verstehen, die ihn bei der Lektüre von Romanen des vielgelästerten Franzosen Emile Zola packt, obwohl ihn vor dessen »trauriger Welt« so gut wie alles trennt. Aber dieser Zola hatte gegenüber den deutschen Epigonen den Vorzug, kühn aus der leerlaufenden literarischen Tradition ausgeschert zu sein. Er hatte neue Wege eingeschlagen und damit der Literatur ganze neue Provinzen erschlossen. »Er schmeißt die Figuren heraus, als ob er über Feld ginge und säte. Gewöhnliche Schriftsteller, und gerade die guten und besten, kommen einem arm daneben vor, Storm die reine Kirchenmaus...«[95]

Sechs Jahre, nachdem er 1883 diese Sätze an seine Frau geschrieben hatte, verfertigte er dann seine wohl umfangreichste Theaterkritik, die in zwei Fortsetzungen in der ›Vossischen Zeitung‹ erschien. Damals hatte er in der Freien Bühne die Uraufführung von Gerhart Hauptmanns ›Vor Sonnenaufgang‹ miterlebt. Er zeigte sich »wie von einem Blitz getroffen« und fand angesichts dieses Theaterereignisses so hochgestimmte Worte, wie man sie bei ihm am allerwenigsten erwartet hätte. Diesmal ging sein künstlerisches Temperament aber mit ihm durch, und er ließ sich zu den Worten hinreißen: »Hut ab, ihr Leute, ein Genie!« Diese Hauptmann-Aufführung hatte eine Darbietung von Ibsens ›Gespenstern‹, die nur drei Wochen vorher über dieselbe Bühne gegangen und als sensationelles Theaterereignis gefeiert worden war, glatt in den Schatten gestellt. Mit einem Mal empfand er gegenüber Hauptmanns Geniestreich Ibsens Dialogstück nur noch als »harmloses Vorpostengeplänkel«.

Die Aufführungspraxis in einem eher musealen als klassischen Hoftheaterstil wurde Fontane immer unerträglicher. »Die klassischen Aufführungen schaffen seit geraumer Zeit das Seitenstück zu den leeren Kirchen«, bemerkte er sicher zutreffend. »Der Aufführungspomp ist ein trauriger Notbehelf. Und in dieser Not sprang der Realismus ins Dasein, der

221

das Kunstheil auf dem entgegengesetzten Wege suchte. Wenn es das Paradies nicht mehr sein konnte, so sollte es dafür ein Garten des Lebens sein.«[96]

Fontane hatte sich also keineswegs schmollend aufs Altenteil zurückgezogen, um aus seiner Sofaecke die weitere Entwicklung der Literatur in diesem Lande mit hämischen Kommentaren zu begleiten und sich angesichts des permanenten Abstiegs die Hände zu reiben. Sein Organ für die Gegenwart und ihre Probleme blieb bis zuletzt geschärft. Allerdings konnte nur alles, was das Siegel künstlerischer Integrität trug, mit seinem wohlwollenden Interesse rechnen. Seine Kritik machte keineswegs vor jenen Autoren halt, denen sonst seine ungeteilte Sympathie gehörte. Die naturalistischen »Schnapstragödien«, die im Gefolge von Gerhart Hauptmann die deutschen Bühnen über Gebühr beschäftigten, fanden keineswegs immer unbesehen Gnade vor seinen Augen. Im Gegenteil: Als Hauptmanns ›Friedensfest‹ über die Bühne geht, vermerkt Fontane in seiner Rezension die goldenen Worte: »Es gebricht an dem richtigen Maß, es fehlt was, und es hat auch wieder zu viel. Es hat zu viel darin, daß man immer mit derselben Elendiglichkeit gepeinigt, ich möchte berlinisch sagen: gepiesackt wird, und diesem einseitigen Zuviel entspricht ein Zuwenig nach andrer Seite hin... Neben dem, was niederdrückt, fehlt das, was erhebt, neben dem Schatten das Licht, und statt, wenigstens dann und wann einmal, eine Forelle springen oder Gold- und Silberfische hin und herhuschen zu sehen, sehen wir nur unausgesetzt ein schwarzes Gekrabbel, das mit seinen ewig beweglichen Scheren sich untereinander kneipt und sticht. Luft, Licht und Freude fehlen, die Unken klagen in einem fort und verkünden schlecht Wetter, und das Wasser unten ist schwarz, und der Himmel oben ist grau.«[97]

Gerade weil er all seine Hoffnungen an sie und ihr Werk knüpft, warnt Fontane die jugendlichen Stürmer vor der Versuchung permanenter Übertreibungen. »Die Tristheit in unserem jungen Realismus dauert zu lange«, stellt er fest, »beherrscht zu ausgesprochen die Situation.«[98] Daher ermuntert er seine Freunde, lichtere Wege zu beschreiten.

»Zuletzt, nach mancher Irrfahrt, wird auch auf diesem Wege, davon bin ich überzeugt, das Schöne gefunden werden«, gab er sich zuversichtlich, »und wenn es gefunden ist, so wird es eine schärfere Darstellung finden als vordem, weil das Auge mittlerweile schärfer sehen lernte. Nenne man meinetwegen den jetzigen Weg den Weg durch die Wüste. Nach der Wüste kam gutes Land.«[99]

Mit ihrer neuen, vorwiegend sozialen Thematik bewegten sich die Naturalisten ganz in den Bahnen, die Fontane selbst in manchen seiner Romane, die man allzu pauschal als »Hurengeschichten« abqualifiziert hatte, beschritten hatte. Auch er hatte das Leben dort wieder entdeckt, wo es nach soviel Epigonentum sich erneut frisch wie am ersten Tag in der Kunst zu regen begann. Nichts aber lag seiner Natur ferner, als sich als blinder Parteigänger auf irgendeine künstlerische Richtung oder gar Mode festzulegen oder »festnageln« zu lassen. Stets um äußerste Objektivität bemüht, konnte er daher bereits im Mai 1890 über gewisse Entwicklungstendenzen im Naturalismus, die ihn zum Nachdenken zwangen, an Heyse nach München melden: »Die ganze Bewegung ebbt übrigens schon stark wieder, woran zweierlei schuld ist: der Mangel an Talent und der Überschuß an Unverschämtheit.«[100]

Vor allem aber beklagte Fontane am konsequenten Naturalismus neben dem Verlust des Schönen einen notorischen Mangel an Humor, den er stets als eine besonders subtile Emanation von Menschlichkeit, ohne die jede Kunst sich in ein Treibhaus verwandelt, angesehen hatte. Schließlich faßt er sein Verhältnis zu dieser neuen Richtung in die Worte zusammen: »Mit klingendem Spiel in das Lager der ›Neuen‹ überzugehen, wäre Kleinigkeit und mir moralisch unbedenklich, aber dazu fehlen mir einige Zentner Überzeugung. Ich sehe das Gute, aber auch das Nicht-Gute und drücke mich in die Sofa-Ecke. Mit 71 darf man das.«[101]

Fontane, dessen Altersjahre ganz im Zeichen einer gesteigerten Produktivität standen, scheute einen Schlagwechsel auch mit den »Allerjüngsten« keineswegs. Immer hatte er bedingungslos auf der Seite jeder künstlerischen Regeneration gestanden. »Mein Haß gegen alles, was die neue Zeit aufhält, ist in einem ständigen Wachsen, und die Möglichkeit, ja die Wahrscheinlichkeit, daß dem Sieg des Neuen eine furchtbare Schlacht vorausgehen muß, kann mich nicht abhalten, diesen Sieg des Neuen zu wünschen«,[102] hatte er sich Friedlaender gegenüber geäußert. Diese Waffenbrüderschaft hinderte ihn allerdings nicht daran, immer wieder in die Arena zu steigen, wenn er künstlerische Normen verletzt sah, und gehörig auf den Putz zu hauen. Bei aller Anerkennung der neuen sozialen und sozialkritischen Thematik wandte er sich brüsk gegen jede Forcierung oder Überstrapazierung dieses neuen Stilprinzips und warnte alle, die es hören wollten, vor dem Trend, die Theater zum »Tummelplatz für sozialdemokratische Probleme« umzufunktionieren.

»Solche realistischen Jammerstücke, soviel steht mir fest, können allerdings nicht das geistige tägliche Brot der Nation werden«,[103] empfand er nach der Aufführung der ›Familie Selicke‹ von Arno Holz und Johannes Schlaf. Damit gab er den »Heißspornen, den Ultras der neuen realistischen Schule« eindeutig zu verstehen, wo die Grenzen seiner Parteinahme verliefen.

Mit der Zeit leistete Fontane immer energischer Widerstand gegen die sich im modernen Drama durchsetzenden kommunen Auffassungen, das Leben der Großstädte artikuliere sich nur noch in moralischem Morast und sexuellen Perversitäten. Die neuen Stückeschreiber waren nach der ewig dubiosen deutschen Manier gegenüber den Eklektizisten einer verschwommenen Nachromantik ins andere Extrem verfallen und befanden sich auf dem besten Wege, sich selbst vor einem im wesentlichen unkritischen Publikum unglaubwürdig zu machen. Man hatte mit der minuziösen Ausmalung großstädtischen Elends sozusagen das Kind mit dem Bade ausgeschüttet und setzte sich dieser Manier der gleichen Gefahr penetranter Einseitigkeit aus wie die schönmalende Literatur, die man endgültig abgelöst zu haben vorgab.

Fontanes künstlerischer Kompaß reagierte zu sensibel, um

im neuen Naturalismus so etwas wie eine Ultima ratio zu erblicken. Sein Wertgefühl signalisierte mehr und mehr eine allzu heftige Abweichung von unerläßlichen Mittelwerten, deren Desavouierung sich für die Kunst auf die Dauer als lebensgefährlich auswirken muß.

So sehr ihm viktorianische Prüderie suspekt war, so entschieden distanzierte er sich nun von der Attitüde der Naturalisten, das Leben nur aus der Froschperspektive anzuvisieren. Zwar begriff er den Verismus der Naturalisten als Reaktion auf den oft allzu kraftlosen Euphemismus der auslaufenden Romantik durchaus, billigen konnte er ihn in dieser extremen Form allerdings nicht, weil er das Leben nicht weniger verfälschte als die unerträgliche Süßholzraspelei der vergangenen Generation. Natürlich hatte die soziale Frage zunehmend an Bedeutung gewonnen, aber als Schlüssel zum wirklichen Leben in seinen unzähligen Facettierungen reichte sie eben nicht aus.

Bis zuletzt wußte Fontane zwischen »schwarz und weiß« oder auch zwischen »Gold und Blech« zu unterscheiden. Er war kein Mann von Kompromissen, wenn es sich um künstlerische Qualitätsfragen handelte. Er hatte immer eine »klare, bestimmte Meinung«, die er auch unverblümt und ohne Rücksicht auf mögliche Repressalien aussprach, wie er noch später seiner Tochter bekennt, um hinzuzusetzen: »Aber doch muß ich, für natürliche Menschen, mit meinen Schreibereien ein wahres Labsal gewesen sein.«

Noch wenige Monate vor seinem Tode attackierte er den damals im Zenit seiner Erfolge stehenden Ibsen auf folgende Weise: »Ibsen mag die größere Natur, die stärkere Persönlichkeit, das überlegene, bahnbrechende Genie sein, dichterisch steht mir Gerhart Hauptmann höher, weil er menschlicher, natürlicher, wahrer ist. Da quatscht jetzt jeder von Ibsens Wahrheit, aber gerade *die* spreche ich ihm ab. Er ist ein großer epochemachender Kerl, aber mit seiner ›Wahrheit‹ kann er mir gestohlen werden. In der Mehrzahl seiner Dramen ist alles unwahr. Die bewunderte Nora ist die größte Quatschliese, die je von der Bühne herab zu einem Publikum gesprochen hat... Wie ich mal Schlenther gesagt habe:

›Nach dreißig Jahren (hochgerechnet) ist Ibsen der Komik verfallen‹ – diesen Satz halte ich aufrecht. Daneben läuft eine ganz aufrichtige Bewunderung für das, was der Mann getan hat.«[104]

In der Fähigkeit, den Nagel in jedem Fall akkurat auf den Kopf zu treffen, erkannte Fontane ganz allgemein die Meisterschaft in seinem kritischen Metier. »Auf diesen sicheren Hammerschlag der weiter nichts ist als die natürliche Konsequenz eines frischen, gesunden und starken Empfindens, kommt es einzig und allein an. Das macht den Kritiker, nur das. Alles andre, vor allem das Ausmessen mit irgendeiner Elle, die Elle heiße nun Tieck oder Lessing oder gar Aristoteles, ist Mumpitz. Hinter solcher Defensive, von der aus Vorstöße ›mit Binden und Bandagen‹ gewagt werden, lauert immer Ohnmacht.«[105]

Weil er völlig unakademisch verfuhr und philologische Sperenzchen verabscheute, fand er die junge Kritikergeneration fast geschlossen auf seiner Seite. Auch das Publikum hatte bald begriffen, daß man mit Fontanes Urteil gut bedient war. Er stieg in die erste Reihe der professionellen Kritiker seiner Zeit auf und war in bezug auf literarische Wertfragen eine Autorität geworden. Mit ihm schloß zugleich die große Reihe der Dichter ab, die wie Lessing, Wieland, Herder, Otto Ludwig und Hebbel ein kritisches Wächteramt ausgeübt hatten.

Das Alter allein war sicher nicht der einzige Grund dafür, daß er seiner »Rückzugssehnsucht« schließlich doch nachgab und nach zwei Jahrzehnten seinen Parkettplatz im Königlichen Schauspiel für Paul Schlenther räumte. Bezeichnenderweise hatte Fontane sich jedoch beim Chefredakteur der ›Vossischen Zeitung‹ ausdrücklich das heißeste Ressort auch noch für die Zukunft ausbedungen: seine Kritikertätigkeit an der ›Freien Volksbühne‹. Er fühlte sich an den dort sich immer wieder auslösenden brisanten theatralischen Provokationen, die man höheren Orts als »intellektuelles Bordell« abfertigte, innerlich immer noch mehr beteiligt als bei den offiziellen Staatsbegräbnissen unserer Theaterklassiker auf Berlins subventionierten Bühnen. Seine Besprechung von

Gerhart Hauptmanns ›*Einsamen Menschen*‹ aus dem Jahre 1891 bildete dann den Epilog seiner Tätigkeit als Theaterkritiker, die mit Schiller begann und bezeichnenderweise bei Hauptmann endete und deren schriftstellerischer Ertrag immerhin mehr als zweitausend Buchseiten füllt.

Natürlich konnte sich ein so bemühter Kritiker wie Theodor Fontane auch einem der ganz bedeutenden Theaterereignisse seiner Zeit nicht entziehen: den Bühnenfestspielen Richard Wagners. Im nachhinein wird man ihm gern testieren wollen, daß er sich mit dem Phänomen Wagner redlich herumgeschlagen hatte, ohne deswegen ein Organ für dessen besonderes Format zu entwickeln.

Schon während einer Harzreise im Sommer 1881 unterzog er sich der Pflichtlektüre des Textes von Wagners ›*Ring des Nibelungen*‹. In einem damals verfaßten Brief an Karl Zöllner bekundet er seine ehrliche Bewunderung für den ordnenden Geist Wagners, für seine Meisterschaft in Vers und Sprache und die »mitunter großen Detail-Wirkungen durch Impromptus und eine glänzende Behandlung der Antithese«. Seine Kritik an diesem »Behexer« tangiert jedoch vor allem »die furchtbare Menge der Quasseleien, Albernheiten, Unverständlichkeiten und Geschmacksverwirrungen«[106] und den völligen Mangel an Witz und Humor, der bei Fontane immer unverzeihlich ist. »Überall zappeln die niedrigsten Triebe, die kommissesten Gemeinheiten, wie sie nur ›Götter‹ sich leisten können, um mich herum, allerniedrigste Triebe, die dadurch so widerwärtig wirken, daß man Richard Wagner immer persönlich mitzappeln sieht«, heißt es dann weiter. »Der Sanspareil in dieser Genossenschaft ist immer *er*, und so wird das objektiv Häßliche durch das subjektive Mitengagiertsein des Dichters noch viel, viel häßlicher.«[107] Er selbst jedenfalls, so beteuert er, habe von seiner gutgemeinten Wagner-Lektüre nichts als Kopfweh, Verwirrung und Unbefriedigtsein zurückbehalten.

Trotz allem trieb ihn seine intellektuelle Neugier im Juli 1889 von Kissingen aus, wo er damals zur Kur weilte, nach Bayreuth, um auch einmal unvoreingenommen in die geistige Sphäre des Meisters einzutauchen. Obwohl die Musik nicht die originäre künstlerische Domäne des Augenmenschen Fontane war und er sich bestenfalls einmal marginal über Musik oder musikalische Ereignisse ausließ, setzte er sich dieser intensiven Begegnung mit der Wagnerschen Musik im redlichen Bestreben um Objektivität aus. Vielleicht hatte Fontane das eine oder andere etwas vorschnelle Urteil noch zu korrigieren. »Angst, Mut, Schlauheit, Intrige, vor allem Lebensgier (Wagners persönliche Hauptleistungen), Goldgier und Liebesgier« hatte er in einem Brief, den er von Thale aus am 28. Juni 1881 an seine Frau richtete, als die eigentlichen Leidenschaften bezeichnet, um die das Denken Wagners kreiste, um dann fortzufahren: »Er ist ganz Wotan, der Geld und Macht haben, aber auf ›Lübe‹ nicht verzichten will und zu diesem Zwecke beständig mogelt. Auch hier lebt der Dichter in seinen Gestalten, und man muß danach sagen: Er schließt schlecht ab...«[108]

Fontane stellte sich trotz aller Bedenken und Einwände dann doch noch bei erster sich bietender Gelegenheit dem Bayreuther Wagner-Kult, um nicht nur vom Hörensagen über einen Künstler zu urteilen, der in allem und jedem ein extrem heterogenes künstlerisches Temperament verkörperte.

Die Briefe, die er über seine Erlebnisse im Mekka der Wagnerianer schrieb, gehören dann auch zu den beschwingtesten dieses Meisters des Briefes, die er je aus seiner Werkstatt entließ. Einer der unfeierlichsten Menschen seiner Zeit, der zudem mit der seltenen Gabe der Selbstironie gesegnet war, mußte angesichts der Bayreuther Hochstimmung zu höchst fragwürdigen Resultaten gelangen.

»Die Stadt und das Leben hier sind hochinteressant: vergorene Residenz, malerisches Drecksnest und dazwischen das denkbar feinste Publikum«, läßt er gleich nach seiner Ankunft am 27. Juli abends um 7½ Uhr im Gasthaus zur Post seine Frau wissen. »Engländer aller Arten und Grade, sehr vornehme und daneben kolossale Karikaturen. Bierkneipen und Hotels 1. Ranges, in deren einem, ›Zum Reichsadler‹, (mit einem malerischen alten Brunnen in Front), ich eben gegessen habe. Nach den Anstrengungen des heutigen

Tages mußte ich mir etwas gönnen, und die Gerüche hier verlangen Balancierung, sonst werde ich krank.

Ich freue mich, daß ich hier bin, sehe aber ein, daß die ganze Geschichte doch nur für Lords und Bankiers inszeniert ist, so daß man eigentlich nicht hinzugehört. Wer mit keinem Tonnengewölbekoffer ankommt, ist von vornherein unten durch.«[109]

Noch nach fast einem Monat nach seinem zu erwartenden Bayreuther Fiasko läßt sich Fontane gegenüber Zöllner so darüber aus: »Von Kissingen aus war ich auf drei Tage in Bayreuth, um ›Parsifal‹ und ›Tristan und Isolde‹ zu hören. Sonnabendnachmittag kam ich an und fiel aus einem Hotel und Kaffeehaus in das andre, was sehr interessant war. So international, daß die Promenade von Kissingen bloß wie Zoologischer Garten daneben wirkt. Sonntag ›Parsifal‹, Anfang vier Uhr. Zwischen drei und vier natürlich Wolkenbruch; für zwei Mark, trotzdem ich ganz nahe wohnte, hinausgefahren. Mit aufgekrempelten Hosen hinein. Alles naß, klamm, kalt. Geruch von aufgehängter Wäsche. Fünfzehnhundert Menschen drin, jeder Platz besetzt. Mir wird so sonderbar. Alle Türen geschlossen. In diesem Augenblicke wird es stockduster. Nur noch durch die Gardinen fällt ein schwacher Lichtschimmer, genau wie in ›Macbeth‹, wenn König Duncan ermordet wird. Und nun geht ein Tubablasen los, als wären es die Posaunen des letzten Gerichts. Mir wird immer sonderbarer, und als die Ouvertüre zu Ende geht, fühle ich deutlich: ›Noch drei Minuten, und du fällst ohnmächtig oder tot vom Sitz.‹

Also wieder raus. Ich war der letzte gewesen, der sich an vierzig Personen vorbei bis auf seinen Platz, natürlich neben der ›Strippe‹ durchgedrängt hatte, und das war jetzt kaum zehn Minuten. Und nun ebenso wieder zurück. Ich war halb ohnmächtig, aber ich tat so, als ob ich's ganz wäre, denn die Sache genierte mich aufs äußerste. Gott sei Dank wurde mir auf mein Pochen die Tür geöffnet, und als ich draußen war, erfüllte mich Preis und Dank. Nur das Dankgefühl des Türhüters konnte mit dem meinigen rivalisieren. Denn er kriegte nun mein Billet, das er sofort für fünfzehn Mark oder auch noch teurer (denn es wurden ganz unsinnige Preise gezahlt) an draußen Wartende verkaufen konnte.

Mein ›Tristan‹-Billet schickte ich am andern Morgen zurück und vermachte den Betrag einer ›frommen Stiftung‹. Ich hätte diese lächerliche Großmuts- und Anstandskomödie nicht aufgeführt, wenn ich nicht ein drittes von mir bestelltes Billet gleich beim Einkauf am Tage vorher zurückgezogen hätte, worauf der Kassenbeamte sehr liebenswürdig einging. Diese Szene zu wiederholen war mir doch gegen die Ehre. Ich hebe dies eigens hervor, damit ich nicht alberner erscheine als nötig. Die ganze Geschichte – außerdem eine Strapaze – hatte gerade hundert Mark gekostet, und doch bedaure ich nichts. Bayreuth inmitten seiner Wagnersaison und seines Wagnerkultes gesehen zu haben, ist mir so viel wert...«[110]

Immerhin: »Hundert Mark waren futsch«, und es war sein Pech, daß er ohne eine »gesicherte Rückzugslinie« sich in diesem »geschlossenen Scheunen-Tempel« wie »als Kind in seiner zugeschlagenen Apfelkiste« fühlte und mit seinen siebzig Jahren dann eben doch einen geordneten Rückzug einem ebenso pompösen wie strapaziösen Theaterzauber zusammen mit 1500 durchnäßten Musenjüngern vorzog.

Eine besonders sensible Kritikfähigkeit war eine der wesentlichen Voraussetzungen Fontaneschen Wesens. Die »Produktivität eines anständigen Schriftstellers« war seiner Meinung nach ohne kritische Distanz dem Leben gegenüber überhaupt nicht denkbar, wobei das Attribut »anständig« in diesem Fall sicher nicht ethischen Kategorien zuzuordnen ist, sondern sich vielmehr auf eine über jeden Dilettantismus erhabene Professionalität schriftstellerischen Einsatzes bezieht.

Was Fontane nun selbst betraf, so machte er laufend von seinem guten Recht und seiner Berufspflicht zur Kritik – und Selbstkritik, versteht sich, auf eine durchaus produktive Weise Gebrauch. Er hatte einen festen Glauben an seine »Feinfühligkeit künstlerischen Dingen gegenüber«. »Hätt' ich ihn nicht, so legte ich heute noch meine Feder als Kritiker nieder. Ich habe ein unbedingtes Vertrauen zu der Richtigkeit meines Empfindens«,[111] bekannte er selbstbewußt.

Sein kritisches Gespür hatte er bereits in seinen Pennäler-jahren geschärft. Gegen eine sklavische Autoritätsgläubig-keit, die zu einem »gelernten« Preußen zu gehören schien, hatte er eine gewisse, sicher den Berlinern abgelauschte Schnodderigkeit und Ironie einzusetzen. Beide erwiesen sich als eine ungemein wirkungsvolle schriftstellerische Waffe.

Immer wenn es sich um literarische Wertanalysen handel-te, zeigte sich Fontane am allerwenigsten zu Kompromissen bereit. Bei diesem hochnotpeinlichen Geschäft bewies er einen ihm sonst so wesensfremden Fanatismus, bei dem seine Gemütlichkeit ein Ende fand. Im ›Tunnel‹ hatte er bereits ausgiebig Gelegenheit gefunden, eine kritische Scharfrichterrolle zu spielen. Diesen Lehrjahren hatte er die Tatsache zu verdanken, daß er sich nicht gern ein X für ein U vormachen ließ und die literarische Spreu durchaus vom Weizen zu sondern verstand.

Mit dem gleichen geschärften kritischen Bewußtsein wie das Theater hat Fontane auch die Literatur seiner Zeit inspi-ziert. Er blieb den literarischen Ereignissen immer hautnah auf der Spur. Seine zahlreichen Buchrezensionen stecken dann auch den erstaunlich weitgefaßten Rahmen seines literarischen Interessenspektrums ab und signalisieren damit seine ungewöhnliche Versiertheit mit der Literatur seiner in dieser Hinsicht nun keineswegs so ergiebigen Epoche.

Natürlich unterliefen auch Fontane gelegentlich Gefällig-keitsbesprechungen, bei denen er Gnade vor Recht ergehen ließ. Vor allem seine Freunde vom ›Tunnel über der Spree‹ behandelte er mit auffallender Milde, obwohl diese im Grun-de meist nur besonders eklatante Fälle von literarischem Dilettantismus darboten. Während er dem preußischen Schlachten-Rhapsoden Christian Friedrich Scherenberg alle mildernden Umstände in seiner Scherenberg-Monographie zubilligte, ging er mit anderen unbarmherzig ins Gericht. Sein kritisches Autodafé richtete sich vor allem gegen einen so trivialen Butzenscheibenautor wie Julius Wolff, während die gutgemeinten schriftstellerischen Etüden seiner Freunde Lepel und Merckel, aber auch die literarischen Emanationen von Hesekiel, Geibel, Roquette, Heyse und anderer Epigonen von seinem oft unerbittlichen kritischen Verdikt verschont blieben.

Durch seine verschiedenen Auslandsaufenthalte hatte sich Fontanes kritisches Bewußtsein entschieden geschärft; er war imstande, auch weltliterarische Maßstäbe anzuwenden, da er über genügend Vergleichsmöglichkeiten verfügte. Ein Element »Welt« pflegte stets sein literarisches Urteil mitzuprägen, das über alle provinzielle Enge erhaben war. Deshalb haben sich seine im wesentlichen so zutreffenden Bemerkungen über Werke etwa von Gottfried Keller, Wilhelm Raabe oder Theodor Storm ebenso bestätigt wie seine Kritik deutscher Erfolgsbücher wie Gustav Freytags ›*Soll und Haben*‹, Viktor von Scheffels ›*Ekkehard*‹ oder Willibald Alexis' ›*Die Hosen des Herrn von Bredow*‹. Generell läßt sich sogar sagen, daß kein literarisches Ereignis von überzeitlicher Bedeutung bis hin in die Tage Ibsens und Zolas seinem sondierenden Blick entging.

Viele Kritiken besaßen für Fontane auch so etwas wie die Funktion einer literarischen Selbstanalyse, an denen er sich korrigieren konnte. »Aus allem saug' ich meinen Honig« war eine seiner bezeichnenden Wendungen. Und wirklich konnte er aufgrund seiner oft monomanischen Leseaktivität beim Verfertigen eigener Romane aus dem Vollen schöpfen. Dabei verstand er sich durchaus auf die Kunst des Weglassens; denn nichts lag ihm ferner, als sich in der rein rezeptiven Rolle eines auf seinen Wissensfundus pochenden Polyhistors zu gefallen. Was ihn jedoch besonders anging, blieb auch präsent.

Eine gewisse geistige und ethnische Affinität verband ihn natürlich mit Alexis, der vor ihm die Mark Brandenburg als einen Fundort noch ungehobener historischer Stoffe entdeckt hatte. Bekanntlich schrieb er 1872 einen Essay über diesen Hugenottensproß aus Breslau, der Entscheidendes zum Bekanntheitsgrad dieses heute fast wieder vergessenen Dichters beitrug. Seine auf Alexis gemünzte Bemerkung über den Nutzen der Fremde für einen Poeten für die Erweiterung seines geistigen Horizonts war ganz gewiß pro domo gesprochen. Die Fremde, so meinte Fontane, »lehrt uns nicht bloß sehen, sie lehrt uns auch *richtig* sehen. Sie gibt uns auch das *Maß* für die Dinge. Und dies ist, künstlerisch genommen, fast noch wichtiger, als daß sie uns die Dinge überhaupt erschließt.«[112]

In Alexis' Romanen vermißt Fontane das »konzentrierte Leben« und das »historische Gefühl«, das er dessen Balladen ohne alle Einschränkung zuspricht. Seine Kritik der historischen Romane dieses Dichters kulminiert in der hörenswerten Feststellung: »Das bloße Allgemeine, die Rubrik, die Inhaltsangabe fesseln so gut wie nie; alles Interesse steckt im Detail; das Individuelle (und je kleiner und zahlreicher die Züge, desto besser) ist der Träger unserer Teilnahme; das Typische ist langweilig.«[113]

In Hinblick auf Alexis' Roman ›Der Roland von Berlin‹ warnt Fontane, der gerade selbst seinen ersten Roman, der dazu ebenfalls ein historischer Roman aus der Mark war, in seiner literarischen Werkstatt hatte, vor einer Überschätzung der geschichtlichen Vorgänge an der Peripherie des gesamtdeutschen Geschehens. »Keine Anstrengung wird je dahin führen, die Mark zu jenem gelobten Land zu machen, das von Anfang an, wenn man nur scharf zuzusehen verstehe, die Verheißung Deutschlands gehabt habe. Dieser Gedanke zieht sich durch alle diese Romane hindurch, während in Wahrheit Kurbrandenburg ein bloßes Reichsanhängsel war und die Lehmkatenherrlichkeit unserer Städte, in allem was Reichtum, Macht und Kultur anging, neben dem eigentlichen Deutschland, neben den Reichs- und Hansestädten verschwand. Wir bedeuteten damals nicht mehr als Mecklenburg, Pommern, Holstein – zu Zeiten noch weniger.«[114]

Wie im Falle des in vielem geistesverwandten Alexis wird man Fontanes kritische Bemühungen um Goethe, Schiller, Jean Paul, Kleist oder Achim von Arnim immer mehr unter dem Aspekt der Verwendbarkeit für seine eigene Romanproduktion, die ihm vor allem am Herzen lag, sehen wollen. Im übrigen hatte er sich auf seinen kritischen Waffengängen vom Romanschaffen seiner Zeitgenossen distanziert. So sehr er Kellers Epik bewunderte, so konnte er darin bestenfalls eine wenn auch gelungene Fortführung der romantischen

Erzähltradition erblicken. Er kreidete dem biederen Schweizer gehörig an, nirgends »den Vorhang von einer neuen Welt fortgezogen« zu haben. Zu Raabes verquälter Innerlichkeit fand er bei allem guten Willen keinen rechten Zugang, und für Storms Novellen konnte er sich mit den Jahren immer weniger erwärmen, obwohl er der Lyrik dieses Dichters die höchsten Prädikate zusprach.

Immer mehr rückte er auch von seinen positiven Urteilen von Freytags ›Soll und Haben‹ und Scheffels ›Ekkehard‹ ab. Gegenüber Freytags ›Ahnen‹ trug der Sechzigjährige folgende schwerwiegenden Bedenken vor: »Es ist alles gut, anständig, gebildet und fleißig und mitunter auch von einer das Herz treffenden Schlichtheit; im ganzen genommen aber ist es trocken und ledern und mehr historische Konrektors- als Dichter-Arbeit.«[115] Er hält dieses Mammutwerk des deutschen Historismus für höchst mittelmäßig und seinen Verfasser schlicht für einen »Lederschneider«.

Ein gestandener Mann, der seine Vergleichsmaßstäbe nicht bloß aus der neueren deutschen Literatur bezog, sondern sich auch auf das Neuste von Turgenjew, Goncourt, Bret Harte, Marc Twain, Kielland und Strindberg berufen konnte, neigte natürlich nicht dazu, die Romane seiner deutschen Kollegen zu überschätzen – ganz im Gegenteil.

Paris hatte seinen Balzac, London seinen Charles Dickens gehabt. Für Berlin jedoch war auf die Frage nach seiner Repräsentation in der modernen Romanliteratur leider Fehlanzeige zu erstatten. Fontane war keineswegs ein so fanatischer Lokalpatriot, um sich über die Nichtexistenz des klassischen Berliner Romans von einigem Format hinwegzutäuschen. Als dann Paul Lindaus viel beachteter Roman ›Der Zug nach dem Westen‹ 1886 erschienen war und man meinte, nun endlich den Genius loci im Roman eingefangen zu haben, konterte Fontane entschieden und schrieb überkritisch:

»Es fehlt uns noch ein großer Berliner Roman, der die Gesamtheit unseres Lebens schildert, etwa wie Thackerey in dem besten seiner Romane, ›Vanity Fair‹, in einer alle Klassen umfassenden Weise das Londoner Leben geschildert hat. Wir stecken noch zu sehr in der Einzelbetrachtung. Glaßbrenner eröffnete den Reigen, aber er blieb im Handwerkertum stecken. Dann kam Stinde mit seinen Schilderungen des Berliner Kleinlebens. Er hat seine Aufgabe am glänzendsten gelöst, beinah vollkommen... Aber auf die Frage: sind diese Schilderungen des Lebens ein Bild des Lebens von Berlin W, ein Bild unserer Bankiers-, Geheimrats- und Kunstkreise? muß man mit einem allerentschiedensten ›Nein‹ antworten.«[116]

Über den Gegenwartsroman Max Kretzers ›Drei Weiber‹ läßt sich Fontane dann vielsagend so aus: »Das ist die neueste Leistung dieses furchtbaren Menschen, der angestellt scheint, um Flaubert, Zola und den echten Realismus zu diskreditieren. Er hat ein äußeres Schilderungstalent und kann das Treiben einer Berliner Straße, eines Nachtcafés, eines Tingeltangels, eines Tanzlokals mit öffentlichen Mädchen und ihrer Louis' schildern. Ganz unfähig aber ist er, Menschen und gesellschaftliche Zustände zu schildern... Alles, was er schildert, kommt vor (was kommt überhaupt *nicht* vor?), aber es kommt nicht *so* vor..., nicht in solcher Ausschließlichkeit. Es ist alles zerrbildlich, und was wahr sein will, ist so unwahr wie möglich... Es ist ein Roman, der nicht die gemeine Gesellschafts-, sondern die gemeine Kretzer-Seele schildert.«[117]

Fontane insistierte auf der Meinung, die alten Stoffe wären immer noch die besten. »Alles Kranke, sei's in Leben oder Kunst, fällt bald ab; aber das Gesunde hält sich«, konnte er 1882 in einer Theaterkritik schreiben. Sein Credo als Kritiker aber faßte er in Worte zusammen: »Ich empfinde ganz stark die Überlegenheit der alten Sachen und ordne mich gern unter, weil ich das natürliche Gefühl für das Echte, Dauernde mitbringe.«

15
Der Akademiesekretär

Zu Beginn des Jahres 1876 wurde Fontane der freigewordene Posten des ›Ersten ständigen Sekretärs‹ an der Königlichen Akademie der Künste, eine Art Sinekure, angetragen. Seine längst zu Amt und Würden gelangten Freunde vom ›Tunnel‹ hatten sich höheren Orts energisch für ihn verwandt, um sein stets von Havarie bedrohtes Lebensschiff nun endlich in einen sicheren Hafen ankern zu sehen.

»Am 15. Januar fragte mich Zöllner auf einer großen Reunion bei Heydens«, rekapitulierte er den Hergang dieses Ereignisses, »ob ich wohl geneigt sei, anstelle des jüngst verstorbenen Prof. Gruppe die Stelle eines Ersten Sekretärs der Akademie der Künste anzunehmen. Ich sagte ja. Lucae focht darauf die Sache durch, und am 6. März, nachdem ich unmittelbar vorher meine Bestallung erhalten hatte, wurde ich in mein neues Amt eingeführt.«[118]

Fontane hatte sich vor allem seiner Frau zuliebe bereit gefunden, dieses Amt anzunehmen, das ihm endlich die materielle Existenzsicherheit garantierte und ihm die Möglichkeit, eines Tages doch noch zum Geheimrat zu avancieren, erschloß. Der Kaiser hatte die Bestallungsurkunde eigenhändig unterschrieben. Damit begann ein Kapitel in Fontanes Leben, das ihm eine tragikomische Rolle aufzwang und das sich immer mehr zu einer bitterbösen Farce auswuchs.

Soeben erst hatte er in enervierender Kleinarbeit den letzten Band seiner Darstellung des Siebziger Krieges, an dem er, wie er später zugab, recht eigentlich erst zum Schriftsteller heranwuchs, beendet. Und wieder stand Fontane, nunmehr 56jährig und als Schriftsteller nur einem kleinen Kreis von Eingeweihten bekannt, nach so viel vergeblichen Anläufen vor den Trümmern seiner Hoffnungen, die er ohnehin nie besonders hoch gespannt hatte.

Vor allem Emilie Fontane sah durch diese – wie sie meinte – glückliche Schicksalswendung ihre Erwartung auf eine geordnete bürgerliche Existenz an der Seite eines extrem unbürgerlichen Mannes endlich erfüllt. Ohne für seine inneren Entwicklungsgesetze das rechte Verständnis aufzubringen, hatte sie ihm das Leben doch ziemlich sauer gemacht. Bei allem Respekt vor der Individualität anderer Menschen zeigte sich Fontane in all diesen Ehejahren jedoch keineswegs bereit, seiner Frau zuliebe die eigene Existenz einzuengen und auf seine künstlerische Berufung zu verzichten. Er bedauerte aufrichtig, daß er ihre geheimsten Wünsche auf eine bürgerliche Absicherung ihrer Existenz nun einmal nicht erfüllen konnte. Daß sie ihm in der entscheidenden Frage die Gefolgschaft versagte, ertrug er über Jahre hin mit einem fast stoischen Fatalismus. Zuweilen versuchte er auch, seinen Humor ins Spiel zu bringen, um über diese Klippe seines Lebens hinwegzukommen. Aus dieser versöhnlichen Grundhaltung heraus schrieb er dann auch seine sarkastische Skizze ›Wie meine Frau sich einen Beamten denkt‹:

»1. Ein Beamter lebt lange.

2. Solange er lebt, hat er ein auskömmliches Gehalt.

3. Ist er krank, so wird er vertreten. Je öfter, desto besser.

4. Badereisen sind garantiert.

5. Der Dispositionsfonds ist unerschöpflich und wird nur von der unergründlichen Güte seines Verwalters übertroffen.

6. Arbeit Chimäre.

7. Dienststunden werden gehalten oder nicht gehalten. Werden sie gehalten, so wechselt die Lektüre der ›Nationalzeitung‹ mit der der ›Vossischen‹.

8. Fehler sind gleichgültig, solange nur nach außen hin die eigene und des Standes Unfehlbarkeit gewahrt bleibt.

9. Zum Ordensfest und zu Königs Geburtstag muß der Beamte gesund sein (weiße Binde).

10. Erfüllt er dies, so verdoppelt der König die Witwenpension aus dem Schatullenfonds. Für die Töchter: Erziehungsgelder; für die Söhne: drei Kadettenstellen frei.«[119]

Mit so knappen Worten, die allerdings ins Schwarze trafen, hatte Fontane Glanz und Elend preußischer Beamter gnadenlos dekuvriert, noch ehe er selbst Erfahrungen mit diesem Berufsstand einsammeln konnte. Nun allerdings war es an ihm selbst, die Hungerexistenz eines deutschen Poeten, diesen immer gleichen schwindelerregenden Seiltanz ohne absicherndes Netz, mit der sicheren Pfründe eines Mannes des Establishments zu vertauschen. Aber vielleicht war das lauernde Verhängnis bereits vorprogrammiert. Jedenfalls schien Fontane für ein Amt mit Pensionsanspruch und überhaupt ganz allgemein für bürokratische Kleinarbeit nebst obligatem Intrigenspiel und korrupter Protektionswirtschaft wenig disponiert zu sein. Das Fiasko stellte sich früher ein, als er es wahrscheinlich selbst vermutet hatte.

Anton von Werner, der repräsentative Historienmaler des neuen Deutschland, hat in seinen Memoiren über eine ihm unvergeßliche Begegnung mit dem Akademiesekretär Fontane in seiner Beamtenstelle, »die weder für ihn, noch er für sie geschaffen war«, folgendes zu Protokoll gegeben: »Ich fand ihn eines Tages ratlos vor einem mächtigen Stoß von Aktenbündeln in einer Situation, die einer gewissen Komik nicht entbehrte. Er stand, einen roten Fez auf dem Haupte, sinnend vor einem langen Tisch, auf dessen Holzplatte er mit weißer Kreide eine größere Anzahl von Kreisen gezeichnet hatte, in die er Aktenstücke bald hinein, bald wieder hinauslegte, anscheinend, um sie nach einem System zu ordnen.«

Die »preußische Kur« schlug bei Fontane denkbar schlecht an. Er war ein zu scharfer Beobachter und ein viel zu sensibler Moralist, um nicht schon nach wenigen Tagen total desillusioniert zu sein. Als er schließlich die rechte Distanz zu dieser höchst fragwürdigen Wendung in seinem Leben gewonnen hatte, konnte er folgendes Fazit ziehen:

»Ostern 76 trat ich ein. Es war so ziemlich meine schlechteste Lebenszeit. Nichts wie Ärger, Kränkungen. Als es damit vorbei war, war ich bescheiden genug, die Schuld in mir selbst zu suchen. Ich denke jetzt aber anders darüber. Ich war gewiß nicht sehr befähigt für eine solche Stellung, vielleicht für etwas Dienstliches überhaupt nicht; aber bei mehr Glück und freundlichem guten Willen hätte es trotz meiner geringen Befähigung für mich doch anders verlaufen müssen. Alles lag so pechös wie nur irgend möglich. Die Geschäftsführung lag in den Händen dreier Persönlichkeiten: Akademie-Sekretärs, Akademie-Inspektors und eines Schreibers. Die Stellung eines ersten Sekretärs hatte ich mir – und ich glaube mit Fug und Recht – so gedacht, daß es mir obliegen würde, den schriftlichen Verkehr zwischen dem Akademie-Senat und dem Kultusministerium als vorgesetzte Behörde zu vermitteln, dazu gelegentliche Arbeiten zu fertigen von historischen oder kunstästhetischen Charakter. Hätte es dabei sein Bewenden gehabt, so würde ich mich darin zurechtgefunden haben, vielleicht nicht gut, aber ausreichend. Aber ganz andere Aufgaben fielen mir zu, weil es sich traf, daß der die Tradition vorstellende Inspektor krankheitshalber zurücktrat und der Schreiber auf dem Punkt stand, ein gleiches zu tun... Es war eine Ansammlung von Pech. Pour combler le bonheur, kam auch ein ganz eigenartiger Vorgesetzter hinzu: der Präsident der Akademie, damals Geheimer Baurat Hitzig.«[120]

Bei allen heroischen Anstrengungen, die unleidige Aufgabe doch noch zu bewältigen, scheiterte Fontane schließlich kläglich an den Imponderabilien seines Amtes. »Ich fand es von Anfang an miserabel«, berichtet er über seinen Passionsweg als preußischer Beamter, »schleppte mich aber bis Ende Mai hin, wo mir der Geduldsfaden riß. Ich hatte eine Szene im Senat und reichte am anderen Tag meinen Abschied ein. Nach langen, langweiligen und kämpferischen Wochen, in denen ich die Menschennatur nicht von ihrer glänzendsten Seite kennenlernte, erhielt ich am 2. August meine Entlassung, die schon am 17. Juli vom Kaiser genehmigt war. An literarische Arbeiten war in diesen Trauermonaten wenig zu denken, erst ließ mich meine Bedrücktheit nicht dazu kommen, später, als alles krank und verreist war, lag die ganze Akademiearbeit auf meinen Schultern.«[121]

Die Szenen, die sich während des Sommers 1876 in der Mansardenwohnung des Hauses Potsdamer Straße 134 c abspielten, kann man in ihrer Dramatik wohl kaum übertreiben. Jedenfalls muß Emilies Enttäuschung über den – wie sie meinte – unüberlegten Entschluß ihres Mannes, sich von seinem ihm unerträglichen Amt selbst zu erlösen, maßlos gewesen sein. Der auf die knappste Formel gebrachte Einwand ihres Mannes »Mir ist die Freiheit Nachtigall, den andern Leuten das Gehalt«[122] mußte sie bis aufs Blut reizen. Natürlich zeigten sich nun auch seine Freunde, die ihm diesen so einträglichen Posten bei der Akademie verschafft hatten, arg von ihm enttäuscht. Drohte ihm das Schicksal seines Vaters, der mit dem Leben gespielt hatte und nie so richtig damit zurechtgekommen war? Ein völlig mittelloser Schriftsteller, der eine so gut dotierte Stellung ausschlug, um sich wieder materiell ins Ungewisse zu begeben, war für sie mehr als nur eine komische Figur. Man hielt ihn für vermessen und undankbar.

In dieser schweren Lebenskrise suchte und fand Fontane einen menschlich gereiften Briefpartner, dem er seine inneren Nöte, in der Hoffnung, Verständnis zu finden, vortragen konnte. Diesmal war es Mathilde von Rohr, die er vor Jahren durch die Vermittlung Lepels kennengelernt hatte und die sich schon seit längerem als Konventualin ins Kloster Dobbertin in Mecklenburg zurückgezogen hatte. Am 17. Juli geht ein Brief an sie nach Dobbertin hinüber, in dem es heißt:

»... Unser Schweigen hat darin seinen Grund, daß sich in unserem Hause wieder große Umwälzungen vollzogen haben; ich habe vor etwa drei Wochen meine Entlassung aus meinem Amte nachgesucht. Alle Welt verurteilt mich, hält mich für kindisch, verdreht, hochfahrend. Ich muß es mir gefallen lassen. Das Sprechen darüber hab ich aufgegeben. Es führt zu nichts. Ich muß durch Taten beweisen, daß ich nicht leichtsinnig gehandelt habe. Ob mir dies gelingen wird, muß abgewartet werden.

Ihnen, die Sie immer so gütig und nachsichtig gegen mich gewesen sind, nur das Folgende: Ich bin jetzt drei und einen halben Monat im Dienst. In dieser ganzen Zeit hab ich auch nicht eine Freude erlebt, nicht einen angenehmen Eindruck empfangen. Die Stelle ist mir, nach der persönlichen wie nach der sachlichen Seite hin, gleich sehr zuwider. Alles verdrießt mich; alles verdummt mich; alles ekelt mich an. Ich fühle deutlich, daß ich immer unglücklich sein, daß ich gemütskrank, schwermütig werden würde. Vom ersten Tage an bis zu dieser Stunde ist meine Empfindung dieselbe geblieben. Ich benutzte eine sich mir darbietende Gelegenheit, erklärte, mein Amt niederlegen zu wollen, und kam tags darauf beim Minister um meinen Abschied ein. Bis dieser erfolgt sein wird, ... führe ich die Geschäfte fort.

Ich habe furchtbare Zeiten durchgemacht, namentlich in meinem Hause. Meine Frau ist tiefunglücklich, und von *ihrem* Standpunkt aus hat sie recht. Andererseits konnte ich ihr diese schmerzlichen Wochen nicht ersparen. Und was geschehen sollte, mußte rasch geschehen. Noch hab ich vielleicht die Kraft und die Elastizität, die Dinge wieder in so guten Gang zu bringen, wie sie bis zu dem Tage waren, wo mir diese unglückselige Stelle angeboten wurde.«[123]

Vierzehn Tage später schüttete er der um neun Jahre älteren Stiftsdame dort oben im Mecklenburgischen abermals sein Herz aus:»Ich hatte mich zu entscheiden, ob ich, um der äußeren Sicherheit willen, ein stumpfes, licht- und freudloses Leben führen oder, die alte Unsicherheit bevorzugend, mir wenigstens die Möglichkeit heiterer Stunden zurückerobern wollte. Ich wählte die letztere, während meine Frau das erstere von mir forderte. Ich würde diese Forderung unendlich lieblos nennen müssen, wenn ich nicht annähme, sie hätte sich in ihrem Gemüt mit dem berühmten Alltagssatz beruhigt: der Mensch gewöhnt sich an alles. Dieser Satz ist falsch. Ich bin so sentimental wie möglich, aber es ist ganz gewißlich wahr, daß zahllosen Menschen, alten und jungen, das Herz vor Gram, Sehnsucht und Kränkung bricht. Jeder Tag führt den Beweis, daß sich der Mensch *nicht* an alles gewöhnt. Auch *ich* würde es nicht gekonnt haben und wäre entweder tiefsinnig geworden oder hätte doch wenigstens eine traurige Wandlung aus dem Frischen ins Abgestandene, aus dem geistig Lebendigen ins geistig Tote durchgemacht.

In allen Lebensstellungen, in denen ich bisher war, auch in denen, die mich nur halb befriedigen, hatte ich immer das Gefühl, innerhalb meines kleinen Kreises etwas zu sein und zu bedeuten. Von Jugend auf bin ich daran gewöhnt, als etwas nicht ganz Alltägliches angesehen zu werden. Dieses süßen Gefühls sollte ich plötzlich entbehren, auch mit gutem Grund entbehren, da all meine Begabung nicht zu brauchen und alles, was gebraucht wurde, wiederum nicht in dem Bereich meiner Begabung war. Ich konnte das Peinliche, was mir daraus erwuchs, nicht auf die Dauer hinnehmen. Wer das Eitelkeit oder Hochmut nennen will, der tu es. Ich beneide solchen Jammerprinzen nicht um seine Demut.«[124]

So hatte Fontane für seine Freunde verständlicherweise bestürzend schnell der »total konfusen Maschinerie, die sich Staat nennt«,[125] den Rücken gekehrt. Um der Literatur willen, für die er sich allein berufen fühlte, hatte er von neuem Unsicherheit auf sich genommen und eine »Mauselochexistenz« einer zumindest partiellen Unfreiheit in einem ungeliebten Amt vorgezogen. Das ›Frühlingslied‹ von Ludwig Uhland oder eine Strophe von Paul Gerhardt bedeutete ihm aufs Ganze gesehen, wie er jetzt uneingeschränkt bekannte, unendlich viel mehr als dreitausend Ministerialreskripte. Wie kaum ein anderer dekuvrierte Fontane die ganze Fatalität einer Scheinwelt, die mit dem wirklichen Leben ständig in Konflikthaltung stand und mit der er um des Himmels willen nichts mehr zu tun haben wollte.

»Nur die ungeheure Eitelkeit der Menschen, der kindliche Hang nach Glanz und falscher Ehre, das brennende Verlangen, den alten Wrangel einladen zu dürfen oder eine Frau zu haben, die Brüsseler Spitzen an der Nachtjacke trägt; nur die ganze Summe dieser Miserabilitäten verschließt die modernen Herzen gegen die einfachsten Wahrheiten und macht sie gleichgültig gegen das, was allein ein echtes Glück verleiht: Friede und Freiheit. Je älter ich werde, je mehr empfinde ich den Wert dieser beiden. Alles andre ist nichts. Jedenfalls bin ich froh, meinen Kopf aus dieser dreimal geknoteten Sekretärschlinge herausgezogen zu haben. Ich passe nicht für dergleichen, am wenigsten aber passe ich zum Bücherüberreichen und zum Antichambrieren und Petitionieren in Geheimratszimmern bloß um eine goldene Medaille oder ähnliches Zeug zu erreichen. Ich habe nun einen Strich darunter gemacht. Eh mich nicht die bittere Not dazu treibt, laß ich mich, in kindlicher Nachgiebigkeit oder meiner eigensten Natur zum Trotz, auf solche Torheiten nicht ein. Ich habe diese Kränkungen satt. Die letzte war die größte...«[126] Während er seiner fast mütterlichen Freundin im Norden auf diese Weise sein Herz ausschüttete, schloß er die Diskussion mit seiner Frau mit einem seiner wohl persönlichsten Briefe ab, der zwar noch einmal in eine sonnenlose Vergangenheit zurückblendete, zugleich aber einen Strich unter die leidige Affäre zog und erfreulichere Zukunftsperspektiven ansprach.

»Heute früh erhielt ich Deine Zeilen«, schrieb er ihr am 15. August, »die freundlichsten, die ich in diesen fünf Wochen empfangen habe – und danke Dir dafür. Du schreibst, ›alles verwöhnt Dich dort, nur von hier aus würdest Du knapp behandelt‹.

Dem Zusammenhange nach kann sich dies nur auf mein Briefschreiben beziehen, und da gehört denn diese Bemerkung wieder zu jenen rätselhaften Äußerungen, in denen Du, wenigstens zuzeiten, groß bist... Was soll es heißen, wenn Du mir in bezug auf eine aus drei Personen bestehende Gesellschaft, in der noch nicht zwei Flaschen Medoc Cantenac à 12½ Silbergroschen getrunken wurden, kurz und feierlich schreibst: ›So hatte ich mir unsere Zukunft gedacht.‹ Was soll ich mit solchem Satze machen? Möglicherweise ist es nicht böse gemeint gewesen, aber ich will *den* sehen, der aus einem solchen Satze Humor oder Harmlosigkeit herauslesen kann. Ich bilde mir ein, mich auf beide zu verstehen.

Meine liebe Frau, es ist im großen und kleinen das alte Lied. Du reizest mich bis aufs Blut und wunderst Dich hinterher, wenn ich heftig und bitter werde; Du machst ein böses Gesicht und wunderst Dich, wenn ich Dir aus dem Wege gehe; Du verhältst Dich ablehnend und wunderst Dich, wenn ich nicht zärtlich bin. Natürlich bin ich auch zuzeiten unzärtlich, ohne vorher einer Nüchternheit begegnet zu sein; aber das ist nicht zu ändern, weil es ebenso in der menschlichen Natur wie ganz besonders in unsern Lebensverhältnissen liegt.

Wenn ich bei einer Arbeit nicht von der Stelle kann oder das Gefühl des Mißlungenen habe, so bedrückt das mein Gemüt, und aus bedrücktem Gemüt heraus kann ich nicht nett, quick, elastisch und liebenswürdig sein. Aber das müßtest Du auch, wenn Du Dich ein bißchen auf meine Art verstündest, gar nicht von mir fordern. Daß ich Dich liebe, weißt Du; daß ich es Dir tausendfältig gezeigt habe, wirst Du wohl nicht bestreiten können. An diesem schönen Bewußtsein müßtest Du genug haben und als kluge Frau wissen, in 24 Stunden ist das alles vorüber. Statt dessen zeigst Du Deine ganz und gar unberechtigte Verstimmung, die mich nun erst wirklich verdrießlich und aus dem tristen Tage eine triste Woche macht. Wenn Du doch all dies einsehn, wenn Du Dich doch nicht in der Vorstellung verblenden wolltest, daß Du eine arme, zurückgesetzte Kreuzträgerin wärst. Es ist ja alles bittere Torheit: Du bist eine durch Deinen Mann, Deine Kinder, Deinen Lebensgang und Deine Lebensstellung unendlich bevorzugte Frau. Es gibt wenige, die es so gut getroffen haben. Daß Du das Glück nach der Zahl der Goldrollen bemessen solltest, für so inferior halte ich Dich nicht... Ich ersehne den Moment, wo ich aus diesem wichtigtuerischen Nichts, das mit Feierlichkeit bekleidet ist, wieder heraus sein werde. Dinge, Personen, Zustände sind alle gleich unerquicklich. Ich passe in solche Verhältnisse nicht hinein und will mich lieber weiter quälen. Eine gute Theaterkritik, um das Kleinste herauszugreifen, ist viel, viel besser als diese Reskriptefabrikation, bei der ich noch nichts Erfreuliches habe herauskommen sehn. Übrigens spreche ich über diese Dinge zu niemand, am wenigsten in diesem Ton. Die Welt verlangt nun mal ihre Götzen. Meinetwegen, wenn ich sie nur nicht mit anzubeten brauche.

Akademie, lebe wohl! aber, enfin, es muß auch so gehen. Eine Fülle neuer Arbeiten ist angefangen, und mir ist nicht so zumute, als würde ich mit nächstem in den Skat gelegt werden. Im Gegenteil.«[127]

Ganz gewiß sind die Briefe, die Fontane bewegten Herzens in diesen für ihn so entscheidenden Wochen schrieb, die menschlich anrührendsten und damit auch die großartigsten gewesen, die er je geschrieben hat. In konzessionsloser Eindeutigkeit artikulieren sie seinen endgültigen Durchbruch zu seinem »Eigentlichen«, auf das er seit Jahr und Tag hin alle seine Kräfte angespannt hatte. Daß er seine Frau nicht als Verbündete in diesen schweren inneren Kämpfen auf seiner Seite hatte, schmerzte ihn besonders tief.

»Meine Frau, die große Meriten hat und in vielen Stücken vorzüglich zu mir paßt, hat nicht die Gabe des stillen Tragens, des Trostes, der Hoffnung«, beichtete er am 22. August der alten Stiftsdame. »In dem Moment, wo ich ertrinkend nach Hilfe schreie und ein freundlich ausgestreckter Finger mich über Wasser halten würde, hat sie eine Neigung, ihre Hand nicht rettend unterzuschieben, sondern sie wie einen Stein auf meine Schulter zu legen. Bescheiden in ihren Ansprüchen, ist sie in ruhigen Tagen eine angenehme, geist- und verständnisvolle Gefährtin, aber ebensowenig wie sie die Stürme in der Luft vertragen kann, ebensowenig erträgt sie die Stürme des Lebens. Sie wäre eine vorzügliche Prediger- oder Beamtenfrau in einer gut und sicher dotierten Stelle geworden. Auf eine Schriftstellerexistenz, die, wie ich einräume, sich immer am Abgrund hin bewegt, ist sie nicht eingerichtet. Und doch kann ich ihr nicht helfen. Sie hat mich als Schriftsteller geheiratet und muß sich schließlich darin finden, daß ich trotz Abgrund und Gefahren diese Art des freien Daseins den Alltagskarrieren mit ihrem Zwang, ihrer Enge und ihrer wichtigtuerischen Langeweile vorziehe. *Jetzt*, wo ich diese Karrieren allerpersönlichst kennengelernt habe, mehr denn je....«[128]

Endlich, im November, erhielt Fontane seinen Abschied und konnte sich wieder als freier Mann und als das, was er immer nur sein wollte, eben als Fontane fühlen.

»Ohne daß man unartig oder beleidigend gegen mich gewesen wäre«, schrieb er am Ende dieses Monats an Mathilde von Rohr, »was ich mir einfach verbeten hätte, hat man mich doch nie wie einen etablierten deutschen Schriftsteller, sondern immer wie einen ›matten Pilger‹ behandelt, der froh sein könne, schließlich untergekrochen zu sein.«[129]

Erst nach diesem Zwischenspiel in der Akademie wurde der Welt der große Romancier Fontane geschenkt, der sich nun, endlich, wieder seinem schon lange geplanten Roman aus der napoleonischen Ära in Preußen zuwenden konnte. Er witterte: Die Zeit der Vorbereitung war abgelaufen. Nun waren ihm soviel Kräfte zugewachsen, daß er sich seiner eigentlichen Lebensarbeit zuwenden konnte. Noch mehr als zwei Jahrzehnte waren ihm von nun an vergönnt, in denen er als wirklich freier Schriftsteller, nur seinem Ingenium vertrauend, hoch über den Dächern von Berlin in seiner Mansardenstube seine Romane und Erzählungen schrieb und sie in die Welt hinausgehen ließ. An der Schwelle seines siebten Lebensjahrzehnts hatte er das letzte Wegstück zu seinem »Eigentlichen« unter erheblichen Einbußen an bürgerlicher Bequemlichkeit eingeschlagen. Gottlob konnte er so viel Verzögerung noch aufholen. Es war ihm sogar noch eine produktive Altersphase beschieden, wie sie in der Literaturgeschichte kaum ihresgleichen hat.

Fontane genoß im Augenblick seiner äußersten Vereinsamung und höchster, ja alarmierender wirtschaftlicher Unsicherheit das Glücksgefühl erwachender schöpferischer Kräfte. Er fühlte, daß er als Dichter noch ganz am Anfang stand, auch wenn er es nicht gerade als angenehm empfand, mit 59 Jahren als ein »ganz kleiner Doktor dazustehn«.

Mit unverbrauchten Kräften wandte er sich der Arbeit an seinem Roman ›Vor dem Sturm‹ zu, den er im Winter 1863/64 begonnen hatte, ehe ihn seine Kriegsbücher völlig absorbierten und sein schöpferischer Elan erlahmte. Erst nach neunjähriger Unterbrechung konnte er sich wieder diesem Roman widmen, den er als »ein eigentliches Stück Leben« ansah.

»Der Roman ist in dieser für mich trostlosen Zeit mein einziges Glück, meine einzige Erholung«, bekannte er seiner Freundin im Norden. »In der Beschäftigung mit ihm vergesse ich, was mich drückt. Aber wenn er überhaupt zur Welt kommt, so werde ich, im Rückblick auf die Zeit, in der er erstand, sagen dürfen: ein Schmerzenskind. Er trägt aber keine Züge davon. Er ist an vielen Stellen heiter und nirgends von der Misere angekränkelt. Ich glaube auch sagen zu dürfen, *Ihnen* wird er gefallen, und die Hoffnungen, die Sie immer daran geknüpft haben, werden nicht ganz unerfüllt bleiben. Ich empfinde im Arbeiten daran, daß ich *nur* Schriftsteller bin und nur in diesem schönen Beruf – mag der aufgeblasene Bildungspöbel darüber lachen – mein Glück finden konnte.«[130]

Nach unsäglichen Mühen und Demütigungen war Theodor Fontane am Ziel seines schriftstellerischen Parforceritts angelangt. Endlich konnte er sich der dichterischen Prosa widmen, von der er mit divinatorischer Sicherheit wußte, daß er in diesem Genre seine eigentliche Erfüllung und Bedeutung als Dichter erlangen würde. Seine journalistische Tätigkeit war damit ein für allemal abgeschlossen, sieht man von seinen Theaterrezensionen bei der »Vossin« ab.

Von nun an erschienen Jahr für Jahr immer wieder neue Erzählungen und Romane des Romanciers Fontane, der heute zu den bedeutendsten und interessantesten Erzählern seiner Zeit rechnet. Er gehört zu den wenigen aus seiner Zeitgenossenschaft, die unsere deutsche Literatur in diesen Tagen mit stetig wachsender Resonanz sogar in der Weltliteratur vertreten. Alle vorangehenden Arbeiten erscheinen gegenüber diesen sechzehn Romanen, von denen mindestens die Hälfte als Meisterwerke zu bezeichnen sind, nur als tastende Etüden und Fingerübungen eines Mannes, dessen Entwicklungskurve nicht vehement nach oben wies und der schon all seine seelische Substanz mobilisieren mußte, um den Glauben an sich selbst nicht zu verlieren. Er hatte sich nicht getäuscht, wenn er unbeirrt seinem Stern folgte. Das Schicksal hatte wieder einmal für einen Tüchtigen entschieden.

Teil III

Meisterjahre

16
Der Romancier

Zur Oktobermesse des Jahres 1878 erschien der erste Roman des fast sechzigjährigen Fontane, ein historischer Roman unter dem Titel ›Vor dem Sturm‹, in den er zwei Jahrzehnte intensiver Arbeit investiert hatte, ehe er seine endgültige Gestalt annehmen konnte. Bereits am 17. Juni 1866 hatte er seinem Verleger Wilhelm Hertz, der das Buch dann in seinem Verlag publizieren sollte, über den Plan, der ihn zwischen den Jahren 1859 bis 1877 beschäftigt hatte, folgendes mitgeteilt:

»Ich habe mir nie die Frage vorgelegt: ›Soll dies ein Roman werden? Und wenn es ein Roman werden soll, welche Regeln und Gesetze sind innezuhalten?‹ Ich habe mir vielmehr vorgenommen, die Arbeit ganz nach mir selbst, nach meiner Neigung und Individualität zu machen, ohne jegliches Vorbild; selbst die Anlehnung an Scott betrifft nur ganz Allgemeines. Mir selbst und meinem Stoffe möchte ich gerecht werden. Ohne Mord und Brand und große Leidenschaftsgeschichten hab ich mir einfach vorgesetzt, eine Anzahl märkischer (d. h. deutschwendischer, denn hierin liegt ihre Eigentümlichkeit) Figuren aus dem Winter 1812 auf 1813 vorzuführen, Figuren, wie sie sich damals fanden und im wesentlichen auch noch jetzt finden. Es war mir nicht um Konflikte zu tun, sondern um Schilderung davon, wie das große Fühlen, das damals geboren wurde, die verschiedenartigsten Menschen vorfand und wie es auf sie wirkte. Es ist das Eintreten einer großen Idee, eines großen Moments in an und für sich sehr einfachem Lebenskreise. Ich beabsichtigte nicht zu erschüttern, kaum stark zu fesseln. Nur liebenswürdige Gestalten, die durch einen historischen Hintergrund gehoben werden, sollen den Leser unterhalten, womöglich schließlich seine Liebe gewinnen, aber ohne allen Lärm und Eklat. Anregendes, heiteres, wenn's sein kann, geistvolles Geplauder, wie es hierzulande üblich ist, ist die Hauptsache an diesem Buch. *Dies* hervorzubringen, meine größte Mühe... Ich möchte etwas Feines, Graziles geben. Ob ich es erreiche, steht dahin.«[1]

Nach Abschluß der Arbeit hielt der Romancier, dem in den nun folgenden Jahren die deutsche Literatur den Anschluß an die Weltliteratur, der seit den Tagen unserer Klassiker abgerissen war, verdankte, sein erstes Romanwerk für einen »Ausdruck einer bestimmten Welt- und Lebensanschauung; es tritt ein für Religion, Sitte, Vaterland, aber es ist voll Haß gegen die ›blaue Kornblume‹ und gegen ›Mit Gott für König und Vaterland‹, will sagen gegen die Phrasenhaftigkeit und die Karikatur jener Dreiheit«. Selbstbewußt fügt er dieser Bemerkung hinzu: »Ich darf sagen – und ich fühle das so bestimmt, wie daß ich lebe –, daß ich etwas in diesem Buche niedergelegt habe, das sich weit über das herkömmliche Romanblech, und nicht bloß in Deutschland erhebt.«[2]

Bereits in seinem Erstlingsroman also meldet sich der große und grandseigneurale Causeur unserer Literatur zu Wort. Der spezifische Fontane-Ton klingt schon unüberhörbar durch die Dialoge hindurch.

Noch einmal lebt die Welt der ›*Wanderungen durch die Mark Brandenburg*‹ auf, diesmal allerdings im Gewande eines im Stile jener Zeit großangelegten Romans in mehreren Bänden, bei dem die historischen Romane von Freytag, Dahn und Scheffel zweifellos ebenso Pate gestanden haben wie der von Fontane hochverehrte Walter Scott. Fontane aber war über jede falsche Romantik längst hinausgewachsen; er hatte den in seinen journalistischen Arbeiten und Landschaftsreportagen verwandten Realismus nun auch auf den Roman übertragen. Die oft so bitteren Erfahrungen der letzten Jahre waren nicht folgenlos an ihm vorübergegangen. »Ich bin erst in dem Unglücksjahr 1876 ein wirklicher Schriftsteller geworden«, konnte er selbstsicher an seine Frau schreiben. »Vorher war ich ein beanlagter Mensch, der was schrieb. Das ist aber nicht genug.«[3]

Verglichen mit dem Standard des landläufigen »Romanblechs« bewegte sich Fontanes Erstling auf beachtlichem Niveau. Ein Erfolg wurde er aber dennoch nicht. Den erhofften Durchbruch schaffte ihm dieses Werk keineswegs. Wieder hatte er große Hoffnungen zu begraben. Auf die auf lauter Unwesentlichkeiten zielenden Mäkeleien der zünftigen Kritik war er gefaßt. Nichts reizte ihn aber mehr, als daß einer seiner besten Freunde, wie er schrieb, ohne dessen Namen zu nennen, so tat, »als ob es so gerade nur das landesübliche Dutzendprodukt wäre«.[4]

Nach zwei Jahren zog er selbst eine Bilanz der bescheidenen Resonanz und gab zu Protokoll: »Es knüpfen sich, wie gewöhnlich, viele Hoffnungen daran, die sich wie gewöhnlich nicht erfüllen. Und doch ist es ein gutes Buch, ein Leben. Einzelne werden sich noch darum kümmern und daran erfreuen, wenn der Dreck, der jetzt den Tag regiert, längst vergessen ist.«

Nach einer um Objektivität bemühten vergleichenden Lektüre eines Scott-Romans gelangte er zu dem Ergebnis: »Als ich das Buch zuklappte, atmete ich auf und sagte mir aus tiefster Seelenüberzeugung: ›So gut machst du's auch.‹ Vielleicht erleb ich's noch, daß es auch ein paar andere sagen, erleb ich's aber nicht, so schadet es auch nicht.« Seinen Kritikern entging es noch lange, wie hoch er über die übliche deutsche Provinzialität hinausgewachsen und daß er sogar Walter Scott bei weitem an Subtilität des psychologischen Empfindens überlegen war. Der Durchbruch zur Weltliteratur allerdings stand ihm noch bevor.

Vielleicht kann man es Rezensenten und Lesern dieses Romans nicht verübeln, daß sie sich von der Langatmigkeit mancher Dialoge und von allzu minuziösen Detailschilderungen nicht gerade begeistert zeigten. Auch die Leser des ›Daheim‹, in der das Werk vorabgedruckt wurde, reagierten eher unterkühlt. Man war auf Alexis, Dahn, Scheffel oder Freytag eingeschworen, die allesamt exorbitante Auflagen erreichten. Und doch: heute zählt Fontanes ›Vor dem Sturm‹

zu den großen historischen Romanen unserer Literatur. Er hat die Erfolgsromane seiner Zeit längst überrundet.

Sicherlich ließ Fontane sein kritisches Gefühl nicht im Stich, als er meinte, mit diesem ersten Wurf wäre ihm bereits geglückt, was er als sein eigentliches Programm als Romancier schon früh vertreten hatte: »Ein Leben, eine Gesellschaft, einen Kreis von Menschen zu schildern« und »ein unverzerrtes Widerspiel des Lebens« darzubieten. In diesen Absichten fand er sich vor allem durch eine Rezension von Julius Rodenberg in dessen ›Deutscher Rundschau‹ bestätigt. Er dankte ihm dann auch am 29. Januar 1879 sogleich mit bewegten Worten:

»Sie lösen die Gentlemanaufgabe, wohltuend zu loben und zu tadeln (jenes ebenso schwer wie dieses) und Ihren Ausstellungen Worte zu leihen, von denen sich auch der Eigensinnigste und Selbstgerechteste jedes Widerspruchs begeben muß. Wie fein die Bemerkung, daß das, was ein Epos sein solle, hier im Wesentlichen eine Aneinanderreihung von Balladen sei! Es trifft nicht nur den schwachen Punkt, es erklärt ihn auch, ja glorifiziert ihn halb. ›Wir vermissen nicht den äußeren Zusammenhang, wohl aber fehlt zuweilen der organische, der künstlerische‹ – durch diese wenigen Worte haben Sie mich in meinem bisherigen Widerstande besiegt. Denn im Vertrauen gesagt, ich nahm bis dahin das ›Schwache in der Komposition‹ für eine bloße Schablonenbemerkung. Selbst Heyse, auf den ich begreiflicherweise viel gebe, hat mich nicht bekehren können – *Ihnen* ist es geglückt.«[5]

Fontanes Zeitgenossen lag dieser historische Stoff offenbar noch viel zu nahe, um ein Organ für die besonderen Reize seiner künstlerischen Bewältigung entwickeln zu können. Das gesamte damalige Preußen, will uns scheinen, den Hof, die Junker, Bürger und Bauern läßt er aufgrund seiner inzwischen erworbenen intimen Kenntnis von Land und Leuten der Mark in diesem kaum überschaubaren Tableau einer großen Zeit agieren. In bezug auf Gestaltenfülle und Lebensechtheit übertrifft er die meisten Romanciers seiner Zeit.

Was seinen Roman aber besonders auszeichnet, ist die Tatsache, daß er kein Mann des überzogenen Pathos und eines überlebten Patriotismus war. Die Natürlichkeit seines historischen Empfindens, die das, was man »großen Stil« zu nennen pflegt, verabscheute, machte es möglich, daß er einer von anderen grob bis fahrlässig verzeichneten Epoche ihr wahres Gesicht zurückgab.

Der turbulente Winter 1812, eine Zeit, in der Preußen mit Napoleon ein Zwangsbündnis eingegangen war und sich die Große Armee auf ihren Marsch ins Ungewisse hinein begab, um dann angesichts des brennenden Moskau und an der Beresina ihre totale Katastrophe zu erleben, stellt den historischen Hintergrund des Geschehens in ›Vor dem Sturm‹ dar. Der Höhepunkt des Handlungsablaufs ist zweifellos die am 30. Dezember 1812 abgeschlossene Konvention von Tauroggen, die eine geschichtliche Wende signalisierte.

Seine Kritik an den Erben des Großen Königs, die sein Vermächtnis in Arroganz und Passivität versacken ließen, faßt Fontane am Ende in die Worte zusammen, die zugleich neue Zukunftsperspektiven eröffnen: »›Frisches Blut... frisches Blut, Vitzewitz, das ist die Hauptsache. Meine Ansichten sind nicht von heute und gestern, und Sie kennen sie. Ich perhorresziere dies ganze Vettern- und Muhmenprinzip, und am meisten, wenn es ans Heiraten und Fortpflanzen geht... Ja, Vitzewitz, wir müssen mit dem alten Schlendrian aufräumen. Weg damit! Wie ging es bisher? Ein Zieten, eine Bamme, ein Bamme, eine Zieten! Und was kam schließlich dabei heraus? Das hier.‹ Und dabei schlug er mit dem Fischbeinstock an seine hohen Schaftstiefel... ›Ja, das hier, und ich bin nicht dumm genug, Vitzewitz, mich für ein Prachtexemplar der Menschheit zu halten... Mitunter ist es mir, als wären wir in einem Narrenhaus großgezogen... Ich mache mir nichts aus diesen Windbeuteln von Franzosen, aber in all ihrem dummen Zeug steckt immer eine Prise Wahrheit. Mit ihrer Brüderlichkeit wird es nicht viel werden und mit der Freiheit auch nicht; aber mit dem, was sie dazwischengestellt haben, hat es was auf sich. Denn was heißt es am Ende anders als: Mensch ist Mensch...‹«

Hier spricht nochmals der an der preußischen Bürokratie gescheiterte ehemalige Akademiesekretär, der einmal als sein Lebensideal »In Ungnade Fallen und Pensioniertwerden« angegeben hatte. Tradition, das will er uns nun durch den Mund dieses vom Leben gestählten preußischen Junkers sagen, ist kein absoluter Wert, den es zu verteidigen lohnen würde. Große Traditionen muß man sich erst immer wieder mit ganzer Seele neu erkämpfen, sonst taugen sie nichts mehr. Eben dieses höchst subtile Wechselspiel von Mensch und Gesellschaft im fließenden Übergang vom Alten zum Neuen mußte den ausgepichten Menschenkenner Fontane, der sich übrigens auch im historischen Roman auf Anhieb des schlichten und natürlichen Dialogs zu bedienen verstand, ungemein reizen.

›Vor dem Sturm‹, das bedeutet für Fontanes künstlerische Biographie das allmähliche Hinübergleiten von der Schilderung zur Menschendarstellung, von der Bewältigung gewaltiger historischer Stoffmassen zur begrenzten und gebändigten dichterischen Form. Nach vielen Umwegen hatte er sich damit als Romanautor freigeschrieben. Jetzt, endlich, konnte er mit seinen Pfunden wuchern. Von nun an gab es für ihn nur noch den Schritt zum großen Gesellschaftsroman zu tun, an den sich dann der Ruhm seines Namens heften sollte. Zunächst allerdings wandte er sich, ganz einem literarischen Trend seiner Zeit folgend, der novellistischen Form zu.

Aber diese Zäsur in Fontanes Leben wäre ohne einen kontinuierlichen inneren Wachstumsprozeß nicht zu denken gewesen. Mit seinem »spektakulösen Balladenkroam« schien es nun endgültig ein Ende zu haben, wie er in einem Huldigungsgedicht an Klaus Groth eingestand. Nun hatte er sich zu neuen literarischen Ufern vorgewagt und sich klipp und klar für »en beten Beschriewung, en beten Idill« durchgerungen. Sein poetisches Programm hat einige entscheidende Korrekturen über sich ergehen lassen müssen; denn er war zu der beachtenswerten Überzeugung herangereift: »Dat Best bliewt doch ümmer dat Menschenhart.«[6] Nach dieser Maxime verfuhr Theodor Fontane dann für den Rest seines Lebens in immerhin noch fast zwei Jahrzehnten, in denen er Jahr für Jahr einen Roman nach dem anderen, »einer immer besser als der andere« (Thomas Mann), in die Welt hinausgehen ließ. Dabei kam er dem eigentlich »Fontaneschen«, dem man eine bis heute nicht nachlassende künstlerische Suggestionskraft nachsagt, Schritt um Schritt näher. Die moussierende Mischung von verhaltenem Humor, überlegener Ironie, geistigem Charme, aber auch von Resignation und Skepsis hat sich bis heute als unwiderstehlich herausgestellt. Mit reifender Lebensweisheit erwies er sich als ein Meister des zwar wie absichtslos wirkenden und doch so tiefsinnigen Dialogs.

Darüber hinaus wuchs dieser unerreichte Causeur unserer Literatur auch immer mehr zum oft gnadenlosen Kritiker einer Gesellschaft heran, deren Brüchigkeit ihm zu denken gab. Ein Dichter, der nach so vielen Fehlschlägen und Umwegen allergisch gegen vordergründige Zeittendenzen geworden war und sich ihnen gegenüber in eine »Splendid isolation« begeben hatte, um sich und sein Lebenswerk vor allzu ephemerer Aktualisierung zu bewahren, bewegte sich verständlicherweise gegen den Strom einer Zeit, die sich bedenkenlos dem Gründerrausch ergeben hatte. Mit einer geradezu deutschen Naturnotwendigkeit hatte er dafür zu büßen. Er wurde von seinen Zeitgenossen kaum zur Kenntnis genommen. Es blieb der Nachwelt vorbehalten, ihn für sich zu entdecken.

Fontane trat als Romancier wenigstens ins Bewußtsein einer übersehbaren literarischen Öffentlichkeit, als seine Altersgenossen wie Keller, Turgenjew oder Flaubert, ja sogar der zwölf Jahre später geborene Wilhelm Raabe schon ihre wesentlichen Akzente in der Literatur gesetzt hatten. Er hatte sich als Apotheker, als Journalist, als Mitarbeiter einer amtlichen Pressestelle und schließlich als bald demissionierender Akademiesekretär notdürftig mit seiner Familie durchs Leben schlagen müssen, ehe er zu seinem »Eigentlichen«, seinem Romanschaffen, vorstoßen konnte.

In seiner bescheidenen Wohnung in der Potsdamer Straße, die er am 3. Oktober 1873 bezogen hatte und die er bis zu seinem Lebensende nicht mehr aufgeben sollte, schrieb er

256

von nun an in schöpferischer Zurückgezogenheit und mit überlegener Arbeitsökonomie seine großen Romane, bis der Tod ihm die Feder aus der Hand nahm. In seinen Schaffensprozeß gibt er selbst einen aufschlußreichen Einblick, wenn er 1883 schreibt:»Diese Langsamkeit resultiert nur aus Stilgefühl, ›aus Feile‹. Das, was ich hingeschrieben habe, genügt mir nicht. Und das Basteln, das nun nötig wird, kostet dreimal mehr Zeit als der erste Entwurf. Diesen schreib ich unter genauer Kapiteleinteilung hintereinander weg und alles von Anfang an an richtiger Stelle. Von dem Augenblicke an, wo mich das starke Gefühl ergreift, ›dies ist ein Stoff‹, ist auch alles fertig, und ich überblick im Nu und mit dem realen Sicherheitsgefühl, daß ich nirgends stocken werde, Anfang, Höhepunkt und Ende. Was dazwischen liegt, ist, wenn ich mich so ausdrücken darf, dunkel und ahnungsvoll – aber mit der Gewißheit, daß mir dieses Füllsel keine Schwierigkeiten machen wird...

Und nun schreib ich zwei Stunden hintereinander weg, und alles steht da. Jedes Kapitel hat seinen bestimmten Inhalt. Und im wesentlichen bleibt es auch so. Aber zu dieser äußeren Raschheit meiner Phantasieschöpferkraft gesellt sich leider eine unendlich schwache Treffkraft für den Ausdruck; ich kann das rechte Wort nicht finden. Und so brauch ich sechs Monate, um eine Arbeit zu vollenden, die ich im Nu konzipierte und in zwei Stunden entwarf. Das Kind ist da. Aber eh es stehen und gehen kann, welch ein weiter, weiter Weg!«[7]

Fontane pflegte mit letzter künstlerischer Akribie zu Werke zu gehen. Jedes Wort hatte schließlich seinen unverrückbaren Platz in seinem Satzgefüge. Als Gustav Karpeles, der Redakteur der ›Westermanns Monatshefte‹, die einen Roman von ihm abgedruckt hatten,»Verbesserungen« im Text vornahm, bekam er vom Dichter zu hören, daß er es keineswegs unwidersprochen hinnehmen könnte, wenn so viele seiner »Unds« dem Rotstift zum Opfer fielen.

»Ich schreibe heut, um einen Seufzer auszustoßen über die ›Verbesserungen‹, denen ich ausgesetzt gewesen bin. Ich hoffe, daß wir für die Zukunft, zunächst also für die zweite

Hälfte der Novelle, den berühmten Modus vivendi finden werden«, ließ er sich am 3. März 1881 vernehmen. »Ich opfere Ihnen meine ›Punktums‹, aber meine ›Unds‹, wo sie massenhaft auftreten, müssen Sie mir lassen. Ich begreife, daß einem himmelangst dabei werden kann, und doch müssen sie bleiben, nach dem alten Satze: von zwei Übeln wähle das kleinere. Warum müssen sie bleiben? Es stört, es verdrießt usw. Und doch! Ich bilde mir nämlich ein, unter uns gesagt, ein Stilist zu sein, nicht einer von den unerträglichen Glattschreibern, die alle nur *einen* Ton und *eine* Form haben, sondern ein wirklicher. Das heißt also ein Schriftsteller, der den Dingen nicht seinen altüberkommenen Marlitt- oder Gartenlaubenstil aufzwängt, sondern umgekehrt einer, der immer wechselnd seinen Stil aus der Sache nimmt, die er behandelt. Und so kommt es denn, daß ich Sätze schreibe, die vierzehn Zeilen lang sind, und dann wieder andre, die noch lange nicht vierzehn Silben, oft nur vierzehn Buchstaben aufweisen. Und so ist es auch mit den ›Unds‹. Wollt ich alles auf den Undstil stellen, so müßt ich als gemeingefährlich eingesperrt werden. Ich schreibe aber Mit-und-Novellen und Ohne-und-Novellen, immer in Anbequemung und Rücksicht auf den Stoff. Je moderner, desto und-loser. Je schlichter, je mehr Sancta simplicitas, desto mehr ›und‹. ›Und‹ ist biblisch-patriarchalisch und überall da, wo nach dieser Seite hin liegende Wirkungen erzielt werden sollen, gar nicht zu entbehren. Im Einzelfall – dies gesteh ich gern zu – kann es an der unrechten Stelle stehn, aber dann muß der ganze Satz anders gebildet werden. Durch bloßes Weglassen ist nicht zu helfen. Im Gegenteil. Ich habe die Hoffnung, daß Sie diesem allen ein freundliches Gehör schenken.«[8]

Fontane blieb noch eine gute Weile seinem literarischen Idol aus seinen ruhmvollen Zeiten als Balladier verpflichtet, indem er die historische Erzählung in der Nachfolge des großen Schotten Walter Scott pflegte und an diesem Genre seine erzählerischen Möglichkeiten erprobte. In ›*Grete Minde*‹ (1880) entnahm er seinen Stoff einer altmärkischen Chronik, welche die Geschichte der Tangermünder Brandlegerin überlieferte. Sicherlich hat Fontanes Faible für jede Erscheinungs-form dämonischer Weiblichkeit, für Hexen, Kräuterweiber und Melusinen ihn zur Wahl gerade dieses Stoffes bewogen. Paul Lindau gegenüber, in dessen Monatszeitschrift ›Nord und Süd‹ der Vorabdruck der Novelle erschien, hatte er sich am 6. Mai 1878 über sein neues Projekt so geäußert: »Heldin Grete Minde, Patrizierkind, das durch Habsucht, Vorurteil und Unbeugsamkeit von Seiten ihrer Familie, mehr noch durch Trotz des eigenen Herzens in einigermaßen großem Stil, sich und die halbe Stadt vernichtend, zugrunde geht. Ein Sitten- und Charakterbild aus der Zeit nach dem Dreißig-jährigen Kriege.«

Allerdings sprang Fontane mit dem Sagenstoff recht frei um und verlegte den Tangermünder Stadtbrand vom Jahre 1617 in die Zeit nach dem großen Krieg in Deutschland. Trotz unübersehbarer kompositorischer Schwächen rechnet ›Grete Minde‹ zu den Erfolgsbüchern Fontanes, der offenbar mit diesem balladesken Stoff einen Nerv der Zeit traf. Paul Heyse rühmte die artistischen Vorzüge der Novelle und nahm sie in seinen ›Deutschen Novellenschatz‹ auf. Selbst auf Emilie Fonta-ne machte das »Novellen-Debut« ihres Mannes merklich Eindruck. Sie ließ sich in Hinblick auf seine unglückselige »Akademie-Sekretärschaft« sogar zu dem Bekenntnis hinrei-ßen: »Ich begreife nun, daß Du so handeln mußtest, wie Du gehandelt hast.«

Eine abschätzige Kritik aber schmetterte Fontane selbst mit den von wachsender Selbstsicherheit zeugenden Worten ab: »Daß dies ein Kunstwerk ist, eine Arbeit, an der ein talentvol-ler, in Kunst und Leben herangereifter Mann fünf Monate lang unter Dransetzung aller seiner Kraft tätig gewesen ist, davon ist nicht die Rede. Es ist so furchtbar respektlos, und bestärkt mich in meinen Anschauungen von dem innerlichst niedrigen Standpunkt unsrer sogenannten ›regierenden‹ Klassen‹. Man spricht immer vom Bourgeoistum; unsre ›Bourgeois‹ sind lange nicht mehr die schlimmsten; der niedrige Geist des Bourgeoistums steckt jetzt in der Militär- und Ober-Beamten-Schicht. Stellung, Titel, Orden, Vermö-gen, Hofgesellschaft – alles andre ist Kaff. Nun gut; ich setze

Verachtung gegen Verachtung und sage: erst recht Kaff! ...
Ich wiederhole, meinen Verbitterungsstandpunkt hab ich
längst aufgegeben; aber wahr ist wahr. Ich seh die Dinge, wie
sie liegen; von Verranntheit und Schwarzseherei keine
Spur.«[9] Jedenfalls war Fontane vom literarischen Rang seiner
ersten Novelle so überzeugt, daß er einen Korb erteilte, als
man ihm die Redaktion der Zeitschrift ›Der Bär‹ antrug. »Ich
will nur noch Roman und Novelle schreiben«, ließ er seine
Frau wissen, »und mich auf diesem Gebiet legitimieren. Hätt
ich Lust gehabt, mich an eine vorgeschriebene Aufgabe
festnageln zu lassen, so wäre das Anerbieten von Klasing das
hundertmal Akzeptablere gewesen. Weltgeschichte schreiben selbst vom Standpunkte des bezahlten ›kleinen Doktors‹
aus, ist immerhin was; ich hätte bei der Gelegenheit Rom und
Griechenland gesehn und mich, zu meiner persönlichen
Erbauung, in den größten Stoff hinein vertieft, der überhaupt
existiert; aber Kuhdorf und Kuhschnappel immer wieder
beschreiben, bloß um ›Patriotismus‹ und damit der ›Bär‹ sein
Dasein fristet, ist mir doch eine zu lumpige Aufgabe. Überhaupt hab ich diesen ganzen patriotischen Krempel satt, ja
mehr: ›I am sick of it.‹ Man hat mir zu schlecht mitgespielt,
und ich liebe nur da, wo man mich wieder liebt. In Anbetung
glücklich zu ersterben, ist nicht meine Sache. Das überlaß ich
Kammerfrauen und Predigtamts-Kandidaten.«[10]
Auch Fontanes zweite Novelle, ›Ellernklipp‹ (1881), »nach
einem Harzer Kirchenbuch« gestaltet, blendet weit in die
Geschichte zurück. Fast gleichzeitig mit ›Grete Minde‹ konzipiert, fand Fontane in dieser Tragödie eines ehrenwerten
Heidereiters, der aus Eifersucht zum Mörder seines Sohnes
wird, ausgiebig Gelegenheit, seine Lokalkenntnisse in diese
»Kriminalgeschichte« einzubringen.
Auch vor dem Hintergrund dieser geheimnisvollen und
sagenumwobenen deutschen Kernlandschaft läßt Fontane
ein Mädchen agieren, deren obskure Herkunft allein sie
schon in die Reihe zwielichtiger Fontanescher Fabelwesen
verweist. Diese hellhäutige, rothaarige und feingliedrige
Tochter eines jungen Grafen, der im Siebenjährigen Krieg

vor Prag fällt, und einer Magd von zweifelhaftem Leumund, ist von jener rätselhaften Gefühlsstarre, die, wie man gemutmaßt hat, auch ein Stück von Fontanes eigener Natur gewesen sein muß. Diese Hilde zwingt jedenfalls die Männer in ihren Bann, doch hat sie selber kein Herz und keine rechte Liebe, sondern eine seltsame Lethargie in all ihren Lebensäußerungen. Das Kind, das sie zur Welt bringt, ist bezeichnenderweise ein »Knäblein mit spärlichem rotblonden Haar« und »zu hübsch und zu durchsichtig«, um leben zu können. Zweifellos rechnet ›Ellernklipp‹ so wenig wie die anderen Kriminalgeschichten Fontanes, verglichen mit den großen Würfen seiner Spätzeit, zu seinen Meisterwerken; aber dem Wertvergleich mit anderen zeitgenössischen Versuchen auf diesem Gebiet hält Fontane auch diesmal durchaus stand. Nach seinen eigenen Worten nimmt sich diese knappe Erzählung wie reine Seide gegenüber dem »Novellenkattun« aus, wie er einem in einer »unglaublichen Geschmacksdecadence« begriffenem Leserpublikum präsentiert wurde.

Die zügig erzählte Kriminalgeschichte ›Unterm Birnbaum‹ (1885), die Story vom Mörder Hradscheck und seiner Entlarvung, verfügt über alle Ingredienzien eines Kriminalromans im heutigen Sinne. Wenn das Buch auch trotz seiner atmosphärischen Dichte, die es der genauen Lokalkenntnis Fontanes verdankte, dennoch vom Publikum nicht gerade enthusiastisch aufgenommen wurde, so mag das vorwiegend an dem Umstand gelegen haben, daß es das Arme-Leute-Milieu eines Oderbruchsdorfes als kaum attraktiv genug ansehen mochte. Heute wird man Fontane gern attestieren, daß er die spezifischen Anforderungen, die man an eine Kriminalgeschichte stellt, mit sicherer Hand eingelöst hat.

Trotz allem ist ›Unterm Birnbaum‹ wohl vor allem eine Brotarbeit gewesen, deren sich Fontane unterzog, da er auf die ansehnlichen Einnahmen aus den Vorabdrucken angewiesen war. Man spürt dieser Arbeit in jedem Falle deutlich an, daß ihr Autor in der Kunst, Volkscharaktere scharf herauszuarbeiten, bemerkenswerte Fortschritte gemacht hatte. Wieder einmal kommt jeder Leser, der das Gruseln lernen will, bei der Lektüre voll auf seine Kosten. Die

Charaktere der Protagonisten prägen sich unverwischbar ein, allen voran die alte Jeschke, wieder einmal eine der Lieblingsfiguren Fontanes: eine alte Dorfhexe, die alles weiß und der nichts entgeht, was im Dorf passiert, und die es überall spuken hört. Sie quaksalberte nicht bloß und führte sympathetische Kuren durch, besprach Blut und wußte, wer sterben mußte, weit im voraus: sie sah schon eine Nacht vorher einen Sarg vor dem Sterbehause stehen.

Zu seinem Wildererroman ›Quitt‹ (1890) war Fontane durch den Tod eines Försters, der 1877 im Riesengebirge von einem Wilderer erschossen worden war, inspiriert worden. Die Inschrift auf dem Gedenkstein, den man dem Erschossenen errichtet hatte, stimmte den Gerechtigkeitsfanatiker Fontane dann eben doch skeptisch, und in einem aus Krummhübel an seine Tochter gerichteten Brief vom 16. Juni 1885 meldete er sogleich seine Bedenken gegen die Formulierung dieser Inschrift an, nachdem jene Kriminaltat schon längst seine Fantasie beschäftigt hatte.

»Das Denkmal, das die Förster des Grafen Schaffgotsch ihrem durch einen Wilddieb erschossenen Kameraden gesetzt haben, steht nur fünfhundert Schritte unter der Kleinen Koppe auf einem Felsenvorsprung... Auf dem Denkmal steht: ›Ermordet durch einen Wilddieb.‹ Ich finde dies zu stark. Förster und Wilddieb leben in einem Kampf und stehen sich bewaffnet Mann gegen Mann gegenüber. Der ganze Unterschied ist, daß der eine auf dem Boden des Gesetzes steht, der andre nicht. Aber dafür wird der eine bestraft, der andre belohnt; von ›Mord‹ kann in einem ebenbürtigen Kampfe nicht die Rede sein.«[11]

Im Grunde handelt es sich um das echt deutsche Schicksal eines jungen Riesengebirglers, einer echten schlesischen Volksgestalt, der man seinen Respekt nicht versagen kann. Dieser Lehnert Menz zerbricht an der Enge des preußischen Obrigkeitsstaates und weicht, nachdem er mit den Gesetzen in Konflikt geraten ist, nach Amerika aus. Selbstachtung und ein noch ungebrochenes Rechtsgefühl veranlassen ihn zum Mord an seinem Peiniger. Längst ist ihm die sterile Welt der Bürger in diesem Land zu eng geworden.

»Es ist mir alles so klein und eng hier«, läßt Fontane durch den Mund seines Helden seine eigenen Empfindungen artikulieren, »ein Polizeistaat, ein Land mit ein paar Herren und Grafen, so wie unseren da, und sonst nur mit lauter Knechten und Bedienten... Eine jämmerliche Welt hier; immer muß man scharwenzeln, und wenn man nach vorn hin dienert, so stößt man nach hintenhin einen um. Eng und klein, sag ich...« Das ist der eigentliche Grund, der ihn über den Ozean nach Amerika treibt, »wo's anders aussieht und wo, wenn ich mein Gewehr abschieße, niemand es hört als Wald und Berg und auf zehn Meilen in der Runde kein menschlich Ohr ist«.[12]

Fontanes Herz schlägt wie stets auch in diesem Falle für die Sache des Volkes und damit seines Helden, den er nach begangenem Mord für viel zu schade hält, »um hinter Schloß und Riegel zu verkommen, bloß um fiat justitia willen. Gerechtigkeit! Was heißt Gerechtigkeit?«

Die Schwächen dieses Romans, vor allem die mangelnde Authentizität des zweiten in Amerika spielenden Teils sind nicht zu übersehen. Fontane hat sich in seinen Schilderungen amerikanischer Verhältnisse auf die Bücher von Cooper und Bret Harte verlassen. Gleichwohl kann man ihm testieren, daß er einer der ersten war, welche die Thematik des schuldigen Opfers und die Läuterung eines gegen die Gesellschaft revoltierenden Mörders in die Literatur einführten. Gerade wegen seiner entschiedenen sozialkritischen Grundposition kommt diesem in vielem so unterschätzten Werk Fontanes eben doch eine gravierende Bedeutung zu.

Wieder einmal trifft Fontanes Gesellschaftskritik nämlich ins Schwarze, wenn er seinen Law-and-order-Förster alte preußische Maximen wie diese in den Mund legt: »Die Gesetze sind nicht dazu da, daß Hinz und Kunz mit ihnen umspringen. Das verlottert bloß. Ich bin nicht so dumm, daß ich mir einbildete, wenn der Rehbock geschossen wird, geht die Welt unter. Nein, die Welt geht nicht unter. Aber Order parieren geht unter, Order parieren, ohne das die Welt nicht gut sein kann. Und heut' am wenigsten, wo jeder denkt, er sei Graf oder Herr und könne tun, was ihm beliebt, und sei kein Unterschied mehr. Das ist die verdammte neue Zeit, die das Maulhelden- und Schreibervolk gemacht hat, Kerle, die keinen Fuchs von einem Hasen unterscheiden können, trotzdem sie beides sind. Geh mir damit!«[13] Ein Mann wie Lehnert Menz, der »die Glocken hat läuten hören, der von Freiheit faselt und am liebsten nach Amerika auswandern möchte und keine Ahnung davon hat, wie er dort heran muß, um es zu etwas zu bringen«, mußte ihm mit Recht suspekt sein. Es spricht für die Großherzigkeit und Toleranz Fontanes, daß er auch die unpopuläre konservative urpreußische Auffassung der Zeitsituation zur Debatte stellt. Wahrscheinlich litt er wie viele andere mit ihm darunter, daß in diesem Deutschland die ausgleichende Mitte der möglichen Standpunkte tragischerweise stets eine Utopie bleiben muß.

Mit seinem Roman ›L'Adultera‹ (1882) hatte Theodor Fontane seine ersten, in vielem noch tastenden Schritte auf den zeitgenössischen Gesellschaftsroman hin unternommen, der dann seine eigentliche Domäne wurde, die er mit fortschreitenden Jahren immer souveräner beherrschen sollte. In dieser Ehebruchsgeschichte aus der Berliner Gesellschaft kann man bei hingebungsvoller Lektüre bereits über weite Passagen hin, vor allem aber in den Dialogen, den unverkennbaren »Fontane-Sound« dingfest machen. Hier fühlt sich der seiner selbst sichere Causeur Fontane ganz in seinem eigentlichen Element.

Aber nicht nur die Treffsicherheit, mit der Fontane die Berliner Finanzwelt zu schildern versteht, wirkt auf heutige Leser, jeder durchschlagenden erzählerischen Effektivität längst entwöhnt, geradezu phänomenal; beachtenswert bleibt vor allem auch die Tatsache, daß in diesem Roman zum erstenmal auf deutschem Boden eine emanzipierte Frau in die Literatur eintritt, eine Frau allerdings, die bei allem weiblichen Charme, über den sie reichlich verfügt, unter Verzicht auf alle materiellen Vorteile ihr Schicksal resolut in die eigenen Hände nimmt. Angesichts dieser kühnen Vorwegnahme des Lebensgefühls von Ibsens vielbeschriebener Nora läßt sich durchaus die These vertreten, Fontane habe mit dieser Attacke gegen die viktorianische Prüderie seiner Zeit eine Schlacht für die Menschheit gewagt und letztlich auch gewonnen. Jedenfalls kann im Lebensumkreis dieser Melanie van der Straaten weder von »Puppenheim« noch von einem stillen Glück am Herd die Rede sein. Hier eröffnen sich im Zusammenleben der Geschlechter völlig neue Perspektiven. Fontanes Ehebrecherin ist schon der neue Mensch einer neuen Zeit, die Konturen anzunehmen beginnt. Sie entflieht ihrem goldenen Käfig, da ihr die mangelnde Sensibilität ihres um viele Jahre älteren Mannes immer unerträglicher wird. Um sich vor sich selbst wieder »herzustellen«, scheut sie keineswegs die gesellschaftliche Verfemung, mit der sie zu rechnen hat. Sie sucht geradezu den Eklat; denn die Welt der Tugendbolde und Selbstgerechten erscheint ihr nur noch verachtenswert. Deshalb schlägt sie sich auf die Seite derer, die »Menschliches menschlich ansehen«. »Auf die hoff' ich, die brauch' ich«, gesteht sie ihrem Mann in der letzten Unterredung. »Vor allem brauch' ich mich selbst. Ich will wieder in Frieden mit mir selbst leben, und wenn nicht in Frieden, so doch wenigstens ohne Zwiespalt und zweierlei Gesicht.«[14]

Unter solchen neuen gesellschaftlichen und moralischen Aspekten stellt dieser Roman schon einen verheißungsvollen Aufgesang zu der großen Reihe Fontanescher Gesellschaftsromane dar, in der ein untrüglicher Beobachter und ein kritischer Geist dazu seine so gut wie nie an der sozialen Wirklichkeit vorbeizielenden Marginalien zur Zeit einbringen konnte. Die Stunde schien, endlich, gekommen, da Fontane mit Taten an die literarische Öffentlichkeit treten konnte, die ganz das Signum seiner in harten Kämpfen und unter Frustrationen und Demütigungen gereiften Persönlichkeit tragen. Der Sänger von Preußens Gloria hatte fast über Nacht und für seine Leser unbemerkt die Metamorphose zum unbestechlichen Richter seiner labilen Zeit vollzogen.

Diese Dreiecksgeschichte der attraktiven Diplomatentochter aus französischem Adel, die ihrem Mann, einem reichen und angesehenen jüdischen Finanzmagnaten, unmerklich entgleitet, schließlich nach vollzogener Trennung von der Gesellschaft geächtet wird und sich in ärmliche Verhältnisse nicht nur zu schicken weiß, sondern sich in ihnen erst zur Persönlichkeit entwickelt, ist der einzige der Fontaneschen Eheromane geblieben, an dessen Ende eine menschlich anrührende Versöhnung steht. Technisch zeigt ›L'Adultera‹ Fontane auf einer neuen Entwicklungsstufe. Er erreicht nicht nur in den Dialogen jene Magie einer Natürlichkeit, die er bei so vielen anderen vergebens gesucht hatte, er erfüllt nun auch schon eines der wichtigsten Postulate, die er an den modernen Roman stellte: »Das wird der beste Roman sein, dessen Gestalten sich in den Gestalten des wirklichen Lebens einreihen, so daß wir in Erinnerung an eine bestimmte Lebensepoche nicht mehr genau wissen, ob es gelebte oder gelesene Figuren waren, ähnlich wie manche Träume sich unserer mit gleicher Gewalt bemächtigen wie die Wirklichkeit.«

Für Berlin bedeutete es einen besonderen Glücksfall, daß Fontane durch eigenen Augenschein sein Lokalkolorit um oft frappierende Farbtupfer bereichern konnte. Auch seine zügige Dialogführung – nüchtern, geistvoll, oft witzig und fast immer voll wohlwollender Ironie – war seiner ständigen Tuchfühlung mit diesem verwegenen Menschenschlag, mit den Berlinern, die bisher in der Literatur aus verständlichen Gründen arg unterrepräsentiert waren, zu verdanken. Auf eine so überzeugende Weise hatte sich das Berlinische noch nie in der anspruchsvolleren Literatur zu Wort gemeldet und adäquat artikuliert. Die Reichshauptstadt, die künstlerisch beträchtlich hinter dem ökonomischen Fortschritt zurückblieb, konnte sich von nun an beim literarischen Wettbewerb mit anderen deutschen Metropolen getrost auf Fontane berufen. Er ist zu Recht inzwischen als der klassische Romancier Berlins in die Literaturgeschichte der Deutschen eingegangen.

Vorerst aber warf man Fontane – wie hätte es anders sein können? – eine sittlich allzu laxe Behandlung dieser Ehe-Affäre vor, die sich übrigens auf einen ähnlichen konkreten Vorfall in der Industriellenfamilie Ravené bezog. In der Tat hatte Fontane sein Thema gänzlich unkonventionell aufgegriffen und zu Ende geführt. Eduard Engel, der ihn in einer Rezension der ›L'Adultera‹ als einen der großen deutschen Epiker begrüßt hatte, dankte er sichtlich bewegt:»Das hat noch keiner von mir öffentlich gesagt; allen bin ich nur der Dichter der preußischen Balladen in den Schullesebüchern und der Theaterberichterstatter für die ›Vossische‹.« Daß er noch mehr als das könne, hätte ihm mancher zwar unter vier Augen verraten, aber keiner hätte es bisher drucken lassen. Ansonsten gab er aus gegebenem Anlaß seinen Kritikern zu verstehen,»daß die Geschichte für natürliche und anständige Menschen keine Spur von Bedenklichem enthält. Sie nehmen es einfach als das, als was ich es gegeben habe: ein Stück Leben ohne jede Nebenabsicht oder Tendenz.«[15]

Mit erstaunlichem Selbstgefühl schmetterte er im Vollgefühl seines schriftstellerischen Könnens seine oft hämischen Kritiker ab, die sich nicht dazu durchringen können, dem Balladier Fontane auch die Krone eines Romanciers darzureichen. Nun kontert er ihnen mit den Worten:»Wär' ich nur zehn Jahre jünger, so wär' ich auch sicher, daß ich damit durchdringen und insoweit besser als Turgenjew und Zola (wenn auch selbstverständlich mit geringerem äußeren Erfolg) reüssieren würde, als meine Schreibweise von zwei Dingen völlig frei ist: von Übertreibungen überhaupt und vor allem von Übertreibungen nach der Seite des Häßlichen hin. Ich bin kein Pessimist, gehe dem Traurigen nicht nach, befleißige mich vielmehr, alles in jenen Verhältnissen und Prozentsätzen zu belassen, die das Leben selbst seinen Erscheinungen gibt.«[16]

Vielleicht kann man die derzeitige Fontane-Renaissance noch am ehesten mit dem Aufkommen nostalgischer Empfindungen motivieren, die sich bei der Lektüre der Romane des Berliner Meisters einstellen. Das gute alte Berlin, das auch noch im Rückblick ein Fluidum von menschlicher Redlichkeit, harmonischer Ausgeglichenheit und verhaltener Schönheit ausstrahlt, die entdeckt sein will, hat dieser Fontane mit unwiderstehlichem Charme wieder aufleben lassen. Nach so viel erzählerischer Verve werden wir bei noch so akribischer Durchsicht unserer Gegenwartsliteratur vergebens fahnden. Ein Causeur von Fontanes Statur war uns seither nicht wieder beschieden. Seine Kunst, mit dem Herzen zu denken und zu gestalten, wie sich das für ihn als Künstler von freischwebender Fantasie von selbst verstand, ist heute in die Remise guter Erinnerungen abgeschoben worden. Moderne Leser wissen sie aber gleichwohl hoch zu honorieren.

Obwohl Fontane nie der Versuchung erlegen ist, alle Register des Sensationellen zu ziehen oder ein atemberaubendes Szenarium zu entwerfen, ist die Faszination seiner Romane bis heute nicht abgerissen. Gleichwohl hat er mit der Unwiderstehlichkeit seiner Persönlichkeit nie kokettiert oder auch nur Kapital daraus geschlagen. Er wußte nur, wie ein guter und lesbarer Roman beschaffen sein mußte: dieser hatte im Leser das Gefühl zu erwecken, sein wirkliches Leben in der Lektüre fortzusetzen.

»Ein Roman«, so heißt es in seiner Kritik von Gustav Freytags ›Ahnen‹ aus dem Jahre 1875, »ein Roman soll uns unter Vermeidung alles Übertriebenen und Häßlichen eine Geschichte erzählen, an die wir glauben. Er soll zu unserer Phantasie und unserem Herzen sprechen, Anregung geben, ohne aufzuregen; er soll uns eine Welt der Fiktion auf Augenblicke als eine Welt der Wirklichkeit erscheinen, soll uns weinen und lachen, hoffen und fürchten, am Schluß aber empfinden lassen, teils unter lieben und angenehmen, teils unter charaktervollen und interessanten Menschen gelebt zu haben, deren Umgang uns schöne Stunden bereitete, uns förderte, klärte und belehrte.«[17]

Seine nächste Prosaarbeit, ›Schach von Wuthenow‹ (1883), verlegte Fontane in die Zeit vor dem großen Debakel von Jena und Auerstedt. Zu dieser »Erzählung aus der Zeit des Regiments Gendarmes« hatte ihm Mathilde von Rohr den Stoff geliefert. Dieser bot Fontane in der Tat eine gern wahrgenommene Gelegenheit, sich mit der preußischen Dekadenz in der nachfriderizianischen Ära auseinanderzusetzen. Die Ursachen für diesen totalen Zusammenbruch fand Fontane intuitiv in dem desolaten Zustand des preußischen

Offizierskorps, das nun wirklich auf den Lorbeeren des großen Königs eingeschlafen war, und das »statt Ehre nur noch den Dünkel und statt der Seele nur noch Uhrwerk hat, ein Uhrwerk, das bald genug abgelaufen sein wird«.[18] Rittmeister Schach, der traurige Titelheld dieser Erzählung, macht einer schönen Frau der Berliner Gesellschaft den Hof, verführt aber nebenbei die liebenswürdige, jedoch blatternarbige Tochter des Hauses, die er dann wegen des zu erwartenden Spottes seiner Regimentskameraden nicht zu heiraten wagt. Als er schließlich auf ausdrücklichen Befehl des Königs die Ehe mit Victoire von Carayon doch schließt, erschießt er sich noch am Hochzeitstage aus dem Gefühl falsch verstandener Ehre.

»Da haben Sie das Wesen der falschen Ehre«, kommentiert Fontane dieses makabre Geschehen durch den Mund des bekannten Frondeurs und Zeitkritikers Heinrich Dietrich von Bülow, den er als handelnde Figur in seine Erzählung übernimmt. »Sie macht uns abhängig von dem Schwankendsten und Willkürlichsten, was es gibt, von dem auf Treibsand gebauten Urteile der Gesellschaft, und veranlaßt uns, die heiligsten Gebote, die schönsten und natürlichsten Regungen eben diesem Gesellschaftsgötzen zum Opfer zu bringen... Wir werden an derselben Welt des Scheins zugrunde gehen, an der Schach zugrunde gegangen ist.«[19] Mit Bülow weiß auch Fontane, daß mit dieser Armee kein Staat mehr zu machen ist. Damit aber tangiert er das auch für seine Zeit wieder aktuelle Thema geschichtlicher Dekadenz. »Der Geist ist heraus«, weiß er mit seinem Gewährsmann Bülow. »Alles ist Dressur und Spielerei geworden... Selbst das Marschierenkönnen, diese ganz gewöhnliche Fähigkeit des Menschen, die Beine zu setzen, ist uns mit dem ewigen Paradeschritt verloren gegangen.«[20]

Auch dieser so vorbildlich erscheinende Rittmeister ist in Bülows Augen nichts weiter »als ein Pedant und Wichtigtuer, und zugleich Verkörperung jener preußischen Beschränktheit, die nur drei Glaubensartikel hat: 1. Hauptstück ›die Welt ruht auf den Schultern der preußischen Armee‹, 2. Hauptstück ›der preußische Infanterieangriff ist unwiderstehlich< und 3. und letztens >eine Schlacht ist nie verloren, solange das Regiment Garde du Corps nicht angegriffen hat.< .... Ich verabscheue solche Redensarten, und der Tag ist nahe, wo die Welt die Hohlheit solcher Rodomontaden erkennen wird.«[21]

Schon früher als andere hatte Fontane seine ernsthaften Bedenken gegenüber einem längst antiquierten Ehrbegriff angemeldet. Es ist sicher, daß er diese Problematik nicht nur auf die preußische Vergangenheit projiziert wissen wollte. Im Gegenteil tangierte er damit eine der aktuellsten Gefahren für das neue Preußen, dem er mit wachsender Skepsis, aber auch mit Sorge begegnete.

Er meldete seine fundamentalen Bedenken gegen das Wort »Ehre« an. »Ich habe lange genug dieser Armee angehört«, läßt er Bülow seine eigenen Eindrücke aussprechen, »um zu wissen, daß >Ehre< das dritte Wort in ihr ist; eine Tänzerin ist charmant >auf Ehre<, eine Schimmelstute magnifique >auf Ehre<, ja, mir sind Wucherer empfohlen und vorgestellt worden, die süperb >auf Ehre< waren. Und dies beständige Sprechen von Ehre, von einer falschen Ehre, hat die Begriffe verwirrt und die richtige Ehre totgemacht.«[22]

Derselbe Bülow, der scharfsinnigerweise zwingende Analogien zwischen dem preußischen Niedergang und der Dekadenz des in purer Orthodoxie erstarrten Luthertums zieht, dessen Tage er ebenfalls für gezählt hält, erleidet das Schicksal aller Zeitkritiker, die naturgemäß Schwarzseher sein müssen, wenn sie sich aufs Prophezeien verlegen. Er endet kläglich als Gefangener der russischen Majestät und überlebt das von ihm vorausgesagte preußische Desaster nur um wenige Monate.

Das deutsche Publikum konnte sich trotz ihrer brisanten Thematik keineswegs für diese nachdenklich stimmende Arbeit Fontanes erwärmen. Während die Auflagen des Trivialautors Julius Wolff in astronomische Höhen kletterten, waren von Fontanes >Schach von Wuthenow< nach Jahr und Tag nur 510 Exemplare ausgeliefert worden.

In seinem nächsten Roman, >Graf Retöfy< (1884), tastet sich Fontane mit sicher nicht überzeugendem Erfolg in einen weit entlegenen Schauplatz, in die Donaumonarchie, vor. Wieder läßt er in dieser ihm so fremden Umwelt eine Dreiecksgeschichte abrollen: ein alter Graf gibt durch seinen freiwilligen Tod seine sehr viel jüngere Frau einem anderen frei. Da Fontane sich weder in Wien noch Budapest auskannte und zur Welt des Katholizismus ein eher unterkühltes Verhältnis hatte, fehlte diesem Roman dann doch merklich die ethnographische Basis, um die bei Fontane sonst gewohnte Plastizität zu erreichen. Er bleibt daher hoffnungslos im Konventionellen stecken und trägt nicht das im eigentlichen Sinne Fontanesche Gütezeichen.

Offensichtlich konnte sich die ausstrahlende Persönlichkeit Fontanes nur an den Stellen voll entfalten, wo die Protagonistin, die norddeutsche Schauspielerin Franziska Franz, von ihrer Heimat an der Ostsee ins Schwärmen gerät. Während sonst alles seltsam blaß und leblos bis zur Schemenhaftigkeit bleibt, bewegt sich Fontane in diesen Schilderungen der nordischen Hafenstadt wieder ganz in seinem Fahrwasser. Sie sind dann auch eine bemerkenswert lebendige Huldigung des Dichters an die Stadt seiner Jugend geblieben, an die er sich so viele verklärende Erinnerungen bewahrt hatte.

›Cécile‹ (1887) variiert noch einmal die im Grunde gleiche psychische Grundkonstellation, indem Fontane in die Ehe eines verabschiedeten Gardeobersten mit einer Dame, die ihre Vergangenheit als Fürstenmätresse zu verbergen hat, einen jungen und weltgewandten adligen Ingenieur einbrechen läßt, der schließlich von dem gehörnten Ehemann im Duell über den Haufen geschossen wird. Wieder einmal also ein typisches Fontanesches Thema: Eine brüchige Scheinehe wird durch das Hinzutreten eines Dritten auseinandergebrochen. Diesmal veranlaßt der tragische Ausgang des Geschehens die zarte Titelheldin, freiwillig aus dem Leben zu scheiden.

Fontane wäre nicht Fontane gewesen, hätte er sich die Gelegenheit entgehen lassen, auch diesmal in seiner Gesellschaftskritik tiefere Dimensionen auszuloten. Wer einmal von der Gesellschaft in Acht und Bann getan wurde, »wer mal ›drinsitzt‹«, gleichviel ob mit oder ohne eigene Schuld, so will er uns sagen,»kommt nicht wieder raus«.[23]

Die Versuche der schönen, aparten, aber eben auch kränklichen und seelisch angeschlagenen Cécile, wieder in die sogenannte Gesellschaft aufgenommen zu werden, scheitern kläglich und am Ende sogar tragisch. Dabei handelt St. Arnauld, ihr betrogener Ehemann, im Grunde gar nicht einmal aus Eifersucht, wenn er den Gegenspieler zum Duell herausfordert; er zeigt sich vielmehr »an seiner *einzig* empfindlichen Stelle getroffen, in seinem Stolz als Mann. Nicht das Liebesabenteuer als solches weckt seinen Groll seinem Rivalen gegenüber, sondern der Gedanke, daß die Furcht vor *ihm*, dem Mann der Determiniertheiten, nicht abschreckend genug gewirkt hatte, um seine Frau für tabu zu halten. Gefürchtet zu sein, einzuschüchtern, die Superiorität, die den Mut gibt, in jedem Augenblicke fühlbar zu machen, das war recht eigentlich seine Passion«,[24] charakterisiert sein geistiger Vater ihn.

Wie später noch in ›Effie Briest‹ beschwört ein längst antiquierter Ehrbegriff die menschliche Tragödie herauf, an der sich auch der heutige Leser trotz allem noch innerlich beteiligt fühlen kann. Der Gardeoberst Pierre von St. Arnauld hat diese Ehre zu seinem Lebensprinzip erhoben, um in Ermangelung einer tragenden Menschlichkeit etwas Festes zu haben, an das er sich wie ein Ertrinkender klammern konnte. Sein Ehrenkodex stand für ihn außerhalb aller Kritik. Eben das machte seine Erscheinung so unsagbar trist und im letzten unerträglich.

Wie meist in Fontanes Romanen setzen auch die Nebenfiguren nicht unwesentliche Akzente. So die Tiermalerin Rosa Hexel, der Fontane die Züge seiner kritischen Tochter verliehen hat, die dem in der friderizianischen Tradition steckengebliebenen General von Rossow mit einer couragierten Entschiedenheit kontert:»Ich verstehe nichts von Politik und noch weniger von Armee; wer mir aber ernsthaft versichern will, daß ein kluger General Müller allemal eine Landeskalamität und neben einem Hampel von Hampelshausen nicht zu nennen sei, mit dem bin ich fertig.«[25]

Céciles Tragik bleibt es, daß sie sich nicht über die Konventionen der Gesellschaft erheben kann. Daher muß wieder einmal ein Mensch an längst anachronistisch gewordenen Zwangsvorschriften und dem kollektiven Terror der herrschenden Gesellschaft, über deren Reglementierung er nicht hinauswachsen kann, jämmerlich zu Grunde gehen. Nicht der Gram über Gordons Verlust treibt diese Frau in den Tod, sondern das unmenschliche Verhalten einer Gesellschaft, die sich nicht bereit zeigt, großmütig über die Verfehlungen ihrer Jugend hinwegzusehen.

In ›Irrungen, Wirrungen‹ (1888), der Liebesgeschichte des Leutnants Botho von Rienäcker, der aus seiner Aversion gegen die oft unerträglichen Geschraubtheiten seines Standes kein Hehl macht, und der menschlich so imponierenden Plätterin Lene Nimptsch, gelingt Fontane mit fast siebzig Jahren eine der anrührendsten Menschendarstellungen unserer gesamten Romanliteratur. Ohne alle Sentimentalitäten und ohne falschen Zungenschlag thematisiert er das »Verhältnis« zwischen Angehörigen sozial heterogener Stände, das unsere Literatur bis dahin wohlweislich ausgespart hatte. Die leise Wehmut, die über den innigen Beziehungen der beiden Liebenden liegt, die wissen, daß sie sich eines Tages trennen müssen, und die dann diese Trennung mit einer fast preußisch zu nennenden Haltung ohne Murren vollziehen, rührt auch heute noch an.

Mit der Behandlung dieses brisanten Themas hatte sich Fontane, wie er selbst sehr wohl wußte, in eine Tabuzone vorgewagt, die von professionellen Moralaposteln abgeschottet wurde. Man sah die sorgsam gehütete bürgerliche Moral durch die ungezwungene und unkonventionelle Behandlung dieses delikaten Themas gefährdet. Wer in aller Welt sollte sich schon für die Liebschaften von Schneidermamsells aus Berliner Vororten oder für die kleinen Amouren von Gardeoffizieren aus märkischem Adel erwärmen können? Schon beim Vorabdruck in der ›Vossischen Zeitung‹ erhob sich ein Sturm im Wasserglas. Die Leser reagierten empfindlich. Abonnenten bestellten die Zeitung ab, andere bestürmten die Redaktion mit der stereotypen Frage, wann denn um Gottes willen endlich der Abdruck dieser gräßlichen Hurengeschichte eingestellt würde.

Fontane war weit vorgeprescht, um Heuchler und Sittenrichter in der notwendigen Auseinandersetzung zwischen Standesdünkel und gesellschaftliche Vorurteile in die Arena zu locken. Er war auch keineswegs willens, Anpöbeleien auszuweichen.

»Wenn ich Tugendphilister dergleichen schreiben konnte«, schrieb er damals an Friedrich Stephany, den Chefredakteur der ›Vossischen Zeitung‹, »so ist das ewig die gleiche Geschichte: Rotköppe mit Sommersprossen und einer riesigen Sirupstulle im Maul verschlingen Heldengeschichten, und Leute, die keine Fliege an der Wand töten können, sind literarisch von einer Beilfertigkeit, um die sie Kreuts beneiden könnte. So bin ich zum Schilderer der Demimondeschaft geworden. Ich hab es durch Intuition, um nicht blasphemisch zu sagen ›von Oben‹.«[26]

Als dann immer mehr Unmutsäußerungen bei der Redaktion eingingen, äußerte sich Fontane von Krummhübel aus seinem Sohn Theodor gegenüber über die miese Seelenverfassung wildgewordener Bourgeois so: »Auch darin hast Du recht, daß nicht alle Welt, wenigstens nicht nach außen hin, ebenso nachsichtig über Lene denken wird wie ich; aber so gern ich dies zugebe, so gewiß ist es mir auch, daß in diesem offenen Bekennen einer bestimmten Stellung zu diesen Fragen ein Stückchen Wert und ein Stückchen Bedeutung des Buches liegt. Wir stecken ja bis über die Ohren in allerhand konventioneller Lüge und sollten uns schämen über die Heuchelei, die wir treiben, über das falsche Spiel, das wir spielen. Gibt es denn, außer ein paar Nachmittagspredigern, in deren Seelen ich auch nicht hineingucken mag, gibt es denn außer ein paar solchen fragwürdigen Ausnahmen noch irgendeinen gebildeten und herzensanständigen Menschen, der sich über eine Schneidermamsell mit einem freien Liebesverhältnis wirklich moralisch entrüstet? Ich kenne keinen und setze hinzu, Gott sei Dank, daß ich keinen kenne. Jedenfalls würde ich ihm aus dem Weg gehn und mich vor ihm als vor einem gefährlichen Menschen hüten.

›Du sollst nicht ehebrechen‹, das ist nun bald vier Jahrtausende alt und wird wohl auch noch älter werden und in Kraft und Ansehn bleiben... Der freie Mensch aber, der sich nach *dieser* Seite hin zu nichts verpflichtet hat, kann tun, was er will, und muß nur die sogenannten ›natürlichen Konsequenzen‹, die mitunter sehr hart sind, entschlossen und tapfer auf sich nehmen. Aber diese ›natürlichen Konsequenzen‹, welcherart sie sein mögen, haben mit der Moralfrage gar nichts zu schaffen. Im wesentlichen denkt und fühlt alle Welt so, und es wird nicht mehr lange dauern, daß diese Anschauung auch gilt und ein ehrlicheres Urteil darstellt. Wie haben sich die Dinge seit den ›Einmauerungen‹ und ›In-den-Sack-Stekken‹ geändert, und wie werden sie sich weiter ändern!

Empörend ist die Haltung einiger Zeitungen, deren illegitimer Kinderbestand weit über ein Dutzend hinausgeht (der Chefredakteur immer mit dem Löwenanteil) und die sich nun darin gefallen, ›gute Sitten‹ beizubringen. Arme Schächer! Aber es finden sich immer Geheimräte, sogar subalterne, die solcher Heuchelei zustimmen.«[27]

Botho von Rienäcker gehört zu den seltenen Exemplaren seiner Kaste, die wie Fontane selbst über die moralische Kraft verfügen, sich über den alles reglementierenden Sittenkodex seiner Gesellschaft schlicht hinwegzusetzen. Sein Herz gehört nun einmal dem Einfachen, Wahren und Natürlichen. »Das alles hat Lene«, monologisiert er bei einem Ausritt. »Damit hat sie mir's angetan, da liegt der Zauber, aus dem mich zu lösen, mir jetzt so schwer fällt.«[28] Am Ende, als er eine reiche Kusine heiratet, um die heruntergewirtschafteten Familiengüter zu sanieren, äußert er als Fazit seiner Resignation: »Ergebung ist überhaupt das Beste. Die Türken sind die klügsten Leute.«[29]

Als er bei demselben Ausritt an einer Gruppe von Arbeitern vorbeireitet, die sich zum Mittagsmahl niedergelassen haben, geht es ihm durch den Kopf: »Arbeit und täglich Brot und Ordnung. Wenn unsere märkischen Leute sich verheiraten, so reden sie nicht von Leidenschaft und Liebe, sie sagen nur: ›Ich muß doch meine Ordnung haben‹. Und das ist ein schöner Zug im Leben unsres Volkes und nicht einmal prosaisch. Denn Ordnung ist viel und mitunter alles. Und nun frag' ich mich: War *mein* Leben in der ›Ordnung‹? Nein. Ordnung ist Ehe.«[30]

Lene und Botho sind nach Fontanes Vorstellung das ideale Liebespaar. Sie liebt selbstlos und ohne jede Berechnung, während er sich ohne jeden Anflug von Standeshochmut frei und natürlich gibt. In ihrer Gegenwart entfaltet er Eigenschaften, die angesichts der ihm oft unerträglichen Geschraubtheit und Forciertheit der Damen jener Gesellschaft, in der zu verkehren er gezwungen ist, unentwickelt bleiben. Er ist sich bis zuletzt darüber im klaren, daß Lene und ihr bescheidenes Berliner Vorstadtmilieu ihm und seiner bereits hart angeschlagenen Talmiwelt hoch überlegen ist und daß ihr die Zukunft gehört. Das ist auch der Grund, warum er eine Weile mit dem Gedanken an Auswanderung spielt, um alles Morsche und Verwesende endgültig hinter sich zu lassen. Am Ende macht er dann aus Familienrücksichten doch seinen Kotau vor der Gesellschaft, die er im innersten seines Wesens verabscheut.

Fontane verfügte auch sich selbst gegenüber über genügend kritisches Gespür, um zu begreifen, daß sich die geheime Seele Berlins in diesem Roman auf eine besonders eindrucksvolle Weise inkarniert hatte. Das spezifisch Berlinische, »der berlinische Flavour der Sache«, wie er sich auszudrücken pflegte, hatte er wie mit einem sechsten Sinn getroffen. Das Atmosphärische aber macht neben der sozialkritischen Komponente das Ungewöhnliche dieses Romans aus, an dem sich damals die Geister schieden. Inzwischen ist die aufreizende Problematik längst entschärft. Aber von der menschlichen Faszination hat sich noch nichts abgenutzt, im Gegenteil. Schon während des Vorabdrucks stellte Fontane sich die Frage: »Wer hat jetzt Lust und Fähigkeit, auf die hundert, und ich kann dreist sagen, auf die tausend Finessen zu achten, die ich dieser von mir besonders geliebten Arbeit mit auf den Lebensweg gegeben habe?«[31]

Gleichwohl blieb auch diesmal eine bemerkenswerte Publikumsresonanz aus, und so schrieb der Dichter nach dem Erscheinen von ›Irrungen, Wirrungen‹ an seinen Sohn Theodor: »Vor acht Tagen war ich noch in Furcht, daß man über das Buch herfallen werde, um es zu verschlingen, aber nicht im guten Sinne; heute schon bin ich in Furcht, daß nicht Huhn noch Hahn danach kräht. Es ist ein sonderbares Metier, die Schriftstellerei, und Du kannst mir danken, daß ich Dir zugerufen habe: bleibe davon! Nur die, die durchaus weiter nichts können und deutlich fühlen, daß sie, wohl oder übel, nun ›mal an diese Stelle gehören und nur an diese, nur die dürfen es wagen. Einfach, weil sie müssen und weil ein andres Leben sie erst recht nicht befriedigen würde. Wer aber fühlt, daß er auch Beine abschneiden oder Bahnhofswölbungen berechnen oder einen neuen Stern oder neues Alkaloid entdecken kann, der bleibe von den Künsten fern.«[32]

In ›Stine‹ (1890) variierte Fontane das in ›Irrungen, Wirrungen‹ angeschlagene Thema. Er hatte sich damit abgefunden, »kein Schriftsteller für den Familientisch mit eben eingesegneten Töchtern«[33] zu sein. Über den Begriff des »Schicklichen« hatte er ohnedies seine eigene Meinung.

In seinen ›Kinderjahren‹ von 1894 kontert er noch einmal den Vorwürfen der Frivolität, mit denen man ihn in eine Ecke mit professionellen Pornographen rücken möchte. Er insistiert auch jetzt noch auf seiner liberalen Behandlung dieser menschlichen Sphäre.

»Ich habe auch jetzt noch nichts dagegen, für frivol gehalten zu werden«, kann man da nachlesen. »Meinetwegen. Aber ich sehe mir die Leute, die mit solchem Urteil um sich werfen, einigermaßen ernsthaft an. Wenn Kleist-Retzow oder noch besser der von mir hochverehrte Pastor Müllensiefen, der mir immer als das Ideal eines evangelischen Geistlichen erschienen ist – wenn mir der jemals gesagt hätte: ›Lieber F., Sie sind frivol‹, so hätt' ich mir das gesagt sein lassen, wenn auch ohne die geringste Lust, mich irgendwie zu ändern. Aber gerade von Personen, die vielleicht zu solchem Ausspruche berechtigt gewesen wären, sind mir derlei Dinge nie gesagt worden, sondern immer nur von solchen, die, meiner Meinung nach, in ihrer literarischen Produktion um vieles mehr auf der Kippe standen als ich selbst. Und zwar waren es immer Erotiker, Generalpächter der großen Liebesweltdomäne. Diesen Zweig meiner Kollegenschaft auf ihrem vorgeblichen Unschulds- und Moralgebiet zu beobachten, ist mir immer ein besonderes Gaudium gewesen.«[34]

In bezug auf literarische Wertfragen war Fontane auch diesmal zu Konzessionen bereit. Er gab daher auch unumwunden zu, daß Stine schwächer als Lene gezeichnet war. Theodor Wolff gegenüber äußerte er sich erfreulich selbstkritisch:»Lene ist berlinischer, gesünder, sympathischer und schließlich auch die besser gezeichnete Figur. Auf die Frage ›Lene‹ oder ›Stine‹ hin angesehen, kann Stine nicht bestehen, darüber habe ich mir selber keine Illusionen gemacht, das Beiwerk aber – mir die Hauptsache – hat in ›Stine‹ vielleicht noch mehr Kolorit. Mir sind die Pittelkow und der alte Graf die Hauptpersonen, und ihre Porträtierung war mir wichtiger als die Geschichte. Das soll gewiß nicht sein, und der eigentliche Fabulist muß der Erzählung als solcher gerechter werden, aber das steckt nun mal nicht in mir; in meinen ganzen Schreibereien suche ich mich mit den sogenannten Hauptsachen immer schnell abzufinden, um bei den Nebensachen lieber verweilen zu können. Große Geschichten interessieren mich in der Geschichte; sonst ist mir das Kleinste das Liebste. Daraus entstehen Vorzüge, aber auch erhebliche Mängel.«[35]

Den gleichen Gedanken, ohne dessen Verwirklichung der Epiker Fontane überhaupt nicht zu denken, aber auch nicht zu verstehen ist, griff er noch einmal in Versen auf, die er offenbar seinen Kritikern und den Besserwissern unter seinem Lesern ins Stammbuch schreiben wollte:

>»Will dir unter den Puppen allen
>Grade ›Stine‹ nicht recht gefallen,
>Wisse, ich finde sie selbst nur soso, –
>Aber die Witwe Pittelkow!

>Graf, Baron und andre Gäste,
>Nebenfiguren sind immer das Beste,
>Kartoffelkomödie, Puppenspiel,
>Und der Seiten nicht allzuviel.
>Was auch deine Fehler sind,
>Finde Nachsicht, armes Kind!«[36]

In der Witwe Pittelkow, die das Herz auf dem rechten Fleck hat und die im übrigen zusieht, wo sie bleibt, ist Fontane in der Tat so etwas wie eine handfeste Inkarnation urwüchsigen und unverwüstlichen Berlinertums gelungen. Er hielt sie selbst für eine »noch nicht dagewesene Figur« in der Literatur. Auf Anhieb beherrscht er den Jargon des Berliner Nordens, wenn er eine aufgebrachte Nachbarin über die lebenslustige Witwe räsonieren läßt:»Wie sie man bloß wieder dasteht und rackscht und rabatscht! Und wenn es noch Abend wär, aber am hellen, lichten Mittag, wo Borsig und Schwarzkoppen seine grade die Straße runterkommen. Is doch wahrhaftig, als ob alles Mannsvolk nach ihr 'raufkukken soll: 'ne Sünd' und 'ne Schand!«[37]

Neben einer solchen vor Vitalität strotzenden Charakterfigur kann sich die lebensschwächere und etwas sentimentale Stine natürlich nicht behaupten. Bei dem jungen Grafen gar, der sie liebt, handelt es sich nach Fontanes Meinung und Willen um ein »armes krankes Huhn«. Dieser Dekadent, der die nachlassende Lebenskraft des einst so vitalen märkischen Adels verkörpert, erliegt dann schließlich auch seiner müden Empfindsamkeit. Damit hat Fontane, auch in diesem Falle seiner Zeit weit vorauseilend, bereits das Thema der Dekadenz und der Auflösung vorhandener Traditionen aufgegriffen und in die deutsche Literatur eingeführt. Die Flucht des labilen Grafen in den freiwillig gewählten Tod ist nur eine letzte Konsequenz einer degenerativen Entwicklung, die ihn für das Leben in einem ungleich härteren Säkulum kaum noch disponiert erscheinen läßt. Selbst dieser Liebesaffäre, die ihn wie das Schicksal selbst überfällt und überwältigt, ist er wegen mangelnder seelischer Robustheit nicht mehr gewachsen. So endet ›Stine‹ in einem Hauch von Hoffnungslosigkeit und Melancholie.

Verständlich daher, daß Fontanes uneingeschränkte Sympathie angesichts seines stetig wachsenden Interesses am zukunftsträchtigen vierten Stand einer so überaus gelungenen Kontrastfigur wie der Pittelkow gehören mußte, in der sich die illusionslose Gescheitheit und die elementare Naturkraft des Volkes artikuliert. Diese Nebenfigur drängt zwangsläufig im Laufe der Erzählung das schwächliche Liebespaar an den Rand des Geschehens. Die Witwe Pittelkow ist es dann auch, die in ihrer ungebrochenen Menschenkenntnis den Grafen Waldemar als notorischen Schwächling entlarvt. Schwach ist auch Botho von Rienäcker, nur daß er seine seelischen Webfehler noch mit seinem Charme zu kaschieren versteht und daher auf oberflächliche Beobachter so selbstsicher wirkt. Er besticht durch viele vertrauenerweckende Züge seines Wesens, nur über Jugendfrische verfügt er nicht mehr.

Ähnlich übrigens hat Fontane auch Waldemar von Stechlin gesehen. Auch er bleibt eine im Grunde blasse Symbolfigur und typischer Repräsentant des absteigenden märkischen Adels, den sein Vater noch so lebensvoll vertritt. Ihm fehlt es an Durchhaltekraft und vor allem gänzlich an Humor. Seine Entscheidung fällt nicht von ungefähr auf Armgard, an der alles Charakter oder – wenn das zuviel gesagt sein wollte – doch wenigstens Schlichtheit und Festigkeit ist.

In die lange Reihe blaublütiger Dekadents, die Fontane in seine Romane einführt, um an ihnen und ihrem Verhalten den bereits fortgeschrittenen, hohen Grad ihrer geistigen und biologischen Regression, aber auch die ganze Brüchigkeit ihrer konventionellen Verhaltensnormen zu statuieren, gehören natürlich auch der keiner spontanen seelischen Regung mehr fähige Rittmeister von Schach und der nur noch formelle Baron von Innstetten, Effi Briests Ehemann.

All diese von Fontane mit klaren Konturen gezeichneten Aristokraten signalisieren keinerlei Zukunftsaspekte mehr. Sie verfügen allerdings noch über eine tadelsfrei und sicher auch bewundernswerte Haltung, die sie durchs Leben trägt, ihnen aber keine neuen entscheidenden Impulse mehr verleiht. Sie verschanzen sich mehr oder weniger ängstlich hinter Begriffe, von denen der der Ehre der fragwürdigste geworden ist. Er ist nur noch eine leere Worthülse, in die sie keinen tragfähigen Inhalt mehr legen können. Im Grunde sind sie allesamt nur noch tragische Figuren, die sich hinter ihren Konventionen verstecken. Früher oder später werden sie dennoch von der Wirklichkeit überholt. Eines Tages schlägt ihnen die Stunde jener unpopulären Wahrheit, der sie um jeden Preis entgehen möchten.

Der nun folgende Roman Fontanes, ›Unwiederbringlich‹ (1892), war eine Frucht von Eindrücken, die er 1864 von seinen Besuchen der dänischen Kriegsschauplätze mit nach Berlin gebracht hatte, um sie in seine künstlerische Ernte einzubringen. Der Erfolg wollte sich auch bei diesem Buch ganz und gar nicht einstellen, obwohl versierte Literaturkenner wie etwa Conrad Ferdinand Meyer dem Roman hohe oder höchste Attribute zusprachen:»Feine Psychologie, feste Umrisse, höchst lebenswahre Charaktere und über alles doch ein gewisser poetischer Hauch.«

Dem breiten Publikum mochte dieses neue Opus aus Fontanes Feder vielleicht um einiges zu makellos-kühl erscheinen. Zweifellos ist gerade dieser Roman in seiner etwas konstruierten Perfektion das am meisten distanzierte Buch des Berliner Meisters geblieben, der diese Hofgeschichte, die auf ein konkretes Ereignis in Mecklenburg-Strelitz basierte, ins Nordische entrückt hatte, wobei er sich eine gewisse Lokalkenntnis zunutze machte.

Es handelt sich bei diesem Roman wieder einmal um das Scheitern einer Ehe. Diesmal ist es die Wesensverschiedenheit der Partner, die Leichtlebigkeit und Verführbarkeit des Mannes und die herbe Introvertiertheit der Frau, die nach einer scheinbaren Versöhnung den Tod im Wasser sucht, weil sie von der Unwiederbringlichkeit des alten Glücks überzeugt ist. Mit diesem oft verkannten und übersehenen Werk ragt Fontane doch irgendwie in die Weltliteratur hinein. Es hält dem Wertvergleich mit den großen Würfen internationaler Größen der damaligen Romanliteratur durchaus stand.

Die letzten vier Romane, die Fontane noch abzuschließen vergönnt war, hat er mit klugem künstlerischen Kalkül wieder in dem ihm heimatlich vertrauten Berliner und Brandenburger Milieu angesiedelt. Nach seiner in eine objektivierende geschichtliche Distanz gerückte Hofgeschichte muß es ihn wohl ungemein gereizt haben, sich erneut den Problemen der Gegenwart zuzuwenden und ein schonungsloses

Bild des während der Gründerjahre zu schnellem Reichtum gelangten neudeutschen Bourgeois zu zeichnen, »der so ziemlich das Schlechteste, was einer sein kann«, ist. Das Porträt einer neureichen Berliner Spießerfamilie ist dem meisterlichen Beobachter und Schilderer menschlicher Schwächen und Unvollkommenheiten durch das geniale Verfremdungsmittel der Ironie dann auch bemerkenswert gut gelungen.

Die Titelgestalt seines Berliner Milieuromans ›Frau Jenny Treibel‹ (1892) ist eine der für jene Zeit so charakteristischen Vertreter des Berliner Bourgeoistum. Diese Frau Jenny Treibel, Kommerzienratsgattin, die aus einem Berliner Gemüsekeller stammt, verhindert die Hochzeit ihres Sohnes mit der Tochter eines Jugendfreundes, einer blitzgescheiten Berlinerin, in der Fontane das Porträt der eigenen Tochter gelungen ist.

Als Tendenz dieses dekuvrierenden Romans hat Fontane selbst die Absicht bezeichnet, »das Hohle, Phrasenhafte, Lügnerische, Hochmütige, Hartherzige des Bourgeoisstandpunktes zu zeigen, der von Schiller spricht und Gerson meint«.[38] In der Tat hat die Kommerzienrätin aus dem Gemüsekeller »mit ihrem Puffscheitel und ihren Brillantenbommeln« nur ein Herz »für das Ponderable, für alles, was ins Gewicht fällt und Zins trägt«.[39]

Wieder einmal hat Fontane das Atmosphärische, auf das es für ihn immer zuerst und vor allem ankam, ausgezeichnet getroffen. Die Schilderung eines Dinners im Treibelschen Haus, die ihm als »kleine Narrenwelt« innerhalb der großen erscheinen will, hat Fontane willkommenen Anlaß geboten, seine gutmütig behagliche Ironie spielen zu lassen. Zuweilen aber schlägt der menschlich geläuterte Humor Fontanes angesichts von so viel bourgeoiser Impertinenz über ganze Passagen hin auch in einen unbarmherzigen Spott um. Die Satire, das beweist diese großangelegte Gesellschaftskritik, war durchaus kein Zufall in der weit ausgefächerten Skala seiner literarischen Möglichkeiten. Diese Karikatur einer parvenühaften Bourgeoise aus dem Berlin der Gründerzeit entlarvt unerbittlich einen im Grunde unerträglichen menschlichen Habitus, der für eine neue Zeit symptomatisch ist, vor deren Existenz Fontane keineswegs die Augen verschließt. Er hat es aufgegeben, der Zeit in die Räder zu fallen und ihren deterministisch festgelegten Gang zu hemmen. »Wenn die höhere Weltanschauung, das heißt das, was wir so nennen, wenn das alles fallen müßte, nun so laßt es fallen«, doziert der Jugendfreund der Treibel, ein Gymnasialprofessor, der als Stimmführer höherer Geistigkeit in diesem Roman fungiert. »Schon Attinghausen, der doch selbst alt war, sagte: ›Das Alte stürzt, es ändert sich die Zeit.‹ Und wir stehen sehr stark vor solchem Umwandlungsprozeß, oder richtiger, wir sind schon drin.«[40]

In seinem 75. Lebensjahr vollendete Theodor Fontane seinen Roman ›Effi Briest‹ (1895), zweifellos seine bedeutendste dichterische Leistung überhaupt, auf die er ein ganzes Leben lang hingearbeitet hatte und die ihm dann einen unangefochtenen Platz neben Flauberts ›Madame Bovary‹ und Tolstois ›Anna Karenina‹ garantiert.

Die Entstehungsgeschichte dieses Romans faßte er in einem Brief an Friedrich Spielhagen in die Worte zusammen: »Die ganze Geschichte ist eine Ehebruchsgeschichte wie hundert andre mehr und hätte, als mir Frau L. davon erzählte, weiter keinen großen Eindruck auf mich gemacht, wenn nicht... die Szene, beziehungsweise die Worte ›Effi, komm‹ darin vorgekommen wären. Das Auftauchen der Mädchen an den mit Wein überwachsenen Fenstern, die Rotköpfe, der Zuruf und dann das Niederducken und Verschwinden machten *solchen* Eindruck auf mich, daß aus *dieser* Szene die ganze lange Geschichte entstanden ist.«[41]

Dieser lapidare Briefhinweis sagt über die eher intuitive Arbeitsweise Fontanes ebenso Entscheidendes aus wie eine aufschlußreiche Passage in einem Brief an Hans Hertz über den glücklichen Zufall, der ihm das äußere Erscheinungsbild Effis vermittelte: »Ich saß im Zehnpfundhotel in Thale, auf dem oft beschriebenen großen Balkon und sah nach der Roßtrappe hinauf, als ein englisches Geschwisterpaar, er zwanzig, sie fünfzehn, auf den Balkon hinaustrat und drei Schritte vor mir sich auf die Brüstung lehnte, heiter plaudernd und doch ernst. Es waren ersichtlich Dissenterkinder, Methodisten. Das Mädchen war genauso gekleidet, wie ich Effi in den allerersten und dann auch wieder in den allerletzten Kapiteln geschildert habe: Hänger, blau und weiß gestreifter Kattun, Ledergürtel und Matrosenkragen. Ich glaube, daß ich für meine Heldin keine bessere Erscheinung und Einkleidung finden konnte, und wenn es nicht anmaßend wäre, das Schicksal als ein einem für jeden Kleinkram zu Diensten stehenden Etwas anzusehen, so möchte ich beinah sagen: das Schicksal schickte mir die kleine Methodistin.«[42]

Zweifellos hat bei der Konzeption von ›Effi Briest‹ die Intuition eine größere Rolle als sonst bei Fontane gespielt. »Nachträglich beim Korrigieren hat es mir viel Arbeit gemacht, beim ersten Entwurf gar keine«, schreibt er über die Entstehungsgeschichte. »Der alte Witz, daß man Mundstück sei, in das von irgendwoher hineingetutet wird, hat doch was für sich, und das Durchdrungensein davon läßt schließlich nur zwei Gefühle zurück: Bescheidenheit und Dank.«

»Ja, die arme Effi! Vielleicht ist es mir so gelungen, weil ich das Ganze träumerisch und fast wie mit einem Psychographen geschrieben habe«, erinnerte er sich. »Sonst kann ich mich immer der Arbeit, ihrer Mühen, Sorgen und Etappen erinnern, in diesem Falle gar nicht. Es ist so wie von selbst gekommen, ohne rechte Überlegung und ohne alle Kritik. Auf die Frage: ›Was macht denn der (ein Offizier, der früher viel bei Lessings verkehrte), erzählte mir meine Gönnerin die ganze ›Effi Briest‹-Geschichte.«[43] Es handelte sich bei dieser Affäre, wie man heute weiß, um das Schicksal der Elisabeth von Ardenne, einer geborenen von Plotho, einer märkischen Adligen also.

Nach dieser konkreten Vorlage aus dem Leben schrieb Theodor Fontane seine so bewegende Geschichte vom Zusammenbruch einer Ehe, die nur um der Konvention, nicht aber um der Liebe willen geschlossen wurde und an den verkrusteten gesellschaftlichen Formen scheitern mußte. Alte Traditionen, die lange das Leben der Menschen trugen, haben sich zu Ende gelebt, will Fontane uns zeigen. Ihre Grundfesten sind erschüttert, und was übriggeblieben ist, kann nur der Verzicht auf das Glück einer Gemeinsamkeit sein. Aus diesem unübersehbaren sozialen Auflösungsprozeß resultiert dann auch die Tragik des Romans, dessen endgültige Gestaltung die geistigen Kräfte des Dichters so überforderte, daß er erst nach der schwersten »Nervenpleite« seines Lebens diesen großen Wurf doch noch zu Ende führen konnte.

Eines der Fontaneschen Urthemen, die Ablösung des Alten durch das Neue, wird auch in diesem Roman auf eine Weise bewältigt, die zu den höchsten Prädikaten herausfordert. Effi, die an der Seite ihres korrekten Mannes, der sie menschlich nie fasziniert hat, unmerklich in die Arme eines anderen gleitet, ist letzten Endes das tragische Opfer leer gewordener Konventionen, deren Unmenschlichkeit und Herzlosigkeit Fontane mitleidlos enthüllt. Der preußische Landrat von Innstetten, Effis Mann, unterwirft sich in Ermangelung besonderer seelischer Lebensregungen einem wesenlosen Kultus der Ehre, der im Grunde eben nichts anderes ist als ein Götzendienst, dem man sich sklavisch ausliefert.

Der gesellschaftliche Sittenkanon, dessen Opfer das Naturkind Effi wird, in deren Gestaltung Fontane eine der ansprechendsten Mädchenfiguren unserer Literatur überhaupt gelungen ist, ist nach seiner Meinung durchaus verdammenswert. Ein wertvolles Leben, will er uns sagen, wird mitleidlos um eines Phantoms willen zerstört, wo im Grunde menschliches Verstehen am Platz wäre. Daher auch legt er der bereits von Krankheit gezeichneten Effi, deren eigenes Kind man zur Abneigung gegen sie abgerichtet hat, die Worte in den Mund: »Ich will euch nicht mehr, ich hass' euch, auch mein eigen Kind. Was zuviel ist, ist zuviel. Ein Streber war er, weiter nichts. – Ehre, Ehre, Ehre... Und dann hat er den armen Kerl totgeschossen, den ich nicht einmal liebte und den ich vergessen hatte, weil ich ihn nicht liebte. Dummheit war alles, und nun Blut und Mord. Mich ekelt, was ich getan; aber was mich noch mehr ekelt, das ist eure Tugend. Weg mit euch. Ich muß leben, aber ewig wird es ja wohl nicht dauern.«[44]

Fontanes Herz schlägt für seine »Sünderinnen«, denen seine Sympathie gehört. »Ich war nie ein Lebemann«, bekennt er freimütig, »aber ich freue mich, wenn andre leben, Männlein wie Fräulein. Der natürliche Mensch will leben, will weder fromm, noch keusch, noch sittlich sein, lauter Kunstprodukte von einem gewissen, aber immer zweifelhaft bleibenden Wert, weil es an Echtheit und Natürlichkeit fehlt. Dies Natürliche hat es mir seit lange angetan, ich lege nur darauf Gewicht, fühle mich nur dadurch angezogen, und dies ist wohl der Grund, warum meine Frauengestalten alle einen Knacks weghaben. Gerade dadurch sind sie mir lieb, ich verliebte mich in sie, nicht um ihrer Tugenden, sondern um ihrer Menschlichkeiten, d. h. um ihrer Schwächen und Sünden willen. Sehr viel gilt mir auch die Ehrlichkeit, der man bei den Magdalenen mehr begegnet als bei den Genoveven. Dies alles, um Cécile und Effi ein wenig zu erklären.«[45]

Das schwerwiegende Wort, das der Kommerzienrat van der Straaten in ›Cécile‹ in Hinblick auf Tintorettos Bild der Ehebrecherin ausspricht: »Es liegt so viel Unschuld in ihrer Schuld«,[46] läßt sich auch auf die menschlich-allzumenschlichen Heldinnen Fontanes übertragen. Cécile und Effi, beide verkörpern das Rätselhafte und Geheimnisvolle, das er an den Frauen so liebte. Wie alles im Leben kann man auch die Schuld dieser »Ehebrecherinnen« von zwei Aspekten her sehen.

Da Fontane kein Mann global schematisierender Schwarz-Weiß-Malereien war, hat er auch für den zwielichtigen Verführer Crampas ein paar entschuldigende Worte. Als dann eine Lehrerin Innstetten als »altes Ekel« abqualifizieren wollte, brach Fontane sogar für dessen Ehrenrettung eine Lanze, indem er zu verstehen gab: »Eigentlich ist er doch in jedem Anbetracht ein ganz ausgezeichnetes Menschenexemplar, dem es an dem, was man lieben muß, durchaus nicht fehlt. Aber sonderbar, alle korrekten Leute werden schon bloß um ihrer Korrektheit willen mit Mißtrauen, oft mit Abneigung betrachtet.«[47]

Ihrer Mutter legt Effi vor ihrem qualvollen Erlöschen noch ans Herz: ». . . es liegt mir daran, daß er erfährt, wie mir hier in meinen Krankheitstagen, die noch fast meine schönsten gewesen sind, wie mir hier klar geworden, daß er in allem recht gehandelt. In der Geschichte mit dem armen Crampas – ja was sollte er am Ende anderes tun? Und dann, womit er mich am tiefsten verletzte, daß er mein Kind in einer Art Abwehr gegen mich erzogen hat, so hart es mich ankommt und so weh es mir tut, er hat auch darin recht gehabt. Laß ihn das wissen, daß ich in dieser Überzeugung gestorben bin. Es wird ihn trösten, aufrichten, vielleicht versöhnen. Denn er hatte viel Gutes in seiner Natur und war so edel, wie jemand sein kann, der ohne rechte Liebe ist.«[48]

»Es war so viel Unschuld in ihrer Schuld«, das bleibt in der Tat Fontanes letztes Wort zum Fall Effi. Als Effis Mutter nach ihrem Tode dem Vater die so naheliegende Schuldfrage stellt, winkt der alte Briest, ein märkischer Edelmann ganz nach Fontanes Geschmack und dessen Alter ego, ab und schließt das zu keinen Ergebnissen führende Gespräch mit den klassisch gewordenen Worten: »Ach, Luise, laß... das ist ein *zu* weites Feld.«[49]

Mit dem Erscheinen seines vorletzten Romans, den ›Poggenpuhls‹ (1896), der in der Familienzeitschrift ›Vom Feld zum Meer‹ vorabgedruckt worden war, stellte sich Fontane unbekümmert der Kritik, die bereits stirnrunzelnd anmerken zu können meinte, der Causeur Fontane ließ nach Abschluß von ›Effi Briest‹ allzu lässig die Zügel schleifen. Das Stoffliche, hieß es, verflüchtige sich immer mehr, und diese Einheit verleitete viele zu dem Schluß, mit Fontanes Schaffenskraft gehe es merklich bergab. Nur Literaturkenner mit einem besonderen Flair für literarische Zwischentöne konnten sich noch für Fontanes »Bummelstil« erwärmen.

Angesichts dieses Unverständnisses kommentierte Fontane dann auch selbst seine künstlerischen Intentionen bei Abfassung der ›Poggenpuhls‹. »Das Buch«, meinte er, »ist kein Roman und hat keinen Inhalt. Das ›Wie‹ muß für das ›Was‹ eintreten, – mir kann nichts Lieberes gesagt werden. Natürlich darf eine Literatur nicht auf dem Geschmack ganz, ganz alter Herren aufgebaut werden. Aber so nebenher geht es.«[50]

Gleichwohl kann man diesen Roman um keinen Preis als Alterswerk oder als Vorstudie zu Fontanes letztem großen Wurf, dem ›Stechlin‹, abwerten. Er hat seine unverkennbaren Qualitäten, die reife Leser voraussetzen. Vor allem bedient sich Fontane hier schon des Kunstmittels der Ironie auf eine meisterliche Weise, die viel von der nachsichtigen Güte des Alters verrät, eben jenes »heitere Darüberstehen«, das sich als das eigentlich Fontanesche Gütesiegel in der Literaturgeschichte durchgesetzt hat.

Unter solchen Voraussetzungen ist zu verstehen, warum Paul Heyse, dessen epigonaler Rang übrigens dem Scharfsinn Fontanes schon zu einem Zeitpunkt nicht entgangen war, als andere den Münchener Meister noch als gottbegnadeten Poeten feierten, gegen die ›Poggenpuhls‹ gnadenlos seine kritische Attacke ritt. Dem an der altitalienischen Novelle geschulten Heyse mußte gerade dieser Roman, in dem so gut wie nichts geschieht, ein Ärgernis sein, weil er den eigenen poetologischen Vorstellungen in allen Punkten widersprach. Er verlieh seinem kritischen Unwillen dann auch drastisch genug Ausdruck, indem er schrieb:»Auch ich war von dem liebenswürdigen Berliner Plauderton des Buches zu Anfang sehr angetan und nahm das bißchen allzu Triviales gewisser Küchenzettel und häuslicher Verhältnisse gern in Kauf. Als aber aus der Raupe und Puppe sich durchaus kein Schmetterling entwickeln wollte, die Erzählung ausging wie das berühmte Hornberger Schießen und wir wirklich nur einen coin de réalité vu par un tempérament aufgetischt bekommen hatten, sagt' ich mir eben doch, daß dieser anmutige Klatsch bei aller Kunst des Vortrags und Schärfe der Beobachtung meine arme – akademische! reaktionäre! veraltete und hinter der Zeit zurückgebliebene! – Seele nicht mit demjenigen Wohlgefühl erfüllen könne, das ich im Gegensatz gegen den bloßen Cancan einer angenehmen Gesellschaft von der sogenannten Dichtkunst erwarte. Dazu die allgemeine Sorgfalt des lieben Alten, allem, was nur von fern einem Gedanken ähnlich sieht, aus dem Wege zu gehen... Ich bin kein Konsument dafür.«

Fontane konterte diesem eindeutigen Verriß mit dem

Hinweis darauf, Heyse bewege sich in einer sterilen Treibhauswelt des »schönen Scheins«. Einen ledernen L'art pour l'art betreibend, schriebe der Münchener Poet recht eigentlich am wirklichen Leben vorbei, indem er vorsätzlich alles Häßliche und alles menschliche Elend ausklammere. Die Gedankenblässe einer nur noch ästhetisierenden und immer schemenhafter werdenden Salonwelt konnte man damals bereits ebensowenig übersehen wie die nur noch dekorative Glätte und eine abgegriffene Idealität, die es schwer machten, dem Heyseschen Œuvre hohe Lebenserwartungen vorauszusagen. Diese kritischen Marginalien hinderten Fontane jedoch keinen Augenblick daran, den Menschen Heyse, dem er einiges zu verdanken hatte, zu tolerieren. Die Freundschaft der beiden bewährte sich dann auch über mehr als ein halbes Jahrhundert.

Doch was ist es nun eigentlich, was in diesem Roman geschieht? Eine ältere Generalswitwe lebt mit Töchtern und Söhnen in bescheidenen Verhältnissen in einem »noch ziemlich mauerfeuchten Neubau der Großgörschenstraße« von ihrer Pension. Ein Onkel kommt aus Schlesien zu Besuch. Man geht ins Theater, eine der Töchter schreibt geistsprühende Briefe aus Schlesien. Schließlich stirbt der joviale Generalsonkel und hinterläßt der Familie eine kleine Erbschaft, die ihr einen etwas gehobeneren Lebensstandard ermöglicht.

Mit diesem Abgesang auf den sterbenden Adel, der aus der Geschichte austritt, hat Fontane wieder einmal sein Generalthema, die Ablösung des Alten durch ein noch unbestimmtes Neues, aufgegriffen. Die Frage, die sich dem unermüdlichen und passionierten Wanderer durch die Mark immer wieder aufdrängt, lautet schlicht und einfach: Werden die alten Adelsfamilien, die aus ihren Positionen verdrängt wurden und die durch gravierende soziale Eruptionen mehr und mehr an den Rand des eigentlichen Geschehens geraten sind, noch einmal ein entscheidendes Wort mitzureden haben oder ist ihr Niedergang irreversibel? Im Grunde spielen sie nur noch ihre alten Rollen, aber die alte Zeit ist dahin, und so wirkt die Wohnung in der Großgörschenstraße bereits makaber und gruftartig, obwohl man sich bemüht, den Poggenpuhlschen Geist lebendig zu erhalten. Im großen und ganzen aber ist das Bild dieser redlichen Familie kaum noch vor der Karikatur zu retten. Und wirklich hat man diesen kleinen Roman als einen offenen Affront gegen den Adel im Untergang sehen wollen, der nur noch seine Traditionen pflegt, ohne neue Akzente setzen zu können. Ein Verleger hatte sogar das angebotene Manuskript wieder mit der Bemerkung zurückgeschickt, daß »der Adel in dem Ganzen eine kleine Verspottung erblicken könne«.

»Totaler Unsinn«, widersetzte sich Fontane in einer Tagebucheintragung dieser Unterstellung. »Es ist eine Verherrlichung des Adels, der aber, so viel kann ich zugeben, klein und dumm genug empfindet, um das Schmeichelhafte darin nicht herauszufühlen.«[51]

Der Adel, hatte sich wieder einmal herausgestellt, war immer noch das Objekt seiner Liebe, wenn auch einer unglücklichen Liebe. Mit der Hoffnungslosigkeit des Adels, über den »hinweggegangen« werden muß, korrespondiert auch konsequenterweise die Handlungslosigkeit der Fabel. Die soziale Prognose, die Fontane dem Adel stellt, fällt seinem nüchternen Naturell entsprechend dann auch höchst realistisch aus. Diese Voraussagen erfüllten sich schneller, als der Autor der ›Poggenpuhls‹ selbst zu denken ‹gewagt hatte. Nach einer gemeinsamen Aufführung von Wildenbuchs ›Quitzows‹ läßt er den alten General die sicher zutreffenden, wenn auch schmerzlichen Worte aussprechen: »Wir sind nicht mehr dran. Was jetzt so aussieht, ist bloß noch Aufflackern.«[52]

Mit einem »politischen« Roman, seinem ›Stechlin‹ (1898), der vom Oktober 1897 bis zum März 1898 in der Zeitschrift ›Über Land und Meer‹ erschien, verabschiedete sich Fontane von seiner Lesergemeinde, die es unterdessen dann doch schon gab. Abermals spielt er die Dialektik von alter und neuer Zeit, die ihn mit den Jahren zunehmend beschäftigt hatte, voll aus. Der politische Hintergrund dieses Romans stellt sich für ihn offenbar in der Bipolarität eines Preußen, dessen vielgelobte Tugenden augenscheinlich in die Dekadenz geraten waren, und der Heraufkunft einer vorwiegend von sozialen Ideen geprägten Gesellschaft dar, die dem handlungsarmen, fast handlungslosen Roman dann doch eine nicht nachlassende Spannung verleiht. Denn was geschieht eigentlich in diesem Roman, der die »Gegenüberstellung von Adel, wie er bei uns sein sollte und wie er ist«, thematisiert? »Zum Schluß stirbt ein Alter und zwei Junge heiraten sich – das ist so ziemlich alles, was auf 500 Seiten geschieht«, glossiert der Autor selbst den mageren Inhalt seiner Fabel. »Von Verwicklungen und Lösungen, von Herzenskonflikten und Konflikten überhaupt, von Spannungen und Überraschungen findet sich nichts. Einerseits auf einem altmodischen märkischen Gut, andererseits in einem neumodischen gräflichen Hause (Berlin) treffen sich verschiedene Personen und sprechen da Gott und die Welt durch. Alles Plauderei, Dialog, in dem sich die Charaktere geben, mit und in ihnen die Geschichte... Natürlich halte ich dies nicht nur für die richtige, sondern sogar für die gebotene Art, einen Zeitroman zu schreiben, bin mir aber gleichzeitig nur zu sehr bewußt, daß das große Publikum sehr anders darüber denkt und die Redaktionen (durch das Publikum gezwungen) auch.«[53]

Im Grunde handelt es sich bei diesem sogenannten Alterswerk eines geistig keineswegs gealterten Lebensweisen um die Geschichte eines Sterbens, wenn man so will. Fontane selbst, der sich bei der hingebungsvollen Arbeit an diesem Roman seines Wettlaufs mit dem Tode bei nachlassenden physischen Kräften durchaus bewußt war, und der diesen Wettlauf dann schließlich mit knappem Vorsprung gewann, schrieb nach Abschluß der Arbeiten an Ernst Heilborn: »Zu meiner größten Freude habe ich einen umfangreichen Roman noch fertiggekriegt – fast gegen eigenes Erwarten –, aber nun ist es auch vorbei. Die Kräfte sind hin.«[54]

Noch einmal hatte ihm das Schicksal vergönnt, seine Vorstellung vom Roman, wie sie sich ihm zuallerletzt noch darbot, zu realisieren, nämlich »ein Leben, eine Gesellschaft, einen Kreis von Menschen zu schildern, der ein unverzerrtes Widerspiel des Lebens ist, das wir führen«. Ein letztes Mal wendet sich Fontane wieder seinen Anfängen zu, jenem Waldwinkel der Grafschaft Ruppin, in dem »Der Stechlin« liegt. »Dieser See, klein und unbedeutend, hat die Besonderheit, mit der zweiten Welt draußen in einer halb rätselhaften Verbindung zu stehen, und wenn in der Welt draußen ›was los ist‹, wenn auf Island oder auf Java ein Berg Feuer speit und die Erde bebt, so macht der ›Stechlin‹, klein und unbedeutend, wie er ist, die große Weltbewegung mit und sprudelt und wirft Strahlen und bildet Trichter. Um dies – so ungefähr fängt der Roman an – und um *das* Thema dreht sich die ganze Geschichte.«[55]

In dieser märkischen Hinterwelt spiegelt sich also unverstellt die große Welt da draußen. Was alles in ihr geschieht, hat extrem symbolischen Charakter, wenn man die Zeichen der Zeit nur zu deuten versteht, und eben auf diese Kunstfertigkeit verstand sich Fontane exzellent. So läßt er uns noch einmal diese in seltsame Eruptionen geratene Welt mit seinen Augen sehen, und er sieht sie mit der Güte des Alters, mit viel Lebensweisheit und unter dem Aspekt eines unverkrampften praktischen Humanisten.

So gesehen, handelt es sich beim ›Stechlin‹ um einen Riesenmonolog seines Verfassers, der die geistige Ausbeute eines immer bemühten Lebens in dieses Alterswerk einbringt. Daß er mit den Jahren nichts von seinem natürlichen Charme und seinem unwiderstehlichen Causeurtum eingebüßt hat, macht die Lektüre dieses Buches zu einem uneingeschränkten Genuß.

Nur ein Erzähler von so hohen künstlerischen Graden und einem unerschöpflich erscheinenden menschlichen Fundus konnte es sich leisten, auf eine künstlich ausgetüftelte Handlung zu verzichten, die ohnehin nur alles zugedeckt hätte, was er aus der Fülle seines Herzens noch der Welt zu übermitteln hatte. Er versuchte daher gar nicht erst, sich gegen den naheliegenden Vorwurf eines Nachlassens seiner Fantasiekräfte zu wehren; er hatte vielmehr den Eindruck, das Buch würde auch »trotz Abwesenheit von Jack dem Bauchaufschlitzer« seinen Weg machen.

Von einem Nachlassen der schöpferischen Kräfte konnte

angesichts der epischen Fülle dieses Romans, der noch einmal alle Register zieht, in der Tat keineswegs die Rede sein. Kaum ein anderes Romanwerk Fontanes – von den Hervorbringungen seiner dichtenden Zeitgenossen ganz zu schweigen – überraschte mit einem solchen Gedanken- und Einfallsreichtum wie dieser Schwanengesang eines großen Menschen und Dichters. Seite für Seite sieht sich der Leser von diesem Dokument von Altersreife bereichert und fasziniert.

So sehr der diskrete Charme des alten Dubslav von Stechlin auch besticht, so spricht aus ihm doch auch schon einsamer Verzicht, Resignation und am Ende eine getragene Melancholie, die das Lebensgefühl des Fin de siècle artikuliert. Darin liegt die vergeistigte Zeitsymbolik dieses »politischen« Romans.

Natürlich hat Fontane als Eingeweihter in die geschichtsträchtigen Mächte dieser Welt Grund genug, dem verwehenden Alten, das er immer noch für besser hält als das unerprobte Neue, nachzutrauern. Er war nicht der Mann, die Wahrheit zu verbiegen, um vor sich selbst bestehen zu können. Zwar setzt er sich redlich und leidenschaftslos mit der Zeitkrankheit des Sozialismus auseinander, und wie immer zeigt er sich bereit, den großen »Umwandlungsprozeß« zu tolerieren, wenn auch mit einer gehörigen Portion Skepsis.

»Ich respektiere das Gegebene«, befiehlt ihm seine Altersphilosophie. »Daneben aber freilich auch das Werdende, denn eben dies Werdende wird über kurz oder lang abermals ein Gegebenes sein. Alles Alte, soweit es Anspruch darauf hat, sollen wir lieben, aber für das Neue sollen wir recht eigentlich leben. Und vor allem sollen wir, wie der Stechlin uns lehrt, den großen Zusammenhang der Dinge nie vergessen. Sich abschließen heißt sich einmauern, und sich einmauern ist der Tod.«[56]

Wie sehr Fontane sich immer noch dem heraufdrängenden Neuen verpflichtet fühlte, belegt eine Briefstelle, in der er dem Philosophen Friedrich Paulsen, einem der kenntnisreichsten Verehrer seiner Kunst, wissen ließ, dieser »politische« Roman schneide »die Wurst von der anderen Seite an und neige sich mehr einem veredelten Bebel- oder Stöckertum als einem alten Zieten- und Blüchertum zu«.[57] Trotzdem blieb diese Standortbestimmung für Fontane nicht so etwas wie eine Ultima ratio. Jedenfalls war er jederzeit bereit, das bewährte Alte dem noch unerprobten Neuen um des Neuen willen vorzuziehen. Als daher Melusine, die Brautschwester, »eine Dame und ein Frauenzimmer dazu«,[58] übrigens die wohl kapriziöseste Frauengestalt, die der Fantasie Fontanes entsprungen ist, den allem Neuen aufgeschlossenen Pfarrer Lorenzen nach den Überlebenschancen des Adels befragt, bekommt sie folgendes zu hören: »Daß man all diese Mittelmaßdinge für etwas Besonderes und Überlegenes und deshalb, wenn's sein kann, für etwas ewig zu konservierendes ansieht, das ist das Schlimme. Was mal galt, soll weiter gelten, was mal gut war, soll weiter ein Gutes oder wohl gar ein Bestes sein. Das ist aber unmöglich, auch wenn alles, was keineswegs der Fall ist, einer gewissen Heiligkeitsvorstellung entspräche . . .«[59]

Mit dem alten Preußen jedoch, belehrt der märkische Dorfpastor die Aristokratin, „ist es vorbei. Und es ist gut, daß es so ist. Was einmal Fortschritt war, ist längst Rückschritt geworden. Aus der modernen Geschichte, der eigentlichen, der lesenswerten, verschwinden die Bataillen und die Bataillone (trotz sie sich beständig vermehren), und wenn sie nicht selbst verschwinden, so schwindet doch das Interesse daran. Und mit dem Interesse das Prestige. An ihre Stelle treten Erfinder und Entdecker, und James Watt und Siemens bedeuten uns mehr als all die Gueslin und Bayard. Das Heldische hat nicht direkt abgewirtschaftet und wird noch lange nicht abgewirtschaftet haben, aber sein Kurs hat nun seine besondere Höhe verloren, und anstatt sich in diese Tatsache zu finden, versucht es unser Regime, dem Niedersteigenden eine künstliche Hausse zu geben.«[60]

Die Einsicht, das gute Alte zu lieben und für das Neue aber zu leben, deckt sich mit den Grundprinzipien jedes echten Konservatismus, den Fontane trotz so mancher Schwankungen seines politischen Kalküls in seiner liberalen Variante eigentlich immer vertreten hat. Auch der alte Stechlin spricht in Hinblick auf die ungesicherte Zukunft seines Sohnes kurz vor seinem Tode die inhaltsschweren Worte aus, die noch einmal das Übergewicht des guten Alten gegenüber dem zwielichtigen Neuen bestätigen möchten:

»Besinnt er sich, und kommt er zu der Ansicht, daß das alte Preußen, mit König und Armee, trotz seiner Gebresten und altmodischen Geschichten, doch immer noch besser ist als das vom neuesten Datum, und daß wir Alten vom Cremmener Damm und von Fehrbellin her, auch wenn es uns selbst schlecht geht, immer noch mehr Herz für die Torgelowschen (Sozialdemokraten) im Leibe haben, als alle Torgelows zusammengenommen, kommt es zu solcher Rückbekehrung, *dann*, Lorenzen, stören Sie diesen Prozeß nicht.«[61]

Es bleibt noch von den Romanfragmenten Fontanes zu berichten, allen voran von seinem bürgerlichen Gegenwartsroman ›Allerlei Glück‹, um den er sich gegen Ende der siebziger Jahre bemüht hatte und der dann erst 1929 von dem Berliner Germanisten Julius Petersen der Öffentlichkeit vorgelegt wurde. Dieses Romanfragment, in dem alles noch Skizze und Rohentwurf ist, erlaubt es, einen ungemein informativen Blick in Fontanes schriftstellerische Werkstatt zu tun und seine Arbeitsmethoden zu eruieren.

Diesmal rechnet der scharfe Beobachter Fontane mit dem ihm geradezu unerträglichen Menschentyp des parvenühaften gründerzeitlichen Bourgeois ab. Die zentrale Gestalt dieses geplanten Romans ist ein nur auf Profit besessener Erfolgsmensch und gehört ganz in die Reihe der Fontaneschen Kommerzienräte von van der Straaten bis hin zum alten Treibel, denen er immerhin einige Züge von Bonhomie verleiht. Sie alle verkörpern ein Stück des neuen Berlin, für das Fontanes Herz sich nicht mehr so recht erwärmen konnte.

Mit Dr. Heinrich Brose, der früher selbst einmal Apotheker war und »seit beinah 30 Jahren Professor extraordinarius«[62] ist, führt Fontane einen neuen Typus eines antibourgeoisen Sozialkritikers, mit dem er sich selbst identifiziert, in unsere

Literatur ein. Dieser Brose, der sich das Recht zu Opposition herausnimmt, weil er auf eine Karriere von vornherein verzichtet hat, apostrophiert den peinlichen Provinzialismus preußischer Untertanen, unter denen sich Genies nur noch selten regen können, mit einer durch Humor gemilderten Ironie. Auf die Frage, wie er sich die Erziehung seiner Söhne, wenn er Söhne hätte, vorstellte, erteilt er die gewichtige Antwort: »Vielgereiste, sprachensprechende, kosmopolitisch geschulte Menschen, die sich von dem Engen des Lokalen und Nationalen, von Dünkel und Vorurteilen freigemacht haben, Mut, Sicherheit, Wissen und freie Gesinnung haben. Das sind meine Lieblinge. Und ich habe gefunden, daß *sie* die gesellschaftsbeherrschenden sind; sie beanspruchen keine Superiorität, aber sie haben sie.«[63]

Fontane kann auf seine Auslandserfahrungen zurückgreifen, wenn er seinen Gewährsmann Brose sagen läßt: »In diesen Dingen, mehr als in allen andern, wurzelt die Überlegenheit der Engländer und Amerikaner über die Mitglieder der anderen Nationen. An Schulbildung stehen sie zurück, an Weltbildung, die für mich alles bedeutet, sind sie allen überlegen.«[64] Zu dieser deutschen Elite, die sich souverän in der Welt auskennt, zählt Fontane auch wirkliche *edle* Gelehrte, Philosophen, Historiker, Literarhistoriker und gelehrte Juristen. Den Pfarrern allerdings traut er keinen besonderen Grad von Welthaltigkeit zu. Sie verzapfen in ihren Predigten »zuviel Patentheit, zuviel Borussismus«. »Warm ist damit noch keiner geworden und getröstet ist noch keiner weggegangen.«

An den Herausgeber von ›Westermanns Monatsheften‹, Gustav Karpeles, schrieb der Dichter im April 1879 über seine Ansichten bei Abfassung dieses Romans, der dann am Ende nur noch als Steinbruch für andere ausgeführte Romane herhalten mußte, da er im Rohbau steckenblieb: »Am meisten am Herzen liegt mir mein neuer Roman. Könnten Sie darüber mit den Chefs der Firma sprechen? Zeitroman. Mitte der 70er Jahre; Berlin und seine Gesellschaft; besonders die Mittelklassen, aber nicht satirisch, sondern wohlwollend behandelt. Das Heitere vorherrschend, alles Genrebild. Tendenz: es führen viele Wege nach Rom, oder noch bestimmter: es gab vielerlei Glück, und wo dem einen Disteln blühn, blühn dem andern Rosen. Das Glück besteht darin, daß man *da* steht, wo man seiner Natur nach hingehört. Selbst die Tugend- und Moralfrage verblaßt daneben.«[65]

Reines Glück, wie es den meisten vorschwebt, ist allerdings auf diesem trüben Stern nicht zu erjagen, will Fontane uns sagen. Schließlich liegen unsere Neigungen dauernd mit unseren Pflichten im Konflikt, und bekanntlich sind die Positionen, die uns von Rechts wegen zufallen sollten, in der Regel schon längst mit anderen besetzt. Grund genug also, unser sogenanntes Glück anderswo zu suchen als dort, wo wir es vermuten.

Im Jahre 1881 trug sich Fontane mit der Idee einer politischen Novelle, für die er den Titel ›Storch von Adebar‹ vorgesehen hatte, übrigens wieder einmal ein »adliger« Stoff, der an Vorgänge anknüpfte, die sich in seiner eigenen Umgebung abgespielt hatten. »Die Tendenz geht dahin«, schrieb er im Juni desselben Jahres an Karpeles, »den pietistischen Konservatismus, den Friedrich Wilhelm IV. aufbrachte und der sich bis 1866 hielt, in Einzelexemplaren (Potsdam) auch noch vorhanden ist, in seiner Unechtheit, Unbrauchbarkeit und Schädlichkeit zu zeichnen. Die Hauptträgerin dieses Konservatismus ist die ›Störchin‹ und ihr eigentliches Opfer ihr Gatte, der alte Storch, ein guter, kreuzbraver Kerl, der, in andern Zeiten und unter anderm Einfluß, sich und andern zur Freude gelebt hätte und nun an dem Widerstreit seiner Natur und des ihm Eingeimpften tragikomisch zugrunde geht. Ich habe alle diese Dinge erlebt, die Figuren gesehn und freue mich darauf, sie künstlerisch gestalten zu können.«[66]

Diese satirische Erzählung hat Fontane dann so wenig vollendet wie andere Sujets mit starkem antipreußischen Akzent, die ihn lange intensiv beschäftigten und für die er wegen der unerbittlichen Kritik, die er gegen gewisse durchaus tadelnswerte Zustände im Lande anmeldete, kaum einen Verleger gefunden hätte. Aber gerade ihre Realisation hätte den großen Beobachter Fontane von seiner exzellentesten Seite gezeigt.

Auch das Fragment ›*Die preußische Idee*‹, das etwa um 1894 entstand, bestätigte noch einmal zu guter Letzt die Absicht, das gute alte Preußen mit dem neuen zu konfrontieren. Diesmal ließ er sich die höchst dubiose Gestalt des gehorsamen Staatsdieners Adalbert Schultze einfallen, der als Primaner auf Kant, als Student auf Herwegh eingeschworen war und sich nach der 48er Revolution als Polizei-Regierungsrat der Konterrevolution verschreibt, sich der Neuen Ära anschließt und als dezidierter Opportunist schließlich nach der Parole »Bismarck hat immer recht« sehr zu seinem Nutzen ins Lager des Eisernen Kanzlers überwechselt. Der Dichter, der an Wahlsonntagen an den Knöpfen abzuzählen pflegte, welcher Partei er seine Stimme geben sollte, erinnerte sich nicht ohne entsprechende Selbstironie an Zeiten, in denen er es selbst der Not gehorchend vergeblich »rechts und links und in der Mitte« versucht hatte.

Um die Zeit seiner Arbeit an ›*Storch von Adebar*‹ versuchte sich Fontane an einem Roman, ›*Oceane von Parceval*‹, der Geschichte einer modernen Melusine, deren anrührenden, fast mythischen Gestalt er sich nicht entziehen konnte. Ihm schwebte dabei nicht mehr oder weniger vor, als das Schicksal eines Mädchens, das von dem grausamen Fluch nordischer Frauen, einer eigenartigen Gefühlsstarre, wie verzaubert ist, als Prosaromanze auszuspinnen.

Er trug sich mit der Idee, die Handlung in Heringsdorf, also in der Nähe des ihm so vertrauten Swinemünde, anzusiedeln. Wahrscheinlich ist er dann trotz der Faszination, die das Thema auf ihn ausübte, an der Schwierigkeit, eine Synthese von Ballade und modernem Gesellschaftsroman zu vollziehen, gescheitert. Gleichwohl hat dieser Entwurf als Skizze zu seiner Melusine im ›*Stechlin*‹ eine nicht zu unterschätzende Bedeutung gehabt.

Überhaupt verbindet viele der Fontaneschen Frauengestalten der gleiche Existenzfehler, nämlich über eine ganze Skala von Gefühlen zu verfügen, es aber nicht zu vermögen, sich zu elementarer Liebesleidenschaft aufzuschwingen. Sie sind dazu verurteilt, mit ihren Partnern nicht bedingungslos glücklich sein zu können. Man hat sogar aus Fontanes immer wieder durchschlagendem Interesse für diesen Frauentyp gefolgert, der kühl in der Distanz verharrende Beobachter des Lebens habe selbst unter einer ähnlichen Starre des Gefühls gelitten.

Die Fontaneschen Melusinen stehen wie Elementargeister mit Wasser, Feuer und Luft in besonders enger Beziehung. Sie sind voll ungestillter und unstillbarer Sehnsucht nach Liebe erfüllt, die ihnen versagt bleibt. So ist es zu verstehen, daß Fontane seine feinnervige Oceane Parceval, diese in unsere entmythologisierte Zeit verschlagene Nixe, der die Fähigkeit zur Hingabe von der Natur verwehrt ist und der sich das Leben entzieht, sooft sie sehnsüchtig ihre Arme danach ausstreckt, in ihrer Verzweiflung, nie ganz Mensch und Frau zu werden, ins Meer gehen läßt.

»Es gibt Unglückliche«, schreibt Fontane in Hinblick auf diese Traumfigur, »die statt des Gefühls nur die Sehnsucht nach dem Gefühl haben, und diese Sehnsucht macht sie reizend und tragisch. Die Elementargeister sind als solche uns unsympathisch, die Nixe bleibt uns gleichgültig; von dem Augenblick an aber, wo die Durchschnittsnixe zur exzeptionellen Melusine wird, wo sie sich einreihen möchte ins Schön-Menschliche und doch nicht kann, von diesem Augenblick an rührt sie uns. Oceane von Parceval ist eine solche moderne Melusine. Sie hat Liebe, aber keine Trauer, der Schmerz ist ihr fremd, alles, was geschieht, wird ihr zum Bild, und die Sehnsucht nach einer tieferen Herzensteilnahme mit den Schicksalen der Menschen wird ihr selber zum Schicksal. Sie wirft das Leben weg, weil sie fühlt, daß ihr Leben nur ein Scheinleben, aber kein wirkliches Leben ist ...«[67]

Oceane zieht in der Tat aus ihrem Verhängnis, sich nicht hingeben zu können, nachdem sie dem Manne, der sie liebt, ihre Gefühlsstarre gestanden hat, die Konsequenzen und schwimmt ins Meer hinaus, um endgültig aus ihrer Isolation herauszubrechen und sich in ihrem eigentlichen Element aufzulösen.

In ihren zurückgelassenen Briefschaften finden sich Zeilen an ihren Freund, in denen es heißt:»Ich gehe fort. Es fehlt mir etwas für die Erde, dessen ich bedarf, um sie zu tragen. Ich hatt' es nur gefühlt; als ich Dich sah, wußte ich es. Ich geh nun unter in dem Reich der Kühle, daraus ich geboren war. Aber auch dort die Deine.«[68]

Mit der Beschäftigung dieser urmenschlichen Tragik hat Fontane weit vorausfühlend die Seelenstarre des modernen Menschen als Folge einer totalen Entzauberung unseres Säkulums aufgegriffen. Daß er an dieser Aufgabe scheitern mußte, kann nicht überraschen.

Erst ein Jahr nach seinem Tode erschien Fontanes nachgelassener Roman ›Mathilde Möhring‹, an dem er 1891 während seiner großen Nervenkrise gearbeitet hatte und an den er nicht mehr seine Hand zum letzten glättenden Schliff anlegen konnte. Gleichwohl ist der bündige Aussagegehalt des Buches ungemindert geblieben.

In diesem Roman, wie ›Frau Jenny Treibel‹ eine der interessantesten Charakterstudien Fontanes, schildert er mit nicht geringerer Subtilität den sozialen Aufstieg einer ebenso nüchternen wie zielstrebigen Berliner Kleinbürgerstochter. Mit dieser energiegeladenen Aufsteigerin aus der Hefe des lebenstüchtigen Berliner Volkes skizzierte er recht eigentlich das Bild einer emanzipierten Frau, die, ihr Schicksal in die eigenen Hände nehmend und den Partner resolut überspielend, tatkräftig ins öffentliche Leben eingreift.

Fontane ventiliert, wieder einmal seiner Zeit weit vorauseilend, in diesem postum erschienenen Roman die Thematik weiblicher Gleichberechtigung. Er brauchte dazu nur in die eigene Biographie zurückzublicken, um die charakterliche Überlegenheit von Frauen gegenüber ihren ausgesprochen lebensschwachen Männern dingfest zu machen. In der höchst kritischen Ehe seiner Eltern hatte er einen Paradefall eines Zusammenlebens und Auseinanderstrebens eines zwar ungemein liebenswerten, aber im letzten dann eben doch lebensuntüchtigen Mannes und einer resoluten Frau vorexerziert bekommen. Die gleiche menschlich unbefriedigende Konstellation führt er in dem Verhältnis der aufstrebenden Mathilde Möhring und ihrem blassen Partner vor, der sein Referendarexamen lediglich ihr zu verdanken hatte.

Dieser hat »entschieden mehr vom Siebenschläfer als vom Landbriefträger, weil er bequem ist, weil er keinen Muck hat, weil er ein Schlappier ist«. Mit diesem Roman hat Fontane sein sicher letztes Wort über die Frauen-Thematik, die ihn zeit seines Lebens beschäftigt hatte, gesprochen. Der bedeutende Beobachter hatte die Berliner mit neuen Augen gesehen. Praktische Frauen, die mit beiden Beinen fest auf dem Berliner Pflaster stehen, verkörpern für ihn den phänomenalen Lebenswillen dieser Stadt, die sich aus kleinen Anfängen zur Metropole eines neuen Weltreiches aufgeschwungen hatte. Sie sind ungemein zupackend, »immer auf dem Kien« und bereit, ihren Willen auch gegen eine ganze Welt durchzusetzen. Kein anderer, will uns scheinen, ist dem Geheimnis der Berliner Volksseele so nahegerückt wie dieser Franzose aus Neuruppin.

Fontane ist mit seiner Mathilde eine weit in ein neues Jahrhundert vorausgreifende Frauenfigur gelungen, die mit dem Idyll vom Heimchen am Herd gehörig aufräumte. Auf der Strecke blieb dabei ein Männertyp, zu dem sich Fontane wahrscheinlich auch selbst rechnete, da er aus seinem Hang zur Gemächlichkeit kein Hehl machte. Mit diesem Charakterbild nahm er endgültig Abschied von einem Jahrhundert, das das seine war. Er tat es nicht ohne Wehmut und Betroffenheit, aber in der Überzeugung, nun müsse dem Neuen eine reelle Chance geboten werden.

17
Der Briefschreiber

Jeder anderen historischen Quelle ziehe er den Brief vor, hatte Fontane gelegentlich gemeint. In der Tat bedeutete ihm die Lektüre eines Briefes immer so etwas wie eine magische Beschwörung unmittelbarer Gegenwart. Daher ließ er sich auch keine Gelegenheit entgehen, in Bibliotheken nach Briefsammlungen zu fahnden, um dem historischen Geschehen so nahe wie möglich zu Leibe zu rücken.

Fontane selbst nun gehört zweifellos zu den wenigen deutschen Briefschreibern von literarischem Rang, und es ist sicher nicht zu hoch gegriffen, wenn man feststellt, er wäre schon deswegen aus unserer Literatur nicht wegzudenken, weil seine Briefe – vor allem diejenigen seiner Altersphase – von seinem exquisiten schriftstellerischen Rang zeugten. Er hatte mit der Zeit ein Sprachbewußtsein entwickelt, das auch seinen wie absichtslos dahingeschriebenen Briefen zugute kam. Manche von ihnen laufen sogar seiner epischen Prosa entschieden den Rang ab. In sie hat Fontane viel Mühe investiert; aber man merkt es ihnen nicht an. Sie lesen sich heute noch spielend, und was man da auch alles zu lesen bekommt, hat sich seine Frische wie am ersten Tag erhalten.

Das Qualitätsgefälle der Briefe aus seiner Feder weist einen beträchtlichen Aufstieg in den letzten Schaffensjahren auf, in denen er nur noch ganz Fontane war. Nach tastenden Versuchen seiner Frühzeit hat er schließlich eine so schöne menschliche Überlegenheit erlangt, die es ihm erlaubte, auch seinen Briefen jenen Esprit des Herzens zu verleihen, den im deutschen Sprachraum bisher niemand so erreicht hat.

Man weiß, daß Theodor Fontane auch seine Briefe seiner kritischen Sonde unterwarf, daß er mit letzter Akribie wie an jeder Seite seiner Prosa an ihnen ziselierte. Diese Könnerschaft war es dann auch, auf die Thomas Mann anspielte, als 1910 die ersten Bände der Fontane-Briefe der Öffentlichkeit vorgelegt wurden und er, seine Begeisterung darüber kaum zügelnd, die berechtigte Frage stellte: »Sind noch mehr da?«, worauf sich sogleich der Imperativ anschloß: »Man soll sie herausgeben, und zwar meine ich namentlich solche Äußerungen, die aus späten Tagen stammen, Briefe des alten Fontane, denn die des mittleren und jungen sind im Vergleich damit unbeträchtlich.«

Wie Thomas Mann hatten auch andere Kenner der literarischen Szene den Finger auf Fontanesche Briefausgaben gelegt, von denen sie sich bereichert und innerlich erwärmt fühlten, so daß man den Ruf nach schneller Publikation dieser documents humains noch im nachhinein sehr wohl verstehen kann.

Es waren in der Tat noch mehr Briefe vorhanden, die im verborgenen auf die Stunde ihres Erscheinens warteten und zum Teil immer noch warten. Ihre Zahl wird auf 10000 Stück geschätzt, da Fontane seine Korrespondenzen mit äußerster Gewissenhaftigkeit zu erledigen pflegte. »Mit der einzigen absoluten Promptheit meines Lebens, der briefschreiberischen«,[69] wie er sich auszudrücken beliebte, hat er ganz gewiß Tausende von Briefen in die Welt hinausgehen lassen. Sein Kommunikationsbedürfnis muß demnach immens gewesen sein. Es handelt sich dabei vorwiegend um Briefe, »wie heute sie kein Mensch mehr schreibt, gearbeitete Briefe, in ihrer Privatheit künstlerisch betreut«, wie abermals Thomas Mann angesichts der 1954 erschienenen Briefe Fontanes an Georg Friedlaender, die so etwas wie eine Fontane-Renaissance auslösten, festzustellen zu können glaubte.

Gerade in diesen Briefen hatte Fontane wieder einmal den Beweis dafür angetreten, daß der von ihm so gern angeschlagene Plauderton als ein besonderes Symptom hoher Kunstfertigkeit gelten kann. Sie setzen nämlich Humor und Esprit voraus, aber eben auch einen Schuß von jener Selbstironie, ohne die der Mensch, wie Fontane meinte, einfach ungenießbar wird. Er führte die wachsende Zahl von Ungenießbaren sogar auf den zunehmenden Mangel an Selbstironie zurück. Im übrigen hielt er bekanntlich »Einfachheit, Schlichtheit, Wahrheit« für wesentlicher für ein schreibendes Individuum als alle kühnen Vorstöße und Ausbrüche aus dem »Genialitätsirrgarten«.

Unter solchen Umständen wird man verstehen, daß sich Fontanes Briefe von denen Storms, Kellers, Hebbels, Raabes und anderer exzellenter Briefschreiber unserer Literatur noch durch ein Ingrediens an Esprit und Beobachtungsgabe vorteilhaft unterscheiden. Sie sind auch nach hundert Jahren und mehr keineswegs vergilbt. Im Gegenteil verraten sie immer noch eine geradezu ansteckende Munterkeit des Herzens, die trotz gewisser melancholischer Untertöne auch heute noch durchschlägt. Bestechend aber ist und bleibt vor allem ihre schwerelose Grazie und ein Charme, der Fontane in dieser Hinsicht eine Monopolstellung in unserer Literatur einräumt. Wahrscheinlich konnte er zu Recht diese Leichtgewichtigkeit ohne menschlichen Substanzverlust seinen gallischen Blutsanteilen zuschreiben. Jedenfalls gehört die Lektüre dieser Briefe immer noch zu den wenigen nachhaltigen Leseerlebnissen in einer Zeit, in der eine magische Verzauberung durch Literatur Seltenheitscharakter erlangt hat.

Man müßte schon zu den erstaunlichen Briefen, die Alexander Villers an seine verschiedenen Freundinnen schrieb, zurückgreifen, ehe sich ähnliche euphorische Empfindungen beim Durchblättern von Briefsammlungen wie die Fontanes einstellen wollen. Da dieser Villers ebenso amüsant zu denken und das Gedachte dann zu Papier zu bringen verstand, gelangt man zu ähnlichen Lesegenüssen. Und wenn dieser begnadete Briefschreiber beteuerte, seine Briefe stammten im Grunde gar nicht einmal von ihm selbst, sondern von denen, an die sie gerichtet sind, so könnte man von Fontanes Briefen Ähnliches behaupten. Mit dem ebenfalls mit Selbstironie reichlich gesegneten Österreicher hatte Fontane die Meinung gemeinsam, das Leben selbst wäre die eigentliche künstlerische Leistung eines Menschen. Mit ihm teilte er auch die sicher damals schon unzeitgemäße Auffassung, im letzten genüge es, »ein ganzer Kerl« zu sein, der zu gegebener Zeit Manns genug ist, um seiner Gesinnung willen auf den ganzen überflüssigen Plunder äußerlicher Ehren und sogar auf die Annehmlichkeiten eines relativen bürgerlichen Wohlstandes zu pfeifen. Für Fontane war noch die Persönlichkeit das höchste Glück der Erdenkinder. Er hatte in dieser Hinsicht einen oft schmerzlichen Lernprozeß absolvieren müssen. Am Ende kamen ihm seine Umwege dann eben doch sehr zustatten. Er hatte unterwegs Erfahrungen einsammeln können, die er nun in seine Kunst, zu denen er auch seine Briefe rechnete, einbringen konnte.

Unbestritten leistete Fontane auch als Briefschreiber, also auf einem Gebiet, das als literarisches Genre noch keineswegs abgesegnet war, Unvergängliches. Daß seine Briefe trotz vieler Zeitbezogenheiten bis heute noch keinerlei Patina angesetzt haben, gehört zu den unenträtselbaren Persönlichkeitsgeheimnissen dieses Märkers, dessen Erbstrom auch in die Gascogne wies. Seine Pläsierlichkeit sticht ganze Konvolute von strohernen Episteln aus. Seit er, wie er mit 63 Jahren seiner Frau gestand, ein »artiger und amüsabler alter Herr« geworden war, der bei den Damen Glück hatte, was er vordem keineswegs von sich zu behaupten gewagt hätte, hatte er sich endlich freigeschrieben und hatte sich zum »alten Fontane« entwickelt, der für unsere Literatur in seiner kompakten Gestalt auf jeden Fall ein Göttergeschenk bedeutet.

Mit den Jahren kannte er sich eben in den Tiefendimensionen des menschlichen Herzens aus. Und da er trotz so mancher üblen Erfahrung nicht aufgehört hatte, an die Menschen zu glauben, konnte er sie, wenn auch zuweilen unter Tränen, immer noch lieben. Selbst da, wo man seinen begrenzten Nervenkräften Ungebührliches zumutete, war er noch bereit, Generalabsolution zu gewähren, obwohl er keineswegs so blauäugig war, um ihre oft so schäbigen Tugendkomödien nicht zu durchschauen.

Kaum schien ihm ein Zeitphänomen alarmierender zu sein als der sukzessive Verfall der Briefkultur. Der deutsche

Schriftsteller, der in harter Arbeit mit kaum geringerer Sorgfalt als bei seiner Prosa bei der Abfassung eines seiner Billets d'esprit zu Werke ging, legte unumwunden sein Faible für den Brief offen:»In meinem Herzen bin ich geradezu Briefschwärmer und ziehe sie, weil des Menschen Eigenstes und Echtestes geben, jedem anderen historischen Stoff vor.«

Nur vier Jahre vor seinem Tode findet sich in einem an Maximilian Harden, den Herausgeber der ›Zukunft‹, adressierten Brief folgende aufschlußreiche Passage:»Unsere Zeit steht im Zeichen des Verkehrs – noch mehr steht sie im Zeichen des ledernen Briefes, und einen Brief wie den Ihren zu erhalten, ist ein wahres Labsal. Jede Zeile sagt einem was, jedes Wort eine Anschauung.«[70]

Fontane zeigte sich von jedem lebendigen Briefpartner, den ihm der Zufall anbot, entzückt. Er hatte das große Glück, in Bernhard von Lepel schon früh einen solchen Partner zu finden, der ein ausgezeichneter Briefschreiber war, von dem er einiges lernen konnte. Vier Jahrzehnte lang wechselten beide Briefe von hohem spezifischen Gehalt, der sich nicht nur auf menschliche Probleme, sondern auch auf ästhetische Fragen bezog. Die beiden ansehnlichen Briefbände, die man als Extrakt dieses Gedankenaustausches zusammengestellt hat, dokumentieren Fontanes äußere und innere Entwicklung in den Jahren von 1846 bis 1884.

Als sich ihm nach dem Tode seines Tunnelfreundes, mit dem er übrigens – sieht man von den an Emilie gerichteten Briefen ab – die meisten Briefe austauschte, der jüdische Amtsgerichtsrat Georg Friedlaender aus Schmiedeberg im Riesengebirge als kongenialer Adressat seiner menschlich sicher reifsten Briefe anbot, zeigte er sich sogleich bereit, mit ihm seine Gedanken, die ihm gerade auf der Seele brannten, auszutauschen.

Ganz am Ende war es dann noch der englische Arzt James Morris, der nach mehr als vierzig Jahren wieder in den Gesichtskreis Fontanes trat. Bei seinem London-Aufenthalt 1852 hatte er dem jungen Arzt deutschen Sprachunterricht erteilt. Damals äußerte sich Fontane schon auffallend positiv über den jungen Engländer und testierte ihm »Haltung,

Gesicht, Wesen und Wissen«. Nun wärmen sie ihre alte Bekanntschaft wieder auf, von der beide profitierten. Morris schickt dem Dichter englische Zeitungen und Zeitschriften, über die sich Fontane dann kenntnisreich äußert. Vor allem sind es Fragen der internationalen Politik und der Kunst, die beide tangieren, und immer wieder klingt durch Fontanes schon von Altersweisheit getönten Worten berechtigte Kritik an den oft so wenig humanen Praktiken des englischen Imperialismus, aber ebenso an der rational kaum zu rechtfertigenden provokanten Politik des neuen Kaisers durch. Beides macht dem alternden Dichter merklich zu schaffen und läßt ihn für die Zukunft nichts Gutes ahnen. Auch die soziale Frage wird in diesem Briefwechsel ventiliert, und es läßt sich rückschauend sagen, daß kaum ein anderer deutscher Poet so sehr wie Fontane bis zuletzt ein ungetrübtes Organ für internationale Entwicklungen besessen hat. Er war weit davon entfernt, bei seinen Zukunftsprognosen einen forschen Fortschrittsoptimismus zu mimen. Dazu war er zu ehrlich. Zwar hielt er sich seinem Naturell entsprechend für einen Optimisten, aber – so gibt er zu verstehen –: »ich habe zwei Augen im Kopf, und meine Erfahrungen haben schließlich meine Neigungen korrigiert. Und übrigens bild' ich mir nicht ein, als weiser Engel über den andern zu stehn. Sehr im Gegenteil.«

Fontane übertrug seine Briefleidenschaft nicht nur auf viele seiner Romanfiguren, die sich als passionierte Briefschreiber herausstellen. Er hatte dieses Talent auch seiner Tochter Mete vererbt, deren prismatisch geschliffenen Briefe frühe Reife, Klugheit und stellenweise sogar Witz verraten. Auch ihre Briefe liegen inzwischen gesammelt vor und bestätigten den Eindruck, daß der große Causeur unserer Literatur sein »Talent épistolaire«, das ihre Mutter ihr gänzlich absprechen wollte, weitergereicht hatte.

»Ja, was heißt Briefschreibetalent?« schrieb er im Juni 1889 an Mete. »Es ist damit wie mit allem; eine Norm gibt es nicht. Der kleine Notizenbrief kann sehr nett sein, und ich kann mit Vergnügen lesen, daß der Kanarienvogel bei Herrlichs (dies ist aber bloß Supposition, ich will dem Tierchen nichts nachreden) zwei Eier ausgebrütet hat, oder der Fips geschoren wurde, erst halb und dann ganz, oder daß die Mackeldeyschen Mamsells es abgelehnt haben, ein ›schieres‹ Karbonadenstück zu verkaufen und jetzt auf ruhige Mitknochenhinnahme bestehen. Aber ich kann doch nicht zugeben, daß diese Form der Briefschreibung die alleinseligmachende Kirche sei ... Also schreibe ruhig so weiter. Würdest Du von der Beschaffenheit der Bonner Semmeln, von dem Nichtvorhandensein eines guten Bieres und der Grobheit eines gestern entlassenen Dienstmädchens schreiben (also namentlich das letztere, wahre Musterthemata), so würde Mama beim dritten Briefe derart sagen: ›Ich finde, Mete versimpelt recht.‹«[71]

Fontanes Briefe stellen alles in allem eine literarische Kategorie für sich dar: stilistische Meisterwerke eines Mannes, der zu allen Fragen etwas durchaus Originäres beizusteuern hat. In ihnen spiegelt sich eine höchst irdische und menschliche Welt, aber man sollte sich durch den angewandten Plauderton nicht darüber hinwegtäuschen lassen, daß sie mehr geistige Substanz enthalten als manche prätentiöse philosophische Abhandlung, wenn sie auch nur der Laune eines einzigen schöpferischen Augenblicks entsprungen erscheinen. Zumindest in seinen Briefen hat Fontane nach so langen Jahren der Vergeblichkeit sein »Eigentliches« dargeboten.

Gerade im Gedankenaustausch mit der in vielem so geistesverwandten Mete zog Fontane alle Register seiner nicht unerheblichen psychologischen Einfühlungskünste in das Wesen anderer. In ihr erkannte und anerkannte er sein ins Weibliche transponiertes anderes Ich. Sie verfügte über die gleiche hyperkritische Sensibilität, die sich bei ihr zunehmend zu einer bedrohlichen Nervenschwäche auswuchs, die dem Vater einige Sorge bereitete. Die von einer unverkennbaren Affinität der Herzen und der Geister zeugenden Briefe an seine Frau und Tochter sind jedenfalls die liebenswürdigsten und sicher auch aufschlußreichsten Kommentare seines inneren Lebens.

Besonders in seinen an die Tochter gerichteten Adressen ging er äußerst subtil zu Werke. Er verschloß auch keineswegs die Augen vor ihrer psychischen Problematik, die dazu führte, daß sie 1917, zwei Jahre nach dem Tode ihres so viel älteren Mannes, als Gemütskranke dann selbst den Tod suchte und einem aussichtslos erscheinenden Leben ein Ende bereitete. Fontane setzte bis zuletzt große Hoffnungen auf sie, wenn er meinte:»Martha hat bis jetzt unser Leben, ihr Leben, das Leben überhaupt nicht richtig angesehn, kommt sie in das richtige Fahrwasser, so kann sie bei ihrer reichen Begabung ein Pracht-Exemplar werden. Stolz, Selbstgefühl, hoher Ehrbegriff, Noblesse – das sind alles wunderbar schöne Sachen, aber schon ein bißchen zuviel davon ist ein Unglück und lächerlich dazu.«

»Wäre sie als reiche Dame geboren«, merkte der besorgte Vater zu seiner Tochter an, «so wäre sie tadellos, so aber fehlt ihr doch das zu Leben und Glück Unerläßliche: die gegebene Situation einfach zu begreifen. Jedes Land, jede Gesellschaft, jedes Lebensalter, jedes Verhältnis, jedes Portemonnaie fordert ein ganz bestimmtes Benehmen, und die jeweils entsprechende Haltung zu treffen, ist die recht eigentliche Lebens-Klugheit.«[72]

In seinen Briefen konnte Fontane alle subjektiven Empfindungen rückhaltlos aussprechen, ohne zu riskieren, in irgendeine Richtung »festgenagelt« zu werden. In seinen Romanen war er hingegen um eine geläuterte Objektivität bemüht. Wer demnach dem wahren Fontane begegnen will, kann nicht an seinen Briefen vorübergehen, in denen in oft unbekümmerter Frische Deutsch geredet wird. Sie haben immer etwas besonders Interessantes zu bieten, als wollte er damit den Adressaten seinen Dank für die bewiesene Anteilnahme an seinem Schicksal abstatten.

So recht in Fahrt geriet er immer dann, wenn er sich mit seiner Tochter, seiner »Persönlichkeitsmuse«, über politische und ästhetische Themen austauschen konnte. Schon der Achtzehnjährigen bestätigte der »Briefschwärmer«, es wäre ein Hauptgenuß,»sie abends beim Tee perorieren zu hören«. Man hat aus dem ungebrochen herzlichen Verhältnis der beiden auf eine in der Anlage vorhandene inzestiöse Beziehung schließen wollen. Mete blieb dann auch bis zu seinem Tode unter seinem Dach, und die Tatsache, daß sie vielen seiner Romanfiguren Modell gestanden hat, läßt durchaus den Schluß auf eine ungewöhnlich intensive Vater-Tochter-Verbindung zu.

Theodor Fontane hat sich selbst als Mann der »langen Briefe« bezeichnet. Sicher gehörte das Briefschreiben zu seinen noblen Passionen, die zuweilen monomanischen Charakter annehmen konnten. So unterließ er es selbst in Zeiten, in denen sich, wie etwa an seinen Geburtstagen in späteren Jahren, die Briefberge auf seinem Riesenschreibtisch türmten, keineswegs, jeden einzelnen mit seiner noch selbstgeschnittenen Schwanenfeder zu beantworten. Als überreiche Ernte dieses Fleißes beim Verfertigen von Briefen, die in der Regel über einige unverbindliche und liebenswürdige Floskeln hinausgingen, liegen heute bereits mehr als ein Dutzend Bände vor, und ein Ende ist noch gar nicht abzusehen. Sie stellen einen integrierten Bestandteil eines auch sonst imponierenden Œuvres dar. Man sollte sie daher für das nehmen, was sie in Wirklichkeit sind: künstlerisch integre und oft intime Konfessionen einer vom Leben gereiften und in einem erstaunlichen Verjüngungsprozeß auf Heiterkeit gestimmten Seele, die an innerer Leuchtkraft bis in diese Tage hinein nichts eingebüßt haben.

18
Sommerfrischen

Seine verschiedenen Auslandsreisen hatten Fontane immer
wieder ein sicheres Gespür für die Schönheiten und Vorzüge
der deutschen Landschaft vermittelt. Gern zitierte er mit
Vorbedacht das schwerwiegende Wort eines Franzosen aus
»der guten alten Zeit«:»Der größte Segen alles Reisens ist
der, daß man sein Vaterland wieder lieben lernt.« Dieser
Lebensweisheit konnte Fontane uneingeschränkt zustimmen. Er hatte unterwegs nicht nur erfahren, daß hinterm
Berg auch Leute wohnen, sondern dabei auch so etwas wie
ein Heimatgefühl entwickelt. Er wußte, wohin er gehörte,
seitdem er in England am Ende doch so etwas wie Heimweh
empfunden hatte. Der Begriff »Heimat« stellte sich mehr und
mehr als ein Korrektiv zu der großen Unruhe heraus, die ihn
immer wieder in eine innere Aufbruchsstimmung versetzte.
  Seine Reisesucht mochte er von seinem unsteten Vater
geerbt haben. Allerdings wußte er aus seinen Reisen immer
auch schriftstellerisches Kapital zu schlagen. Noch spät
brachte er von seinen Abstechern in die mehr oder weniger
große Welt reichliche schriftstellerische Ausbeute an seinen
Schreibtisch in der Potsdamer Straße mit.
  Fontane hatte sich an neun verschiedenen Apotheken
ausbilden lassen und noch in London ständig seine Quartiere
gewechselt. Später gehörte er zu den passionierten Spazier-
gängern, die den Berliner Tiergarten bevölkerten. »Traf man
den alten Theodor Fontane, den grünen oder weißen Schal
bei schlechtem Wetter um den Hals, bei gutem in der Hand,
am Kanalufer, so bekam man unweigerlich den Blick der
strahlenden blauen Augen; denn er hatte Zeit und Gelegen-

heit, die wenigen Spaziergänger zu beobachten«, kommentierte ein Chronist jener Tage die Tiergarten-Spaziergänge Fontanes, der in seinem langen Leben 57 Reiseunternehmungen, wie man minuziös nachgerechnet hat, wagte, von denen er fast immer Manuskripte mit nach Hause brachte. Natürlich trieb er auch stets Lokalstudien, die er dann in seinen Romanen verwenden konnte, die dadurch beträchtlich an Bildhaftigkeit dazugewannen.

So sehr er sich Berlin verbunden fühlte, so versuchte er sich doch immer wieder der dennoch provinziellen Muffigkeit der Mark zu entziehen. Zuweilen nahmen diese Absetzbewegungen vom Großstadtleben geradezu fluchtartigen Charakter an. Er war sich nämlich darüber im klaren, daß die Großstadt auf die Dauer nicht nur krank, sondern auch unschöpferisch machen mußte.

In dieser Einsicht schrieb er über Adolph von Menzel, den er sich nicht anders als in Berlin lebend vorstellen konnte, obwohl er sich in der Monsterstadt wie ein Einsiedler in sein Atelier zurückgezogen hatte: »Als Regel steht es mir fest, die große Stadt macht quick, flink und gewandt, aber sie verflacht und nimmt jeden, der nicht in Zurückgezogenheit in ihr lebt, jede höhere Produktionsfähigkeit... Die große Stadt hat nicht Zeit zum Denken und, was noch schlimmer ist, sie hat auch nicht Zeit zum Glück. Was sie hundertfältig schafft, ist nur die Jagd nach dem Glück, die gleichbedeutend ist mit Unglück.«[73]

Dieses bedrückende Gefühl des Eingemauertseins in der Enge Berlins war auch der eigentliche Grund, warum er bis zuletzt, auch dann noch, als ihm das Reisen schon recht beschwerlich fiel, »unterwegs« war. Er brauchte dringend einen gebührenden Abstand zu den Objekten seines täglichen Umgangs – natürlich auch den Abstand zu sich selbst. Immer wieder suchte er daher Ruhe von sogenannten Sommerfrischen, um die Berliner »Kanalluft« einmal hinter sich zu lassen und neue Kräfte für den Berliner Winter, der ihm harte Kritikerpflichten auferlegte, zu schöpfen. Er erhoffte sich aber auch durch einen »Tapetenwechsel« neue Impulse für seine Arbeit. Daher unternahm er solche Sommerreisen auch meist allein, um sich ungestört den Inspirationen des Augenblicks hingeben zu können.

Sommerfrischen waren seit spätestens der Mitte des vorigen Jahrhunderts ein nicht wegzudenkender Bestandteil des bürgerlichen und sogar kleinbürgerlichen Prestiges. Nach Ausbau des Schienennetzes in ganz Deutschland hatte sich diese Gewohnheit friedlicher Bürger dann geradezu zur Manie ausgewachsen. Fontane und seine Familie konnte sich diesen keineswegs mehr so feudalen Luxus erst seit 1867 leisten, als er sich als etablierter Schriftsteller fühlte und die Honorare etwas reichlicher flossen. Dann allerdings ließ er kaum ein Jahr aus, ohne daß er im Sommer der enervierenden Siedehitze der aus ihren Nähten platzenden Millionenstadt entflohen wäre. Der »Berliner auf Reisen« wurde dann auch bald eines der Lieblingsthemen Fontanes, der immer die willkommene Gelegenheit fand, seine oft höchst problematischen und immer etwas vorlauten Landsleuten zu beobachten.

Zunächst suchte Fontane nur die kleinen »Lehrer-Sommerfrischen« an der Peripherie Berlins auf, mit den Jahren aber zog er den Radius seiner Sommerreisen immer weiter. Selbstbescheidung hatte er früh gelernt. Doch auch in seinen letzten Jahren verfuhr er noch penibel nach der preußischen Devise »Suum cuique«. Er überzog seinen Lebensstandard in keiner Weise. Bei seinem Sinn für »Tatsächlichkeiten« blieb er auf dem Teppich des ihm Angemessenen. Dabei empfand er seine Art der Selbstbescheidung keineswegs als einen Akt der Entsagung. Neidinstinkte waren ihm ebenso fremd. Noch im Juli 1887 konnte er daher zwar ein wenig resigniert, aber doch auch wieder so wundervoll selbstironisch schreiben:

»Stünden mir für Juli und August alljährlich 2000 Thaler zu Gebot, so ginge ich nach Scheveningen oder Isle of Wight oder Sorrent und da wollt' ich mit Dir und Mete ganz angenehm leben, aber aut aut; so lieb es mir ist, all diese Finessen kennen gelernt zu haben, so habe ich mich nur wohl dabei gefühlt, weil ich es als ›Studie‹ ansah, als unerläßlich für meine Stellung und meinen Beruf; zu Haus war ich auf diesen Höhen des Lebens nie, weil ich arm wie eine Kirchen-maus ins Leben eingetreten bin und ebenso wieder herausge-he. Wie so vieles, ist auch *das* lediglich eine Geldfrage. Bleichröder gehört nach Tréport und Biarritz, *ich* gehöre nach Seebad Rüdersdorf. Und wenn ich es an solchem Platze nur nicht *zu* tief unter den märkisch-landesüblichen Ansprüchen finde, so bin ich zufrieden. Ich übe diese Sorte von An-spruchslosigkeit nicht aus Bescheidenheit, sondern aus künstlerischem Sinn, ganz so wie unsere kleine Schneider-wohnung für unser Mobiliar und unseren ganzen Lebenszu-schnitt das einzig Richtige ist. Die alte Erbuhr in ein Zimmer mit Stuckposaunenengeln gestellt, ist ein Unding; bei *uns* freue ich mich, wenn ich sie sehe.«[74]

Während desselben Rüdersdorfer Aufenthalts, dem wir diese erhellenden Einblicke in Fontanes mehr als bescheide-ne soziale Lage verdanken, gibt er uns auch einen aufschluß-reichen Lagebericht über den zivilisatorischen Rückstand in diesem märkischen Kietz: »Die Fahrt machte ich zu Schiff, zurück ging ich, nachdem ich mir Kirche, Kriegerdenkmal (hübsch auf dem Berge gelegen) und den Bergwerksbetrieb angesehen hatte. Der Ort wirkt wie Plaue, Wilsnack usw. Alle diese Jammernester haben irgendwo einen Charme, eine relative Bedeutung: in Plaue das Schloß samt seinen historischen Erinnerungen, in Wilsnack die Wunderblutkir-che mit ihrer immerhin interessanten Geschichte, in Rüders-dorf das Bergwerkswesen und die Wichtigkeit desselben für Berlin. Trotzdem – Du siehst, daß ich gelten lasse, was nur irgend Geltung beanspruchen kann – empfinde ich diesen märkischen Nestern gegenüber immer wieder den niedrigen Stand unserer Provinz und ihrer Bevölkerung. Berlin ist ein Ding für sich, und auch in vielen kleinen Städten mögen sich gelegentlich Erfreulichkeiten finden; im ganzen steht alles nach wie vor auf einer traurigen Tiefstufe, so daß die schlesi-schen Gebirgsdörfer wahre Paradiese daneben sind. Die Leute dort (in Schlesien) haben einen natürlichen Schön-heitssinn, auch die ärmsten sind beflissen, alles niedlich, anheimelnd erscheinen zu lassen. Dieser Sinn fehlt unserer Provinz; alles ist arm, häßlich, trist, und mit der Wohlhabenheit fängt nicht der feine Sinn, sondern die Protzigkeit an. Es ist ein zuverlässiger, verständiger, intelligenter Menschenschlag, aber ohne jede Spur von dem, was gefällig wirkt. Die Häuser hier sind mit Menschen besetzt. Viele Kinder, doch scheint alles ausreichend artig und manierlich zu sein. Ich glaube nicht, daß große Störungen zu befürchten stehen. Auch Mücken, krähende Hähne usw. fehlen. Fehlen auch Wanzen und Mäuse, so will ich zufrieden sein. Ich will nur arbeiten und mich in Wald- und Seeluft ergehen, und das werde ich ja wohl erreichen. Es gibt nur ein Mittel, sich wohl zu fühlen: man muß lernen, mit dem Gegebenen zufrieden zu sein und nicht immer *das* zu verlangen, was gerade fehlt.«[75]

Impressionen wie diese hat der engagierte Zeitgenosse Fontane immer wieder von seinen Unternehmen mitgebracht und sich mit der Zeit sogar als einer der namhaftesten Reiseschriftsteller profiliert. Er hat selbstredend auch psychologische und soziologische Betrachtungen über das neue Phänomen des Reisens als Volksbelustigung und über die florierende Fremdenindustrie angestellt.

In seiner Plauderei ›*Modernes Reisen*‹ aus dem Jahre 1894 läßt sich der passionierte Sommerfrischler Fontane kompetent über diesen Fragenkomplex folgendermaßen aus:»Zu den Eigentümlichkeiten unserer Zeit gehört das Massenreisen. Sonst reisten bevorzugte Individuen, jetzt reist jeder und jede. Kanzlistenfrauen besuchen einen klimatischen Kurort am Fuße des Kyffhäuser, behäbige Budiker werden in einem Lehnstuhl die Koppe hinaufgetragen, und Mitglieder einer kleinstädtischen Schützengilde lesen bewundernd im Schlosse zu Reinhardsbrunn, daß Herzog Ernst in fünfundzwanzig Jahren 50157 Stück Wild getötet habe. Sie notieren sich die imposante Zahl ins Taschenbuch und freuen sich auf den Tag, wo sie in Muße werden ausrechnen können, wieviel Stück auf den Tag kommen.

Alle Welt reist. So gewiß in alten Tagen eine Wetterunterhaltung war, so gewiß jetzt eine Reiseunterhaltung. ›Wo waren Sie in diesem Sommer?‹ heißt es von Oktober bis Weihnachten. ›Wohin werden Sie sich im nächsten Sommer wenden?‹ heißt es von Weihnachten bis Ostern; viele Menschen betrachten elf Monate des Jahres nur als eine Vorbereitung auf den zwölften, nur als die Leiter, die auf die Höhe des Daseins führt. Um dieses Zwölftels willen wird gelebt, für dieses Zwölftel wird gedacht und gedarbt.«[76] Vierzehn Jahre zuvor hatte er in einem Feuilleton mit dem Titel ›Nach der Sommerfrische‹ die Frustrationen geneppter bourgeoiser »Sommerfrischlinge« glossiert, die froh sind, endlich wieder nach sechs Wochen Ilmenau Berliner Boden unter den Füßen zu spüren und den geheiligten Zustand der stabilisierten preußischen Ordnung zu genießen. Ansonsten verraten Fontanes in vielen Zeitschriften verstreuten Reisefeuilletons die souveräne Handschrift des Wanderers in der Mark. Er hat ein sicheres Flair für die Geheimnisse einer Landschaft, die er den Leuten liebevoll ablauscht.

Die erste Reise in eine Sommerfrische führte Fontane im August 1867 nach Franken im Zusammenhang mit seinen abschließenden Studien zu seinem Bericht des preußisch-österreichischen Krieges. Im Sommer darauf leistete er sich einen Aufenthalt im Vorland des Riesengebirges, und von nun an wechseln die Schauplätze zwischen Ost- und Nordsee, zwischen dem Harz und dem immer wieder bevorzugten Riesengebirge, das ihn magisch anzog. Oft reichten die vorhandenen Mittel aber auch nur für das Berliner Umland. Immer wieder tauchen in seinen Korrespondenzen Absendeorte wie Seebad Rüdersdorf oder Hankels Ablage auf.

Im großen und ganzen brennt Fontane aber darauf, den Radius seiner Reisen über Preußens Bannmeile hinaus auszudehnen. »Welch ein Glück«, heißt es in diesem Sinne in einem Brief aus dem Jahre 1894 an Wilhelm Hertz, »daß wir noch ein außerpreußisches Deutschland haben. Oberammergau, Bayreuth, München, Weimar – das sind die Plätze, deren man sich erfreuen kann. Bei Strammstehen und Finger an die Hosennaht, bei Leist und Wehlan wird mir schlimm. Und dabei bin ich in der Wolle gefärbter Preuße. Was müssen erst die andern empfinden!«[77] Die köstlichen ›Briefe an seine Familie‹, die von seinem Schwiegersohn Karl Emil Otto Fritsch 1905 in zwei Bänden herausgegeben wurden, sind vor allem dem Umstand zu verdanken, daß Fontane in der Muße seiner Ferienaufenthalte meist sehr farbige Briefe verfertigte, die ihn oft in der besten Ferienlaune zeigten. Bezeichnend für seine aufgeräumte Ferienstimmung ist jener Bericht, den er am Himmelfahrtstag 1868 aus Thale nach Hause schickte. In ihm amüsiert er sich königlich über die zeitlosen Typen der anreisenden Harztouristen.

»Der heutige Himmelfahrtstag brachte starken Fremdenbesuch«, schrieb er an Emilie. »Von acht bis um eins kamen fünf Züge, im ganzen vielleicht tausend Menschen. Wenn die Coupétüren geöffnet wurden und alles in weißen Kleidern auf den Kies sprang (ein Perron ist nicht), so sah es aus, als würde der Sommer ausgegossen.

Die Touristen zu beobachten war außerordentlich amüsant. Ich unterschied verschiedene Gruppen. Da waren zuerst die ganz jungen Leute, lauter ›Kraftmeier‹. Sie stiegen aus, würdigten das Hotel, als eine Stätte der Verwöhnung, keines Blicks, rückten sich den Spitzhut, der einen Eichenzweig und bei einigen sogar einen Gamsbart trug, kriegerisch zurecht, zogen den Rock aus und nahmen die Roßtrappe sofort im Sturm.

Eine andere Gruppe bildeten die Renommisten, die Seebefahrenen, die Neunmalklugen. Sie kehrten nicht ein, aber sie sahen sich das Hotel wenigstens an, oder vielmehr, sie ließen ihren Trupp halten, um jeden einzelnen auf diese Sehenswürdigkeit aufmerksam zu machen. Diese Renommisten haben natürlich sozusagen Offiziersrang: sie waren Rottenführer und standen immer an der Spitze eines Trupps, den sie kommandierten. Unglücklich der arme Harzer Guide, der sich einem solchen Rottenführer näherte, um ihm und seinem Trupp seine Hilfe anzubieten. Mit souveränem Lächeln, wie es nur der anschlagen kann, der seinen Baedeker in der Tasche führt, ging es an solchen Unglücklichen vorüber, Karte in der Hand, auf den Hexentanzplatz los.

Eine dritte Gruppe waren die Elegants. Sie standen immer als liebenswürdige Schwerenöter an der Spitze weiblicher Heerscharen. Wie man auf 500 Schritt die große Trommel hört, wenn irgendwo zum Tanze aufgespielt wird, so hörte man auf weiteste Entfernung immer nur die eine Wendung: ›Meine Damen‹. Die also Angeredeten hatten alle Ursache, sich der häufigen Wiederkehr dieser Wendung zu freuen. Diese Damentrupps mit männlicher Führerschaft kehrten ein und genossen ein Bierchen, Schokolade, auch Bouillon mit Ei. Wenn die Damen zum Aufbruch mahnten, so lächelte der Führer verführerisch, wie wenn er sagen wollte: ›Meine Damen, was is mich Roßtrappe? Liebe, Liebe is mich nötig.‹ Brachen sie dann aber wirklich auf, so sah man die hellen Sommertoiletten, blau und rot garniert, die Berge hinaufklimmen, und alle zwanzig Schritt fuhr die linke Hand kokett nach hinten, um den jetzt modischen großen Popoknoten zu revidieren oder wieder in Ordnung zu bringen.

Eine vierte Gruppe, und mit dieser will ich schließen, waren die Dicken. Kurzbeinig, kurzatmig, apoplektisch, rot und schweißtriefend tänzelten sie über den Kiesweg in das Hotel hinein, setzten gleich mit Sodawasser ein und erzählten von Touren, die sie vorhätten, daß einem trotz der Hitze ganz kalt werden konnte. Jeder hatte vor, ›den Harz heute abzumachen‹; fast alle hatten eine rote Blume im Knopfloch. Wie viele von ihnen heute bleiben werden (in jedem Sinne), steht dahin.«[78]

Sommerfrischen pflegten schon zu Fontanes Zeiten selten oder nie die Erwartungen, die man an sie knüpfte, zu erfüllen. Fontane machte allerdings von seiner Gabe, aus den kleinen und großen Lächerlichkeiten des Lebens für sich literarischen Profit zu schlagen, reichlich Gebrauch. So schrieb er an den Chefredakteur der ›Vossischen Zeitung‹, Friedrich Stephany, über die Erfahrungen, die er im Laufe der Jahre in den verschiedensten Sommerfrischen eingesammelt hatte: »Ein Berliner Sommer, trotz Hobrecht und Kanalisation, ist und bleibt etwas Schreckliches. Freilich, wo wäre es im Sommer nicht schrecklich! Es könnte schön sein, wenn die Welt und besonders der Teil derselben, der auf den Namen ›Bad‹ oder ›klimatischer Kurort‹ getauft ist, nicht aus lauter Gesindel bestünde, das in erster Reihe dem Grundsatz huldigt: ›Für den Berliner ist alles gut genug‹.

Mit Genugtuung habe ich die verschiedenen Schmerzens-schreie gelesen, die die geschindluderte Menschheit in den Spalten der ›Vossin‹ losgelassen hat. Ich würde mit einstimmen, wenn ich nicht längst resigniert wäre. Wie man Bismarck oder seiner Frau gegenüber jeden Widerstand aufgibt, weil es einem doch nichts hilft, so klage ich auch über die sogenannten Kurörter und Sommerfrischen nicht mehr, aber daß es so ist, wie es ist, ist erschrecklich…«[79]

Die sanitären Zustände in den jeweiligen Kurorten nehmen in Fontanes Briefen ganz gewiß aus guten Gründen einen zentralen Platz ein. Das »Örtchen« muß in jenen Zeiten ein besonderer Stein des Anstoßes für erholungssuchende Großstadtmenschen gewesen sein. »Wäre ich jünger und frischer und machte mir überhaupt noch was Spaß«, konnte Fontane daher schreiben, »so würd ich ein Feuilleton schreiben, ›das Örtchen‹, und den vollkommen richtigen, durchaus nicht übertriebenen Satz durchführen: ›Jeder Ort in Deutschland scheitert am Örtchen.‹

Dobbertin, Dahlen (beim alten Schierstädt), Liebenburg, Lützburg (Knyphausen), Wernigerode (Kagelmann), Potsdam (Windel), Norderney, Thale und viele andre noch – alle werden wertlos und unbesuchbar durch das Örtchen. Das klingt scherzhaft, ist aber eine ganz ernsthafte Kalamität. Mein erster Gang heute war in den Wald, in dem ich mir auch für die Zukunft einige verschwiegene Lauben ausgesucht habe. Wenn man will: Sommerfrische bis ins Letzte…«[80]

In Erdmannsdorf im Riesengebirge fand Fontane etwas vor, was als Dernier cri moderner Zivilisation das heimische Spülklosett noch bei weitem übertraf.

»Ich erkundigte mich nach jener bekannten Lokalität, nach der einzelne ängstliche Gemüter, wenn sie einen Gasthof betraten, immer zuerst fragen«, berichtete er noch unter dem frischen Eindruck des Geschehens. »Herr Brey trat mit mir ans Fenster und sagte: ›Dort unter den Bäumen.‹ Im ersten Augenblick erschrak ich und dachte: ›Sollten die idyllischen Zustände hier so weit gehen? Bald aber bemerkte ich zwischen zwei Apfelbäumen einen primitiven Holzbau, den man, seinem Stil nach, vielleicht als einen Vorläufer des

Schilderhauses bezeichnen könnte. Wie hatt' ich dies alles aber unterschätzt. Die ganze Örtlichkeit, bei näherer Bekanntschaft, erwies sich als ein Ideal. Weiß gescheuert, die Tür offen, alles, wie das Schloß im Märchen, von Bäumen umstellt, von Schlingpflanzen überwachsen. Kurz, es war hier eine Art Buen Retiro geschaffen, wie es die große Stadt mit all ihrem Erfindungsplunder, mit Ventilation und Wasserwerk nicht leisten kann.«[81]

Mit den Jahren entwickelte sich Fontane zu einem routinierten Sommerfrischler, der sich längst mit den Tücken ländlicher Aufenthalte abgefunden hatte und sich an das Positive seines veränderten Lebensumfeldes hielt. Der untrügliche Beobachter menschlicher Allzumenschlichkeiten pflegte immer mehr Orte vorzuziehen, in denen sich jede Begegnung mit der Spezies des gründerzeitlichen Bourgeois ausschloß.

»Immer gleich nach Schweiz oder Italien, ist zu teuer und zu umständlich, außerdem langweilig durch die Kunst, durch die große Natur und Table d'hôte, daran die Fremden einem zu anmaßlich und die Landsleute zu ruppig erscheinen«,[82] gab er zu bedenken.

Gleichwohl hatte er sich 1865 eine Reise in die Schweiz geleistet und einige Zeit in Interlaken zugebracht. Allein, die Schweiz inspirierte ihn trotz ihrer touristischen Effekte keineswegs zu bemerkenswerten Taten des Geistes. Jedenfalls konnte sie sich seiner Meinung nach keineswegs mit Dänemark oder Schottland messen, und er war so sehr »Nordmensch«, daß ihn nicht einmal das klassische Reiseland aller Deutschen, die auf sich hielten, nämlich Italien, aus der Reserve locken konnte.

Trotzdem unternahm Fontane 1874 und 1875 zwei Italienreisen, ohne deswegen seine Aversion dem europäischen Süden gegenüber entscheidend korrigieren zu können. Eher stellte sich bei diesen Erkundungsfahrten, die er ohne alle Vorurteile angetreten hatte, eine bemerkenswerte Ernüchterung ein. Venedig war für ihn keine Offenbarung. Er ersparte sich daher die üblichen Elogen auf die Lagunenstadt. Zwar besichtigte er mit seiner Frau ausgiebig die Stadt, fand sie

interessant, sogar zauberhaft und poetisch, aber sie reprä-
sentierte eben doch nicht die Art Schönheit, die er dauernd
vor Augen hätte ertragen können.
»Dazu ist mir, rundheraus gesagt, die ganze Geschichte
doch zu schmutzig«, schrieb er am 10. Oktober aus Florenz
an Freund Zöllner nach Berlin. »Sie bedarf des Mondlichts,
bei dem man nur halb sieht. Sie bedarf der Verschleierungen,
um immer wieder zu entzücken. Bei hellem Tageslicht genießt man den Canal grande, den Rialto und nun gar das
Gewirr der Gassen und kleinen Kanäle mit *sehr* gemischten
Empfindungen. Es ist eine Touristenstadt, eine Stadt zum
Sehen, auch zum Bewandern, aber nicht zum Wohnen.
Junge Künstler und Dichter werden sich vielleicht über diese
Äußerungen entsetzen, aber es ist *doch* so, wie ich sage. Die
ganze Welt der Erscheinungen ist nicht dazu da, um Malern
und Poeten wünschenswerte und bequem liegende Stoffe zu
bieten, sondern überhaupt zu befriedigen und zu erfreuen.
Das Leben stellt vielfach andere Forderungen als die Kunst,
und Individuen wie Staaten gehen zugrunde, die dies übersehen. Wem diese Wahrheit zu Fleisch und Blut geworden
ist, der wird auf Venedig blicken, wie ich noch in der letzten
Stunde auf ein wunderschönes Frauenzimmer blickte, die
aus dem zweiten Stock eines halbverfallenen Hauses träume-
risch-faul mit tief und dumm schmachtendem Auge uns
nachsah, als unsere Gondel an den Wasserstiegen des
schmalen Kanals vorbeifuhr. Sie war so schön, wie ich selten
Weiber gesehen habe, und das halbgekräuselte schwarze
Haar lag wie eine Mähne um sie her, mit den Spitzen nach
vorn hin über die halb entblößte Brust fallend: ich werde den
Anblick nie vergessen. Aber sie war ungewaschen und
ungekämmt und nach meinem Gefühl, so wenig sie persönlich innerhalb der idealen Liebe zu stehen schien, doch nur
für eine solche geeignet. Ein Wesen nur mit dem *Auge* zu
genießen; mit ihr zu *leben* – ein Gedanke, nicht ausgedacht zu
werden! So auch die Stadt selbst. Diese schöne, schwarzhaa-
rige Schwester Struwwelpeters, die seifenintakt auf einen
gondelbefahrenen Rinnstein niedersah, war mir wie das Bild
Venezias selbst erschienen.«[83]

Nach mancherlei Enttäuschungen zog es ihn jedenfalls wieder nach dem Norden in den grauen Berliner Spätherbst, »wo meine Arbeit und in ihr meine Befriedigung liegt«. Wieder einmal hatte sich ihm bestätigt, daß die Magnetnadel seines Lebenskompasses ihn strikt nach Norden wies.

In weiser Selbsterkenntnis beschränkte er sich in Zukunft vorwiegend auf den Harz, dem er die Lokalkenntnisse für ›Cécile‹ verdankte, oder es zog ihn magisch ins Riesengebirge, dessen Menschen mit ihrer gemüthaften Mundart er lieben gelernt hatte. Hier fiel ihm der Stoff zu seinem Wildererroman ›Quitt‹ zu, während wir seinen Aufenthalten an der Oberspree eines der gelungensten Kapitel von ›Irrungen, Wirrungen‹ verdanken.

»Kaum, daß das Eis bricht und das Frühjahr kommt«, bemerkte Fontane zu Hankels Ablage in der Nähe von Schmöckwitz, einem der beliebtesten Ausflugziele lufthungriger Berliner, »so kommt auch schon Besuch, und der Berliner ist da. Wenn ich noch drin in der Stube bleibe, weil der Ostwind pustet und die Märzsonne sticht, setzt sich der Berliner schon ins Freie, legt seinen Sommerüberzieher über den Stuhl und bestellt eine Weiße.«

Wenn er sich – was selten genug geschah –, fast hochstaplerisch über seine Verhältnisse lebend, in mondänere Badeorte wie etwa nach Norderney vorwagt, so regt sich bei ihm schon sein soziales Gewissen. Solche Aufenthalte, die seinem gesellschaftlichen Status keineswegs adäquat waren, hatten für ihn immerhin den Nebeneffekt, daß er an solcher Stelle auch Studien über die High society machen konnte, indem er die Kurgäste herausfordernd aufs Korn nahm.

»Und sind dann die Wochen um«, entwirft er seiner Frau einen Lageplan von der grünen Insel in der Nordsee, »so hat man, aller Einsamkeit unerachtet, doch eine Menge gehört und gesehn. Schon allein die Beobachtung der Rassen, Stämme, Stände, wozu man hier auf engstem Raum wundervolle Gelegenheit hat, ist von Wert...«[84]

Von einem Ferienaufenthalt in Wyk auf Föhr schreibt er nach Hause: »Alles Arbeiten habe ich einstellen müssen, und glücklicherweise habe ich auch nichts zu lesen – damit verdirbt man sich immer bei Schnupfenzuständen. Ich beschäftige mich damit, mein Leben zu überblicken, allerdings in etwas kindischer oder doch mindestens in nicht sehr erhabener Weise. Bei den ernsten Dingen verweile ich fast gar nicht; ich sehe sie kaum und lasse Spielereien, Einbildungen und allerhand Fraglichkeiten an mir vorüberziehn. Das Endresultat ist immer eine Art dankbares Staunen darüber, daß man von so schwachen wirtschaftlichen Fundamenten aus überhaupt hat leben, vier Kinder großziehen, in der Welt umherkutschieren und stellenweise (z. B. England) eine kleine Rolle hat spielen können. Alles auf nichts andres hin als auf die Fähigkeit, ein mittleres lyrisches Gedicht und eine etwas bessere Ballade schreiben zu können. Es ist alles leidlich geglückt... Aber, zurückblickend, komme ich mir doch vor wie der ›Reiter über den Bodensee‹... und ein leises Grauen packt einen noch nachträglich.«[85]

Zum ersten Mal hatte einer der führenden deutschen Romanciers dann auf Norderney das selten genug zu registrierende Vergnügen, von einem Apotheker, dem er ein Rezept mit seinem Namen übergeben hatte, als der Autor Fontane identifiziert zu werden.

»Erst in die Apotheke«, schrieb er im Juli 1883 nach Berlin. »Hier traf ich Herrn Apotheker Ommen in Person, einen stattlichen Friesen von Bildung, Manieren und Distinktion. Eine Inselgröße. Ich bat um ein Fläschchen Esprit de Menthe und bestellte mir für heut ein großes Oxycroceumpflaster. Bei dieser Gelegenheit nannt ich ihm meinen Namen und begann diesen wie gewöhnlich zu buchstabieren. Er lehnte dies aber mit einer verbindlichen Handbewegung ab und sagte nur, halb fragend, halb sich verneigend: ›Theodor Fontane!‹ mit Betonung des Vornamens.

Als ich meinerseits nun nickte und sozusagen meinen Prinzenstern zeigte, murmelte er allerlei dunkle Huldigungsworte, so daß ich die Apotheke mit dem Gefühl verließ, den größten Triumph meines Lebens erlebt zu haben. Und dies ist nicht etwa scherzhaft, sondern ganz ernsthaft gemeint. Du weißt, wie mißtrauisch und ablehnend ich in diesem Punkte bin. Dies aber war wirklich was und wiegt mir drei

Orden auf; denn Anerkennung, Freude, ja selbst Respekt (*der* Artikel also, in dem man ganz besonders und bis zur Ungebühr zu kurz kommt) sprachen sich in dem Benehmen des Mannes aus. Dies lange Schreiben darüber mag etwas Komisches haben; ich befinde mich aber in der Lage eines jungen Mädchens, das sich gestern abend verlobt hat und seiner Freundin über diesen Lebensakt berichtet.«[86]

Während dieses Inselaufenthaltes lebte Fontane das Leben eines Einsiedlers, über das er in einem Brief an Mete berichtet: »Ich lebe hier in Isoliertheit und hätte, wenn ich nicht zufällig den Spielhagens begegnet wäre, in dritthalb Wochen noch keine hundert Worte gesprochen. Ich war immer ein Singleton und bleib es bis zuletzt. Blick ich zurück, so hat mein Leben viel Ähnlichkeit mit dem, das ich vor 31 Jahren in London führte. Bewundernd ging ich vom Hyde-Park nach Regents-Park, entzückt stand ich auf Richmond-Hill und sah den May-tree blühn; die Luft, die ich atmete, die Reichtums-bilder, die ich sah, alles tat mir wohl, aber ich ging doch wie ein Fremder oder als ein nicht zu voller und ganzer Teilnah-me Berechtigter durch all die Herrlichkeit hin. Immer bloß Zaungast. Und so ist es hier wieder. Zum Glück balanciert der Himmel alles, und die Blinden sehen mit ihren Finger-spitzen. Die Dinge beobachten gilt mir beinah mehr, als sie besitzen, und so hat man schließlich seinen Glück- und Freudeertrag wie anscheinend Bevorzugtere.«[87]

In seinen letzten Jahren konnte er als arrivierter Schriftstel-ler, dessen Name immer mehr an der literarischen Börse gehandelt wurde und dessen Auflagen in stetem Steigen begriffen waren, auch einmal außerhalb des märkischen Umkreises Erholung suchen. Mit zunehmendem »Borussis-mus« war ihm die Mark überhaupt verleidet worden.

»Am liebsten bliebe ich in der Mark, deren Sandplateaus ich für besonders gesund halte«, bekennt er freimütig, »aber mir, dem Verherrlicher des Märkischen, ist alles Märkische schrecklich. Diese eigentümliche anspruchsvolle Ruppig-keit, immer der Nickelgroschen mit Taleralüren, ist mir unerträglich. Es beobachten und schildern, ist amüsant, aber mit drunterstecken, ist furchtbar.«[88]

Auch Reisen in die Berge wurden für ihn immer problematischer. »Die ländlichen Gebirgsaufenthalte, gleichviel wo, sind entzückend, solange man jung ist oder sich jung fühlt«, stellte er fest. »Aber es ist vorbei damit, sowie die Kräfte nicht mehr ausreichen, in die Berge zu steigen und sich an dem Ozon der Berge für all das schadlos zu halten, was die Aufenthalte als solche an einem verbrechen. Diese Verbrechen sind groß: die Verpflegung ist miserabel, der Komfort null, die Wohnung noch miserabler. Entweder man wohnt in einer Laterne, darin man sich von Morgen- und Mittagssonne nicht lassen kann, oder man wohnt sonnenlos, so wachsen die Pilze aus der Erde, und alles riecht nach Multer und Schimmel. Die Mäuse laufen einem über das Bett...«[89]

Ganz zuletzt suchte Fontane größere Badeorte auf, auch ohne sich einer Kuranwendung zu unterziehen. In Kissingen oder Karlsbald fand er »Komfort und Behagen«, mit denen er bis dahin notgedrungen knausern mußte. Hier verspürte er auch etwas vom Wind der mondänen Welt, die er kritisch beobachtete. So entdeckte er in Karlsbad »unter zweitausend Damen, die ich nun hier in drei Wochen gesehen habe«, höchstens zehn oder zwanzig, die seinen kritischen Vorstellungen von geschmackvoller Kleidung entsprochen hätten. Die meisten wirkten, wie er bekennt, wie Karikaturen auf ihn.

Nur drei Wochen vor seinem Tode faßte er seine ausgiebigen Sommerfrischenerfahrungen in einem Brief an seinen Sohn Theodor so zusammen: »Schweiz, Italien, Paris muß man gesehen haben, das ist man sich schuldig...; aber das vergnügliche Reisen, von dem man menschlich was hat, liegt doch woanders. Stille Plätze, wenig Menschen, ein Buch, ein Abendspaziergang über die Wiese, mit andern Worten: die kleine Lehrersommerfrische.«[90]

19
Preußentum

Fontanes Faible für das alte Preußen ist längst literaturnotorisch geworden. Zwar schlug auch seiner durchaus verwundbaren Seele zuweilen die oft unerträgliche preußische Ruppigkeit nur schwer verheilende Wunden. Und so war er keineswegs ohne weiteres geneigt, die negativen Erscheinungen all dessen, was er unter dem höchst abschätzigen Begriff des »Borussismus« zusammenzufassen pflegte, großherzig zu übersehen und einem noch nicht allzu lange ins Bewußtsein der Geschichte getretenen Kolonialvolk, das sich nur wenig von der Zivilisation beleckt fühlte, Generalabsolution zu gewähren.

Immerhin hatte er sich im Laufe eines langen Lebens, in dem nicht alle Blütenträume reiften, zu der Einsicht durchgerungen, über so manche menschliche Schwächen und Gebrechen, soweit sie nicht gerade kriminellen Charakter annahmen, zur Tagesordnung überzugehen. Die »Unliebenswürdigkeit, die große Durchschnittlichkeit, die wichtigtuerische Feierlichkeit« gewisser Vertreter des neuen Preußentums, das sich mit dem alten nicht mehr messen konnte, überstiegen allerdings oft bei weitem die Grenzen dessen, was er seinem reizbaren sanguinischen Temperament eben noch zumuten konnte.

Im Grunde wußte er jedoch selbst zu gut, was er an diesen preußischen Rauhbeinen hatte, die sich nicht gleich mit jeder zivilisatorischen Torheit des benachbarten Westens arrangierten, weil sie selbst zuviel menschliches Eigengewicht und ein unerschütterliches Selbstgefühl besaßen. Der kongeniale Barde des friderizianischen Preußen, der Preußens

Gloria literarisch zu verewigen versuchte, nicht anders übrigens, als es auch der große Adolph von Menzel auf dem Gebiet der bildenden Kunst mit so viel überzeitlicher Nachwirkung zustande brachte, bekannte sich zu ihnen und stand sogar noch dann zu seinem Wort, als nach der verlorengegangenen Revolution opportunistische Skribenten ihre so penetranten Klagelieder über die wieder einmal in die Binsen gegangene Freiheit anstimmten, die sie schon fest in ihren Händen zu halten meinten.

Es spricht entschieden für Fontanes eindeutige Haltung, daß er damals, als auch er die Scherben seiner politischen Illusionen zähneknirschend zusammenfegte, spontan sein preußisches Credo ablegte und sich die folgenden beachtenswert nonkonformistischen Worte von der Seele schrieb: »Unseren Parforce-Demokraten zu gefallen, aber mein Vaterland zu schmähen und zu verkleinern, bloß um nachher eine vollständige Schweinewirtschaft und in dem republikanischen Flicklappen, Deutschland genannt, noch lange nicht soviel deutsche Kraft und Tüchtigkeit zu haben wie jetzt in dem alleinigen Preußen, mag und werde ich Preußen nicht in den Dreck treten. Die Gegenwart bietet des Traurigen genug, ich werde Gelegenheit haben, nach wie vor auf die Polizei zu schimpfen und den augenblicklichen Kammer-Jammer zu bejammern. Aber die Entrüstung über unpreußische Handlungsweise der jetzigen preußischen Machthaber wird nie so weit gehen, daß ich das Kind mit dem Bade ausschütte und wohl gar Land und Volk schmähe, aus Liebe zu dem ich überhaupt nur in Entrüstung geraten könnte.«[91]

Der Künstler in Fontane urteilte eben entschieden versöhnlicher als der Revoluzzer über all das, was man unter dem Oberbegriff »preußisches Ethos« zusammenfaßte. Er verfügte nun einmal über einen sicheren Blick für die immanente Poesie des Lebens. Eben dafür aber war das alte Preußen mit seinen unverbildeten Menschen von echtem Schrot und Korn noch ein willkommenes Objekt. Er suchte und fand Preußens Größe auch im Detail, also im Anekdotischen, das seinen ›Wanderungen durch die Mark Brandenburg‹ einen unverwischbaren Zauber verliehen hat. Das Unscheinbare, über das Leute mit einem weniger stark reagierenden Sensorium ungerührt hinwegzusehen pflegen, ließ er nicht unbeachtet am Wege liegen. In ihm spiegelte sich für ihn ein ganzer Makrokosmos. »Großer Stil«, konnte er daher aus seiner Sicht heraus anmerken, »heißt soviel, wie vorbeigehen an allem, was die Menschen eigentlich interessiert«. In diesem Sinne war Fontane gewissermaßen immer auf der Suche nach dem Wunder, das sich ihm in den Realitäten des Lebens darbot.

Die heimliche Liebe Fontanes zu Preußen basierte vor allem auf seinen zahlreichen menschlichen Begegnungen mit den märkischen Landjunkern, die er eben nicht wie andere, die über sie rücksichtslos vom Leder zogen, nur vom Hörensagen kannte. Er konnte sich noch an ihrer inneren Kultur und ihrem ungebrochenen Selbstgefühl erbauen, auch als die schmetternde Ruhmredigkeit einer bombastischen Gründergeneration die Stimmen der Stillen im Lande zu übertönen drohte.

Erst damals kam eigentlich durch eine systematische Diffamierungsaktion böswilliger Publizisten das Preußentum zum ersten Mal in Verruf. Es war in seiner drakonischen Strenge unpopulär geworden und in die Nähe von Sparta gerückt worden. Die sogenannten Intellektuellen schienen jedesmal wieder Morgenluft zu wittern, wenn sie an den sonst so sauberen Westen der Leute vom preußischen »Establishment« auch einmal einen Spritzer entdeckten. Fontane jedoch war großherzig genug, solche Schönheitsfehler, die als gewiß unrühmliche Ausnahme die Regel zu bestätigen schienen, als Bagatellen herunterzuspielen. Da er sich selbst auch nicht gerade für einen Ausbund von Tugendhaftigkeit hielt, stimmten ihn dergleichen Menschlichkeiten eher versöhnlich.

Wenn ihn der Zweifel an der Integrität prominenter Preußen anfocht, erinnerte er sich gern des tief in der preußischen Tradition verwurzelten Erzjunkers Friedrich August Ludwig von der Marwitz, der ganz und gar ein Mann seines Herzens war und es bis zuletzt auch blieb. Marwitz verkörperte für sein Empfinden ein zeitloses und ideales Preußentum, dem jeder schäbige Opportunismus fremd war. Fontane hatte zumindest von ihm gelernt, welche Berserkerkräfte echte Opferbereitschaft entbinden und wie sehr der kategorische Imperativ von der »verdammten Pflicht und Schuldigkeit« die Welt verändern kann.

Auch Friedrich Wilhelm I., der Soldatenkönig also, wurde immer mehr ein Mann seines Herzens. Dieser hatte in aller Unerbittlichkeit das bessere Preußen wie kaum ein anderer repräsentiert. Sogar die scharf kritisierte Haltung des Königs in der Katte-Tragödie fand Fontanes volle Zustimmung. Den 6. November 1730, den Tag von Kattes Enthauptung in Küstrin, hielt er neben der Schlacht von Fehrbellin für eines der bemerkenswertesten preußischen Daten, die Geschichte machten; denn dieser Tag, das war seine Meinung, »veranschaulicht in erschütternder Weise jene moralische Kraft, aus der dieses Land, dieses gleich sehr zu hassende und zu liebende Preußen, erwuchs«. Fontane erkannte – sehr im Gegensatz zu den meisten seiner Zeitgenossen – das makabre Geschehen dieses Novembertages keineswegs als einen Fleck auf dem blanken Schild der Hohenzollern. Friedrich Wilhelm I. hatte nämlich den Kampf zwischen Recht und Gnade tief in seinem Herzen ausgetragen, um zu dem Schluß zu gelangen: »Es wäre besser, daß Katte stürbe, als daß die Justiz aus der Welt käme.«

»Ein großartiges Wort«, fügte Fontane nach reiflicher Überlegung hinzu. »Ein großartiges Wort, das ich nie gelesen habe (und ich habe es oft gelesen), ohne davon im Innersten erschüttert zu werden.«[92]

Der Soldatenkönig war überhaupt ein Mann nach seiner Idealvorstellung von einem Monarchen. »Wir haben, wenn wir zurückblicken, drei große Epochen gehabt«, läßt er daher seinen Pfarrer Lorenzen im ›Stechlin‹ dozieren. »Die vielleicht größte, zugleich die erste war die unter dem Soldatenkönig. Das war ein nicht genug zu preisender Mann, seiner Zeit wunderbar angepaßt und ihr zugleich voraus. Er hat nicht nur das Königtum stabilisiert; er hat auch, was viel wichtiger ist, die Fundamente für eine neue Zeit geschaffen und an die Stelle von Zerfahrenheit, selbstischer Vielherrschaft und

Willkür Ordnung und Gerechtigkeit gesetzt.« Allerdings wünscht sich Fontane keineswegs »das spanische Rohr aus dem Tabackskollegium und nicht einmal den Krückstock von Sanssouci« zurück; denn »damit ist es vorbei. Und gut, daß es so ist. Was einmal Fortschritt war, ist längst Rückschritt geworden.«[93]

Ganz in der Nachfolge dieses Königs war Friedrich August Ludwig von der Marwitz für Fontane der Idealpreuße schlechthin. Obwohl er in so vielen Punkten erheblich von dem politischen Weltbild des Junkers abwich, fand Marwitz wohl kaum einen überzeugteren Bewunderer als eben Fontane, der sich in der Marwitz-Autobiographie wie kaum ein anderer auskannte. Die untadelige Gesinnung dieses Geburts- und Geistesaristokraten und großen Patrioten, der ein Mann auch vor Fürstenthronen blieb, verfehlte ihre Faszination über Fontane keineswegs. Nach einem Besuch von Schloß Friedersdorf, dem Stammsitz der Familie von der Marwitz, schrieb er an seine Mutter:»Zehn Generationen von 500 Schultzes und Lehmanns sind noch lange nicht so interessant wie drei Generationen eines einzigen Marwitz-Zweiges. Wer den Adel abschaffen wollte, schaffte den letzten Rest von Poesie aus der Welt.«[94]

Fontane folgte durchaus einem Zug seines Herzens, wenn er sich von der Geschichte der preußischen Junker inspirieren ließ. Dafür nahm er die mangelnde Grazie und eine »nicht wegzuleugnende Gemütlichkeitsdürre« gern in Kauf. Bei Leuten dieses Schlages, die alle ihre Meriten hatten, wußte man wenigstens, woran man war.

»Das nehme ich auf meinen Diensteid«, hämmert Fontane geschichtslosen Neupreußen ein, die es nicht wahrhaben wollen, die alte preußische Zeit habe ihren »ernsten sittlichen Kern« gehabt, »daß der Große Kurfürst, der sogenannte Soldatenkönig und der Alte Fritz nicht bloß famose Kerle gewesen sind, sondern ihr Tun, weit über alles Selbstische hinaus, auch im Dienste großer Ideen, vor allem der Bekämpfung des Katholizismus gestanden hat.«[95]

Bis zuletzt beschäftigt ihn das Schicksal des sterbenden preußischen Adels mit nicht nachlassender Intensität. Der

alte Dubslav von Stechlin verkörpert dem fast achtzigjährigen Fontane noch einmal in seiner menschlichen Noblesse
jenes alte Preußen, das er von allem Anfang an geliebt und
bewundert hatte. Zu seinem Leidwesen entgeht es seinem
Scharfsinn keineswegs, daß auch der Adel, auf dessen Schultern Preußen wie auf einem »rocher de bronce« basierte, von
der fatalen Zeitkrankheit einer fortschreitenden Dekadenz
befallen ist. Der alte Stechlin stellt, wie man bald herausgefunden hat,
so etwas wie Fontanes zweites Ich dar. Durch den Mund
dieses Edelmannes, der freilich »kein Programmedelmann,
kein Edelmann nach der Schablone, wohl aber ein Edelmann
nach jenem alles Beste umschließenden Etwas, das Gesinnung heißt«,[96] war, gibt der alte Fontane seine menschlich so
überlegenen Kommentare zum Zeitgeschehen ab. Je älter er
wurde, um so mehr war es ihm aufgrund seiner trüben
Erfahrungen, die er im Laufe seines Lebens hatte einsammeln können, möglich, den Wert jeder Tradition zu schätzen, ohne die der Mensch den Boden unter den Füßen
verliert. Im Juli 1893 fallen dann in einem seiner Briefe die
schwerwiegenden Worte: »Ich werde immer mehr in der
Anschauung bestärkt, daß wir viel zu sehr mit dem Alten
aufräumen und die Weisheit und Erfahrung zurückliegender
Zeiten nicht genug würdigen.«
Natürlich war Fontane zu sehr hellwacher Zeitgenosse,
um nicht zu spüren, daß der Adel ohne einen tiefgreifenden
Umwandlungs- oder Regenerationsprozeß diese kritischen
Tage einer sozialen Evolution nicht ungeschmälert überste-
hen würde. Die Aristokratie seiner Zeit sieht er nicht ohne
Skepsis und Besorgnis den Weg an einem Abgrund entlang
in die Dekadenz steuern. Jedenfalls findet er keine Veranlassung, ihm noch eine besondere Lebenserwartung zuzuspre-
chen. Nicht von ungefähr kritisiert er die zunehmende
Veräußerlichung seiner Kultur und den Abbau seiner für sein
Überleben so unerläßliche sittliche Grundhaltung, »der mit
einer gewissen Verrohung Hand in Hand geht«. Wie immer
kritisierte Fontane auch in diesem Falle, weil er liebte; er
pflegte nämlich zu lieben, indem er kritisierte.

Gegen den neuen »beschränkten, selbstsüchtigen und rappschigen Adel« wendet er sich mit der gleichen Entschiedenheit wie gegen eine »verlogene, borniete Kirchlichkeit«, gegen den »ewigen Reserveoffizier« und den »greulichen Byzantinismus« der Höflinge, die einen scheußlichen Utilitarismus zu ihrer Philosophie erhoben haben. Die Junker werden ihm um so unerträglicher, »je mehr sie sich überzeugen müssen, daß die Welt anderen Potenzen gehört«.[97] Begreiflich daher, daß ihm das historische, das alte Preußen, das sich noch auf der Höhe einer integren Staatsmoral bewegte und dessen Bürger noch zu Opfern bereit waren, ungleich enger ans Herz gewachsen war und ihm mit fortschreitendem Verfall der alten Ordnungen in immer hellerem Glanz als das Preußen »vom neuesten Datum« erscheinen will. Allerdings macht er auch aus seinem »Haß gegen das Alte, das sich einbildet, ein Ewiges zu sein«, kein Geheimnis. In diesem anachronistischen Adel kann er nur noch »eine Störung, ein Hemmnis, einen aus Böswilligkeit oder Dummheit auf die Schiene gelegten Stein« erblicken.

Obwohl der von ihm ein Menschenalter und mehr literarisch verklärte und gefeierte Adel ihn so oft enttäuschte und ihn, wenn es darauf ankam, kaum eines Blickes würdigte, sondern alles wieder einmal »den Juden überließ«, kommt er nicht umhin, ihm bis hin zu den ›Poggenpuhls‹ und zum ›Stechlin‹ einen Schwanengesang zu intonieren. Er entbehrte diesen Adel nicht als politisches Element im Staate. In der Hinsicht hatte dieser längst ausgespielt. Aber der Poet in Fontane vermißte dann eben doch einen Menschentyp, an dem sich seine Imagination immer wieder entzündet hatte.

»Man wird sich viertelstundenlang an diesen merkwürdigen Gewächsen freuen«, so äußert er sich über die Junker, »aber man kann es zu keiner Freundschaft und Übereinstimmung mit ihnen bringen. Meine rein nach der ästhetischen und novellistischen Seite hin liegende Vorliebe bleibt dieselbe, aber Verstand, Rechts- und Selbstgefühl lehnen sich gegen diese Liebe auf und erklären sie für eine Schwäche. Es geht einem im Leben mit Einzelindividuen so und dann wieder mit ganzen Nationen.«

Als Historiker und Poet dazu weiß Fontane es ganz besonders zu schätzen,»daß es solche Leute gab und gibt«, denen er testiert,»daß sie sämtlich ihr Gutes und zum Teil ihr Großes gewirkt haben«. Allerdings fügt er gerechterweise hinzu:»Aber diese toten Seifensieder immer noch als tonangebende Kräfte bewundern zu sollen, während ihre Hinfälligkeit seit nun gerade hundert Jahren und mit jedem Jahre wachsend bewiesen worden ist, das ist eine furchtbare Zumutung.«[98]

So»aussterbereif«ihm auch der Adel zu sein scheint, so hält er Originale wie den alten Stechlin dann eben doch für unverwüstlich. Letzte Preußen wie dieser aus der Norm fallende Edelmann verfügen noch über eine von Herzen kommende Menschlichkeit und bedienen sich keiner Phrase, um vor der Welt in Erscheinung zu treten. Menschen dieses Schlages sind zeitlos und von einer Jugendlichkeit, die jede Verbitterung des Alters ausschließt. Fontane, der seine jugendlichen Eskapaden keineswegs leugnete, hatte durchaus ein verstehendes Lächeln für puerile Torheiten; nur da hörte bei ihm die Gemütlichkeit auf, wo er an eine besserwisserische Jugend geriet, die allen Ernstes von sich behauptete, wäre sie in der Lage Friedrichs des Großen gewesen, die Kunersdorfer Schlacht auf jeden Fall gewonnen zu haben. Entgegen ihrer destruktiven Tendenz, mit dem Alten um jeden Preis aufzuräumen, vertrat er die Meinung, man könnte»die Weisheit und Erfahrung zurückliegender Zeiten nicht genug würdigen«.

So sehr Fontane die Leistungen der Techniker und Industriemagnaten bewunderte, so neigte er doch nicht zu einer pauschalen Überbewertung ihrer Arbeit. Gegen den absoluten Fortschritt verhielt er sich äußerst skeptisch. So stellte er zu Recht, wie man heute sagen kann, die alten kultivierten und bescheidenen Herrensitze der Mark der»protzenhaften Geschmacklosigkeit der Villen aus den Gründerjahren«entgegen. Die erfolgsbesessenen Parvenüs der Hauptstadt gehen nur darauf aus, möglichst viel Geld»für einen erhöhten Bier- und Beafsteak-Konsum zu scheffeln«. Sein Herz schlug für die Junker und ihre distinguierte Haltung, und er grenzte sich scharf und entschieden gegen »Gründertum, Luxus und moderne Unsolidität« ab. Sicher spricht er pro domo, wenn er seinen Zeitgenossen dringend ans Herz legt: »Sich angehören ist der einzig begehrenswerte Lebensluxus. Die moderne Menschheit ist so herunter, daß sie ein Plüschmeublement vorzieht. Ich habe mit solchen Jammerprinzen nichts zu schaffen.«

Unter solchen Aspekten fällt im Laufe der Jahre immer mehr Licht auf die Hohenzollern und ihr Werk, das die gute preußische Tradition in die Gegenwart hinüberführte. Gern wäre er der Historiograph dieser Dynastie geworden, die er in ihren bedeutendsten Vertretern uneingeschränkt bewunderte. »Das Berliner Schloß, alt und neu, das Potsdamer Sanssouci, das Marmor-Palais, das Neue Palais, das Charlottenburger Schloß: welche Welt, welche Gestalten, welche Erinnerungen«,[99] läßt er seinem ehrlichen Enthusiasmus die Zügel schießen. Aber wenn ihm dieser Wunsch auch unerfüllt blieb, so kann Fontane doch immerhin das Verdienst für sich verbuchen, der kompetente Geschichtsschreiber der brandenburgischen Mark geworden zu sein. Er hat, »allem Systematischen ein Schnippchen schlagend«, »spielend und in novellistischer Form« die Geschichte dieses Landes erzählt.

Als Fontane nach seinen englischen Intermezzi wieder in Berlin Fuß faßte, hatte man es mit einem zwar undoktrinären, aber überzeugten Konservativen zu tun, der jedem überzogenen Fortschrittsfetischismus abgeschworen hatte. Er hatte sein Schwabenalter erreicht und sich längst von den politischen Eskapaden seiner Herweghzeit distanziert. »Man wird mit den Jahren ehrlich und aufrichtig ein Konservativer und läßt sich durch Persönlichkeiten und zufällige Vorkommnisse immer weniger in den großen Prinzipien beirren«, war seine feste Überzeugung geworden. Sicherlich konnte ein Mann wie Fontane nie Sklave einer philiströsen und borniertren Parteidiktatur werden. Für seine nostalgischen Empfindungen für das alte Preußen konnte er neben ästhetischen Gründen vorwiegend sittliche Argumente ins Feld führen. Er wußte schließlich, was er tat, wenn er das preußische Ethos mit allem Guten und Wahren identifizierte.

Das alte Preußen fand in Theodor Fontane immer einen beherzten Apologeten, der sich nicht zu schade war, gegen die übliche Preußennörgelei seine guten Argumente zu setzen. Im Falle Theodor Storms, von dessen Antipreußentum bereits die Rede war, hätte er sogar seine Freundschaft mit dem Husumer um ein Haar riskiert. Sein Preußenenthusiasmus, konnte er von sich behaupten, war frei von jeder provinziellen Enge und jedem Hurrahlokalpatriotismus. Ohne Arroganz pflegte er daher die Argumente der eingeschworenen Preußengegner zu zerrupfen. In solchen Debatten konnte er sogar die Unglücksschlachten des großen Königs mit in die Waagschale werfen, da er überzeugt war, nur die Preußen könnten sich diesen Luxus einer Selbsterniedrigung leisten.

Die Vorstellung, anderswo als in Preußen auf Dauer leben zu müssen, wurde für Fontane immer unvorstellbarer. Er war von klein auf in diese historische Welt hineingewachsen. Schon als Kind hatte er ganz im Bann eines Prachtgemäldes im Hause seiner Eltern gestanden, das aus der großväterlichen Erbschaft stammte: »Frédéric le Grand rétournant à Sanssouci après les Manoeuvres de Potsdam, accompagné de ses Généraux«. Preußische Geschichte und brandenburgische Umwelt hatten ihn bestimmend geprägt, und er hat, über alle borussistische Schönheitsfehler großzügig hinwegsehend, die große Liebe seiner Jugend nie leichtfertig verspielt oder preisgegeben.

Es dürfte Fontane nie schwergefallen sein, die preußische Position überzeugend in der Welt zu vertreten. Seine Preußen-Apologie beruhte vorwiegend auf den Taten der Kurfürsten und Könige, die das Wunder bewirkten, aus einem oft recht unzulänglichen menschlichen Rohmaterial von ethnisch höchst heterogenen Minderheiten dann doch noch so etwas wie eine verschworene Gemeinschaft zusammenzuschweißen, die eine der erstaunlichsten deutschen Staatsgründungen durch oft schwere Zeiten erfolgreich hindurchtrug. Am Beispiel Preußens pflegte Fontane zu exemplifizieren, was deutsche Menschen unter einer straffen und zielbewußten Führung erreichen können. Diese Regenten waren sogar imstande, »aus einem ganz gewöhnlichen ruppigen Kerl einen Rendanten, Postmeister oder gar Gesandten« zu machen. Dabei half ihnen das »Wichtignehmen« des Amtes oder Titels. Es war ein Dressurakt, den sie da an im letzten dann eben doch praktikablen Objekten vollzogen. Selbst da, »wo der Krückstock noch wacker umging«, herrschte nach Fontanes Meinung mehr Freisinn als unter der sogenannten »patentierten und paragraphierten Freiheit« seiner Tage. Das Patriarchalische im unmittelbaren Verhältnis zwischen Monarch und Untertan hielt er für eine Garantie »wirklicher Humanität«.

Die Hohenzollern, unter denen er sehr wohl zu differenzieren wußte, stellten einen Glücksfall für dieses noch ganz im geschichtlichen Halbdunkel dahinvegetierende Volk dar, »weil es ohne die nicht ging«. »Auch waren es Leute danach«, pflegte er mit Nachdruck hinzuzusetzen. Für die Neupreußen, mit denen er sich täglich herumschinden mußte, wagte er da allerdings nicht seine Hand ins Feuer zu legen. Obwohl er sich sonst keineswegs zierte, dem Neuen, wenn es nur Hand und Fuß hatte, die Steigbügel zu halten, so legte er doch seinem alten Stechlin in schöner Beiläufigkeit den Satz in den Mund: »Aber lassen wir das schlimme Neue; das Alte war doch eigentlich besser – das heißt, dann und wann.«[100]

Bei aller berechtigten kritischen Reserve gegenüber Wilhelm II. zweifelte Fontane keinen Augenblick daran, daß das Bismarckreich auf dem Prestige der Hohenzollern basierte, an dem man mit deutschem Feuereifer in blinder Lust am Untergang heftig zu sägen begann. Noch kurz vor seinem Tode wies er in einem Brief an Dr. Morris eine Kritik an den Hohenzollern in einer englischen Zeitung mit folgendem Argument zurück: »Ein Engländer, weil ihn die ganze Geschichte doch schließlich nur mäßig in seinem Gemüte beschäftigt, wird sich durch ein bestimmtes Maß von Unbefangenheit am Niederschreiben solchen boshaften Unsinns immer gehindert sehn. Etwas, was so falsch und so gehässig ist, kann nur von einem gegen Preußen und die Hohenzollern gereizten Deutschen geschrieben werden, also mutmaßlich von einem hannöverschen Welfen.«[101] Solche selbstzerstörerischen publizistischen Attacken bedeuteten für Fontane ein Indiz mehr für seine düstere Ahnung von den höchst zweifelhaften Überlebenschancen des neuen Reiches, dem recht eigentlich die Seele fehlte und das bestenfalls durch schäbige ökonomische Interessen zusammengehalten wurde. Er rechnete es sich keineswegs als besonderes Verdienst an, daß er sich immer mehr zum Schwarzseher entwickelte, was die Zukunft des Reiches betraf; andere verspürten auch die verheerenden Eruptionen der neuen Zeit und stimmten mit ihm in der Meinung überein, es sei Gefahr im Verzug. Nur ein halbes Menschenalter nach seinem Tod brach die große Katastrophe über ratlose Deutsche herein. Sie begrub dann auch Preußen unter sich.

Wie wenig sich Fontane in der Tat über die regressiven Tendenzen seines Zeitalters Illusionen hingab, beweisen die Notizen, die Henriette von Merckel über ein Gespräch machte, das sie im Juni 1865 mit Fontane führte: »Da ich mir vorgenommen habe, in dem Zusammensein mit meinem Freund den Inhalt der Gespräche, die mich besonders interessierten, aufzuzeichnen, so beginne ich heute mit dem, was F. gestern zu mir äußerte. An die jetzt durch die Dampfschiffe belebte Staffage in Treptow anknüpfend, meinte er, diese würden für Berlin eine neue Fortschrittsära einführen; es sei überhaupt mit der alten Zeit aus! Sosehr er der Gesinnung nach zu den Konservativen auch gehöre, so müßte er doch eingestehen, die Macht des Adels sei gebrochen und gehe über kurz oder lang ihrem Ende zu. Sie habe sich auf den Grundbesitz basiert – dieser gelte jetzt schon wenig genug –, das Kapital wäre an seine Stelle getreten und damit zugleich würde der Bürgerstand seine Macht immer mehr erheben. In früheren Zeiten habe sich dieser in den alten Reichs- und Handelsstätten wohl schon hervorgetan, in den anderen Städten sei er aber in seinen Ideen höchst beschränkt zu nennen gewesen. Mit der Macht, die ihm das Geld gebe, erweiterte sich auch sein Gesichtskreis. Man würde die neue Zeit demnach die Herrschaft des Geldes bezeichnen müssen. Auf meine Bemerkung, daß ich dieses für keinen Fortschritt in der Entwicklung des Menschengeschlechts halten könne, und was auf diese Herrschaft denn folgen sollte, meinte er: ›Vielleicht das Gute.‹«

Fontane, gewohnt, die Hand am Puls der Zeit zu halten, war als Zeitkritiker zu unbestechlich, um nicht die Etappen der preußischen Dekadenz zu registrieren:»Der ›Non soli cedo‹-Adler, mit seinem Blitzbündel in den Fängen, er blitzt nicht mehr, und die Begeisterung ist tot. Eine rückläufige Bewegung ist da, längst Abgestorbenes soll neu erblühen. Es tut es nicht...«[102]

Mit zunehmendem Alter verdrängte die echter Besorgnis entsprungene Preußenkritik die Elogen, die er einst dem historischen Preußen angestimmt hatte. Ihn beunruhigte mehr und mehr der neue»Borussismus«, jene degenerative Erscheinungsform des Preußentums, die vom alten Preußenethos nur die äußere Hülle bewahrt hat. Diese»unheilvolle Verquickung oder auch Nichtverquickung von Absolutismus, Militarismus und Spießbürgertum«, diesen»Zug von Unfreiheit, von Gemachtem und Geschraubtem, namentlich auch von künstlich Hinaufgeschraubtem wird jede Seele bedauern müssen, die noch das Bedürfnis hat, frei zu atmen«, gab er zu verstehen.

Vor allem aber gab ihm die rapide Verschlechterung des preußischen Menschentyps zu denken. Der völlig gleichgeschaltete Durchschnittsmensch beherrscht die Szene, der gedrillte»Examensheilige«, der den Abbau der essentiell menschlichen Werte signalisiert. In einer geistlosen Überbewertung der Rangverhältnisse in diesem Staat, in dem der Geheime Rat alles, die Kunst aber nichts bedeutet, sieht er eines der Krebsübel, auf die er den Finger richtet.

»Ich stelle Rothspon und Onkel Bräsig höher als den ganzen Borussismus, diese niedrigste Kulturform, die je da war«, ereifert er sich.»Nur der Puritanismus (weil verlogen) ist noch schlimmer.«

Immer mehr versuchen bereits hart angeschlagene Epigonen, menschliche Größe durch schneidige Haltung zu ersetzen. Aber gerade dieses verkrampfte Posieren von Eigenschaften, die längst auf den Absterbeetat geraten sind, können die entsetzliche Hohlheit von Staatsdienern nicht vertuschen, die zwar immer noch die Hacken zusammenschlagen und die Finger an der Hosennaht haben, aber in ihrer Servilität nicht mehr zu weltbewegenden Initiativen fähig sind.

Nicht einmal das schnarrende Heldentum der preußischen Reserveoffiziere, dieser »Vitzliputzli des Preußenkultes« kann ihm imponieren. Es besitzt für ihn bestenfalls den Stellenwert von »Blech, schlecht vergoldet«. Diese »Schneidigkeit«, die typenbildend wirken soll, entlarvt Fontane gänzlich unsentimental als Aufschneiderei. Statt dessen plädiert er für jenes pathoslose Heldentum, das im neuen Preußen längst eine Rarität geworden ist.

»Heldentum«, so heißt es dann auch bezeichnenderweise noch im ›Stechlin‹, »ist Ausnahmezustand und meist Produkt einer Zwangslage.« Seinem Pastor Lorenzen legt er über dieses so heikle Thema dann auch Worte in den Mund, die den Extrakt eines jahrelangen Nachdenkens über dieses Problem darstellen: »Heldentum ist gut und groß, und unter Umständen ist es das Allergrößte. Lasse mir den Heroenkultus durchaus gefallen, das heißt, den echten und rechten. Aber was sie von mir hören wollen, das ist, Verzeihung für das Wort, ein Heldentum zweiter Güte.

Mein Heldentum – soll heißen, was ich für Heldentum halte –, das ist nicht auf dem Schlachtfelde zu Hause, das hat keine Zeugen oder doch nur solche, die mit zugrunde gehn. Alles vollzieht sich stumm, weltabgewandt. Wenigstens als Regel... Echtes Heldentum steht immer im Dienst einer Eigenidee, eines allereigensten Entschlusses... Die Gesinnung entscheidet. Das steht fest!«[103]

Diese alles entscheidende Gesinnung aber sieht Fontane auf dem besten Wege, in das unerbittlich mahlende Räderwerk der »Beamtendrillmaschine« dieses neuen Staates zu geraten, der von so erschreckend viel menschlichem Unverstand in Grund und Boden regiert wird. Aber auch der stupide Bildungsdrill deutscher Schulen und Hochschulen nivelliert, verdummt und zerstört den letzten Sinn für alles Natürliche. Vor allem Liebenswürdigkeit und Konzilianz bleiben dabei jämmerlich auf der Strecke. Da nicht Amtspersonen, sondern nur Menschen im letzten zählen, würde es auch »ohne Geheimräte und Kronenorden zweiter Klasse« mindestens ebensogut gehen.

»Je mehr wir verassessort und verreserveleutnantet werden«, schreibt er nur zwei Jahre vor seinem Tode noch an Georg Friedlaender, »je toller wird es. Der letzte Rest von natürlichem Gefühl, was immer gleichbedeutend ist mit ›poetischem Gefühl‹, geht verloren. Als es noch keine Bildung gab, war alles interessant; die rasch wachsende Verlederung des Menschen datiert von den Examinas, und wir sind deshalb das langweiligste Volk, weil wir das Examensvolk sind.«[104]

Angesichts dieser Kritik blieb Fontane für das offizielle Preußen immer noch das, was er von Anfang an war: ein unsicherer Kantonist. Der Sänger der Preußenlieder und einer der bedeutendsten preußischen Dichter überhaupt empfand sich im neuen Reich selbst als eben noch geduldete Randfigur. Er hatte sich diese subalterne Stellung, wie er sehr wohl wußte, selbst zuzuschreiben, weil es ihm gegen den Strich ging, seinen Marsch »nach einem ihm vorgelegten Notenblatt« zu blasen. Er stimmte sein Lied an, wie ihm zumute war, und war erstaunt, daß am Ende dabei noch so etwas wie eine Melodie herauskam und sich sogar eine – wenn auch bescheidene – Resonanz einstellte. Wie verwegen er sich oft mit seinen kritischen Marginalien am Rande der Legalität entlangbewegte, wurde ihm zuweilen erschrekkend klar. Aber: »Was redet man nicht alles, wenn man mit einem Bekannten in einer Tiergartenallee spazierengeht«, kam ihm gelegentlich zu Bewußtsein. »Immer dicht am Hochverrat vorbei...«

Eine so dubiose Erscheinung wie Wilhelm II., bei dessen hochtrabenden Brandreden Fontane »himmelangst« zu werden pflegte, weil er die Resonanz des Auslandes abzuschätzen in der Lage war, als typischen Vertreter einer neudeutschen Gesellschaft, in welcher der schnell emporgekommene Bourgeois den Ton angab, anzuerkennen, fiel ihm nicht schwer. Diesem Kaiser allerdings auf seinem »Turmseilwege« zu folgen, versagte er sich klugerweise, da dieser nicht einmal »die richtige Kreide unter den Füßen« hatte, noch die »richtige Balancestange in Händen« hielt.

»Er will, wenn nicht das Unmögliche, so doch das Höchstgefährliche mit falscher Ausrüstung, mit unzureichenden Mitteln«, kommentierte Fontane die tollpatschigen Eskapaden des neuen Herrn in Berlin. »Er glaubt das Neue mit ganz Altem besorgen zu können; er will Modernes aufrichten mit Rumpelkammerwaffen. Er sorgt für neuen Most, und weil er selber den alten Schläuchen nicht mehr traut, umwickelt er eben diese Schläuche mit immer dickeren Bindfäden und denkt: ›Nun wird es halten.‹ Es wird aber *nicht* halten.«[105]

In Anbetracht der sukzessiven Aufweichung des preußischen Tugendkanons, der vom alten Kaiser noch pietätvoll respektiert worden war, hielt Fontane den beginnenden Verfall für alarmierend. Er war noch mit dem »letzten Monarchen, der noch ein wirklicher Mensch war«, groß geworden; nun sah er an der Spitze des Reiches einen Mann, der die schlechten Eigenschaften neudeutscher Parvenüs auf eine beunruhigende Weise verkörperte. Das Gefühl, sich permanent auf einer schiefen Ebene zu bewegen, ermunterte Fontane schließlich dazu, seine zeitkritischen Worte nicht gerade auf die Goldwaage zu legen.

»Wir stehen bereits tief in der Décadence«, bricht er den Stab über seine Epoche, und er fühlt sich in dieser Auffassung von Nietzsche bestätigt, zu dessen Büchern er in den letzten Jahren immer häufiger greift. Wie dieser vernimmt auch er bereits das Knistern im Gebälk des Reiches. Er wittert die Katastrophe, »die sich, wenn's los geht, innerhalb weniger Monate vollziehen kann«.

Die diplomatische Ungeschicklichkeit, die großsprecherische Attitüde und das provinziell enge Denken des jungen Kaisers bereiten ihm wahre Alpträume, und so schreibt er nach London hinüber: »Wenn ich Reden lese, wie sie Kaiser Wilhelm und nun gar erst (als Antwort) sein Bruder Heinrich in Kiel gehalten hat, so wird mir bei diesem Rückfall in Anschauungen, die noch über die Stuart-Anschauungen Jakobs II. hinausgehen, himmelangst.«[106] Immer wieder sieht sich Fontane zwischen Zuneigung und Aversion hin- und hergerissen, wenn er über sein inzwischen arg gestörtes Verhältnis zur heimischen Mark Brandenburg zu meditieren begann. Selbst wenn es sich um die Wahl eines geeigneten Ortes für einen Sommeraufenthalt handelte, ging er, wie wir bereits hörten, ernsthaft mit sich zu Rate, ob er die Mark überhaupt noch enger in Betracht ziehen sollte. Bot sie denn noch das notwendige geistige und menschliche Klima, das er zu seiner Rekreation so dringend benötigte?

»Borussismus« hieß die geheime Beschwörungsformel, mit der Fontane den bedrohlichen Abstieg Preußens in die Dekadenz noch am ehesten in den Griff zu bekommen sich einbildete. An Leo Berg, der eine Schrift über ›Ernst von Wildenbruch und das Preußentum‹ verfaßt hatte, schrieb er am 8. Juli 1888: »Auch über den Borussismus, trotzdem ich auf Preußen und Mark Brandenburg eingeschworen bin, denke ich ähnlich wie Sie. Vieles in diesem ewigen Drill, in diesem staatlich aufgeklebten Zettel, der einem dann die Lebensstellung gibt, ist mir ein Greuel, aber andrerseits (und darin weiche ich total von Ihnen ab) ist doch das vom Borussismus sich stark unterscheidende wahre Preußentum recht eigentlich das, was der deutschen Literatur seit hundert Jahren den geschichtlichen und dichterischen Stoff und zugleich auch die Dichter gegeben hat. Es bleibt freilich ein außer- und antipreußischer Rest, aber er bedeutet, mit Ausnahme der Lyrik, nicht viel. Natürlich nehme ich Lessing als Preußen; was kann preußischer sein als Minna von Barnhelm oder Nathan?«[107]

Preußen sieht sich nach Fontanes Meinung von der Geschichte überholt. Es posiert Weltmachtsattitüden, den alten »Popolinski-Charakter« aber kann es nun einmal nicht loswerden. »In Brandenburg und der Lausitz schmeckt alles nach Kiefer und Kaserne«, charakterisiert er diesen Zustand der Unterentwicklung bei überhöhten Ansprüchen. Auch in bezug auf ihre menschliche Haltung sind die Märker arg hinter dem Fortschritt zurückgeblieben. Die anderen Deutschen, findet Fontane, sind »natürlicher, witziger, liebenswürdiger« als die steifleinenen Vertreter eines ostdeutschen Kolonialismus, die vorgeben, alles besser zu wissen und zu können als andere, obwohl sie gegenüber dem allgemein zivilisatorischen Fortschritt arg in Verzug geraten sind. Sie sind nur zum Gehorsam erzogen worden, aber es handelt sich dabei um einen »toten Gehorsam«, »und ein toter Gehorsam ist unfruchtbar«.

Fontanes geharnischte Preußenkritik ist auch in aller polemischer Schärfe in seine Romane eingegangen. Schon in ›Vor dem Sturm‹ macht er den polnischen Grafen Bninski, der den preußischen Königen ihre Rolle bei den polnischen Teilungen nicht vergessen kann, zum Sprachrohr antipreußischer Gesinnung. Als dieser polnische Chauvinist von seiner Tochter gefragt wird, was nun in Preußen herrscht, antwortet er mit schneidender Schärfe: »Der Vorteil, der Dünkel, die großen Worte. Alles, was hier in Blüte steht, ist Rubrik und Formelwesen, ist Zahl und Schablone und dazu jene häßliche Armut, die nicht Einfachheit, sondern Verschlagenheit und Kümmerlichkeit gebiert. Karg und knapp, das ist die Devise dieses Landes... Angenähtes Wesen, Schein und List und dabei die tief eingewurzelte Vorstellung, etwas Besonderes zu sein. Und woraufhin? Weil sie jene Rauf- und Raublust haben, die immer bei der Armut ist. Nie ist es satt, dieses Volk; ohne Schliff, ohne Form, ohne alles, was wohltut und gefällt, hat es nur *ein* Verlangen: immer mehr! Und wenn es sich endlich übernommen hat, so stellt es das Übriggebliebene beiseite, und wehe dem, der daran rührt! Seeräubervolk, das seine Züge zu Lande macht! Aber immer mit Tedeum, um Gott oder Glaubens oder höchster Güter willen. Denn an Fahneninschriften hat es in diesem Lande nie gefehlt.«[108]

Der preußische Rittmeister von Hirschfeldt, der als Freiwilliger unter Napoleon in Spanien gekämpft hat, äußert sich im selben Roman aus der Distanz über das Preußen nach Jena und Auerstedt so: »Ich war lange draußen, und draußen lernt es sich. Jeder, der zurückkommt, wird durch nichts so sehr überrascht als durch den naiven Glauben, den er hier überall vorfindet, daß im Lande Preußen alles am besten sei. Das Große und das Kleine, das Ganze und das Einzelne. Am besten sag ich, und vor allem auch: am ehrlichsten. Und doch liegt unser schwacher und schwächster Punkt gerade nach dieser Seite hin. Welche Politik, die wir seit zwanzig Jahren gemacht! Lug und Trug, und wir mußten daran zugrunde gehen. Denn gleichviel, Staat oder Person, wer wankt und schwankt, wer unzuverlässig und unstet ist, wer Gelöbnisse bricht, mit einem Worte, wer nicht Treue hält, der ist des Todes.«[109]

Als eine besonders rüde Variante des Borussismus empfand Fontane das moderne Berlinertum. In den Berlinern, mit denen er täglich Umgang zu pflegen oft schmerzliche Gelegenheit hatte, potenzierten sich noch viele der negativen Eigenschaften, die er den Märkern ankreidete. Das dauernde Zusammengepferchtsein auf engstem Raum bedeute für sie alle eine hohe Schule der Lebensklugheit und Schlagfertigkeit, die Glaßbrenner als das eigentliche »Genie der Berliner« gefeiert hatte.

Fontanes Aufsatz ›Die Märker und das Berlinertum‹ gehört auch heute noch zu den kompetenten Beiträgen zur Naturgeschichte der Berliner. Wer auch sonst hätte aus der Distanz des geborenen Beobachters der Seele dieser Stadt näherrücken können als eben dieser Réfugiéssohn Fontane, dessen entschleiernden Blicken so gut wie nichts entging. In ein paar Dialogfetzen verstand er wie sonst kaum einer, zeitlosen Berliner Typen in einigen skizzenhaften Strichen Kontur zu verleihen.

Den oft so schwer erträglichen Renommier- und Räsoniercharakter des Berliners hat keiner so zuständig dekuvriert wie eben Fontane, der eine höchst griffige Formel für die Berliner Volksmentalität suchte und wohl auch fand: »Was wir das moderne Berlinertum nennen, ist ein eigentümliches Etwas, darin sich Übermut und Selbstironie, Charakter und Schwankendheit, Spottsucht und Gutmütigkeit, vor allem aber Kritik und Sentimentalität die Hand reichen.«[110]

Vom »Radaupatriotismus« der »großmäuligen und unverschämten Berliner« hatte Fontane nicht die beste Meinung. Er hatte ja selbst lange genug darunter glitten, und immer hatte er sich mit Humor darüber hinwegzutrösten bemüht. Der ehemalige Londoner Korrespondent war, wenn er die Wahrheit nicht vergewaltigen wollte, keineswegs willens, den Berlinern eine Weltstadtmentalität zu testieren. Sie waren allem Anschein nach weit hinter den politischen Ereignissen zurückgeblieben.

»Die Stadt wächst und wächst«, stellte er stirnrunzelnd fest. »Die Millionäre verzehnfachen sich, aber eine gewisse Schusterhaftigkeit bleibt, die sich vor allem in dem Glauben ausspricht: ›Mutters Kloß sei der beste.‹ Dabei gibt es hier – denn man kann doch nicht immer auf Bismarck und Moltke rekurrieren, die nicht mal Berliner waren – überhaupt nichts Bestes.«[111]

Obwohl Fontane es draußen in der Welt vielfach »freier, natürlicher, unbefangener und reizvoller« fand, blieb sein Schicksal mit dem Berlins bis zuletzt fast karmisch verknüpft. Dabei wird ihn der totale Mangel an Grazie oft zur Raserei gebracht haben. Schon eine Begegnung mit einer echten »Berliner Madamm«, die alle Berliner Untugenden en bloc in sich vereinte, konnte ihn aus seinem Gleichmut bringen. Man muß nämlich wissen, daß er den Berliner Umgangston für den »unfeinsten Ton, den die Welt kennt«, hielt.

Er ließ es sich daher auch einfallen, einen Aufsatz über den ›Berliner Ton‹ zu schreiben, in dem er alles ungeschminkt abladen konnte, was er im Laufe seines langen Lebens mit Berlinern an Unzumutbarkeiten eingesammelt hatte. Er verband damit die Erwartung, daß die Berliner durch eine systematische Kultivierung all dessen, »was pikant und geistvoll und witzig und anregend und apart ist«, doch noch auf eine höhere Stufe menschlicher Kulanz zu hieven wären. Auf eine Bildung des Geistes und des Herzens setzend, hoffte er auf eine Metamorphose der ruppigen Berliner, »die freilich eine Revolutionierung unserer gesamten Anschauungen zur Voraussetzung hat«. Und das war eben nicht wenig.

»Ungeheure Streitlust, Rechthaben à tout prix« waren nun ganz gewiß nicht Eigenschaften, die auf Fontanes Sympathie rechnen konnten. Am 14. Mai 1894 gesteht er Friedlaender in einem Brief unverblümt, seine »höchst kritische Stellung gegen alles Berlinische«. »Unsre ›Eigentlichsten‹ sind immer zugleich unsre eigentlichsten Gegner. Ich selbst gehöre auch mit dazu. Je berlinischer man ist, je mehr schimpft man und spöttelt man auf Berlin. Daß dem so ist, liegt nun aber nicht bloß an dem Schimpfer und Spötter, liegt leider wirklich auch an dem Gegenstande, also an unserem guten Berlin selbst. Wie unsre Junker unausrottbar dieselben bleiben, kleine, ganz kleine Leute, die sich für historische Figuren halten, so bleibt der Berliner ein egoistischer, enger Kleinstädter...«[112]

»Es gibt in Berlin nur Nachahmung, guten Durchschnitt, respektable Mittelmäßigkeit, und das empfinden alle klugen Berliner, sowie sie aus Berlin heraus sind. Das menschliche Leben draußen (nicht das politische, bei dem's aber auch zutrifft) ist freier, natürlicher, unbefangener, und deshalb wirkt die nicht-berlinische Welt reizvoller. Die Menschen draußen sind nicht klüger, nicht besser, auch wohl nicht einmal begabter und talentvoller, sie sind bloß menschlicher, und weil sie menschlicher sind, wirkt alles besser, *ist* auch besser.«[113]

Fontanes Preußenkritik, so desillusionierend sie auch wirken mag, trifft den effektiven Tatbestand jedoch zentral. Wenn er den Preußen auch einen »ridikülen Zug, alles, was sie besitzen und leisten, für etwas ganz Ungeheures anzusehen«, anlastet, so übersieht er dabei nicht, daß diese Art von Großmannssucht eine »natürliche Folge früherer Ärmlichkeit ist, wo das Kleinste für wertvoll galt«.

Man kann Fontane daher bei aller berechtigten Kritik, die er gegenüber dem modernen Preußentum anmeldete, nicht ohne Gewalt zum dezidierten Antipreußen umstilisieren. Er war im Gegensatz zu so manchem Literaten seiner Zeit kein Mann des billigen Ressentiments. Er konnte sich immer wieder über sich selbst erheben und war immer bereit, menschliche Größe und geschichtliches Charisma konzessionslos anzuerkennen. Trotz aller Enttäuschungen des

Jahres 1848 konnte er schon drei Jahre später, als Rauchs Friedrich-Denkmal unter den Linden enthüllt wurde, in die Leier greifen und sich von Friedrichs Größe zu den vielsagenden Versen inspirieren lassen:

>»Blitz nur herab von deiner Wacht;
Und wenn uns Feinde spotten,
Pandurentum und Slawenmacht
Sich rings zusammenrotten.
Dann, dir zu Füßen, weck' und wink'
Dem alten Leibhusaren
Und sprich: ›He, Zieten, sattl' er flink!
Wir woll'n mal drunter fahren.‹«[114]

20
Zeitkritik

Fontanes realistisches Geschichtsbewußtsein machte ihn ein
für alle Mal gegen die Überredungskünste meist demagogischer sozialromantischer Illusionisten immun. Er hatte das
Leben immer so genommen, wie es sich ihm darbot, und sich
mit den gegebenen Verhältnissen arrangiert, ohne deshalb
auch nur irgend etwas von seiner geheiligten »Independenz«
hinzuopfern. Gegen Ende seines Lebens witterte er immer
mehr, daß die Epoche, die ihn geprägt hatte und die noch
ganz im Zeichen der späten Romantik stand, zur Neige ging.
Eine neue Zeit drängte herauf, die nur undeutlich Konturen
annahm. Das Problem der kontinuierlichen Ablösung des
Alten durch das Neue schob sich immer mehr in den Mittelpunkt seines Interesses.

Offenbar litt Fontane mehr als andere unter der Ambiva-
lenz von Altem und Neuem. Beiden konnte er ihr Lebens-
recht nicht abstreiten, und doch gehörte seine ungeteilte
Sympathie der vorkapitalistischen Gesellschaft, dem Adel
und dem einfachen Volk. Der neudeutsche Bourgeois er-
zeugte ihm unvermindert Horrorvorstellungen. Er
schwamm mit dem, was er zu sagen hatte, gewaltig gegen
den Strom eines Zeitgeistes, der ihm immer verdächtiger zu
werden begann. Die Quintessenz seiner historischen Erfahrungen kulminierte in dem gern von ihm vorgebrachten
Kernsatz, das Alte zu lieben, für das Neue aber zu leben, falls
es schöpferische Ansätze vermuten läßt, was seiner Meinung
nach allerdings durchaus nicht immer der Fall war.

Die Einsicht, daß es mit dem alten Schlendrian, der mit
zwei Kategorien von Menschen, nämlich denen da oben und
jenen dort unten, noch immer Geschichte zu machen glaub-

te, nun für immer vorbei war, gehörte zum Repertoire Fontanescher Binsenwahrheiten, die er wenn auch nicht mit der Emphase eines notorischen Weltverbesserers, wohl aber mit der Apodiktik eines geradezu fanatischen Realisten vertrat.

Ideen, die er schon in seinem ersten Roman artikuliert hatte, als sich das Industriezeitalter erst vage aus den Nebeln der Geschichte zu lösen begann, nahmen mit den Jahren bemerkenswert scharfe Konturen an. Wenige Jahre vor seinem Tode haben sich seine Vorstellungen von einer Evolution der Gesellschaft in diesem Lande so gefestigt, daß er im Erscheinungsjahr seiner ›Effi Briest‹ sein geläutertes soziales Credo vortragen kann: »Der Mensch, der so viel sein kann, ist in der Gesellschafts- und Geldsphäre doch recht wenig. Die Menschheit fängt nicht beim Baron an, sondern, nach unten zu, beim 4. Stand; die 3 andern können sich begraben lassen. Solange man die Dinge um einen her wie selbstverständlich ansieht, geht es, aber bei Beginn der Kritik bricht alles zusammen. Die ›Gesellschaft‹ ist ein Scheusal.«[115]

Kurz vor seinem Tode hatte er sich dann zu der Überzeugung durchgerungen, das Leben räume in diesem Zeitalter erbarmungslos mit allem Überkommenen auf. Nun käme es vor allem darauf an, »ob sich der 4. Stand etabliert und stabilisiert – denn darauf läuft doch in ihrem vernünftigen Kern die ganze Sache hinaus.«

Damals bekommt sein englischer Freund Morris von ihm zu hören: »Alles Interesse ruht beim vierten Stand. Der Bourgeois ist furchtbar, und Adel und Klerus sind altbacken, immer dasselbe. Die neue, bessere Welt fängt erst beim vierten Stande an. Man würde das sagen, auch wenn es sich bloß erst um Bestrebungen, um Anläufe handelte. So liegt es aber nicht. Das, was die Arbeiter denken, sprechen, schreiben, hat das Denken, Sprechen und Schreiben der altregierenden Klassen tatsächlich überholt. Alles ist viel echter, wahrer, lebensvoller. Sie, die Arbeiter, packen alles neu an, haben nicht bloß neue Ziele, sondern auch neue Wege.«[116]

Fontane hatte begriffen, daß der Versuch, die sich emanzipierenden Massen durch weltliches und kirchliches Regiment bei der Stange zu halten, gescheitert war. Selbst Wehr-dienst und Schulpflicht hatten keine Wunder vollbringen können. »Jetzt haben wir den Salat«, hatte er an seine Frau geschrieben. »Der Schulzwang hat alle Welt lesen gelehrt und mit dem Halbbildungsdünkel den letzten Rest von Autorität begraben; die Militärpflicht hat jeden schießen gelehrt und die wüste Masse zu Arbeiterbataillonen organi-siert.«

Fontane witterte die Unruhe der Massen und war sich darüber im klaren, daß man ihnen ihre Rechte auf die Dauer nicht vorenthalten könnte. »Millionen von Arbeitern sind grade so gescheit, so gebildet, so ehrenhaft wie Adel und Bürgerstand, vielfach sind sie ihnen überlegen«, schreibt er 1878 an Emilie. »Alle diese Leute sind uns vollkommen ebenbürtig, und deshalb ist ihnen der Beweis zu führen, ›daß es mit ihnen nichts sei‹, noch ist ihnen mit der Waffe in der Hand beizukommen. Sie vertreten nicht bloß Unordnung und Aufstand, sie vertreten auch *Ideen*, die zum Teil ihre Berechtigung haben und die man nicht totschlagen oder durch Einkerkerung aus der Welt schaffen kann. Man muß sie *geistig* bekämpfen, und das ist, wie die Dinge liegen, sehr, sehr schwer.«[117]

Den neuen Kaiser allerdings sieht er nicht dafür prädesti-niert, die soziale Frage auf eine akzeptable Weise zu lösen. »Was mir am Kaiser gefällt«, versuchte er, Wilhelm II. Gerechtigkeit widerfahren zu lassen, »ist der totale Bruch mit dem Alten, und was mir am Kaiser *nicht* gefällt, ist das im Widerspruch dazu stehende Wiederherstellenwollen des Ur-alten... Er will, wenn nicht das Unmögliche, so doch das Höchstgefährliche mit falscher Ausrüstung. Die Rüstung muß fort, und ganz andere Kräfte müssen an die Stelle treten. Über unsern Adel muß hinweggegangen werden; man kann ihn besuchen wie das Ägyptische Museum und sich vor Ramses und Amenophis verneigen, aber das Land *ihm* zu Liebe regieren, in dem Wahn: dieser Adel sei das Land – das ist unser Unglück. Worin der Kaiser die Säule sieht, das sind nur tönerne Füße. Wir brauchen einen ganz anderen Un-terbau.«[118]

Wenn Fontane einiger »Prachtexemplare« halber dem Adel gegenüber auch noch Pardon zu geben gewillt war und sein »ästhetisches« Interesse ihm gegenüber keinen Augenblick Verschleißerscheinungen zeigte, so war sein Verdikt über das »grapschige« Benehmen der neureichen Besitzbürger einhellig und durch nichts zu erschüttern. »Ich hasse das Bourgeoishafte mit einer Leidenschaft, als ob ich ein eingeschworner Sozialdemokrat wäre«, schreibt der 72jährige an Mete. »Das Bourgeoisgefühl ist das zur Zeit maßgebende, und ich selber, der ich es gräßlich finde, bin bis zu einem Grade von ihm beherrscht. Die Strömung reißt einen mit fort.«

Am Ende legte sich Fontane auf die griffige Formel »Volk ist alles, Gesellschaft ist nichts« fest. Vor allem den Adel hatte er längst als einen politisch noch relevanten Faktor abgeschrieben. Die Privilegien der Junker lehnte er als einen kaum noch ernsthaft zu tolerierenden Anachronismus nicht ohne einen Anflug von sittlicher Empörung ab: »Ich habe nichts gegen das Alte, wenn man es innerhalb seiner Zeit läßt und aus dieser heraus beurteilt: der sogenannte altpreußische Beamte, der Perückengelehrte des vorigen Jahrhunderts, Friedrich Wilhelm I., der Kürassieroffizier, der mehrere Stunden brauchte, eh er sich durch sein eigenes Körpergewicht in seine nassen ledernen Hosen hineinzwängte, die Ober-Rechenkammer in Potsdam, der an seine Gottesgnadenschaft glaubende Junker, der Orthodoxe, der mit dem Lutherischen Glaubensbekenntnis steht und fällt, – all diese Personen und Institutionen finde ich novellistisch und in einem ›Zeitbilde‹ wundervoll, räume auch ein, daß sie sämtlich ihr Gutes gewirkt haben..., während ihre Hinfälligkeit seit nun gerade hundert Jahren, und mit jedem Jahr wachsend, bewiesen worden ist, das ist eine furchtbare Zumutung.«[119]

Am Ende hält er die antiquierten Ansprüche des Adels in einer völlig veränderten Zeit für kaum noch zumutbar. »Von meinem vielgeliebten Adel falle ich mehr und mehr ganz ab«, stellt er schließlich fest. »Traurige Figuren, beleidigend unangenehme Selbstsüchtler von einer mir ganz unverständlichen Borniertheit, an Schlechtigkeit nur noch von den schweifwedelnden Pfaffen (die immer an der Spitze sind) übertroffen... Die Bülows und Arnims sind zwei ausgezeichnete Familien, aber wenn die morgen von der Bildfläche verschwinden, ist es nicht bloß für die Welt (da nun schon ganz gewiß), sondern auch für Preußen und die preußische Armee ganz gleichgültig, und die Müllers und Schultzes rücken in die leergewordenen Stellen nach. Mensch ist Mensch.«[120]

Während Fontane die ostelbischen Junker als »traurige Figuren« abqualifiziert, die alle »geschmort« werden müßten, da sie die neue Zeit nur aufhalten, nimmt seine Aversion gegen die Privilegierten von gestern geradezu monomanische Züge an, als er nach seinem 75. Geburtstag die Resonanz der verschiedenen Gesellschaftsschichten in den preußischen Landen sondierte. Der Adel, stellte sich dabei heraus, hatte durch Abwesenheit geglänzt und damit eine naheliegende Chance verpaßt, einem seiner ehrlichen Bewunderer seine längst überfällige Reverenz zu erweisen. »Alles antiquiert!« lautete dann auch sein äußerst lakonischer Kommentar, der seine berechtigte Enttäuschung eindrucksvoll genug artikuliert.

Fontanes Kritiken an den praktizierenden Christen seiner Zeit fielen aufgrund seiner trüben Erfahrungen nicht eben positiv aus. Die institutionalisierte Kirche und ihre Vertreter verfielen seinem Verdikt schon in einer Zeit, als noch die Zivilcourage eines eingeschworenen Nonkonformisten dazu gehörte, Empörung über die desolate Verfassung und die schwindende Vitalität des Luthertums in diesem Lande, das es hatte mitprägen geholfen, zu Gehör zu bringen. Die besoldeten Repräsentanten dieser großen lutherischen Tradition zeigten keinerlei Ansätze von Fantasie oder Einfallsreichtum, die sie befähigt hatten, längst überholte Formen durch neue zu ersetzen.

Pfarrer Lorenzen ist als eine der bestimmenden Zentralfiguren des ›Stechlin‹ sicher auch als kirchenpolitisches Sprachrohr seines geistigen Vaters zu verstehen. Zur Fixierung seiner weltanschaulichen Position benutzt Fontane die Formel: »Lieber mit dem Alten, soweit es irgend geht, und mit dem Neuen nur, soweit es muß.« Daß er seine guten Gründe haben mochte, dem Neuen mit der Skepsis des Alters zu begegnen, läßt sich unschwer als das Ergebnis stattgehabter lehrreicher Lebenserfahrungen deuten. Aber er zweifelt dennoch nicht daran, daß auch das Neue Gott sei Dank einmal gut sein kann. Dann allerdings ist er bereit, mit ihm zu paktieren.

Suspekt jedoch war Fontane vor allem die Tatsache, daß das Christentum dazu herhalten mußte, die Machtpolitik des englischen Imperialismus mit frommen Sprüchen zu verbrämen. Dieser englische Cant, den Fontane geradezu skandalös fand, reichte dann auch aus, um ihn vollends von seiner Anglomanie zu erlösen. Bei aller Bewunderung der Weltgewandtheit des Inselvolkes gegenüber der Provinzialität tolpatschiger Preußen, denen das »Knotentum« noch allzu tief in den Knochen steckte, wünschte er den Engländern dann doch einen gehörigen Denkzettel. Als er sich daher die rhetorische Frage stellte, »Was täte ich, wenn ich Millionär wäre?«, fand er darauf nur die gereimte Antwort:

> »Einen Großadmiral würd ich ernennen,
> Der müßte die englische Flotte verbrennen,
> Auf daß, Gott segne seine Hände,
> Das Kattun-Christentum aus der Welt verschwände.«[121]

Aber nicht nur auf Adel und Kirche sind die polemischen Giftpfeile Fontanes gerichtet. Seine ganze Verachtung gehört dem neuen deutschen Bourgeoistum, das eine vulgär-materialistische Lebensweise zur allgemein reglementierenden Weltanschauung erhoben hatte. Mit dieser hohlen Welt des Scheins hatte er sich für den Rest seines Lebens abzufinden, obwohl er es eigentlich für unzumutbar hielt, sich mit diesen veräußerlichten »Jammerlappen« immer wieder arrangieren zu müssen.

Die Natürlichkeit, die er zu schätzen wußte, hatte sich aus dieser muffigen Bürgerwelt verflüchtigt. Der zum Lebensprinzip erhobene Krampf, das preziöse bürgerliche Getue wurden ihm immer unerträglicher. Sogar die Art, wie diese

Bürger ihre Feste zu begehen pflegten, bereitete diesem total unfeierlichen Menschen fast physische Torturen. Er stellte eine ihn geradezu schmerzende Inkongruenz von angemaßtem Anspruch und unterentwickeltem geistig-seelischen Habitus fest und entzog sich in der Regel solchen Ereignissen. Alle »Pomposität« reizte ihn nur noch zu bissigen Betrachtungen, die sogar die verkorkste Erscheinungsform der Liebe nicht ausschlossen. Er empfand für diese Sorte Liebe, in der sich nur noch »niedrigstehende Bourgeoisempfindungen«[122] artikulierten, am Ende nur noch Spott und Verachtung. Er war gewohnt, die Liebe auf ihre Echtheit hin zu prüfen. Dabei hatte sich herausgestellt, daß es mit vielem, was sich für Liebe ausgab, nicht sonderlich weit her war.

Die sogenannten großen Leidenschaften waren Fontane immer schon suspekt erschienen. Er war ihnen über das Maß des Erträglichen in Romanen begegnet, die er unmöglich goutieren konnte. Liebesgeschichten, wie er sie in der landläufigen Lektüre vorfand, begannen ihn immer mehr zu langweilen oder zu erbosen. Er hatte zur antiken Leidenschaft kein »rechtes Fiduz«, weil ihm auf seinem Lebensweg nichts vorgekommen war, was er unter der anspruchsvollen Rubrik »antike Leidenschaft« hätte unterbringen können, wie er als Zweiundsiebzigjähriger gestand. Die Erhabenheit solcher Gefühle sah der Erzrealist immer durch viel häßlichen Kleinkram getrübt. Große Empfindungen war er immer nur dann bereit zuzugeben, wenn die Götter sich vom Olymp aus in unser profanes menschliches Spiel einmischten. Meist aber handelte es sich nur um die Dämonen von unten, die sich zu solchem Eingreifen bewogen fühlten.

Nach alledem wird man verstehen, daß Fontane es als eine der großen Narreteien seiner Zeit vermerkte, daß jeder, der auf sich hielt, auch eine Leidenschaft haben oder zumindest gehabt haben wollte. Am Ende wertete er die herausposaunte bourgeoise Leidenschaft nur noch als unerträgliche »Quakelei« und zog den großen Liebhabern Leute vor, die das Herz am rechten Fleck haben.

Die problematischste Inkarnation des Typus Bourgeois ist der Staatsdiener, der sich bis an die Spitzen des Establishments vorgearbeitet oder emporgedienert hat. »Was bei andern der Nepotismus ist, ist bei uns die ›regierende Klasse‹«, meint Fontane. »Alle diese Leute stammen von kleinen Beamten ab. Ihr Urgroßvater war ein K. Kammerdiener oder ein Bote beim Kammergericht; der Sohn wurde Geh. Rechnungsrat, der Enkel kam bis in den Vorhof der Hölle und der letzte (jetzige) sitzt drin. Diese Leute machen alles. Das Linienblatt guckt überall heraus. Sie tuen liberal; sind aber die unreifsten Menschen von der Welt. Bourgeois. Sie kommen zur rechten Zeit vom Gymnasium ab, sie studieren die richtige Zeit und sind mit 28¼ bis 28¾ Assessor. Höchstens, daß ihnen ein Spielraum von sechs Monaten gestattet wird. Ein Monat früher ist Anmaßung, ein Monat später ist Lodderei. Sie sind Reserveoffizier. Sie heiraten immer ein wohlhabendes Mädchen und stellen bei Ministers die lebenden Bilder. Sie erhalten zu ganz bestimmter Zeit einen Adlerorden und zu noch bestimmterer Zeit den zweiten und dritten, sie sind immer in Sitzungen und sitzen immer am Webstuhl der Zeit. Im Vertrauen sagt ein jeder: Hören Sie, wäre ich nicht musikalisch oder sammelte ich nicht Goethe-Briefe, so hielt ich es nicht aus. Alles an ihnen ist mäßig, temperiert. Was anders ist, ist lächerlich.«[123]

Die Traumfigur seines Dr. Heinrich Brose aus ›Allerlei Glück‹, der es bei allen guten Gaben wegen seines unheilbaren Kritikbedürfnisses im Laufe eines Menschenalters nur zum außerordentlichen Professor gebracht hatte, läßt er nicht ohne begreifliche Erbitterung über diese bourgeoise Beamtenkaste folgendes sagen: »Denken Sie, wenn jeder was Apartes sein wollte. Das gäb ein Chaos. Außerdem haben sie ein kolossales Verdienst: sie sind zuverlässig. Sie leben nach einem ungeschriebenen Kodex, der gute Sitte, Treue, Loyalität und den Glauben an die besondere Mission Preußens vorschreibt. Genießer kommen unter ihnen nicht vor, sollen nicht vorkommen; aber sie sind recht eigentlich die Träger des Staats, viel mehr als der Adel, der *sehr* zersplittert ist, und selbst mehr als die Armee.«[124]

Auch der brave, höchst durchschnittliche Staatsbürger, der seinen vielberufenen beschränkten Untertanenverstand längst durch einen forschen emanzipatorischen Habitus eingetauscht zu haben glaubt, wird von der Fontaneschen Gesellschaftskritik keineswegs verschont. Dieser sich im Besitz aller möglichen Freiheiten dünkende Bürger darf im Frieden bei Militär dienen und zahlen, im Kriege aber pro patria sterben. Als Gegengabe hat man ihm das »Stimmrecht« zugebilligt.

Aber auch der neuen Opposition von unten traut Fontane nicht so recht über den Weg. »Mit ihren sozialdemokratischen Methoden werden sie's nicht zwingen, sondern es nur schlimmer machen; daß das Los vieler Millionen aber unendlich hart ist, viel härter ist als in den Zeiten, wo man frei war, wo Krieg und Pest über die Welt zogen, das ist gewißlich wahr... Denn Krieg und Pest kamen elementar, sie zogen gewitterhaft herauf und verschlangen ganze Generationen. Die Masse des Elends war viel größer, aber das Gefühl des Elends war viel kleiner.«

Damals waren die Menschen noch ohne alle Zweifel in ihren christlichen Glauben so eingebunden, daß sie in ihrer Qual Gott anriefen, der über die Macht verfügte, das über sie verhängte Elend wieder von ihnen zu nehmen. »Das alles war schwer, aber nicht bitter. Was jetzt über die misera plebs hereinbricht, ist bitter. Es wirkt nicht wie Gottes Gericht, es wirkt wie Menschenwerk. Die Frage ›Wozu?‹ ›Warum?‹ drängt sich auf, und der Gequälte findet keine Antwort. Und wenn er sie findet, so sagt er: ›Das ist es.‹ Und dabei weist er mit dem Finger nicht auf ein göttliches Gebot, sondern auf eine menschliche Einrichtung, auf ein Gesetz, das da ist, das ebensogut fehlen könnte, wie es da ist.«[125]

Sicherlich hätte eine gewaltsame Revolution von emanzipierten Massen nach den schmerzlichen Erfahrungen des Jahres 48 kaum den sozialpolitischen Konzepten Fontanes entsprochen. Wäre er auf eine passable Lösung der sozialen Frage hin angesprochen worden, so hätte er mit einiger Sicherheit für einen Sozialismus von oben her plädiert. Den professionellen Sozialisten sprach er ganz einfach die notwendige Fachkompetenz ab, den Karren aus dem Dreck zu holen. Dubslav von Stechlin war bezeichnenderweise am

Ende froh, daß nicht er, sondern sein sozialdemokratischer Gegenspieler Torgelow in den Reichstag einziehen mußte, wo er dann auch prompt Gelegenheit fand, sich gründlich zu blamieren. Dubslav knüpfte an diese an sich so generöse Verdrängung seiner Wahlniederlage die für ihn sicher nicht utopische Erwartung: »Und wenn sie's alle gezeigt haben, daß sie's auch nicht können, na, dann sind wir vielleicht wieder dran und kommen noch mal nach oben, und jeder kriegt Zulage.«[126]

Daß nur das Menschliche am Ende entscheidet, das war wohl Fontanes letztes Wort auch zur sozialen Frage. Als er hörte, daß seine Tochter mit dem Hausmädchen die Gewerbeausstellung 1896 im Treptower Park besucht hatte, sprach er ihr seine Anerkennung für ihre liberale Haltung aus: »Sehr gefreut hab ich mich, daß Du mit Anna in der Ausstellung warst: so muß man's machen. Eh nicht die letzte ›Madamm‹ begraben ist, eh wird es nicht besser.«[127]

Auch Fontane hätte gern einer »neuen, besseren Welt«, einer menschlicheren Welt vor allem, bei ihrer Heraufkunft Geburtshelferdienste geleistet, hätte dieser Kraftakt zu seinen Möglichkeiten gehört. Wenigstens machte er sich selbst und anderen nicht vor, die Chancen dieser in Aufruhr geratenen Welt für eine friedliche Lösung ihrer Probleme durch eine wachsende höhere Einsicht der Menschen wären bedeutend. »Ist mein Blick in die Zukunft richtig, so zieht das Gewitter diesmal noch vorüber«, prognostizierte er. »Die Wolken sind noch nicht geladen genug. Die Regierungen führen noch das Wort, nicht die leidenschaftlichen Volksempfindungen. Sprechen aber *diese* mit, so werden wir furchtbare Kämpfe haben, nach deren Abschluß die Welt und die Landkarte anders aussehen wird als heut.«[128]

Offenbar sieht er das deutsche Debakel schon klar voraus, als er am 13. Juli 1897 an Dr. Morris aus Neubrandenburg schreibt: »Mit Schrecken sehe ich die ›englischen Rüstungen‹, und daß das so welt- und lebenskluge England schließlich auch in diesen modernen Unsinn verfällt. Die Kultur, die dadurch geschützt werden soll, geht darin unter. England, weil es reich ist, kann die Sache eine Weile aushalten, aber wir in Deutschland, die wir eine große Flotte haben wollen (oder sollen), um sie nach vier Wochen verbrannt zu sehen, wir könnten unser bißchen Geld besser anlegen. Alle Staaten müssen erst wieder den Mut kriegen, vor dem Besiegtwerden nicht zu erschrecken. Es schadet einem Volke nicht, weder in seiner Ehre noch in seinem Glück, mal besiegt zu werden – oft trifft das Gegenteil zu. Das niedergeworfene Volk muß nur die Kraft haben, sich aus sich selbst wieder aufzurichten. Dann ist es hinterher glücklicher, reicher und mächtiger als zuvor.«[129]

Die Kolonialpolitik der Großmächte ist für ihn längst ein Ärgernis. Sie gerät je länger je mehr mit seinem Sinn für »Independenz«, die er nicht nur für Individuen, sondern auch für Völker fordert, gehörig in Kollision. »Die englische Herrschaft in Indien *muß* zusammenbrechen, und es ist ein Wunder, daß sie sich bis auf den heutigen Tag gehalten hat«, wagt er zu prophezeien. »Sie stürzt nicht, weil sie Fehler oder Verbrechen begangen hätte – all das zählt wenig in der Politik. Sie stürzt, weil die Uhr abgelaufen ist, weil ein ›anderes‹ mächtig in die Erscheinung drängt. Dies ›andere‹ heißt zunächst Rußland. Aber auch Rußland wird nur eine Episode sein, und ein sich auf sich selbst besinnendes nationales, religiöses und dem uralt Überlieferten angepaßtes Leben wird schließlich triumphieren und einigen Anspruch auf Dauer haben.

Dieser hier angedeutete Werdeprozeß vollzieht sich, wohin man blickt, in der ganzen Welt, und es ist ein ungeheurer Segen, daß er sich vollzieht. Die Konquistadorenzeit, wo zwanzig Räuber, weil sie Knallbüchsen hatten, viel gesittetere Leute zu Paaren trieben und die Könige dieser besseren Leute auf den Rost legten – diese brutale Zeit ist vorbei, und gerechtere Tage brechen an. Der ganze Kolonialismus ist ein Blödsinn: ›Bleibe zu Hause und nähre dich redlich.‹ Jeder hat sich *da* zu bewähren, wohin ihn Gott gestellt hat, nicht in einem fremden Nest. Mit Schaudern lese ich jetzt täglich von den verzweifelten Anstrengungen, die England machen will, um den alten Zustand à tout prix zu bewahren. Bis jetzt konnte man sich, wenn man auf England sah, daran aufrichten, daß es wenigstens *ein* Volk in Europa gab, das noch an ein andres Ideal als an eine ›Million Soldaten‹ glaubte. Wenn England sich dieses kolossalen Vorzugs, der gleichbedeutend mit gesundem Menschenverstand ist, freiwillig begibt und nun auch anfängt, jedem Menschen eine Flinte in die Hand zu zwingen, so steigt es von der Höhe herab, die es bis heute innehatte.«[130]

Fast eine Sensation bedeutete es dann, als 1896 in der Januarnummer des ›Pan‹ ein dezidiert antikolonialistisches Gedicht des 77jährigen Fontane erschien, das mit geradezu makabrer Ironie die Unterdrückungsmethoden der Holländer in ihren malaysischen Kolonien aufdeckte. Die eigentlichen Helden dieses Poems sind die »Balinesenfrauen von Lombok«, die den Kampf gegen die europäischen Zwingherrn fortsetzen, nachdem ihre Männer den Mausergewehren der von den Mynheern angeworbenen Desperados zum Opfer gefallen sind. Diese Ballade von den tapferen Balinesenfrauen klingt in einer Pointe aus, die den Leser gewiß nicht unbeteiligt läßt:

> »Die Hälfte fällt tot, die Hälfte fällt wund,
> Aber jede will sterben zu dieser Stund.
> Und die Letzten, in stolzer Todeslust,
> Stoßen den Dolch sich in die Brust.
> Mynheer derweilen, in seinem Kontor,
> Malt sich christlich Kulturelles vor.«[131]

Von Fontanes Zeitkritik blieb auch die überlebensgroße Gestalt des Reichsgründers nicht ausgeschlossen. Zu seinem Generationsgenossen Bismarck, dessen stupenden Aufstieg er ebenso wie dessen dramatischen Fall mit wachen Sinnen aus nächster Umgebung mit verfolgen konnte, hatte er als besonders sensitiver Zeitgenosse ein durchaus ambivalentes Verhältnis. Es hatte ihm oft genug den Atem verschlagen, mit ansehen zu müssen, mit welch virtuoser Diplomatie dieser Junker aus der Altmark seine politischen Schachzüge vollführte und damit seine Gegner überspielte und austrickste. Und doch wurde er zeit seines Lebens zwischen uneingeschränkter Bewunderung einer für deutsche Verhältnisse unvergleichlichen historischen Leistung und einer mit den Jahren noch wachsenden Aversion gegen den fast zynischen Pragmatismus dieses Riesen unter den deutschen Politikern hin- und hergerissen.

Auf alle Fälle konnte sich Fontane zu der Minderheit von Deutschen rechnen, die sich nach 1871 nicht unkritisch einer nicht ganz ungefährlichen, weil primär emotionalen Gründereuphorie überließen, die nichts Gutes ahnen ließ. Seine oft allzu offenherzigen Kommentare zu einer sich anbahnenden Entwicklung des neuen Reiches stießen in der Regel auf taube Ohren. Und doch läßt sich im nachhinein sagen, daß Fontane mit seinen keineswegs optimistischen Prognosen in der Regel ins Schwarze getroffen hatte.

Der 24. Februar 1891, als er dem bereits verabschiedeten Bismarck im ›Habsburger Hof‹ vorgestellt wurde, wobei der Kanzler ein paar verbindliche Worte über die ›Wanderungen‹ fand, bot Fontane einen Anlaß, noch einmal mit sich über sein Verhältnis zum Gründer des deutschen Reiches, gegen den er so manche Vorbehalte anzumelden hatte, zu Rate zu gehen. Das Fazit dieser ehrlichen Bemühungen um Objektivität fiel dann nicht gerade positiv aus:»Ich bin kein Bismarckianer. Das Letzte und Beste in mir wendet sich von ihm ab, er war keine edle Natur.«

Der psychologisch unbestechliche Beobachter hat den Reichsgründer mit der Skepsis gesehen, die seine Stärke, aber auch seine Schwäche war. Jedenfalls bewahrte sie ihn vor einem allzu vorschnellen Enthusiasmus, der wie ein Strohfeuer nur zu bald in nichts aufging. Am Bismarcktag 1895 schrieb er daher an seine hellwache und hyperkritische Tochter:»Die Studenten müssen begeistert sein; das ist ihre verfluchte Pflicht und Schuldigkeit. Für alte Knöppe liegt es anders oder wenigstens komplizierter. Diese Mischung von Übermensch und Schlauberger, von Staatengründer und Pferdestall-Steuerverweigerer, von Heros und Heulhuber, der nie ein Wässerchen getrübt hat, erfüllt mich mit gemischten Gefühlen und läßt eine reine, helle Bewunderung in mir nicht aufkommen. Etwas fehlt ihm und gerade das, was eigentlich die Größe verleiht.«[132]

Kein Zweifel: Bismarck war und blieb für Fontane die überragende charismatische Figur der deutschen Geschichte, mit dem sich niemand messen konnte, und natürlich war er dazu ausersehen, Großartiges in der Geschichte zu bewegen und zu bewirken. Aber mit den Jahren büßte Bismarck viel von seinem »Glamour« ein. Den Rest vollbrachte die Arnim-Affäre, die mit Recht die Gemüter gegen den Kanzler aufbrachte und selbst Bismarckenthusiasten skeptisch stimmte. Diese Affäre deckte nämlich gnadenlos die neuralgischen Punkte eines bis dahin von vielen für integer angesehenen Mannes auf. Dieser Machtmensch, zeigte sich nun, konnte keinen Widerspruch ertragen. Er griff brutal zu, wo sich ihm Widerstände in den Weg stellten.

Noch ganz unter dem Eindruck dieses Racheaktes eines großen Mannes an einem ehemaligen Freund, der Bedenken gegen seine Politik anzumelden wagte, schrieb Fontane am 23. April 1881 an Graf Philipp zu Eulenburg: »Gegen Bismarck braut sich allmählich im Volk ein Wetter zusammen. In der Oberschicht der Gesellschaft ist es bekanntlich lange da. Nicht seine Maßregeln sind es, die ihn geradezu ruinieren, sondern seine Verdächtigungen. Er täuscht sich über das Maß seiner Popularität. Sie war einmal kolossal, aber sie ist es nicht mehr. Es fallen täglich Hunderte, mitunter Tausende ab. Von seinem Genie hat jeder nach wie vor einen ungeheuren Respekt, auch seine Feinde, ja mitunter am meisten. Aber die Hochachtung vor seinem Charakter ist in einem starken Niedergehn. Was ihn einst so populär machte, war das in jedem lebende Gefühl: ›Ah, ein großer Mann.‹ Aber von diesem Gefühl ist nicht mehr viel übrig, und die Menschen sagen: ›Er ist ein großes Genie, aber ein kleiner Mann.‹

Dadurch, daß er seine mehr und mehr zutage tretenden kleinlichen Eigenschaften mit einer gewissen Großartigkeit in Szene setzt, werden die kleinlichen Eigenschaften noch lange nicht groß. Wenn ich einen um einen Sechser verklage und nicht eher ruhe, als bis ich ihn im Zuchthaus habe, so ist der Apparat zwar sehr groß, aber der Sechser bleibt ein Sechser...«[133]

Als Bismarck schließlich sein Schicksal ereilte und er vom jungen Kaiser in die Wüste geschickt wurde, kommentierte Fontane das Ereignis so: »Ich stehe in der ganzen Geschichte von Anfang an auf Kaisers Seite... Bismarck ist der größte Prinzipverächter gewesen, den es je gegeben hat, und ein ›Prinzip‹ hat ihn schließlich gestürzt, besiegt, dasselbe Prinzip, das er zeitlebens auf seine Fahne geschrieben und nach dem er nie gehandelt hat. Die Macht des hohenzollernschen Königtums (eine wohlverdiente Macht) war stärker als sein Genie und seine Mogelei. Er hat die größte Ähnlichkeit mit dem Schillerschen Wallenstein (der historische war anders); Genie, Staatsretter und sentimentaler Hochverräter. Immer ich, ich, und wenn die Geschichte nicht mehr weitergeht, Klage über Undank und norddeutsche Sentimentalitätsträne.

Wo ich Bismarck als Werkzeug der göttlichen Vorsehung empfinde, beuge ich mich vor ihm; wo er einfach er selbst ist, Junker und Deichhauptmann und Vorteilsjäger, ist er mir gänzlich unsympathisch.«[134]

Auch den menschenverachtenden Machiavellismus des Reichsgründers ist Fontanes Sache so ganz und gar nicht. »Er ist die denkbar interessanteste Figur. Ich kenne keine interessantere«, gesteht er unumwunden. »Aber dieser beständige Hang, die Menschen zu betrügen, dies vollendete Schlaubergertum ist mir eigentlich widerwärtig, und wenn ich mich aufrichten, erheben will, so muß ich doch auf andre Helden blicken.«[135]

In einer Hinsicht allerdings stand der liberale Konservative Fontane, der so gar nicht das Zeug zu einem Parteimann hatte, bedingungslos hinter Bismarck: in dessen Vorliebe für eine den Deutschen noch am ehesten angemessene autoritäre Staatsführung. »Der Kanzler ist ein Despot«, stellt er sachlich fest. »Aber er darf es sein, er muß es sein. Wär' er es nicht, wär' er ein parlamentarisches Ideal, das sich durch das Dümmste, was es gibt, durch Majorität bestimmen ließe, so hätten wir überhaupt keinen Kanzler und am allerwenigsten ein Deutsches Reich.«[136] Fontane, der Nietzsches gewichtiges Wort vom »Herdenvieh« in seinen Sprachschatz aufgenommen hatte, war demnach alles andere als ein gläubiger Patent- oder Musterdemokrat.

Fontane pflegte als intuitiv argumentierender Historiker auf die mitreißende und weltverwandte Dynamik charismatischer Persönlichkeiten zu setzen, aber er hatte aufgrund seiner geschichtlichen Erkenntnisse, die keineswegs nur angelesen waren, seine ureigenen Vorstellungen von jenen Männern, die Geschichte machen: »Das Erscheinen großer Geister muß den Volksgeist umgestalten«, stellt er fest und fragt sich: »Aber dürfen wir darauf rechnen? Mit Gesetzesparagraphen und langweiligen Pastoren zwingt man's nicht... Ein Mann, ein Erwecker, ein Licht- und Flammenträger muß die ganze Geschichte mal wieder aus ihrer Misere herausreißen.«

Als bei Bismarcks Tod die deutschen Poeten ihre Leiern stimmten und ihre obligaten versifizierten Nekrologe ablieferten, schoß Fontane dann eben doch mit seinem Gedicht ›Wo Bismarck liegen soll‹ den Vogel ab. Aus der verklärenden Distanz des Alters hatte er die höhere Wahrheit über einen großen Mann artikuliert und eine historische Gestalt zum Mythos erhoben.

21
Der siebzigste Geburtstag

Zur Feier seines siebzigsten Geburtstages sah sich Fontane für einen Augenblick aus seiner »Mauselochexistenz« in der Potsdamer Straße eigentlich recht unliebsam aufgestöbert. Die Tatsache, daß man allen Ernstes sich mit dem Gedanken trug, ihn in den Mittelpunkt des literarischen Interesses zu rücken, kollidierte beträchtlich mit seiner Abneigung gegen jede Form von Feierlichkeit, die er in jedem Fall als ridikül empfand. Aber hätte er leugnen können, daß er inzwischen doch irgendwie im Zenit seiner Möglichkeiten angelangt war? Es gab durchaus beachtenswerte Gründe, einen Dichter zu feiern, dem man nicht nur eine Handvoll unvergänglicher Balladen, die ›Wanderungen durch die Mark Brandenburg‹ und nun auch noch eine Reihe von Romanen verdankte, die zwar viel gerühmt, aber nur wenig gelesen wurden. Dabei stand dieser ungewöhnliche Dichter auf dem Sprung, in einer unvergleichlichen schöpferischen Altersphase noch seine eigentlichen Trümpfe auszuspielen.

Bei allem Kommunikationsbedürfnis mit Gleichgesinnten hatte er sich immer mehr aus der Welt zurückgenommen. Die Gründerzeitmentalität, die den Lebensstil der meisten in einer ihm unerträglichen Konformität prägte, war ihm längst suspekt geworden. Und was die Zukunft betraf, so ahnte er nichts als Böses, das sich bereits klar abzeichnete, und über das weitere Schicksal dieser sterilen materialistischen Zivilisation konnte er sich, ohne trübsinnig zu werden, kaum Gedanken machen. Das »schlimme Neue«, das er heraufziehen sah und dem er das bewährte Alte vorzog, konnte er trotzdem nicht aus seiner Vorstellungswelt eliminieren. Mit dem »heiteren Darüberstehen«, das man ihm als simple Lebensphilosophie später andichtete, waren die harten Realitäten nun einmal nicht aus der Welt zu schaffen. Für solche Taschenspielertricks und Hochstapeleien waren die Umstände dann doch zu deprimierend.

Gleichwohl zeigte sich Fontane durchaus bereit, in den Schatten, aus dem er für eine Weltminute herausgetreten war, wieder unterzutauchen und der Jugend, die ohnehin nicht erwarten konnte, die Götter herauszufordern, das Weitere zu überlassen. Er wußte, daß er für den Augenblick nicht mehr unbedingt gefragt war. So gab er sich zwar jovial wie immer, da er nicht der Mann war, dramatische Generationskonflikte vom Zaune zu brechen, aber innerlich hatte ihn längst ein Unbehagen an der Zivilisation gepackt, das er mit all seiner lächelnden Resignation nicht so ohne weiteres überspielen konnte.

Die Einsicht, daß die Welt in Wehen lag und daß der Sturz des Alten und der Ausbruch einer welterschütternden Katastrophe nur noch eine Sache von Jahren war, teilte er mit einigen Hellsichtigen. Immer mehr fühlte sich sein zeitkritischer Nerv von den Schriften Nietzsches zentral berührt. Er witterte wie jener, daß so allerlei faul im Staate war, und der Gedanke, welchen Wechselbalg die kreißende Welt ans Tageslicht befördern würde, bereitete auch ihm wahre Alpträume.

Trotzdem beugte er den Nacken, als der Tag seines siebzigsten Geburtstages näher rückte und die ›Vossische Zeitung‹ Anstalten traf, ihren verdienstvollen alten Mitarbeiter nach Gebühr zu feiern. Als Friedrich Stephany, der Chefredakteur des Blattes, sich mit der Bitte an ihn wandte, Namen von Persönlichkeiten zu nennen, die er gern um eines so feierlichen Anlasses willen an diesem Tag um sich gesehen hätte, wollte ihm eigentlich so recht niemand einfallen, für den er die Hand hätte ins Feuer legen können, »daß er bei ergehender Aufforderung zur Beteiligung nicht in Verlegenheit oder in Ärger oder in Spott geriete«.

Er selbst wußte nur zu gut, daß er als Autor im Bewußtsein der deutschen Öffentlichkeit immer noch eine bestenfalls sekundäre Rolle spielte und daß man ihm aus Mangel an literarischem Qualitätsgefühl andere vorzog. So konnte er sich selbst verzeihen, wenn er hin und wieder bei passender Gelegenheit seine Frustrationen über die Indifferenz des Publikums ihm gegenüber auf eine drastische Weise loszuwerden versuchte.

»Die wenigsten wissen«, schrieb er in Hinblick auf seine populären Balladen, die seine anderen schriftstellerischen Arbeiten immer noch überschatteten, »daß ich diese Sachen geschrieben habe. Dies Schicksal begleitet mich nun durch dreißig Jahre. Die Sachen von der Marlitt, von Max Ring, von Brachvogel, Personen, die ich gar nicht als Schriftsteller gelten lasse, erleben nicht nur zahlreiche Auflagen, sondern werden womöglich ins Vorder- und Hinterindische übersetzt; um mich kümmert sich keine Katze. Es ist so stark, daß es zuletzt wieder ins Lächerliche umschlägt. Und das rettet mich, sonst würd' ich leberkrank.«[137]

Die meisten der potentiellen Geburtstagsgäste sah Fontane bereits mit dem Argument abwinken: »Siebzig Jahre kann jeder werden, wenn er einen leidlichen Magen hat. Also, was soll der Unsinn? Der Kerl ist schon so eingebildet, und eigentlich ist es doch ein Jammer mit ihm; er hat nicht mal studiert.«[138]

So sehr es ihm widerstrebte, »irgendwen bei dieser Gelegenheit zu inkommodieren«, so fand er sich am Ende doch bereit, mit angenähtem Orden an der Stätte seiner Hinrichtung zu erscheinen, seinen Ehrenplatz einzunehmen, angetoastet zu werden, eine Antwort zu stammeln und dann größere Mengen Wein und Kaffee zu konsumieren, was er übrigens für das einzig Angenehme an der ganzen Sache hielt.

Es kam dann eher noch schlimmer, als er es sich in seinen bösesten Träumen ausgemalt hatte. Am 4. Januar 1890 war es soweit, daß der ›Preßclub‹, die ›Literarische Gesellschaft‹, der ›Rütli‹ und die ›Vossische Zeitung‹ im feudalen Englischen Haus des Kaiserlichen Hoftraiteurs Huster in der Mohrenstraße für vierhundert geladene Gäste ein Festessen zu Fontanes Ehren gab. »Nach fünfzigjähriger fast pennsylvanischer Absperrung von Welt- und Literaturgeschichte sollte er plötzlich«, wie er meinte, »der Nation als Theodorus victor gezeigt werden.«

Er hatte die liebenswürdigen Veranstalter ernsthaft gewarnt, nicht zu hohe Erwartungen an seine Rolle als Jubelgreis zu stellen, da er sich für ein denkbar ungeeignetes Objekt für eine solche Schaustellung hielt. Daß man ihn aus seiner selbstgewählten schöpferischen Einsamkeit – wenn auch nur einen Augenblick lang – aufschreckte, um ihn dann wieder zum alten Eisen zu befördern, ging ihm dann doch gehörig gegen den Strich.

»Ich erwarte keine Liebe«, ließ er Stephany wissen. »Ich will einsam begraben sein. Ich will auch keine Kränze haben und verzichte auf den ganzen Klimbim. Ich will nur, solange ich atme, einfach sagen dürfen, wie ich die Dinge ansehe. Man lebt sich selbst, man stirbt sich selbst. Man ist den Menschen gar nichts (ihnen höchstens im Wege), und wenn sich drei Ausnahmen finden, so steht es auch mit diesen mau genug. Wir hatten ein altes Dienstmädchen, altes originelles Berliner Gewächs, das 16 Jahre in unserm Hause war und all die Kinder hat wachsen und – gehen sehn. *Die* wird trauern, wenn ich selber gehe. Das andere ist alles nichts. Und nun gar bei dem Vorspiel, das ›Siebzigster Geburtstag‹ heißt.«[139]

Schließlich war er in seinem ausgebürsteten Frack bei Huster erschienen und hatte den Kopf für die anderen hingehalten, die vielleicht ihren Spaß an dieser Zeremonie hatten. Sogar ein leibhaftiger preußischer Unterrichtsminister war erschienen und hielt eine Rede, die Fontane selbst mit dem Prädikat »sehr gut« zensierte. Sonst musterte er verlegen die unübersehbaren Massen, die sich eingefunden hatten, um dem unfeierlichsten deutschen Dichter zu huldigen und ihm hauptsächlich »durch die Vertilgung teurer Speisen und noch viel teurerer Weine« ihre Sympathie zu bekunden.

»Der Dichter versuchte, heitere Gelassenheit an den Tag zu legen. Das gelang ihm solange, bis sich seine schlimmsten Befürchtungen erfüllten und die Zechenden schon mitten im Vortrag seiner berühmtesten Ballade, dem ›Archibald Douglas‹, der in deutschen Lesebüchern seit langem ihren festen Platz hatte, zu applaudieren begannen. Nicht einmal seine Freunde oder alle, die sich seine Freunde nannten, stellte sich nun heraus, kannten diese Ballade, und das war nun allerdings ›der Hühnerdreck, der mir auf meinen Freudenteller fiel‹, erinnerte sich Fontane später. ›Und ich, der das Fest verschuldet hat, komme mir vor wie ein Mitschuldiger. Warum wird man 70?‹«[140]

Fontane fand an diesem Festabend durchaus nicht mehr in seine gelöste heitere Stimmung zurück. »Seine Blicke irrten trostlos über die noch immer beglückte Versammlung«, teilt Eduard Engel in seinem Bericht für die ›Gegenwart‹ über diese Panne mit. »Sie senkten sich beschämt auf den Teller, inmitten dessen ein einsames blutrotes Radieschen lag. Gern hätte der alte Dichter dieses Radieschen gegessen, denn ihm war der Mund trocken und bitter geworden.«

Gewiß: man hatte es gut mit ihm gemeint, als man ihn für eine Weile ans Tageslicht holte. Im Grunde aber hatte dieser große Tag erneut die ganze preußische Misere, unter die er ein Leben lang zu leiden hatte, vorgewiesen. Der Adel vor allem hatte ihn wieder einmal maßlos enttäuscht: er hatte durch Abwesenheit geglänzt.

»Man hat mich kolossal gefeiert und – auch wieder gar nicht«, schrieb er am 23. Januar an einen befreundeten Pfarrer. »Das moderne Berlin hat einen Götzen aus mir gemacht; aber das alte *Preußen,* das ich durch mehr als vierzig Jahre hin in Kriegsbüchern, Biographien, Land- und Leuteschilderungen und volkstümlichen Gedichten verherrlicht habe, dies ›alte Preußen‹ hat sich kaum gerührt und alles (wie in so vielen Stücken) den Juden überlassen. Minister von Goßler, mein alter Gönner, riß die Sache zwar persönlich heraus, aber ›ich sah doch viele, die nicht da waren‹. Nun, ›es muß auch so gehen‹, sagte der alte Yorck bei Laon, als die Russen nicht anrücken wollten...«[141]

So hinterließ dieses Jubiläum in Fontane ein zwischen Glaube und Resignation schwankendes zwiespältiges Gefühl, das er selbst nur schwerlich definieren konnte. Aber er hätte nicht Fontane sein müssen, hätte er sich nicht immer wieder bereit gefunden, seinen Pessimismus »in rot, ja in zeisiggrün zu kleiden und ihn auf Heiterkeit abzurichten«. Wenn alle Stricke rissen, blieb dann immer noch ein Ausweg für ihn: »Eine Viertelstunde auf dem Lichterfelder Friedhof rückt einen immer zurecht.«

Fontane hatte sich damit abgefunden, seine Chancen als Autor realistisch einzuschätzen. Auf siebzig Jahre seines Lebens zurückblickend, räsonierte er illusionslos: »Ich habe, ein paar über den Neid erhabene Kollegen abgerechnet, in meinem langen Leben nicht 50, vielleicht nicht 15 Personen kennen gelernt, denen gegenüber ich das Gefühl gehabt hätte: ihnen dichterisch und literarisch *wirklich* etwas gewesen zu sein. Im Kreise meiner Freunde hier (oder gar Verwandten) ist nicht einer... Und vergegenwärtige ich mir das alles, so habe ich allerdings Ursache, über den Verkauf von lumpigen 1000 Exemplaren erstaunt zu sein; denn 100 ist eigentlich auch schon zuviel. Und mehr als 100 werden auch wirklich aus dem Herzen heraus *nicht* verkauft, das andre ist Zufall, Reklame, Schwindel.«[142]

Immer mehr fand sich Fontane mit den Imponderabilien des Lebens ab. Jedenfalls ließ er sich von ihnen nicht aus seinem Konzept bringen, und die Menschen nahm er ohnehin, wie er sie vorfand, und zeigte sich von seinem »Einblick in die Misere, das sich Überzeugen von der Unzulänglichkeit und günstigenfalls von der Mittelmäßigkeit der Menschen« nicht gerade betroffen.

Die Verleihung des Ritterkreuzes des Hohenzollernschen Hausordens als sichtbare Anerkennung seiner schriftstellerischen Bemühungen war nicht dazu angetan, Fontanes Selbstgefühl merklich zu steigern. Man bekomme die Orden doch nur für andere, reagierte er auf diese gutgemeinte Ehrung. »Wär ich ein gesellschaftlich angesehener Mann, ein Gegenstand von Huldigungen oder auch nur Achtung, die man allseitig meiner Stellung oder meinem Vermögen entgegenbrächte, so bedeutete mir solche Auszeichnung, mit der ich mich übrigens kaum je vor der Welt herumzieren werde, so gut wie nichts. Angesichts der Tatsache aber, daß man in Deutschland und speziell in Preußen nur dann etwas gilt, wenn man ›staatlich approbiert‹ ist, hat solch Orden einen wirklichen praktischen Wert: man wird respektvoller angekuckt und besser behandelt.«[143]

Wieder einmal fand Fontane Veranlassung, seine Enttäuschung über die Abwesenheit des Adels und überhaupt der konservativen Kreise zu seinem Siebzigsten zu beklagen; denn »schließlich gehöre ich doch diesen Leuten zu, und trotz ihrer enormen Fehler bleiben märkische Junker und Landpastoren meine Ideale, meine stille Liebe«, bekannte er offenherzig.»Aber wie wenig geschieht, um diese wundervollen Elemente geistig standesgemäß zu vertreten. Es ist mir immer ein wirklicher Schmerz. Das konservative Fühlen unsrer alten Provinzen wäre von unwiderstehlicher Kraft, wenn die Leute da wären, diesem Gefühl zu einem richtigen Ausdruck zu verhelfen.«[144]

Über die Indifferenz der alten Mächte wurde Fontane durch die spontane Präsenz der Jugend reichlich hinweggetröstet. Diese hatte allerdings ausreichenden Grund, einem so selbstlosen Mitstreiter ihren Dank abzustatten. Fontane fühlte sich nun einmal aller *echten* Jugend verbunden. Er stand in ihren Reihen, und sie konnte mit ihm rechnen, und zwar immer dann, wenn es sich um den humanitären Fortschritt der Menschheit handelte. Zwischen vielen konventionellen Reden und Toasten stattete ihm daher Ernst von Wolzogen »auf eigene Gefahr« den »Dank der Jugend« ab:

»Du hast nicht olympisch das Haupt geschüttelt,
Als die Grünen am Tor des Parnaß gerüttelt;
Du hast dich zu ihnen hinabbegeben
Und noch einmal hinein in das brausende Leben.
Wenn die Tollsten Überrumpelung planten,
Bedächtige Freunde zum Rückzug mahnten –
Du hast zwischen Jungen und ängstlichen Alten
Lächelnd die freie Bahn gehalten,
Kampfglühende Wangen freundlich gestreichelt,
Manch allzu keck Schwert in die Scheide geschmeichelt,
Dann hast du gedichtet, und eh man's gedacht,
Hast du es einfach besser gemacht.«

»Und solch fröhliche Wucht legte Wolzogen in seine Stimme«, schilderte Franz Servaes diese ergreifende Szene, »daß die hinausgeschmetterten Verse wie ein wahrer Siegeshymnus erklangen – und mit einemmal brach ein Jubel los, so hellstimmig und jugendlich dröhnend, als sei eine neue Schanze erstürmt und eine neue Fahne aufgehißt worden. Bestürzt blickten sich die älteren Herrschaften gegenseitig an, schüttelten mißbilligend die Köpfe, verschränkten trotzig die Arme, aber es war nun einmal geschehen! Fontane und Wolzogen eilten aufeinander zu, und ich glaube, sie lagen sich in den Armen. Ein jeder aber wußte jetzt, auch der Widerstrebendste, daß der Siebzigjährige und die zwischen zwanzig und dreißig von diesem Moment an eine Art Blutsbrüderschaft geschlossen hatten.«

Auf die Dauer konnte das offizielle Preußen Fontanes Existenz nicht mehr schnöde ignorieren. Nachdem Heyse und Wildenbruch bereits den von Wilhelm I. 1859 gestifteten Schillerpreis erhalten hatten, entsann man sich des berufenen Dichters der Mark und ehrte ihn gemeinsam mit Klaus Groth mit dieser Auszeichnung. Ungetrübte Freude bereitete auch diese Ehrung dem Dichter, der damals mit dem Stoff von ›Effi Briest‹ rang, ganz und gar nicht. Er empfand es eher als demütigend, daß man erst jetzt einer längst fälligen Ehrenpflicht nachgekommen war.

Immerhin: »Die Presse hat mich mit sichtlichem Wohlwollen behandelt«, konnte er am 3. Mai 1891 an Friedlaender berichten, »und ich bin den betreffenden Personen dankbar dafür, denn sie hätten mir auch Sottisen sagen können; so zweifelsohne ist niemand, daß man ihm nicht seine Dämlichkeit auf irgendwas hin beweisen könnte... Dennoch hat mich die ganze Tonart deprimiert. Ich bin wie ein ›alter, braver Mann‹ behandelt worden, mit dem man es ›gutmeint‹ und der auch so seine kleinen, etwas antiquierten Verdienste hat. Von einem warmen Wort, ›ja, *das* kann er‹ (und nun irgendwas nennen) keine Rede. Durchschnitt. Mittelgut. Und das ist mir doch zu wenig.«[145]

Fontanes Lieblingsfrage »Was soll der Unsinn?« stellte sich wieder einmal für ihn angesichts solcher Ehrungen, durch die man höheren Orts den Anschein zu erwecken versuchte, auch in bezug auf die Gegenwartsliteratur ganz up to date zu sein. Selbst mit dieser Preisvergabe fühlte sich Fontane arg mißverstanden. In seinen Tagebuchaufzeichnungen kann man daher die aufschlußreiche Notiz lesen: »Ende April erfahre ich, daß ich den Schillerpreis erhalte, was mich natürlich freut, vielleicht am meisten wegen der 3000 Mark. Denn mit der Ehre ist es so; ... jeder betrachtet es als eine Auszeichnung, die meinen Anspruch darauf übersteigt... Nun gut, alles ist nicht Schwindel, aber doch das meiste.«

Ungleich widerspruchsloser akzeptierte der Alte von der Potsdamer Straße seine Promotion zum Ehrendoktor der Philosophischen Fakultät der Berliner Universität am 9. Dezember 1894, die bereits als Vorgriff auf seinen anstehenden 75. Geburtstag gedacht war. Nachdem der Germanist Erich Schmidt die Initiative dazu ergriffen hatte, erhob keines der 51 Mitglieder des Professorengremiums Widerspruch gegen diese Ehrung eines Nichtakademikers und unverbesserlichen Außenseiters.

Da kurz zuvor auch Menzel die gleiche Ehrung empfangen hatte, fühlte sich Fontane nun in besserer Gesellschaft. Diesmal betraf die Auszeichnung, wie es in der Urkunde hieß, »einen der hervorragendsten Erzähler und Lyriker, in dem Erbgüter der Französischen Kolonie mit deutschen Gaben zu eigentümlicher Anmut verschmolzen sind«. Die Urkunde verwies vor allem auch auf die lebensvolle Schilderung der ›Kinderjahre‹, und Theodor Mommsen, der seit ›Vor dem Sturm‹ zu den heimlichen Bewunderern Fontanes zählte, verfertigte einen lateinischen Text, der den Dichter Fontane treffend charakterisierte: »Dichter, Erzähler und Bürger, gleich ausgezeichnet durch Anmut wie durch die Kraft seines sittlichen Strebens.«

»Im ganzen genommen«, faßte Fontane diesmal den Eindruck, den diese Ehrung auf ihn hinterlassen hatte, an Friedlaender zusammen, »stehe ich mau und flau zu Auszeichnungen derart; diese aber hat doch einen Eindruck auf mich gemacht... Erich Schmidt ist mein besonderer Gönner; der nahm es in die Hand und versicherte sich zunächst Mommsens, der wegen ›Vor dem Sturm‹ auch ein kleines

Liking für mich hat. Da sagte dann keiner mehr ›nein‹, und alle einundfünfzig ›Ja‹ kamen glücklich zustande – sie sprangen nach. Aber trotzdem ist es eine Freude; vor strenger Kritik kann überhaupt nichts bestehn.«[146] Zum 75. Geburtstag Fontanes verzichtete man auf eine offizielle Feier. Gleichwohl war die Resonanz dann doch schon bemerkenswert. Es stellte sich heraus, daß die Popularität des Dichters in den letzten fünf Jahren seit seinem Siebzigsten im breiteren Leserpublikum doch wieder um ein gutes Stück gewachsen war. Die Zeitungen konnten diesen Tag nicht ohne weiteres übergehen. Vielen hatte sich der Name Fontanes als der des Mannes der Balladen, der ›Wanderungen‹ und hochkarätiger Gesellschaftsromane inzwischen fest eingeprägt. Man verband damit eben doch schon einen bestimmten literarischen Qualitätsbegriff, der sogar oft böswilligen Verrissen standhielt.

Irgendwie war das Eis der Resonanzlosigkeit dann doch langsam gebrochen. Die Zahl der Glückwunschbriefe dankbarer Leser, die Fontane auf seinem riesigen Schreibtisch häufte, stieg ins Exorbitante. Natürlich glänzte sehr zu seinem Leidwesen auch diesmal der preußische Adel durch Abwesenheit. Dafür sah sich Fontane zunehmend von den geistig und vor allem literarisch interessierten Juden in seiner Eigenart geliebt und verstanden. Nun hatten sie sich zusammengefunden, um ihn, der auf ein imposantes Lebenswerk zurückblicken konnte, zu feiern. In diesem tragenden Gefühl, doch noch so etwas wie eine treue Lesergemeinde um sich geschart zu haben, schrieb er dann das Gedicht ›An meinem Fünfundsiebzigsten‹, das zwar wie ein Abgesang auf eine große, unerwiderte Liebe anhebt, aber keineswegs in absoluter Resignation verebbt. Fontane läßt sich im Gegenteil doch noch eine amüsante Pointe einfallen. Man kann allerdings dieses Gedicht, wie es geschehen ist, auch als dichterisches Todesurteil über das alte Preußen interpretieren:

»Hundert Briefe sind angekommen,
Ich war vor Freude wie benommen,
Nur etwas verwundert über die Namen
Und über die Plätze, woher sie kamen.

Ich dachte, von Eitelkeit eingesungen:
Du bist der Mann, der ›Wanderungen‹,
Du bist der Mann der märk'schen Gedichte,
Du bist der Mann der märk'schen Geschichte,
Du bist der Mann des Alten Fritzen
Und derer, die mit ihm bei Tafel sitzen,
Einige plaudernd, andre stumm,
Erst in Sanssouci, dann im Elysium;
Du bist der Mann der Jagow und Lochow,
Der Stechow und Bredow, der Quitzow und Rochow,
Du kanntest keine größeren Meriten
Als die von Schwerin und vom alten Zieten.
Du fandst in der Welt nichts so zu rühmen
Als Oppen und Groeben und Kracht und Thümen;
An der Schlachten und meiner Begeisterung Spitze
Marschierten die Pfuels und Itzenplitze,
Marschierten aus Uckermark, Havelland, Barnim,
Die Ribbecks und Kattes, die Bülow und Arnim,
Marschierten die Treskows und Schlieffen und Schlieben –
Und über alle hab ich geschrieben.

Aber die zum Jubeltag kamen,
Das waren doch sehr, sehr andre Namen,
Auch ›sans peur et reproche‹, ohne Furcht und Tadel,
Aber fast schon vom prähistorischen Adel:
Die auf ›berg‹ und auf ›heim‹ sind gar nicht zu fassen,
Sie stürmen ein in ganzen Massen,
Meyers kommen in Bataillonen,
Auch Pollacks, und die noch östlicher wohnen;
Abram, Isack, Israel,
Alle Patriarchen sind zur Stell,
Stellen mich freundlich an ihre Spitze,
Was sollen mir da noch die Itzenplitze!
Jedem bin ich was gewesen,
Alle haben sie mich gelesen,
Alle kannten mich lange schon,
Und das ist die Hauptsache... ›kommen Sie, Cohn‹.«[147]

22
Der alte Fontane

In seinem 73. Lebensjahr hatte Fontane die wohl prekärste Gesundheitskrise seines Lebens zu bestehen gehabt. Damals sah er sich mitten in der intensiven Arbeit an ›Effi Briest‹ am Ende seiner physischen Möglichkeiten angelangt. Seine »Nervenpleite« versuchte er in Zillertal bei Schmiedeberg im Riesengebirge zu kurieren. Aber diese Therapie mißlang völlig. Nachdem auch eine elektrische Behandlungsmethode nichts ausgerichtet hatte, schlugen die Ärzte eine Einweisung in eine Nervenklinik vor. Ein bekannter Breslauer Psychiater hatte nämlich eine »Gehirnanämie« diagnostiziert. Das Manuskript von ›Effi Briest‹ blieb daher unberührt liegen, und in seinem Tagebuch erscheint die beängstigende Notiz: »Es kam aber ganz anders, ich wurde ganz elend, und so verbrachten wir... vier schlimme Monate an der sonst so schönen Stelle.«[148]

In dieser verzweifelten Lage teilte er Carl Robert Lessing, dem Haupteigentümer der ›Vossischen Zeitung‹, mit, er wäre nunmehr bereit, Berlin »aufzugeben« und sich nach Schmiedeberg für den Rest seiner Tage zurückzuziehen. »Ich habe keine Freude mehr an dem großstädtischen Leben; aber wenn es auch anders läge, die Verhältnisse ließen mir keine Wahl. Seit meiner letzten Krankheit bin ich eine ganz gebrochene Kraft, zur Zeit kaum fähig, ein paar Briefzeilen zu schreiben, und so schrumpfen meine Einnahmen auf weniger als die Hälfte zusammen. Damit in Schmiedeberg zu leben, wird gehen. In Berlin wäre es unmöglich, und so waren wir eines langen Schwankens überhoben. Einige Freunde drücken mir freilich ihr Entsetzen aus, davon ausgehend, daß ich ohne den Anblick einer Prinzessinnenkutsche nicht leben könne. Ganz gefehlt. In Wahrheit liegt mir nur noch an Ruhe. Finde ich *die*, so bin ich geborgen. Wenn nicht, so kann auch Berlin mit Matkowski und der dell Era nicht helfen...«[149]

Seine Frau berichtete nur wenig später an ihren Sohn Friedrich über den beklagenswerten Zustand des Vaters: »Es ist nicht zu beschreiben, wie schwer es ist, mit dem armen Kranken zu leben, die Tage sowohl wie die Nächte. Wir erwarten den Arzt, der immer dringender von einer Nervenheilanstalt spricht. Papa, der erst damit einverstanden schien, zeigt jetzt ein rechtes Grauen, so daß ich nur in äußerster Not meine Einwilligung dazu geben würde. Diesen klaren, verständigen Mann so zu sehen, ist herzzerreißend.«

Noch am 25. September beschreibt er Friedlaender seine verzweifelte Lage so: »Die Gesamtstimmung ist freudlos. Man ist eben das gelbe Blatt am Baum um die Zeit, wo der Spätherbst einsetzt, und der Zuspruch der Menschen, die's höflich zu bestreiten suchen, während ihre Mienen bestätigen, ist mitunter geradezu verstimmend.«[150]

Man weiß, daß der Berliner Sanitätsrat Dr. Delhaes dem Dichter über diese schwerste Krise seines Alters hinweghalf, indem er ihm seine fixe Idee von seinem bevorstehenden Ende ausredete und ihn zur gewohnten Arbeit ermunterte: »Wenn Sie sagen: ›Ich habe ein Brett vorm Kopf. Die Puste ist mir ausgegangen, mit der Romanschreiberei ist es vorbei‹, nun, sodann sage ich Ihnen: ›Wenn Sie wieder gesund werden wollen, schreiben Sie eben was anderes, zum Beispiel Ihre Lebenserinnerungen. Fangen Sie gleich morgen mit der Kindheit an!«

Weihnachten darauf konnten dann bereits Fontanes ›Meine Kinderjahre‹, die ein besonderes Gütezeichen tragen, erscheinen. Ihr buchhändlerischer Erfolg fiel allerdings wie immer nur spärlich aus: »tüchtig gelobt und wenig gekauft.«

Der unerwartete Genesungsprozeß beim Schreiben seiner Kindheitserinnerungen konnte aber nur gelingen, weil er imstande war, seine Kindheit zwischen dem achten und zwölften Lebensjahr noch einmal innerlich nachzuvollziehen. Es gelang ihm, in die Seele des Heranwachsenden zu schlüpfen. Eine geradezu ansteckende Jugendlichkeit macht den diskreten Charme dieser Memoiren aus. Der amüsante Plauderton, den er unbekümmert anschlug, hatte in der bisherigen deutschen Literatur noch nicht seinesgleichen gehabt. Dazu verriet seine Detailtreue eine »Andacht vor dem Kleinen«, die viele Literaturkenner sogleich für dieses neue Buch einnahm.

»Als es mir feststand, mein Leben zu beschreiben«, verrät er im Vorwort seiner ›Kinderjahre‹ sein Arbeitsprogramm, »stand es mir auch fest, daß ich bei meiner Vorliebe für Anekdotisches und mehr noch für eine viel Raum in Anspruch nehmende Kleinmalerei mich auf einen bestimmten Abschnitt meines Lebens zu beschränken haben würde... Nach kurzem Schwanken entschied ich mich, meine Kinderjahre zu beschreiben, also ›to begin with the beginning‹. Ein verstorbener Freund von mir (noch dazu Schulrat) pflegte jungverheirateten Damen seiner Bekanntschaft den Rat zu geben, Aufzeichnungen über das erste Lebensjahr ihrer Kinder zu machen; in diesem ersten Lebensjahre ›stekke der ganze Mensch‹. Ich habe diesen Satz bestätigt gefunden, und wenn er mehr oder weniger auf Allgemeingültigkeit Anspruch hat, so darf vielleicht auch diese meine Kindheitsgeschichte als eine Lebensgeschichte gelten.« Fontane war sich über eine gewisse Weitschweifigkeit wohl im klaren. »Trotzdem«, meinte er, »es ist die unbarmherzige Kleinmalerei gerade das, worauf es mir ankam.«[151]

Im übrigen hatte Fontane sich augenscheinlich damit abgefunden, sich auf sein literarisches Altenteil zurückzuziehen. Er schickte sich ins Unvermeidliche und distanzierte sich von dieser Welt ohne Haß. Dieser Entschluß, der Weisheit verriet, schloß allerdings keineswegs aus, daß dieser Freund einer feinen und heiteren Geselligkeit die Nähe der Menschen suchte, mit denen sich auszutauschen lohnte. Er hatte sich selten produktiver gefühlt als in diesen Jahren nach seiner großen Alterskrise. Obwohl er noch Jahr für Jahr Romane der Öffentlichkeit vorlegte, von denen immer einer den anderen zu überbieten schien, empfand er sich doch immer mehr als Zaungast des Lebens und übte sich in die Rolle eines »klassischen Greises« ein, der gelassen seine Runden im Tiergarten zog und die Passanten unauffällig musterte. Er hatte es in der Kunst, mit Anstand alt zu werden, zu einiger Meisterschaft gebracht.

Es schien so, »daß er alt, sehr alt werden mußte«, wie Thomas Mann meinte, »um ganz er selbst zu werden«. Er war in der Tat dazu berufen, »die idealen Vorzüge dieser Lebensstufe, als Milde, Güte, Gerechtigkeit, Humor und verschlagene Weisheit, kurz, jene höhere Wiederkehr kindlicher Ungebundenheit und Unschuld, der Menschheit aufs vollkommenste vor Augen zu führen«.

Thomas Mann konfrontierte das »blasse, kränklich-schwärmerische, ein bißchen fade Antlitz« des jungen Fontane mit dem »prachtvollen, fest, gütig und fröhlich dreinschauenden Greisenhaupt, um dessen zahnlosen, weiß überbuschten Mund ein Lächeln rationalistischer Heiterkeit liegt, wie man es auf gewissen Altherren-Porträts des achtzehnten Jahrhunderts findet«. Nun war er geworden, was er immer schon hatte werden wollen: FONTANE.

Im sicheren Gefühl, eine Distanz zum Leben erreicht zu haben, quittierte er seine Randexistenz auch im literarischen Leben seiner Zeit schlimmstenfalls mit seinem resignierten Achselzucken. Immer noch empfand er sich als einen Statisten auf der literarischen Szene, die andere mit stärkeren Ellbogenkräften beherrschten. Sie düpierten die Öffentlichkeit und strichen die großen Erfolge für sich ein.

Ihnen gegenüber hatte sich Fontane nie behaupten können. Auch materiell bewegte er sich bis zuletzt eigentlich nur im Mittelfeld. Von seinem ›Schach von Wuthenow‹, der heutigen Lesern ungetrübtes Lesevergnügen bereitet, waren nach Jahr und Tag ganze 591 Exemplare vertrieben worden. Immer noch verschwendete die Kritik kein überschwengliches Wort an diesen Dachstubenpoeten, der sich in seiner Mansarde verschanzt hatte, um sein Lebenswerk doch noch zu dem von ihm gewünschten Ende zu führen, das er über so viele Jahre hin seinen häufigen Krankheiten und den immer wiederkehrenden Nervenpleiten abringen mußte.

Mit moralischer Rückendeckung aus seiner nächsten Umgebung konnte Fontane dabei nicht rechnen. Selbst seine sonst so gescheite Frau, die ihm mit bienenhaftem Fleiß die Manuskripte abschrieb, ließ sich nicht einmal durch positive Kritiken namhafter Rezensenten erweichen, ihre vorgefaßte Meinung über das Werk ihres Mannes zu modifizieren. Sie las seine Bücher eher gegen den Strich, während sie an den ungleich weniger lesbaren Romanen Wilhelm Raabes den Narren gefressen hatte.

Fontane war weit von der Illusion entfernt, unter den Bourgeois Leser seiner Bücher zu erwarten. Aber auch die Akademiker, hatte er bald herausgefunden, waren in der Regel kaum imstande, sich literarisch über das Niveau einer unbedarften Trivialität zu erheben. In einem Krummhübler Hotel beobachtete er während des Essens ein »gebildetes« Ehepaar und berichtete darüber nach Hause: »Gestern, bei Exner, saß an einem andern Tisch ein nettes Ehepaar, sehr gebildete Leute, die sich davon unterhielten, was sie nun, nachmittags beim Kaffee, lesen wollten. ›Oh‹, sagte sie, ›da werd ich mir das Buch von der Heimburg wieder schicken lassen. Wir haben es uns, als es zuerst in der ›Gartenlaube‹ stand, in Breslau vorgelesen, und ich habe es als Buch noch mal gelesen. Es ist reizend. Weißt du noch, wir konnten die Zeit immer nicht erwarten, bis die nächste Nummer kam.‹

»Ja, du hast recht, es war sehr hübsch. Aber willst du's denn zum drittenmal lesen?‹

»Nun, warum nicht? Mit Vergnügen.‹ Ich glaube, daß es eine Juristenfamilie war, Staatsanwalt oder Landgerichtsrat.« Und er setzte bitter hinzu: »Ich glaube nicht, daß jemals ein Ehepaar irgendwo gesessen, und über irgendwas, das ich geschrieben, auch nur annähernd mit solcher Begeisterung gesprochen hat.«[152]

Ein Grund mehr für den Alternden mit einem »ausgebildeten Sinn für Tatsächlichkeiten«, für den Rest seines Lebens seine Erwartungen auf späte literarische Lorbeeren extrem herunterzuschrauben. Er fand sich mit seinem freiwilligen Exil in seinem Mansardenzimmer ab, von dem aus er seine Fantasie auf Reisen schicken konnte. Diese Zurücknahme aus der Welt artikulierte keineswegs Menschenfeindschaft, wohl aber eine mit den Jahren zunehmende Welt- und Menschenmüdigkeit, die ihn auf sich selbst zurückverwies.

Dabei stellte sich heraus, wie sehr Fontane mit seinem zugegeben nicht immer leichten Schicksal ausgesöhnt war. Er konnte mit keineswegs protziger Genugtuung auf sein Werk zurückblicken, und als Max Müller aus Oxford Fontanes zurückliegendes Leben auf die Formel zu bringen versuchte: »he struggled hard«, kontert ihm Fontane nachdrücklich: »Hinzugesetzt war, daß vielleicht mehr aus mir geworden wäre, wenn mich das beständige ›hard struggling‹ nicht zurückgehalten hätte. Darin hat mir nun aber Müller, oder noch mehr meinem Schicksal, Unrecht getan. Das mit dem ›Struggling‹ hat äußerlich seine Richtigkeit. Aber auch wenn ich weniger gestruggled hätte, *mehr* wäre doch nicht aus mir geworden. Das bißchen, was in mir war, ist auch so rausgekommen. Ich habe mein Schicksal nicht anzuklagen.«

Natürlich litt er unter der mangelnden Resonanz, aber er war gerecht genug, dieses Manko zu einem guten Teil seiner totalen Talentlosigkeit, sich selbst zur Darstellung zu bringen, zuzuschreiben. Konzessionsbereitschaft um jeden Preis hatte für ihn nie eine Versuchung bedeutet. Eine bewußte Imagepflege war seine Sache so wenig wie ein Arrangement mit dem jeweiligen Modegeschmack. Seine Noblesse hat ihn oft in eine Hungerleiderposition hineingezwungen.

Hans Fechner, dem wir eines der am meisten beeindruckenden Porträts des alten Fontane verdanken, honorierte ihm diese Haltung mit dem etwas pathetischen Lobspruch: »Theodor Fontane gehört zu den wenigen, die aufrechten Ganges und leuchtenden Antlitzes, den Blick zu den Sternen gerichtet, ihres Weges dahingeschritten sind, selber Gestirnen gleichend, die ihre vorgeschriebenen, unverrückbaren Bahnen wandeln.«

Fontane hatte sich, kritisch zurückblickend, eigentlich nichts vorzuwerfen, und so dichtete er wie sich selbst zum Troste:

»Die Menschen kümmerten mich nicht viel,
Eigen war mein Weg und Ziel.
Ich mied den Markt, ich mied den Schwarm,
Andre sind reich, ich bin arm...
Und doch, wär's in die Wahl mir gegeben,
Ich führte noch einmal dasselbe Leben.
Und sollt' ich noch einmal die Tage beginnen,
Ich würde denselben Faden spinnen.«[153]

Daß Fontane unter den oft so bedrückenden Realitäten des literarischen Marktes der Eitelkeiten, wenn auch nicht allzusehr, gelitten hätte, hat er selbst nicht einmal bestritten. Schließlich hatte er sich mit der Arbeit seiner Feder nicht nur sich selbst, sondern auch eine ganze Familie zu unterhalten, und die journalistische Kärrnerarbeit, der er sich wohl oder übel unterzog, raubte ihm allzuviel Zeit und Kraft von dem, was er und andere als seine eigentliche Aufgabe ansahen.

Wenn man ihm den vielgewandten Julius Wolff vorzog, der inflationistische Auflagenhöhen zu verzeichnen hatte, einen sich an der Grenze des Kitsches bewegenden historisierenden Belletristen also, der in Charlottenburg in einer palaisähnlichen Villa residierte, so konnte er nur fatalistisch den Kopf einziehen und sich auf die Zukunft vertrösten, in der Modeautoren wie Wolff, der jeden sich ihm darbietenden historischen Stoff nach seinem miesen Geschmack herrichten konnte, trotz ihrer Millionenauflagen vergessen oder als Produzenten von unerträglichem altdeutschen Kunstgewerbe längst zum alten Eisen geworfen sein würden. Mit dieser Prognose hat Fontane allerdings recht behalten, wenn er auch die Überlebenschancen seiner Romane dann doch wohl als zu gering anschlug.

Als besagter Julius Wolff mit einem seiner trivialen Geschichtsarrangements, offenbar dem ›Raubgrafen‹, einer ›Geschichte aus dem Harzgau‹, wieder einmal exorbitante Auflageziffern für sich verbuchen konnte, äußerte Fontane seinen Groll seinem Sohn gegenüber, der selbst sein Schicksal als deutscher Verleger herausfordern sollte, auf unmißverständliche Weise: »Julius Wolff ist in vier Wochen schon wieder an die 12- oder 15 000 ran; Gott gibt es den Seinen im Schlaf. Und wer diese Höhe einmal erreicht hat, der kann sie nie wieder ganz verlieren, auch wenn er das Dümmste schreibt. Es wird dann wohl etwas weniger, und die 15 000 schrumpfen zu 10- oder 5000 zusammen, aber eine gewisse Präponderanz bleibt auf Lebenszeit. Nachher aber ist es egal, und in der Literaturgeschichte scheint die Sonne über Gerechte und Ungerechte; jeder kriegt seine zwei Zeilen.«[154]

Es wollte dem alten Fontane nicht so recht in den Kopf hinein, warum gerade er immer auf der Schattenseite des Lebens stand. Ein glanzloses und bedrücktes Leben lang hatte auch er sich in einem oft heroischen Alleingang mit an die Spitze schieben wollen. Wie es ihm dabei erging, hat er in einer seiner persönlichsten Briefstellen verraten: »Ohne Vermögen, ohne Familienanhang, ohne Schulung und Wissen, ohne robuste Gesundheit bin ich ins Leben getreten, mit nichts ausgerüstet als einem poetischen Talent und einer schlechtsitzenden Hose. (Auf dem Knie immer Beutel.) Und nun malen Sie sich aus, wie mir's dabei mit einer gewissen Naturnotwendigkeit ergangen sein muß. Ich könnte hinzusetzen, mit einer gewissen preußischen Naturnotwendigkeit. Es gab natürlich auch gute Momente, Momente des Trostes, der Hoffnung und eines sich immer stärker regenden Selbstbewußtseins. Aber im ganzen genommen, darf ich sagen, daß ich nur Zurücksetzungen, Zweifeln, Achselzukken und Lächeln ausgesetzt gewesen bin. Immer, auch als ich schon etwas war, ja auf einem ganz bestimmten Gebiete (Ballade) an der Tête marschierte, sah ich mich beargwöhnt, und andre, oft wahre Jammerlappen, bevorzugt. Daß ich das alles gleichgültig hingenommen hätte, kann ich nicht sagen. Ich habe darunter gelitten; aber andererseits darf ich auch wieder hinzusetzen: ich habe nicht sehr darunter gelitten. Und das hing und hängt noch damit zusammen, daß ich immer einen ausgebildeten Sinn für Tatsächlichkeiten gehabt habe. Ich habe das Leben immer genommen, wie ich's fand, und mich unterworfen. Das heißt: nach außen hin; in meinem Gemüte nicht. Ich bin absolut einsam durchs Leben gegangen, ohne Klüngel, Partei, Clique, Koterie, Klub, Weinkneipe, Kegelbahn, Skat und Freimaurerschaft, ohne rechts und ohne links, ohne Sitzungen und Vereine. Ich habe den Schaden davon gehabt, aber auch den Vorteil, und wenn ich's noch einmal machen sollte, so macht' ich's wieder so. Vieles büßt man ein, aber was man gewinnt, ist mehr.«[155]

Verhält es sich in der Tat so, daß das Schicksal eines Menschen immer das Resultat seines Charakters ist, so war Fontane allerdings bereits konstitutionell nicht zum Erfolg disponiert. Er stand sich immer ein wenig selbst im Schatten und besaß nicht die Unbekümmertheit eines literarischen Stars. Man schätzte ihn als Balladendichter, dessen Verse man in deutschen Klippschulen und höheren Lehranstalten aufsagte und rezitierte. Man akklamierte dem Mann der Märkischen Wanderungen, die man etwa als gehobenes Feuilleton klassifizierte. Aber den Romancier übersah die Kritik völlig unstatthaft. Noch Gottfried Benn dachte in den zwanziger Jahren kaum anders als viele Zeitgenossen über Fontane, den sie bestenfalls als amüsanten Causeur gelten ließen.

»Das Pläsierliche, das das ganze epische Oeuvre durchspinnt, vielmehr trägt und bindet, entzieht ihm den Rang«, lautet Benns Fazit zum Romanwerk seines märkischen Landsmanns, dem er keineswegs »Sicherheit, Kontur und Überlegenheit« absprechen mochte. »Es tritt so sehr hervor in jedem seiner Sätze, in jeder seiner weltanschaulichen und politischen Äußerungen, daß es ganz offenbar für ihn das Mittel war, um zu Ausdruck zu gelangen, das Mittel, mit dem allein er seine märkische Welt erfaßte.«

Wenn Gottfried Benn dem alten Fontane auch zugestand, angesichts der bekannten deutschen Romaninferiorität eben doch noch eine große und weit herausragende Leuchte gewesen zu sein, so räumte er ihm im internationalen Vergleich doch keinen der führenden Plätze ein. Für uns liegen die Dinge inzwischen wesentlich anders. Gerade das, was Benn unter dem Begriff des »Pläsierlichen« abgewertet wissen wollte, jene vielgerühmte und vielgeliebte Leichtigkeit Fontanes, von der man längst weiß, daß sie einer immer bedrohten Existenz abgerungen war, empfangen wir heute wie ein Geschenk aus seinen Händen. Gerade dieser Verfremdungseffekt durch seine freischwebende Ironie ist es, der Fontane so modern erscheinen läßt. Diese Ironie war das Eigentlichste und das eigentlich Größte an ihm. Thomas Mann hat sie von ihm gelernt und weiterentwickelt. Er wußte, was er Fontane zu verdanken hatte, und als seine ›Buddenbrooks‹ nur wenige Jahre nach Fontanes Tod erschienen waren, bedauerte dessen ihm so geistesverwandte Tochter Mete aufrichtig, daß ihr Vater dieses Ereignis nicht mehr erleben durfte. Ganz besonders heute übt der spezifische Fontane-Ton eine immer noch wachsende Faszination auf Gemüter aus, die sich von ihrer eigenen intellektualistischen Literatur so kläglich im Stich gelassen fühlen.

Fontane hatte nie besonders groß von seiner Dichterei gedacht. Der Gefahr der Selbstüberschätzung ist er nie erlegen, auch als er bereits aus seiner so bedrückenden Anonymität herausgetreten war und es durchaus Kenner der deutschen Verhältnisse gab, die ihn neben Bismarck und Adolph von Menzel in die Reihe der repräsentativsten Deutschen seiner Zeit zu rücken versuchten. Wenn er schon einmal über die Möglichkeiten seiner Nachwirkung reflektierte, so kamen ihm dabei noch am ehesten seine Balladen in den Sinn. Seinen großen Romanen jedoch, auf die er ein ganzes Leben lang hingelebt und hingearbeitet hatte, räumte er kaum bemerkenswerte Chancen ein. Das 20. Jahrhundert, lautete da seine Meinung, würden sie kaum überleben. Hier irrte Fontane gewaltig.

Bereits im Jahre 1857, ehe er zum letzten Schritt auf den Parnaß ausholte, schrieb er in einer schönen menschlichen Überlegenheit an seine Frau über seine Schwierigkeiten bei der Ausübung seines Metiers. »Du fragst, wie mir meine Arbeit zusagt«, heißt es in diesem Brief. »Ich danke für die gütige Nachfrage, und Patient befindet sich den Umständen nach wohl. Dies ist nicht Spaß, sondern Ernst. Ich bin eigentlich nach der Seite hin ganz befriedigt und lerne endlich einmal das schöne Gefühl kennen, in einem Berufe heimisch zu sein. Das Dichten ist eine herrliche Sache, und ich werde mich nie den Eseln zugesellen, die hinterher das Feld bespotten, auf dem sie Fiasko gemacht haben. Aber nur große dichterische Naturen haben ein Recht, ihr Leben an die Sache zu setzen. Ich bin gewiß eine dichterische Natur, mehr als tausend andre, die sich selber anbeten, aber ich bin keine *große* und keine *reiche* Dichternatur. Es drippelt nur so. Der einzelne Tropfen mag ganz gut und klar sein; aber es ist und bleibt nur ein Tropfen, kein Strom, auf dem die Nationen fahren und hineinsehn in die Tiefe und in das himmlische Sonnenlicht, das sich drin spiegelt. Ich bin eine gute Sorte Sonntagsdichter, der sein Pensum Wochenarbeit zu machen und dann einen Reim zu schreiben hat, wenn ihm Gott einen gibt, der aber die Welt weiter nicht kränkt, wenn er's unterläßt. Ich glaube, daß ich über meinen gegenwärtigen Beruf nicht immer so vorteilhaft denken werde wie in diesem Augenblick, aber zunächst wenigstens bin ich zufrieden.«[156]

Natürlich hat sich Fontane in puncto Selbsteinschätzung gehörig zu seinen Ungunsten verkalkuliert. Zwar hatte auch er nicht gelernt, über seinen Schatten zu springen, aber am Ende war er dann eben doch Schritt für Schritt seinem gesteckten Ziele recht nahe gekommen. Das verschaffte ihm auch anderen gegenüber eine wohltuende menschliche Überlegenheit. In der Tat sah er immer deutlicher keinerlei Veranlassung mehr, sich im letzten Glied herumzudrücken und anderen den Vortritt zu lassen. Er war jemand geworden, auf den man hörte und mit dem man rechnen konnte. Und er war ehrlich genug, es sich und anderen einzugestehen, daß er es sich in einem langen deutschen Schriftstellerleben schwer genug gemacht hatte. Die Früchte seiner Kunst waren ihm keineswegs untätig in den Schoß gefallen.

»Je besser man seine Pappenheimer kennen lernt«, lautete daher auch einer der Kernsätze seiner Altersweisheit, »je mehr man sieht, wie dumm alles liegt, oft sogar innerhalb des Metiers, sicher aber wenn es über das Metier hinausgeht, – je mehr man sich mit dieser Erkenntnis durchdringt, je heiterer wird man. Aller Ärger fällt fort, und man resigniert sich dahin: ›Nach Lage der Dinge geht es einem eigentlich noch sehr gut‹, denn das natürliche Resultat aller dieser Schofelinskischaften müßte Verzweiflung oder Vereinsamung oder unausgesetzte Fehde sein. Und doch lebt man und hat glückliche Stunden mit allerlei Freunden und Auszeichnungen, die man weder nach der Beschaffenheit der Menschen noch nach der kritischen Stellung, die man diesen gegenüber einnimmt, für möglich halten sollte.«[157]

Im übrigen hatte Fontane in der Tat nach Jahren des ständigen Umgangs mit der Kunst und des intensiven Nachdenkens über das Wesen eines integren Kunstwerks immer weniger Grund, das sich leise verzehrende Licht seiner Kunst unter den Scheffel zu stellen. Bei allem guten Willen zur Selbstkritik programmierte er bereits das Ende der Bescheidenheit, wenn er – sicher auch in betonter Blickrichtung auf sein inzwischen vorliegendes Lebenswerk – zu folgendem Fazit gelangte: »Je länger man lebt, desto klarer erkennt man, daß in allem Geschaffenen der Geist seines Schöpfers lebt, und dieser Geist ist es, der anmutet oder widerstrebt, der tötet oder lebendig macht. Was in sich krank oder hohl ist, das degoutiert zuletzt, wie vollkommen auch das Kleid sein mag, in dem es einherstolziert; was aber umgekehrt aus einem gesunden Keime sproß, das bewahrt allen zufälligen Störungen, allem im einzelnen Mißlungenen zum Trotz eine gesunde Innerlichkeit. Über die Höcker hinweg oder durch sie hindurch erkennt der Schärferblickende jenes Endgültige, das zum Guten oder zum Schlechten scheidet. Und dieses Endgültige ist die Gesinnung, die aus einem Kunstwerk ebenso deutlich wie aus dem Leben spricht.«

Daß Fontane mit den Jahren noch an grandseigneuraler Überlegenheit hinzugewann, änderte nicht das Geringste an der Tatsache, daß er immer wieder von seinen prekären Nervenzuständen bedroht war. Da er sich schon aus Gründen der elementarsten physischen Selbsterhaltung anderen gegenüber ein wenig reserviert verhielt, hielten ihn viele für einen etwas »pimpeligen« älteren Herrn, dessen natürliche Liebenswürdigkeit ihnen Rätsel aufgab. Niemand drang deshalb so recht bis in sein Innerstes vor, und vielleicht war so viel Konzilianz im Umgang mit mitleidenden Mitmenschen nur die geschickte Mimikry eines Künstlers, der Schaffenskrisen zu verbergen suchte, die ihn oft bis an den Rand seiner Existenz trieben.

Fontane gab bis ans Ende seiner Tage die Sache nicht auf, der er sich bereits so früh verschrieben hatte. Nie hat er der Versuchung kampflos nachgegeben, das Handtuch zu werfen. Vielmehr wagte er jeden Morgen, den Gott werden ließ, von neuem das Abenteuer des Geistes, sobald er sich vor einem weißen Blatt Papier an seinem Schreibtisch niederließ.

Leute, die sich über den oft schleppenden Fortgang seiner Arbeit mokierten, konnten seiner lebhaften Zustimmung gewiß sein. Ganz gewiß hätte er auch Thomas Mann nicht widersprochen, der bekanntlich Schriftsteller als Leute definierte, die sich beim Schreiben besonders schwer tun. Flotte Vielschreiber waren Fontane ohnehin immer suspekt gewesen. Von Theodor Storm wußte er dagegen immer wieder zu rühmen, wie sehr er beim Verfertigen seiner Lyrik mit äußerster Sorgfalt zu Werke ging, indem er mit der Betulichkeit eines Goldschmieds jede seiner Verszeilen ziselierte und oft wochenlang nach dem passenden Wort suchte, ehe er seinen lyrischen Pretiosen den Stempel der Hochkarätigkeit aufdrückte und sie aus seiner Werkstatt entließ.

Posierte Genialität jedoch war Fontane in hohem Maße suspekt. Er neigte eher dazu, Genialität und Fleiß als Synonyme zu werten. Deshalb riß seine Bewunderung für den Freund aus jugendlichen ›Tunnel‹-Tagen zeit seines Lebens nicht ab, und noch dem siebzigjährigen Menzel widmete er jenes bereits zitierte Distichon vom Fleiß, der erst das Genie macht.

Er hielt nie übermäßig viel von der Intuition und verließ sich niemals auf dieses zufällige Göttergeschenk, obwohl auch er die Gunst des schöpferischen Augenblicks sehr wohl zu schätzen wußte und oft genug daraus literarisches Kapital zu schlagen verstand. Aber bestenfalls einmal im Jahre widerfahre einem Sterblichen solch ein Wunder, war seine wahre Meinung. »Für die verbleibenden 364 Tage entscheidet die Kritik, das Maß der Erkenntnis. In poetischen Dingen hab' ich die Erkenntnis 30 Jahre früher gehabt als in der Prosa; daher lese ich meine Gedichte mit Vergnügen oder doch ohne Verlegenheit, während meine Prosa aus derselben Zeit mich beständig geniert und erröten macht.«[158]

Natürlich verfügte er als Künstler auch über ein sicheres Gespür dafür, daß man einem abgeschlossenen Werk auf keinen Fall den bei seiner Abfassung angewandten kritischen Scharfsinn anmerken dürfte. »Es spukt nur hinter der Szene«, gab er ein wichtiges Berufsgeheimnis aus seiner schriftstellerischen Werkstatt preis.

»Es gibt heutzutage keine bloßen Talente mehr«, hatte er nach gründlicher Sondierung der deutschen Kulturlandschaft Mathilde von Rohr gegenüber geäußert. »Zum wenigsten bedeuten sie nichts, gar nichts. Wer heutzutage eine Kunst wirklich betreibt und in ihr was leisten will, muß natürlich vor allem auch Talent, gleich hinterher aber Bildung, Einsicht, Geschmack und eisernen Fleiß haben. Zum künstlerischen Fleiß aber gehört etwas anderes als Massenproduktion. Storm, der zu einem kleinen lyrischen Gedicht mehr Zeit brauchte als Brachvogel zu einem dreibändigen Roman, ist zwar mehr spazierengegangen als der letztere, hat aber als Künstler doch einen hundertfach überlegenen Fleiß gezeigt. Der gewöhnliche Mensch schreibt massenhaft hin, was ihm gerade in den Sinn kommt. Der Künstler, der echte Dichter, sucht oft vierzehn Tage lang nach einem Wort.«[159]

Schreiben war und blieb die große Passion Fontanes und zugleich sein nicht enden wollender Passionsweg. Daß dieses Handwerk keinen goldenen Boden wie andere hatte, daran hat er nie gezweifelt. Eigentlich war er wie jeder echte Schriftsteller immer im Dienst, und die Vergeblichkeit seines Einsatzes konnte ihn zuweilen schon arg deprimieren. Als ihn eine seiner Sommerfrischenbekanntschaften nach der schriftstellerischen Ausbeute eines bestimmten Tages teilnahmsvoll befragte, erhielt sie die Antwort: »Gott, schlecht. Ich habe da in der Laube gesessen, und anderthalb Stunden fiel mir nichts ein. Und als es gerade anfing, ein bißchen zu drippeln, da kamen ja die Kinder und machten Lärm, und da war es denn für heute vorbei.«

Gleichwohl legte er auch nach solchen bitteren Erfahrungen die Feder nicht einen Augenblick aus der Hand. Noch als andere, die mit ihm gemeinsam den beschwerlichen Weg auf den Parnaß angetreten hatten, längst abgekämpft als Schriftsteller außer Dienst über die Vergänglichkeit irdischen Ruhms meditierten, fand Fontane den Anschluß an die Weltliteratur und rückte vehement in die vorderen Ränge unseres damaligen Poetenaufmarsches vor. Ganz gewiß wird er diesen erstaunlichen Endspurt nicht als eine Laune des Schicksals angesehen haben. Er hatte ihn als eine der großen Möglichkeiten seiner Vita mit eingeplant.

Gerade im Alter zeigte sich, wie hoch Fontane über seine Generationsgenossen unter den deutschen Poeten hinausgewachsen war. Er meinte von ihnen feststellen zu können, sie wirkten bestenfalls wie »kleine Schulmeister« oder lächerliche »Provinzsimpel«, die sich der »Popeligkeit« und der »Sechserwirtschaft« des deutschen Provinzialismus nicht hatten entziehen können. Er hatte gerade seinen Englandaufenthalten viel zu verdanken, und er hatte sie im Gefühl, daß man sich an der Themse anders als in Husum entwickeln könnte, auf sich genommen. Es fiel ihm nicht schwer, mit Leuten von Welt zu konversieren, ohne sich eine Blöße zu geben.

So sehr Fontane der literarischen Szene seiner Zeit entrückt erschien, daß er bestenfalls als Statist gewertet wurde, wenn man überhaupt Notiz von ihm nahm, so leicht hat er diesen Rückstand dann doch noch spielend aufgeholt. Heute gilt er als der überzeugendste und lesbarste Erzähler seiner realistischen Generation. Er wird gelesen und geliebt, während die meisten seiner schreibenden Zeitgenossen ins literarische Museum abgewandert sind. Seine Bücher inspirieren heutige ›Filmemacher‹ zu ihren nicht immer ganz unproblematischen kinematographischen Taten. Kaum einer seiner Romane, der inzwischen noch nicht dem Medium Film dankbare Stoffe geliefert hätte.

Ganz und gar machte er sich aber über die Abstiegstendenzen in der deutschen Literatur keine Illusionen. Er ließ sich zuweilen über die »Dublettenkrankheit« der Literatur aus, deren epigonale Sterilität ihm immer unerträglicher wurde. Das war schließlich der Grund, warum er hin und wieder ein ermutigendes Wort für die literarische Avantgarde fand, die wenigstens den Vorteil hatte, längst Gesagtes nicht zum hundertsten Male aufzuwärmen. Er ließ es sich nicht ausreden, daß die deutsche Literatur an einem Punkte angelangt sei, »wo sich das Originelle, wenigstens vorübergehend, als gleichberechtigt neben das Schöne stellen darf. In Kunst und Leben gilt dasselbe Gesetz, und wenn die Nachkommen einer zurückliegenden großen Zeit das Kapital ihrer Väter und Urväter aufgezehrt haben, so werden die willkommen geheißen, die für neue Güter Sorge tragen, gleichviel wie. Zunächst muß wieder was da sein, ein Stoff in Rohform, aus dem sich weiterformen läßt.«

Seinem Mißbehagen an der Gegenwartsliteratur machte er im November 1896 noch einmal mit fast Nietzschescher Schärfe in einem Brief an Ernst Heilborn, den Herausgeber der Halbmonatsschrift ›Das literarische Echo‹, Luft. In diesem Brief heißt es: »... Wenn man so Umschau hält, kann einem der Menschheit ganzer Jammer anfassen. Ich spreche natürlich nur von Deutschland. Seit Keller und Storm tot sind, welche Dürftigkeit! Und so wenig Aussicht auf Besserwerden. Liegt es daran (Menzel hat es oft behauptet), daß der Deutsche von Natur kunstfremd ist, oder beherrscht der Borussismus alle Gemüter derartig, daß auch die Klugen und Talentvollen wie von selbst in den Strom der Staatlichkeit einmünden? Kunst ist nichts, Geheimrat ist alles. Eine Mißachtung liegt hierzulande über dem ganzen Metier, und man läßt es nur dann notdürftig gelten, wenn es sich zur Parteischuhputzerei herabwürdigt. Dazu – als Schuld auf unserer eigenen Seite – das à-tout-prix-Geld-verdienen-Wollen, möglichst rasch und möglichst viel.«[160]

Hatte der fließende Übergang des bewährten Alten zum unerprobten Neuen hin Fontane seit jeher aus der Reserve gelockt, so hatte er in seiner Spätphase noch ausgiebig Gelegenheit, die Metamorphose einer Welt, die wohl oder übel von liebgewordenen Gewohnheiten Abschied nahm, zu beobachten und diese Entwicklung mit nachdenklich stimmenden Marginalien zu begleiten.

»Wohl möglich, daß aristokratische Tage mal wiederkehren, vorläufig, wohin wir sehen, stehen wir im Zeichen einer demokratischen Weltanschauung«, heißt es bei ihm in diesen Tagen. »Eine neue Zeit bricht an. Ich glaube, eine bessere und eine glücklichere, so doch mindestens eine Zeit mit mehr Sauerstoff in der Luft, eine Zeit, in der wir besser atmen können. Und je freier man atmet, je mehr lebt man.«

Im übrigen übte sich Fontane meisterlich in der »Kunst, alt zu werden«, wie Clara Viebig meinte, die ihm noch kurz vor seinem Tode begegnete. Aber er überraschte seine Freunde gleichzeitig auch mit dem »Schauspiel einer Vergreisung, die künstlerisch, geistig, menschlich eine Verjüngung ist und eigentlich Jugend und Reife im hohen Alter«, wie Thomas Mann sicher richtig bemerkte. Auch Mann vertrat die Meinung, daß die ersten sechs Jahrzehnte dieses deutschen Dichterlebens nur als Vorbereitung auf die beiden letzten ausgelebt werden mußten, in der es sich zur Lebens- und damit auch zur Todesreife steigerte und so erst ein wahrhaft meisterliches Werk ermöglichte.

Fontane blieb allerdings bis zuletzt der unsichere Kantonist, der er immer schon gewesen war, ein Mann ohne Doktrinen und Ideologien, der sich immer noch an den Knöpfen abzählte, welche Partei er wählen sollte. Eigentlich war er stets nur ein Parteigänger der Partei der Vernunft gewesen, ein Anwalt des gesunden Menschenverstandes, dem er in Deutschland ein weiteres Feld gewünscht hätte. Alles und jedes besaß für ihn zwei Aspekte, und so erging es ihm kaum anders als seinem Dubslav von Stechlin, der im Eifer des Gesprächs von sich sagen konnte: »Was ich da gesagt habe ... Wenn ich das Gegenteil gesagt hätte, wäre es ebenso richtig.«

Ein Mann, der allen Ernstes auf der Relativierbarkeit menschlicher Einsichten bestand, konnte sich in einem Land wie Preußen einfach nicht empordienern. Er mußte sein Dichterleben mit einer geradezu preußischen Naturnotwendigkeit nicht eben konfliktlos zu Ende bringen, ohne daß man groß Notiz von ihm nahm. Daß es dem anderen großen brandenburg-preußischen Poeten, daß es Heinrich von Kleist in dieser Hinsicht eher noch grausamer erging, konnte nur ein schwacher Trost für Fontane sein.

23
Ausklang

Mit seinem ›*Stechlin*‹ hatte Fontane offenbar sein letztes Wort gesprochen und die Summe seiner menschlichen Erfahrungen unter Dach und Fach gebracht. Rückblickend wollte ihm scheinen, als hätte es sich bei der Fertigstellung seines neben ›*Vor dem Sturm*‹ umfangreichsten Romans um einen Wettlauf mit dem Tode gehandelt, den er mit nur knappem Vorsprung gewonnen hatte.

Und wirklich ließen seine Kräfte merklich nach, der Kreislauf machte ihm zu schaffen, die Pulsschläge hatten sich auf die Hälfte des Normalen reduziert, und all diese Alterserscheinungen gaben ihm dann doch zu denken. Eine Steigerung über jenes Niveau hinaus, das er im ›*Stechlin*‹ erreicht hatte, war jedenfalls nicht mehr zu erwarten.

Obwohl man gerade den ›*Stechlin*‹ und vorher bereits die ›*Poggenpuhls*‹ wegen ihrer betonten Askese, die sich beide Romane in bezug auf Handlungsreichtum auferlegten, als typische Alterswerke abqualifiziert hatte, ließ sich Fontane von der vordergründigen Kritik keinen Augenblick beeindrucken. Schon wandte er sich einem alten Projekt zu, mit dem er sich bereits viele Jahre getragen hatte, um es nunmehr anzugreifen und abzuschließen. Diesmal sollte ihn die Welt nach einer Serie wohlgelungener Gesellschaftsromane als einen Meister des historischen Romans kennenlernen.

»Ich will einen neuen Roman schreiben«, heißt es in einem Brief an Hans Hertz vom 16. März 1895, »(ob er fertig wird, ist gleichgültig), einen ganz famosen Roman, der von allem abweicht, was ich bisher geschrieben habe, und der überhaupt von allem Dagewesenen abweicht, obschon manche geneigt sein werden, ihn unter die Rubrik ›Ekkehart‹ oder ›Ahnen‹ zu bringen.

Er weicht aber doch ganz davon ab, indem er eine Aussöhnung sein soll zwischen meinem ältesten und romantischsten Balladenstil und meiner modernsten und realistischsten Romanschreiberei. Den ›Hosen des Herrn von Bredow‹ käme diese Mischung am nächsten, bloß mit dem Unterschiede, daß die ›Hosen‹, wie es ihnen zukommt, was Humoristisches haben, während mein Roman als phantastische und groteske Tragödie gedacht ist.

Er heißt ›Die Likedeeler‹ (Likedealer, Gleichteiler, damalige, denn es spielt anno 1400, Kommunisten), eine Gruppe von an Karl Moor und die Seinen erinnernden Seeräubern, die unter Klaus Störtebecker fochten und 1402 auf dem Hamburger Grasbrook en masse hingerichtet wurden.

Alles steht mir fest, nur eine Kleinigkeit fehlt noch: das Wissen. Wie eine Phantasmagorie zieht alles an mir vorbei, und eine Phantasmagorie soll es schließlich auch wieder werden. Aber eh' es dies wieder wird, muß es eine bestimmte Zeitlang in meinem Kopf eine feste und klare Gestalt gehabt haben...«[161]

Der fast achtzigjährige Fontane wollte demnach zu guter Letzt zum Geschichtsroman zurückkehren, mit dem er als Romancier begonnen hatte. Dabei frönte er keineswegs dem Ehrgeiz, die Reihe der modischen Professorenromane um ein neues austauschbares Exemplar bereichern zu wollen. Er wollte vielmehr noch ein letztes Mal höher als andere greifen. Was ihm vorschwebte, war eine menschliche Tragödie, in der sich »mittelalterliche Seeräuberromantik« mit einer gewissen »sozialdemokratischen Modernität« verbinden sollte.

Wieder einmal lebte seine geheime Leidenschaft für die nordische Sagenwelt und für das Meer in ihm auf. Seit seinen Swinemünder Jugendtagen, als er auf den Spuren des großen Störtebecker gewandelt war, hatte ihn der balladeske Zauber des Stoffes vom edlen Seeräuber geradezu magisch angezogen. Die Geschichte vom guten Seeräuber Störtebekker hatte seine jugendliche Fantasie beflügelt. Nun stand diese idealisierte Gestalt des Wohltäters der Armen und des

Schreckens der Reichen wieder plastisch vor ihm und ließ ihn nicht mehr los. Ein Mann, der die Besitzenden rücksichtslos ausplünderte, um die Erträgnisse seiner Raubzüge zu gleichen Teilen in streng geübter Bandenmoral untereinander zu teilen, praktizierte natürlich bereits die Utopien moderner Kommunisten, die sich nach Vorbildern in der Geschichte umsahen. Daß Störtebecker an seinen lebensfernen Praktiken schließlich scheitern mußte und er und seine Raubgesellen dem Beil des Henkers zum Opfer fielen, mag Fontane als historisches Lehrstück für alle, die an die geheiligte hierarchische Ordnung der Gesellschaft zu rühren gedachten, höchst willkommen gewesen sein. Er steht auch diesem Helden distanziert gegenüber und brach schließlich den Stab über ihn, indem er ihm durch den Mund eines Priors sein Vernichtungsurteil sprechen läßt: »Er ist ein ehrlicher Fanatiker, und wenn er dreizehn Hamburger an den Rahen seines Schiffes hängen läßt, glaubt er sich im Recht, und vielleicht ist er's auch.« Sein Ideal von Sozialismus inkarniert noch am ehesten »Johann der muntere Seifensieder« in Hagedorns Parabel, über den er sich so ausläßt: »Von dem Augenblick an, wo wir statt des jetzigen Menschen lauter Seifensieder, alle von dem Stempel dieses munteren Johann haben werden, von diesem Augenblick an ist die soziale Frage gelöst, die Sozialdemokratie macht die Bude zu, und das goldene Zeitalter beginnt...«

Spätestens seit 1880 hatte sich Fontane mit dieser fantastischen Prosaballade beschäftigt. Nach der Vollendung von ›Effi Briest‹ wandte er sich dann mit besonderer Intensität diesem Seeräubersujet zu, das ihm sicher Anlaß zu allerlei zeitkritischen Analogien geboten hätte.

Die soziale Frage beschäftigte Fontane selbstredend nicht nur am Rande. Er war einer der wenigen, die über die Zukunftsträchtigkeit des vierten Standes laut meditierten, auch wenn er nicht sogleich verstanden wurde. Immer mehr betätigte er sich – nicht anders übrigens als der alternde Goethe – in dem höchst unpopulären Geschäft einer Kassandra, die sich das Schweigen abgewöhnt hat. Während des Kampfes um die Sozialistengesetze übermittelte er am

19. Oktober 1889 seinem Sohn Theodor die deprimierende Erkenntnis, »wie kipplig alles steht und wie sehr wir des Glückes und der Siege bedürfen, um über die Fährlichkeiten, die von allen Seiten, und zwar im eigenen Lager drohen, leidlich hinwegzukommen. Alles ist verdemokratisiert, verwelft, verkatholisiert oder ganz allgemein vergrätzt und verärgert und gehorcht nur, weil jeder im Geiste die Kanonen aufgefahren sieht, die den Kreis schließen und hineinkartätschen. Aber eines Tages fehlen auch die, mit denen man den Kreis schließen kann, und dann ist es vorbei. Man braucht kein Schwarzseher zu sein, um solche Zeiten vor sich aufsteigen zu sehen.«[162]

Das allerdings waren böse Auspizien für einen Mann, der sich zeit seines Lebens allen Versuchen einer Indoktrination mit Erfolg widersetzt hatte und nur als gewiefter Pragmatiker sich der Gefahrenzone deutscher Politik näherte. Der versierte Kenner der Menschheitsgeschichte hatte bei aller Klarsicht und Unbestechlichkeit für sich und andere immerhin den Trost parat, daß es letzten Endes doch anders kommen würde, als es sich die menschliche Fantasie erträumen kann. »Irgendeine Sünd- oder Sintflut ist immer vor der Tür«, wußte er, »aber dabei leben die Menschen vergnüglich weiter und backen Hochzeitskuchen.«[163]

Daß Nietzsches Zeitkritik ihn je länger je mehr zu faszinieren begann, ist unter diesen gegebenen Umständen sehr wohl zu verstehen. Er wußte sich mit diesem »Philosophen mit dem Hammer« in der Auffassung einig, es würde ohne eine radikale Umwertung traditioneller Werte nun einmal nicht abgehen. »Man kann sich von der ganzen Herkömmlichkeitslast nicht genug emanzipieren«, lautete sein im Grunde so antibürgerliches Erfolgsrezept für Leute, die noch auf eine ertragreiche Zukunft setzten.

Die soziale Frage stand in der Reihe der ungelösten Zeitprobleme für Fontane ganz vorne an. Sein sicheres Flair für die Bruchstellen im gesellschaftlichen Gefüge veranlaßte ihn dann wohl auch, den Roman vom Seeräuber, der die soziale Frage auf seine Fasson löste, in Angriff zu nehmen. Aber vielleicht war es eben doch schon ein Symptom seines fortgeschrittenen Alters, daß er seine Möglichkeiten in diesem Falle kraß überschätzte. An der besonderen Begabung Fontanes, gerade diesen Stoff zu bewältigen, hat man sicher mit Recht gezweifelt, und die vorhandenen Bruchstücke des Werkes bestätigen diesen Eindruck durchaus.

Fontane war nun einmal nicht der Mann des großen Stils, den er in diesem Falle hätte praktizieren müssen. Ohne jene Bildteppich-Manier, wie sie etwa Adalbert Stifter in seinem ›Witiko‹ anwandte, wäre ihm der weitläufige Stoff unter den Händen zerronnen. Auf keinen Fall wäre dieser Torso gebliebene Roman so etwas wie eine sozialdemokratische Bibel geworden, wie man gemutmaßt hat. Der rote Fontane ist eine reine Utopie und ein Wunschtraum für viele, die diesen dezidierten Antiideologen vor irgendeinen Parteikarren spannen möchten.

Mit einiger Sicherheit irrte auch Thomas Mann, wenn er in seinem Fontane-Essay zu bedenken gab: »Wären die ›Likedeeler‹ geschrieben worden, so besäßen wir heute den historischen Roman von höchstem poetischen Rang, den Frankreich in ›Salambo‹, Belgien im ›Ulenspiegel‹ besitzt. Es sollte nicht sein. War die Zeit noch nicht erfüllt? Mehrmals, bis in den Juli, ist noch von dem Plane, den Studien die Rede. Dann breitet sich Schweigen darüber.«

Immerhin: Noch arbeitet Fontane an seinen autobiographischen Aufzeichnungen, aber schon schreibt er es seinen nachlassenden physischen Kräften zu, daß er nicht mehr über die gewohnte schriftstellerische Intensität verfügt, um ihnen die Geschlossenheit seiner ›Kinderjahre‹ zu verleihen, die noch die Handschrift eines Souveräns verraten. Gleichwohl kann man auch in diesen Memoiren ganze Passagen aufspüren, die man sich auch aus dem Gesamtwerk Fontanes nicht wegdenken möchte; brillant vor allem die gelungenen skizzenhaften Porträts von Zeitgenossen aus Fontanes engerem Lebensraum, die ihn als instinktsicheren Psychologen ausweisen. Die Charakterskizzen tragen noch unverkennbar die Fontanesche Handschrift. Die Subjektivität und künstlerische Freiheit, mit denen er zu Werke geht, um etwa eine so diffuse Charakterfigur wie die Theodor Storms aus dem

Dunkel zu heben, verleihen ganzen Passagen noch einmal den alten Zauber seines geistigen Charmes und dichterischen Temperaments. Immerhin konnte er den Band ›Von Zwanzig bis Dreißig‹ noch abschließen und nicht ohne innere Genugtuung auf seine Altersleistung verweisen, wenn es in dem Gedicht ›Als ich zwei dicke Bände herausgab‹ heißt:

»Zwölfhundert Seiten auf einmal
Und mit achtundsiebzig (beinah ein Skandal),
Konntest es doch auf viermal verteilen« –
Ihr könnt es. Aber bei mir heißt's eilen;
Allerorten umklingt mich wie Rauschen im Wald:
›Was du tun willst, tue bald!‹«[164]

Ganz zuletzt kehrte er dann auch noch einmal zu seinen »alten Göttern« zurück, als er seine ›Wanderungen‹ durch ein Kapitel ›Das Ländchen Friesack und die Bredows‹ zu erweitern versucht und bereits das Material dazu zusammenträgt, das man dann in seinem Nachlaß vorfinden wird. Bei allem Altersradikalismus und all seiner Aversion gegen ein dekadentes Spätpreußentum entdeckte er noch einmal seine verschämte Liebe für preußische Junker, die sich auch zu seinem 75. Geburtstag nicht gerührt hatten, und für das alte Preußen, das ihm so ans Herz gewachsen war und das er eigentlich schon längst aus der Geschichte abgeschrieben hatte. Diese Arbeit ist dann seine letzte noble Abschiedsgabe an alles, was seinem Leben einen nie nachlassenden inneren Glanz verliehen hatte.

Noch immer erledigt der passionierte Briefschreiber seine Korrespondenzen mit gewohnter Sorgfalt, wenn er auch oft schon bekennen muß, daß ihm während des Schreibens die Feder aus der Hand gefallen ist. Blutleere im Gehirn macht ihm zu schaffen, so daß er im Mai 1898 auch auf die Ausarbeitung des dritten Teils seiner Autobiographie schweren Herzens verzichtet. Noch aber kann er die 5. vermehrte Auflage seiner ›Gedichte‹ vorbereiten, die er um viele Proben seiner Alterslyrik bereichert. Doch ansonsten hat er sein Arbeitspensum einschneidend reduziert. Den Weltereignis-

sen bleibt er indessen, wie seine Briefe an Dr. Morris beweisen, dicht auf den Fersen. Noch beschäftigen ihn die theatralischen Ereignisse auf den Berliner Bühnen und regen ihn zu
nachdenklichen Kommentaren an. Aber das Weihnachtsfest
1897 begeht er in aller Stille. Auch Silvester geht »punschlos,
einen einzigen Pfannkuchen in der Hand« an ihm vorüber.
Dann packt die Krankheit noch einmal hart zu, und wieder
berichtet er von Nervenpleiten, die ihm das Arbeiten, ja
selbst das Lesen unmöglich machen.

In dieser Situation einer erzwungenen Tatenlosigkeit und
im Vorgefühl des nahenden Endes fand Fontane nun genügend kontemplative Stunden, in denen er Gerichtstag über
sein kurioses Leben abhalten konnte. Dabei gelangte er,
seinem unfeierlichen Naturell entsprechend, keineswegs zu
hochgeschraubten Resultaten. Was in aller Welt hatte er in
diesen acht Jahrzehnten eines deutschen Dichterlebens eigentlich erreicht?

>	»Eine kleine Stellung, ein kleiner Orden
	(Fast wär ich auch mal Hofrat geworden),
	Ein bißchen Namen, ein bißchen Ehre,
	Eine Tochter ›geprüft‹, ein Sohn im Heere,
	Mit siebzig 'ne Jubiläumsfeier,
	Artikel im Brockhaus und im Meyer...
	Altpreußischer Durchschnitt, Summa Summarum,
	Es drehte sich immer um Lirum Larum,
	Um Lirum, larum Löffelstiel,
	Alles in allem − es war nicht viel −«[165]

Und doch: es blieben ihm auch jetzt noch die kleinen,
unscheinbaren Dinge des Lebens, an denen der Lebenskünstler und Liebhaber des Anspruchslosen sein helles
Entzücken finden konnte, je mehr er sich jenseits von aller
Vordergründigkeit des großstädtischen Lebens bewegte. Er
fand das Leben noch reich genug, um nicht der Altersmelan-
cholie anheimzufallen.

Die Unverwüstlichkeit dieser Erde versöhnte ihn mit
allem, was sich das Schicksal für ihn ausgedacht hatte.
Doch was war es eigentlich noch, was ihn mit diesem Leben
verband?

»Jedes Frühjahr das erste Tiergartengrün
Oder wenn in Werder die Kirschen blühn...
Kuckucksrufen, im Wald ein Reh,
Ein Spaziergang durch die Lästerallee,
Paraden, der Schapersche Goethekopf
Und ein Backfisch mit einem Mozartzopf.«[166]

Nun, da er ganz am Ende eines langen und steinigen Weges
stand, war er »wieder daheim« in der großen Einsamkeit
angelangt, in der er sich geborgen fühlte.

»Ich bin hinauf, hinab gezogen
Und suchte Glück und sucht es weit;
Es hat mein Suchen mich betrogen,
Und was ich fand, war Einsamkeit.

Ich hörte, wie das Leben lärmte,
Ich sah sein tausendfarbig Licht;
Es war kein Licht, das mich erwärmte,
Und echtes Leben war es nicht.

Und endlich bin ich heimgegangen
Zu alter Stell und alter Lieb,
Und von mir ab fiel das Verlangen,
Das einst mich in die Ferne trieb.

Die Welt, die Fremde, lohnt mit Kränkung,
Was sich, umwerbend, ihr gesellt;
Das Haus, die Heimat, die Beschränkung,
Die sind das Glück und sind die Welt.«[167]

Im Juni und Juli 1898 weilte Fontane mit Frau und Tochter im
Weißen Hirsch bei Dresden zur Sommerfrische, »die diesmal
freilich etwas frischer als nötig ist«, wie er damals an Friedlaender schrieb. »Wir frieren Stein und Bein und werden erst
warm, wenn wir bald nach neun unter das Deckbett krie-
chen.«[168]

In Dresden genießt er nicht nur die gute Luft, sondern
auch die »Manierlichkeit« der Sachsen, denen er eine Kultur
testiert, die er bei den Berlinern zu vermissen scheint. »Daß
sie hier gegen alles Preußische gereizt sind, kann ich ihnen
nicht verdenken«, äußert er sich. »Die Preußen gerieren sich
als die Überlegenen, und sind es doch vielleicht nicht.«[169]

Während dieses Sommeraufenthalts kämpft er vergeblich mit dem Inhalt des soeben erschienenen Kant-Buches von Friedrich Paulsen, das ihm der Verfasser, einer seiner wirklichen Verehrer, hatte zukommen lassen. Der Künstler in ihm kapitulierte kläglich vor den Kantschen Abstraktionen. Der Himmel der höheren Philosophie blieb ihm auch jetzt noch verschlossen, und er hatte nicht einmal das Gefühl, durch dieses intellektuelle Manko viel im Leben versäumt zu haben.

»Ob es an meinem ganz unphilosophischen Kopf gelegen hat oder sich nur der alte Satz bestätigte: ›Was Hänschen nicht lernt, lernt Hans nimmermehr‹ – ich weiß es nicht«, fragt er sich in einem Brief an Paulsen. »König Max von Bayern, der wohl sein Leben lang in ähnlich trauriger Lage wie ich war, soll seinen Philosophen gegenüber immer den Wunsch geäußert haben: ›Ich hätte diese Sache samt ihrer Lösung gern in einem Distichon.‹ So ruf ich echt dilettantisch auch in meiner letzten Sehnsucht nach einem die letzten Dinge bequem aufschließenden Schlüssel.«[170]

Auch an theologischen Problemen zeigte sich Fontane nun eher schon interessiert. Die calvinistische Prädestinationslehre war diesem Sproß einer Hugenottenfamilie beizeiten in Fleisch und Blut übergegangen. Er fühlte sich von einer »Rätselmacht« abhängig, »die uns streichelt oder schlägt«, und so hat er bis zuletzt seine Überzeugung nicht zu modifizieren brauchen: »Nichts ist vorher zu berechnen, alles ist Glück, Bestimmung oder, anständiger ausgedrückt, Gottes Wille.«

Was sein Leben betraf, so hatte sich darin der Grundsatz bewährt, daß es zuallererst auf den Menschen selbst ankommt und auf die Verhältnisse, die er vorfindet. Aus dieser Einsicht heraus hatte er schon früh seine radikale Abwehrstellung gegen alle ausgeklügelten Ideologien und weltanschaulichen Programme bezogen und sich so eine erstaunliche geistige Autonomie und »Independenz« bewahrt. Er hatte es beizeiten aufgegeben, hinter die letzten Geheimnisse der menschlichen Existenz zu gelangen, und schwankte daher zwischen Glaube und Skepsis, was ihn dennoch nicht davon abhielt, trotz dieser Welt an eben diese Welt zu glauben.

Mit diesen religiösen Voraussetzungen wuchs er dann in eine Lebens- und Todesreife hinein, die in ihrer menschlichen Versöhnlichkeit auf andere zurückstrahlte. Diese liebenswürdige Natur reifte zum Lebensweisen heran, in dessen Nachlaß sich als Summe seiner Erfahrungen sozusagen der Spruch fand:

>»Leben, wohl dem, dem es spendet
> Freude, Kinder, täglich Brot,
> Doch das Beste, was es sendet,
> Ist das Wissen, daß es endet,
> Ist der Ausgang, ist der Tod.«[171]

Da Fontane nun ganz gewiß kein spekulativer Kopf, sondern ein Künstler war, wird man bei ihm vergeblich nach absoluten Wahrheiten suchen. Weltanschauliches tangierte ihn bloß am Rande, und nur, wenn es sich auf das gelebte Leben selbst bezog. Auch über religiöse Fragen sprach er aus seelischem Feingefühl in einem bewußt saloppen Konversationston. Leider machte es einem solchen Skeptiker der konventionelle Kirchenglaube seiner Zeit nicht eben leicht, sein Mißtrauen gegen die »beständige Gefühls- und Scheinheiligkeitskomödie« herunterzuspielen. Wenn er die fragwürdigen Dinge beim rechten Namen nannte, konnte es bei ihm zu solchen Sentenzen kommen wie: »Was wir Glauben nennen, ist Lug und Trug, Täuschung und Stupidität.«

Die protestantische Kirche, empfand er schon 1853, steckte tief in der Degeneration: »Ich kann mir nicht helfen, die ganze Geschichte ist antiquiert, und das Leiden ist, daß das Neue fehlt. Die Anstrengungen der Orthodoxen sind grenzenlos, und dennoch schweben sie in der Luft. Das Volk hat nun einmal den Christusglauben nicht mehr, und Taufe, Konfirmation, Abendmahl wie jede andere äußere Betätigung dieses Glaubens ist nichts anderes als Gewohnheit oder Polizeigehorsam. Der augenblickliche Sieg der sogenannten Frommen und Mucker ist ihr eigentliches Fiasko.«[172]

Obwohl Fontane sich über die Folgen des hereinbrechenden Agnostizismus durchaus im klaren ist, kann er keinerlei Ansätze einer neuen Reformation, die über Luther hinausführen könnte, erkennen. »Der große Zug der Zeit ist Abfall!« stellt er nüchtern fest. »Aber man hat es nachgerade satt. Die Welt sehnt sich aus dem Häckelismus heraus, sie dürstet nach Wiederherstellung des Idealen. Jeder kann es jeden Tag hören. Und es ist ernst gemeint. Trifft dies zu, so ließe sich sagen: Seht, der Wind dreht sich, die alten Götter leben noch. Unsinn: das Christentum ist nicht tot. Es steckt uns unvertilgbar im Geblüt, und wir haben uns nur darauf zu besinnen. Jeder, der sich prüft, wird einen Rest davon in sich entdecken.«

Als ihm ein französischer Geistlicher während seiner Kriegsgefangenschaft ein Gebetbuch hinterläßt, findet er darin »keine Spur wahren Lebens« mehr. »Alles fromme Phrase; das aber ist die schlimmste. Mit öden Redensarten lockt man keinen Hund mehr vom Ofen; man muß diese Dinge schärfer anzufassen wissen.«[173]

An anderer Stelle vermerkt er in seinem Erinnerungsbuch ›Kriegsgefangen‹ über seine Vorstellungen vom rechten Glauben: »Die Kraft fließt nur aus festen Überzeugungen, aus jener rätselhaften Tiefe, wo das Göttliche und der Glaube an das Göttliche ruhen. Wo dieser Glaube fehlt oder auch nur schwankt, wo das resignierte ›Wir wissen es nicht‹ an die Stelle des bestimmten ›Ich weiß‹ tritt, wo göttliche Weltordnung, Leben und Vergeltung nach dem Tode alles offene Fragen sind, da gebricht es selbstverständlich an Kraft, in den Gemütern anderer das Leben aufzurichten, das dem eigenen Gefühl fehlt.«[174]

Von den institutionalisierten Kirchen erwartet Fontane keinen Weg aus dem Dilemma mehr. Allerdings hatte auch er keinen Ausweg aus der geistigen Erosion seiner Zeit anzubieten. Er mißtraute irgendwelchen Patentlösungen ganz allgemein. Für sich selbst fand er allerdings einen Modus vivendi, indem er seine »lächelnde Resignation« einer »theatralischen Frömmigkeit« vorzog. Durch diese von jeder Bitterkeit freien Resignation konnte er dann auch den aus dem Krisenbewußtsein seiner Zeit resultierenden Pessimismus und später den oberflächlichen Optimismus der Gründerjahre überwinden. Diese Resignation will er, da sie die Verehrung des Unerforschlichen durchaus nicht ausschließt, als »Glück und beinahe eine Tugend« gewertet wissen. Noch kurz vor seinem Tode bekennt er in einem Brief an Mete: »Es wäre zum Weinen, wenn man nicht aus dem Ganzen auch wieder Trost und Vertrauen zu den irdischen und ewigen Dingen schöpfen könnte.«

Es ist daher keineswegs ein Zeichen geistiger Indifferenz, wenn Fontane den Dingen dieser Welt ihren vorgeschriebenen Lauf läßt und niemals versucht, der Vorsehung ins Handwerk zu pfuschen. Trotz aller berechtigten Skepsis überläßt er sich ganz der Gnade:

> »Nur als Furioso nichts erstreben
> Und fechten, bis der Säbel bricht.
> Es muß sich dir von selber geben –
> Man hat es oder hat es nicht.
>
> Glaub nicht, du könntst es doch erklimmen
> Und Wolln sei höchste Kraft und Pflicht;
> Was ist, ist nur Vorherbestimmen –
> Man hat es oder hat es nicht.«[175]

Zu einem Unsterblichkeitsglauben konnte sich Fontane allerdings so wenig wie seine Zeitgenossen Theodor Storm oder Gottfried Keller durchringen. Im Gegensatz zu ihnen jedoch bedauert er ehrlich seine Unfähigkeit, nicht naiv glauben zu können wie andere. Als Paul Heyse einen Sohn verliert, schreibt er ihm ein wenig kleinlaut: »Der einzige Trost, der sich spenden läßt, kann nur von den Lippen derer kommen, die fester nach oben blicken als unsereins und etwas Positives zu bieten haben.« An anderer Stelle heißt es dann: »Wer an ein Ewiges glaubt – ein Fortleben nach dem Tode –, dem wird in diesem Zustand erst recht wohl, aber zu den so Beglückten darf ich mich nicht zählen.«[176]

Fontane war zu sehr ein stark reflektierender Beobachter seiner säkularisierten Zeit, als daß ihm noch ein entscheidender Durchbruch zu einem ihn überzeugenden und letztlich auch tragenden Glauben hätte gelingen können. Da seine

Zeitgenossen, wie er zu seinem Bedauern feststellte, mit den alten, nicht mehr mit letzter Überzeugungskraft in der Welt vertretenen Heilswahrheiten des Christentums nichts Rechtes mehr anfangen konnten, hielt er eine neue Reformation, die freilich weit über Luther hinausführen müßte, längst für ein Gebot der Stunde, wenn dieser Erdteil und diese Welt nicht an ihrem Unglauben ersticken wollten.

Da Fontane auch seine angestammte französische Kirche nicht als legitime Verfechterin einer Religiosität, die er wegen ihrer weit ausstrahlenden seelischen Kraft hätte akzeptieren können, anerkannte, sah er sich bei der Befriedigung seiner metaphysischen Bedürfnisse wieder einmal ganz auf sich selbst verwiesen. Zu seinem besonderen Leidwesen blieb ihm keine andere Wahl, als auch seinen Weg durch die Malaisen des Lebens als Einzelgänger abseits von den breiten Straßen konventioneller Gedankenlosigkeit mit einer für ihn wieder einmal so bezeichnenden stoischen Gelassenheit zu Ende zu gehen.

Wenn er auch einsah, daß er im traditionellen Sinne nicht gläubig sein konnte, so bemühte er sich doch darum, wenigstens demütig zu sein. »Wer demütig ist, der ist duldsam«, läßt er Pastor Lorenzen im ›Stechlin‹ verkünden. Fontane hatte in der Tat den Bogen seines Lebens nie zu hoch gespannt. Seine bürgerlichen Ansprüche waren sogar mehr als bescheiden gewesen, und seine Vorstellungen vom menschlichen Glück gingen bekanntlich nicht über den Besitz einer Grießsuppe und einer Schlafstelle und über die Freiheit von körperlichen Schmerzen hinaus. Mehr konnte ein Mensch auf seiner Erdenreise kaum erwarten. Wer aber die Pflöcke seiner Lebenserwartungen so drastisch zurückgesteckt hatte wie er, hatte kaum mit Frustrationen von existentieller Unerbittlichkeit zu rechnen. Er ersparte sich und anderen das mißliche Schauspiel, als ewiger Ankläger Gerichtstag über sich und die Welt abzuhalten, und, was ihn selbst betraf, so war er immer mehr bereit, sich dem »hohen Rätselwillen« zu unterstellen, der alles Irdische leitet.

»Die Frage bleibt«, lautet lakonisch die letzte metaphysische Einsicht Fontanes, dem es nicht schwerfiel, sich in die

Kunst des Alterns einzuüben, nachdem er mit den Jahren immer mehr in seine eigentliche Statur hineingewachsen war. Im sicheren Gefühl, das riskante Abenteuer seines Lebens nach so vielen vergeblichen Anläufen doch noch zu einem guten Ende geführt zu haben, konnte er jene Verse schreiben, die ebenso Resignation wie Weisheit reflektieren:

> »Halte dich still, halte dich stumm,
> Nur nicht forschen, warum? warum?

> Nur nicht bittre Fragen tauschen,
> Antwort ist doch nur wie Meeresrauschen.

> Wie's dich auch aufzuhorchen treibt,
> Das Dunkel, das Rätsel, die Frage bleibt.«[177]

Daß der Rest Schweigen ist, hatte Fontane immer schon geahnt. Nun gehörte dieser Gedanke längst zu den Grundmaximen seiner Lebensphilosophie, die er sich im Laufe der Jahre zurechtgelitten hatte. Auch bediente er sich, je schneller es dem Ende zuging, gern einer seiner Lieblingsfloskeln, die nicht nur dem Tod einiges von seinem Stachel nahm, sondern auch einiges vom köstlichen Fontaneschen Understatement ahnen läßt: »Was soll der Unsinn?« In seinem stetig wachsenden Verlangen nach Ruhe führte er nun oft das alte Schauspielwort »Um neun Uhr ist alles aus« bedeutungsvoll im Munde. Und wenn nicht alles täuscht, so traf inzwischen auch längst das Wort, das er auf seinen Vater gemünzt hatte, auf ihn selbst zu: »Wie er zuletzt war, so war er eigentlich.«

In dem nicht gerade beruhigenden Gefühl, daß sich das Alte auflöste und das Kommende sich noch völlig ungewiß und nicht einmal besonders verheißungsvoll ankündigte, trat er lautlos in seinen Schatten zurück, aber er tat es in dem Bewußtsein, seine Aufgabe doch noch erfüllt zu haben. Das verschaffte ihm eine ungewöhnliche Gelöstheit und Sicherheit.

Immer enger wird der Kreis, der sich um ihn schließt. Bis drei Uhr pflegt er an seinem Schreibtisch zu sitzen; nach Tisch geht er im »ledernen« Tiergarten spazieren, den er so sehr liebt. Der Abend gehört dann der Abendzeitung. Einmal auch sitzt er Max Liebermann für ein Porträt, wobei ihm dieser Anekdoten von Bismarck und anderen Zelebritäten zum Besten gibt.

»Sitzungstage, Maltage«, schreibt er damals an die Tochter darüber. »Ich freue mich aber darauf, einmal, weil es nun doch mal ein richtiger Maler ist, dem ich in die Hände falle, dann, weil Liebermann ein ebenso liebenswürdiger wie kluger Mann ist.«[178]

Am 12. August 1898 reiste Fontane mit Frau und Tochter noch einmal nach Karlsbad. Hier schloß er im Hotel ›Stadt Moskau‹ bei »kannibalischer Hitze« die Korrekturen des ›Stechlin‹ ab, dessen Erscheinen in Buchform er nicht mehr erleben sollte, und wieder beeindrucken ihn die internationale Atmosphäre des Weltbadeortes ebenso wie die Toiletten der Damen, denen die weiblichen Vertreter der Berliner Hautevolee nicht das Wasser reichen können. Anfang September reist er nach Berlin zurück, während Emilie noch einen Abstecher zu einer Freundin in Dresden unternimmt.

In diesen herbstlichen Tagen muß er mit dem Kunst- und Literaturhistoriker Franz Servaes zusammengetroffen sein, der über diese letzte Begegnung mit dem Dichter berichtete und nach dem Tod Fontanes dann auch mit einem literarischen Porträt die lange Reihe der Fontane-Monographien eröffnete.

»Als ich ihn das letzte Mal sah, etwa zwei Monate vor seinem Tode«, schrieb Servaes damals, »war das mitten im tosenden Lärm der Weltstadt, und doch ein wenig abseits; nahe der Königsgrätzer Straße, ganz nahe beim Potsdamer Platz. Da stand er vor dem Palast-Hotel, den blau-grünen schottischen Shawl locker um die Schulter, stand allein und blickte halb über das Gewühl hinweg, mehr in der Stellung eines Lauschenden als eines Schauenden. Fast erschrak ich ein wenig, als ich ihn sah: so alt schien er mir plötzlich geworden, so nahe dem Verfall. Aber dennoch lag etwas ungemein Ehrwürdiges in der ganzen Erscheinung. Er schien völlig in Sinnen verloren, beinahe der Welt schon entrückt zu sein. Etwas wie ein kindliches, seliges Staunen, wie dankesfrohes Mitgenießen lag auf seinen Gesichtszügen, in denen die Augen einen eigenen, gleichsam verklärten Glanz hatten.

Was mochte in ihm vorgehen in dieser Minute? Sah er noch einmal alles in sich, was er so gut kannte und so treu liebte? Wogte in ihm ein Erinnerungsbild an jene Zeiten, die er gleichfalls kannte und miterlebt hatte, wo dieses alles so ganz anders war, so vorortlich – primitiv, mit simplen Volksgärten und bedächtig vorüberrumpelnden Kremsern, mit sich dehnenden Blachfeldern und fern aufragenden Fabrikschloten? Gedachte er längst verlebter Stunden mit Freunden, witzreichen und schwärmenden, die nun bereits die Erde deckte? Träume schienen ihn leise zu bewegen... Still wollte ich vorübergehen... Da traf mich sein Blick, anfangs wie der eines Unbekannten, dann sich freundlich erhellend zu leutseligem Gruß. Und doch auch dies wie traumverloren. Ich fühlte mich seltsam bewegt. Rasch schritt ich vorüber, obgleich ich am liebsten auf ihn zugeeilt wäre und ihm die Hände geküßt hätte. Aber ich konnte nicht. Wie ein Frevel wäre es mir erschienen, dieses webende innere Leben zu stören. Gewiß war ich nur wie eine Erscheinung an ihm vorbeigeglitten. Gleich darauf bewegten ihn wieder Bilder und Träume, Gegenwärtiges, Vergangenes... Zukünftiges.«

Vielleicht fühlte Fontane schon damals wie die noblen alten Männer seiner Romane den Tod nahen und machte sich für ihn bereit. Mit dem alten Dubslav sah er dem Ende gelassen entgegen: »Ein ewig Gesetzliches vollzieht sich, weiter nichts, und dieser Vollzug, auch wenn er ›Tod‹ heißt, darf uns nicht schrecken. In das Gesetzliche sich ruhig schicken, das macht den sittlichen Menschen und hebt ihn.«[179] Und wie sich selbst zur Ermutigung schrieb er damals die Verse, die man dann unter seinen Papieren fand:

»Mein Leben, ein Leben ist es kaum,
Ich geh' durch die Straßen als wie im Traum.

Wie Schatten huschen die Menschen hin,
Ich selber ein Schatten dazwischen bin.

Und im Herzen tiefe Müdigkeit –
Alles mahnt mich: Es ist Zeit!«[180]

Nur vier Tage vor Fontanes Tod fand in seiner Wohnung in Abwesenheit seiner Frau die Verlobungsfeier seiner Tochter mit dem bedeutend älteren Architekten Karl Emil Otto Fritsch statt. Dem Vater war damit ein gut Teil der berechtigten Sorge um seine psychisch immer bedrohte Tochter genommen. Paul Schlenther, der kurz zuvor zum Direktor des Wiener Burgtheaters berufen worden war, erinnert sich als Gast Fontanes an diesen Tag so: »Voller Entwürfe, voll regsten Interesses für alles und jedes, so sah ich ihn noch Freitag, den 16. September, abends in seinem Arbeitsstübchen zwischen Erich Schmidt und meiner Frau sitzen. Zur Feier der Verlobung seiner ihm geistesverwandten einzigen Tochter war ein kleines, feines Essen bereitet worden. Nur neun Personen. Der Alte in seiner herrlichen, lieben Greisesschönheit Mittelpunkt und Seele der Unterhaltung.«

Zwei Tage darauf schildert Fontane in einem Brief an seine Frau seine wirkliche körperliche und seelische Verfassung, die zu euphorischen Empfindungen wenig Anlaß bietet: »Sowie ich aus der Ruhe heraus und in irgendwelche Aktion hinein soll, ist es mit der ganzen Herrlichkeit vorbei. Ich erschrecke vor allem, und selbst wo sogenannte Vergnüglichkeiten in Sicht stehen, ist mein Trost: ›Um neun Uhr ist alles aus.‹ Nicht im Sinn einer Todessehnsucht, sondern nur in dem tiefen Verlangen nach Ruhe. Freilich spukt das andere darin vor, was auch wohl recht gut ist. Ein so glückliches und so bevorzugtes Leben und doch: ›Was soll der Unsinn‹‹ Dies kann man beinah wörtlich nehmen; in der Politik gewiß und in Religion und Moral ist alles Phrase. Früher statuierte ich Ausnahmen; jetzt kaum noch...«[181]

Am Morgen seines Sterbetages schrieb er dann, ohne zu ahnen, daß er nur noch wenige Stunden zu leben hatte, einen Brief an Emilie, die am darauffolgenden Tag nach Berlin zurückkehren wollte:

»Dies sind also die letzten Zeilen, übermorgen mittag dürfen wir Dich erwarten. Es freut mich, daß Du dies Zusammensein mit Deiner alten Freundin noch haben konntest.

408

Unsere gestrige zweite Gesellschaft verlief ebenfalls zufriedenstellend, weil alle voll guten Willens waren. Daß dieser so oft fehlt, daran scheitern so viele Gesellschaften. Zu den Haupttugenden, die Zöllners und wir in alter Zeit vertraten, gehörte diese absolute gesellschaftliche Zuverlässigkeit. Die meisten machen sich ein Vergnügen draus, wenigstens den einen oder andern zu ärgern.

Mit Mete und meinem Befinden ist es ›soso‹: Man arbeitet am Trapez immer weiter und leistet dasselbe wie andre, aber es fehlt – einzelne Momente abgerechnet, wo einen ein Witz oder eine Skandalgeschichte erheitert – die rechte Freudigkeit, weil die Kräfte nicht ausreichen. Das prädominierende Gefühl bleibt doch immer: ›lägst du nur erst wieder im Bett‹. Bei mir ist dies Gefühl so stark, daß selbst meine berühmte Artigkeit zusammenbricht und ich mir sage: ›Wird dir das und das übelgenommen, nun, so auch gut!‹ Es ist vielleicht eine kleine Tugend, von dem Urteil der Menschen abhängig zu sein, aber bequemer haben es die Rüpel, denen all so was ganz gleichgültig ist.

Gestern mittag ging ich eine Stunde spazieren und traf P.; er erzählte mir vom Tode seiner Frau und welchen ›goldenen Humor‹ sie gehabt habe; er sei ganz gebrochen, alles habe jedes Interesse für ihn verloren, auch sein Geschäft, und dabei weinte er beständig. Er sei, um sich rauszureißen, in England gewesen und habe mit zwei englischen Nichten seiner Frau eine Reise nach Schottland gemacht. Die jüngere sei heiter und ausgelassen und habe den ›goldenen Humor‹ seiner Frau; die ältere, die jetzt bei ihm sei, sei aber ernster. Ich glaube, er war ganz aufrichtig in seiner Trauer, und doch habe ich nie so stark den Eindruck gehabt: einer der beiden Nichten muß es werden. Wohl die mit dem ›goldenen Humor‹ seiner Frau. So geht es. Und die Witwen sind noch flinker als die Witwer!«[182]

Am Abend dieses Tages starb Fontane ohne viel Aufhebens, wie er gelebt hatte, seinen eigenen Tod. Er hatte auch an diesem Tag über seiner Arbeit am Schreibtisch gesessen, nachdem er einen seiner so unprätentiösen und pläsierlichen Briefe an seine Frau geschrieben hatte. Der Tod meinte es gut mit diesem großen alten Mann der deutschen Literatur, der ein Herr war und es bis zuletzt blieb. Er hatte wie immer zu Abend gegessen und sich angeregt mit Mete unterhalten. Schließlich hatte er noch um einen Likör gebeten. Während die Tochter das Glas holte, ging er in sein Schlafzimmer, wo sie ihn kurz darauf tot auf seinem Bett liegend fand. »Um neun Uhr ist alles aus«, hatte er so oft mit dunklem Hintersinn zitiert. Nun war der Tod seiner Vorahnung entsprechend auf die Minute genau bei ihm eingetreten und hatte ihn diesem Leben entrückt, um ihm die Unsterblichkeit eines Mannes, der sich immer die Treue gehalten hatte, zu verleihen.

Vier Tage später wurde Theodor Fontane von seinem Haus in der Potsdamer Straße, in dem er in 26 Jahren seine Meisterwerke geschaffen hatte, an einem klaren Herbsttag auf dem Friedhof der Französischen Reformierten Gemeinde an der Liesenstraße im Norden Berlins beigesetzt. Der Trauerzug formierte sich vor dem Johanniterhaus und führte durch die Invalidenstraße, wo Stine und die Witwe Pittelkow gewohnt hatten. Pastor Eugène Devaranne und der Berliner Literaturkritiker Karl Frenzel sprachen am Grabe die Gedenkworte. Drei Jahre später wurde auch Emilie an Fontanes Seite beigesetzt. Das Grab wurde 1945 durch Artilleriefeuer verwüstet, ein Jahr darauf aber durch die Französische Gemeinde wieder hergerichtet.

»Am 20. September hat Theodor Fontane die Augen für immer geschlossen«, konnte man im Oktober im ›Literarischen Echo‹ lesen. »Am 24. September ist er zur letzten Ruhe gebettet worden. Draußen im Norden Berlins, auf dem Friedhof der Französischen Gemeinde, wölbt sich jetzt der Hügel. Das Leben der Weltstadt Berlin, von dem er wie kein anderer erzählt hat, flutet hier unaufhaltsam vorüber; hier ist die Stätte, mit der viele seiner Gestalten unlöslich verbunden sind. Lärm und hastiges Getriebe, Unruhe und ein Grau des alltäglichen Lebens sind das Charakteristische dieses Viertels der Reichshauptstadt. In diesem Stadtteil liegt Theodor Fontane begraben, der wie kein anderer die verborgene Poesie des Alltagslebens empfunden und erschlossen hat.«

Die eigentliche Grabrede, wie sie seiner innersten Natur und seiner Einmaligkeit entsprach, hatte er sich im ›Stechlin‹ bereits selbst geschrieben, als er seinem Alter ego, dem grandseigneuralen Junker Dubslav von Stechlin, der seinem Herzen so nahestand, die folgenden Worte von Pastor Lorenzen übers offene Grab nachsprechen ließ:

»Sah man ihn, so schien er ein Alter, auch in dem, wie er Zeit und Leben ansah; aber für die, die sein wahres Wesen kannten, war er kein Alter, freilich auch kein Neuer. Er hatte vielmehr das, was über alles Zeitliche hinaus liegt, was immer gilt und immer gelten wird: ein *Herz*. Er war kein Programmedelmann, kein Edelmann nach der Schablone, wohl aber ein Edelmann nach jenem alles Beste umschließenden Etwas, das Gesinnung heißt. Er war recht eigentlich frei... Wußt es auch, wenn er's auch oft bestritt. Das goldene Kalb anbeten war nicht seine Sache...

Alles, was einst unser Herr und Heiland gepredigt und gerühmt hat, all das war sein: Friedfertigkeit, Barmherzigkeit und Lauterkeit des Herzens. Er war das Beste, was wir sein können: ein Mann und ein Kind.«[183]

Anhang

Anmerkungen

Abkürzungen der Werke, denen die wichtigsten Fontane-Zitate entnommen sind:

N Sämtliche Werke, Nymphenburger Verlagshandlung, München 1959 ff.
H Sämtliche Werke, Carl Hanser Verlag, München 1962 ff.
Fa Briefe an seine Familie, Berlin 1905
Br Briefe, Zweite Sammlung, Berlin 1909
FL Theodor Fontane und Bernhard von Lepel. Ein Freundschaftsbriefwechsel, München 1940
LA Briefe an die Freunde. Letzte Auslese, Berlin 1943
FF Briefe an Georg Friedlaender. Heidelberg 1954
FBr Briefe. 4 Bände, Berlin 1968–1971
DA Von Dreißig bis Achtzig. Sein Leben in Briefen, München 1970
FH Briefe an Wilhelm und Hans Hertz, Stuttgart 1972

I. Lehrjahre

1	Reuter, S. 56	18	N 9, S. 124 f.	37	N 15, S. 110
2	N 14, S. 18	19	N 9, S. 126	38	N 15, S. 111
3	N 15, S. 96	20	N 9, S. 120	39	N 15, S. 105
4	N 12, S. 96	21	N 14, S. 28 f.	40	N 15, S. 105
5	Reuter, S. 61	22	N 14, S. 29	41	N 15, S. 315
6	DA, S. 370	23	N 14, S. 184	42	N 15, S. 315
7	N 20, S. 272	24	FF, S. 136	43	N 15, S. 107 f.
8	Fa I, S. 68 f.	25	DA, S. 149 f.	44	N 15, S. 316
9	DA, S. 284	26	N 14, S. 46 f.	45	N 15, S. 116 f.
10	FF, S. 24	27	N 2, S. 59	46	N 15, S. 322
11	N 14, S. 9	28	N 14, S. 28	47	N 15, S. 322
12	N 14, S. 17 f.	29	FF, S. 298	48	FL, S. 212
13	N 9, S. 48 f.	30	N 14, S. 157	49	DA, S. 14
14	FF, S. 136	31	N 14, S. 126	50	N 15, S. 24 f.
15	N 20, S. 41	32	N 14, S. 11	51	N 15, S. 80
16	N 9, S. 122	33	N 14, S. 126	52	H 6, S. 686 f.
17	N 9, S. 122 f.	34	N 14, S. 125	53	DA, S. 103
		35	N 14, S. 160	54	N 20, S. 276
		36	N 14, S. 167	55	DA, S. 305

56 N 15, S. 300
57 DA, S. 31 f.
58 Erler I, S. 20
59 N 20, S. 637 f.
60 N 20, S. 204
61 FBr II, S. 63
62 N 20, S. 503 f.
63 Nürnberger, Der
    frühe Fontane,
    S. 311 f.
64 N 20, S. 152
65 Erler I, S. 234
66 DA, S. 279
67 LA 2, S. 626
68 N 20, S. 246
69 DA, S. 316
70 N 20, S. 246
71 N 15, S. 708
72 N 15, S. 199
73 N 15, S. 200
74 N 20, S. 218
75 Erler I, S. 127 f.
76 Erler I, S. 127
77 DA, S. 105
78 DA, S. 107
79 N 15, S. 200
80 N 15, S. 208
81 N 15, S. 211 ff.
82 N 15, S. 214
83 DA, S. 404
84 DA, S. 396
85 FF, S. 279 f.
86 FF, S. 280
87 N 15, S. 351
88 DA, S. 43
89 N 19, S. 46 ff.
90 DA, S. 37
91 DA, S. 37 f.
92 DA, S. 39 f.
93 FL I, S. 128
94 N 15, S. 371
95 N 15, S. 429
96 FL I, S. 210 f.
97 FL I, S. 211 f.
98 DA, S. 67

99 N 19, S. 67
100 N 19, S. 53 ff.
101 N 19, S. 70 ff.
102 DA, S. 54 f.
103 DA, S. 55
104 DA, S. 59
105 N 15, S. 312
106 N 15, S. 415
107 N 15, S. 308 f.
108 Erler I, S. 18 f.
109 N 15, S. 162 f.
110 Erler I, S. 18
111 FL I, S. 170
112 FL I, S. 161
113 FL I, S. 161 f.
114 N 15, S. 379
115 N 15, S. 318
116 FL I, S. 297
117 DA, S. 70
118 DA, S. 69
119 DA, S. 69 f.
120 DA, S. 94
121 N 20, S. 535
122 H IV, 2, S. 221
123 DA, S. 160
124 Erler I, S. 358
125 H IV, 2, S. 438 f.
126 N 2, S. 127
127 H IV, 2, S. 408 f.

II. Wanderjahre

1   N 17, S. 472
2   N 17, S. 509
3   DA, S. 83
4   DA, S. 87
5   DA, S. 88 f.
6   DA, S. 90 f.
7   Erler I, S. 116
8   DA, S. 92
9   DA, S. 85 f.
10 DA, S. 175 f.
11 N 18, S. 174 f.
12 Reuter, S. 303

13 Nürnberger, Der
    frühe Fontane,
    S. 331
14 Nürnberger, ebd.,
    S. 337
15 Jolles, S. 99
16 DA, S. 130
17 DA, S. 131
18 DA, S. 135
19 DA, S. 131 f.
20 DA, S. 133
21 Br I, S. 198 f.
22 Erler I, S. 235
23 N 8, S. 245
24 DA, S. 105
25 N 15, S. 421
26 N 15, S. 423
27 H IV, 2, S. 464
28 N 21, 1, S. 13
29 N 21, 1, S. 9
30 N 21, 1, S. 9
31 N 21, 1, S. 7
32 DA, S. 65
33 N 21, 1, S. 18 f.
34 N 20, S. 274
35 DA, S. 351 f.
36 Fa II, S. 201
37 N 19, S. 263
38 N 15, S. 270 f.
39 Br I, S. 229 f.
40 N 20, S. 33
41 N 9, S. 6
42 N 17, S. 285
43 Fricke, S. 29
44 N 21, I, S. 158
45 Reuter, S. 369 f.
46 Br I, S. 222 f.
47 N 9, S. 6
48 Da, S. 153
49 Br II, S. 333 f.
50 N 13, S. 5
51 FBr I, S. 173
52 N 8, S. 203
53 DA, S. 317
54 N 18, S. 464

55 N 18, S. 464
56 N 18, S. 465
57 DA, S. 317
58 Erler I, S. 292
59 DA, S. 317
60 Erler I, S. 292
61 N 20, S. 244
62 Reuter, S. 363
63 DA, S. 151
64 FH, S. 133
65 Br I, S. 282 f.
66 DA, S. 211
67 Erler I, S. 364
68 Erler I, S. 365
69 Erler I, S. 365 f.
70 N 16, S. 24
71 N 16, S. 14
72 N 16, S. 44
73 N 16, S. 218
74 N 16, S. 321
75 N 16, S. 509
76 DA, S. 161 f.
77 DA, S. 162
78 DA, S. 163
79 DA, S. 164
80 DA, S. 163
81 DA, S. 166
82 DA, S. 167
83 N 15, S. 392
84 N 15, S. 389
85 N 15, S. 392
86 N 15, S. 392 f.
87 N 22, 1, S. 25
88 N 22, 2, S. 98 f.
89 DA, S. 248 f.
90 DA, S. 188
91 N 22, 1, S. 163 f.
92 N 22, 1, S. 167
93 FF, S. 124
94 N 22, 1, S. 302 f.
95 DA, S. 250
96 Reuter, S. 96
97 N 22, 2, S. 741
98 N 22, 2, S. 741 f.
99 Reuter, S. 712

100 Reuter, S. 713
101 DA, S. 346
102 FF, S. 284
103 N 22, 2, S. 733
104 H IV, 4, S. 707
105 DA, S. 286
106 N 4, S. 30
107 N 4, S. 30
108 DA, S. 230
109 DA, S. 324
110 Br IV, S. 107 f.
111 DA, S. 167
112 N 18, S. 552 f.
113 N 21, 1, S. 179
114 N 21, 1, S. 182
115 N 21, 1, S. 248
116 Reuter, S. 627
117 N 21, 2, S. 269 f.
118 Fricke, S. 56
119 N 15, S. 445
120 N 15, S. 397
121 DA, S. 198
122 Br I, S. 362
123 Br III, S. 162 f.
124 Br I, S. 366
125 Br I, S. 378
126 FBr III, S. 174
127 DA, S. 205
128 DA, S. 205
129 DA, S. 210
130 Br I, S. 375 f.

III. Meisterjahre

1 Br I, S. 247
2 DA, S. 219 f.
3 DA, S. 244
4 DA, S. 220
5 DA, S. 220
6 N 20, S. 637
7 Reuter, S. 661
8 Erler II, S. 30 f.
9 FBr I, S. 90
10 FBr I, S. 92 f.

11 DA, S. 280
12 N 6, S. 48 f.
13 N 6, S. 21
14 N 4, S. 90
15 DA, S. 90
16 Erler II, S. 98
17 N 21, 1, S. 239 f.
18 N 2, S. 383
19 N 2, S. 384
20 N 2, S. 310
21 N 2, S. 288
22 N 2, S. 383
23 Erler I, S. 159
24 N 4, S. 278
25 N 4, S. 247
26 DA, S. 298 f.
27 Fa II, S. 155
28 N 3, S. 170
29 N 3, S. 166
30 N 3, S. 170 f.
31 DA, S. 298
32 H IV, 3,
     S. 586 f.
33 Erler II, S. 178
34 N 15, S. 210 f.
35 Erler II, S. 275
36 N 20, S. 630
37 N 3, S. 235
38 Erler II, S. 91
39 N 7, S. 71
40 N 7, S. 56
41 DA, S. 495
42 DA, S. 385 f.
43 DA, S. 385
44 N 7, S. 409
45 Erler II, S. 382
46 N 4, S. 13
47 DA, S. 393
48 N 7, S. 425
49 N 7, S. 425
50 DA, S. 403
51 Heilborn, S. 192
52 N 4, S. 318
53 LA II, S. 604
54 Erler II, S. 413

55 La II, S. 604
56 N 8, S. 251
57 Erler II, S. 424
58 N 8, S. 234
59 N 8, S. 342
60 N 8, S. 361
61 N 8, S. 343
62 N 24, S. 146
63 N 24, S. 151f.
64 N 24, S. 164
65 H IV, 3, S. 19
66 Br II, S. 47
67 N 24, S. 221
68 N 24, S. 323
69 DA, S. 7
70 DA, S. 7
71 DA, S. 321
72 FBr II, S. 215
73 DA, S. 272
74 FBr I, S. 232f.
75 DA, S. 296
76 N 18, S. 7
77 DA, S. 377
78 DA, S. 156ff.
79 Erler II, S. 146f.
80 DA, S. 267
81 DA, S. 158f.
82 DA, S. 391
83 Erler I, S. 399f.
84 DA, S. 257
85 DA, S. 351
86 DA, S. 251
87 DA, S. 254
88 DA, S. 396
89 DA, S. 391
90 DA, S. 423
91 Erler I, S. 38
92 N 10, S. 300
93 N 8, S. 252
94 Erler I, S. 285
95 Erler II, S. 434f.
96 N 8, S. 141
97 DA, S. 404
98 DA, S. 375
99 DA, S. 299

100 N 8, S. 321
101 Erler II, S. 424
102 N 8, S. 214
103 N 8, S. 317
104 FF, S. 295
105 FF, S. 310
106 Erler II, S. 434f.
107 Erler II, S. 204
108 N 1, S. 424f.
109 N 1, S. 324
110 N 18, S. 470
111 N 18, S. 468
112 FF, S. 225
113 FF, S. 257
114 N 20, S. 254
115 DA, S. 393
116 Erler II, S. 295f.
117 Erler II, S. 443
118 FF, S. 310
119 FF, S. 254
120 FF, S. 310
121 N 20, S. 73
122 DA, S. 347
123 N 24, S. 148f.
124 N 24, S. 164
125 N 24, S. 151
126 N 8, S. 358
127 Erler II, S. 392
128 Erler II, S. 430
129 DA, S. 410
130 Erler II, S. 429f.
131 N 20, S. 64
132 DA, S. 387
133 DA, S. 228
134 DA, S. 372
135 DA, S. 361
136 DA, S. 228
137 DA, S. 223
138 FF, S. 364
139 DA, S. 336
140 DA, S. 340
141 Erler II, S. 164
142 DA, S. 333
143 FF, S. 103
144 Erler II, S. 255

145 FF, S. 146
146 DA, S. 381
147 N 20, S. 409
148 DA, S. 356
149 DA, S. 357
150 FF, S. 186
151 N 14, S. 7
152 DA, S. 278f.
153 N 20, S. 13
154 DA, S. 273
155 FF, S. 235
156 Fa I, S. 81
157 DA, S. 333
158 DA, S. 342
159 DA, S. 235
160 DA, S. 404
161 DA, S. 386
162 DA, S. 421
163 DA, S. 421
164 DA, S. 412
165 N 20, S. 412
166 N 20, S. 45f.
167 N 20, S. 22
168 DA, S. 417
169 FF, S. 322
170 DA, S. 418
171 N 20, S. 407
172 DA, S. 99
173 N 16, S. 146
174 N 16, S. 204
175 N 20, S. 54
176 Erler I, S. 283
177 N 20, S. 43
178 DA, S. 397
179 N 8, S. 341
180 N 80 S. 412
181 DA, S. 424
182 Fa II, S. 341f.
183 N 8, S. 351

Zeittafel

1819   30. Dezember Geburt als Henri Théodore Fontane in Neuruppin. Vater: Louis Henri Fontane, Apotheker. Mutter: Emilie Fontane, geb. Laboy.

1827   Umzug nach Swinemünde. Kurzer Besuch der Stadtschule; danach Unterricht durch Hauslehrer.

1832   Eintritt in die Quarta des Gymnasiums in Neuruppin.

1833   Eintritt in die Gewerbeschule K. F. Klödens in Berlin.

1835   Erste Begegnung mit Emilie Rouanet-Kummer.

1836   Beginn der Apothekerlehrzeit. Konfirmation in der Französischen Reformierten Kirche.

1838   Umzug der Eltern nach Letschin im Oderbruch.

1839   *Geschwisterliebe* im »Berliner Figaro«.

1840   Apothekergehilfe in verschiedenen Apotheken. Gedichte im »Berliner Figaro«. *Du hast recht getan* (Roman) und *Heinrichs IV. erste Liebe* (Epos)

1842   Gedichte und Korrespondenz in dem Unterhaltungsblatt »Die Eisenbahn«.

1843   Gedichte im »Morgenblatt« von Cotta. Gast im literarischen Sonntagsverein »Tunnel über der Spree« in Berlin.

1844   Militärjahr. Erste Reise nach England. Aufnahme in den »Tunnel«.

1845   Verlobung mit Emilie Rouanet-Kummer.

1847   Approbation als Apotheker erster Klasse. Trennung der Eltern.

1848   Teilnahme an den Barrikadenkämpfen in Berlin. *Karl Stuart* (Fragment). Anstellung im Krankenhaus Bethanien.

1849   Aufgabe des Apothekerberufs. Freier Schriftsteller. Korrespondent der »Dresdner Zeitung« (bis April 1850).

1850   *Männer und Helden. Von der schönen Rosamunde.* Eintritt als Lektor ins »Literarische Kabinett« der Regierung. Heirat mit Emilie Rouanet-Kummer.

1851   *Gedichte.* Geburt des Sohnes George.

1852   *Deutsches Dichter-Album* (Herausgeber). Aufenthalt in London.

1853   *Unsere lyrische und epische Poesie seit 1848* (anonym).

1854	*Ein Sommer in London. Argo, belletristisches Jahrbuch für 1854* (zusammen mit Friedrich Kugler).
1855	Beginn eines mehrjährigen Aufenthalts in London. Im Auftrag der Regierung Begründung einer »Deutsch-Englischen Korrespondenz«.
1856	Halbamtlicher »Presse-Agent«. Geburt des Sohnes Theodor.
1857	Übersiedlung Emilies mit den Kindern nach London.
1858	Reise mit Bernhard von Lepel nach Schottland.
1859	Rückkehr nach Berlin. Reise nach München.
1860	*Aus England. Jenseit des Tweed.* Eintritt in die Redaktion der »Kreuz-Zeitung«. Geburt der Tochter Martha (Mete).
1861	*Balladen.*
1862	*Wanderungen durch die Mark Brandenburg* (bis 1882 vier Bände).
1864	Geburt des Sohnes Friedrich. Reisen nach Schleswig-Holstein und Dänemark. Besuch bei Storm.
1865	Reise an den Rhein und in die Schweiz. Scott-Lektüre.
1866	*Der Schleswig-Holsteinische Krieg im Jahre 1864.* Reisen zu den böhmischen Kriegsschauplätzen.
1867	Tod des Vaters.
1869	Tod der Mutter.
1870	Bruch mit der »Kreuz-Zeitung«. Theaterrezensent der »Vossischen Zeitung«. Erster Besuch bei Mathilde von Rohr. Reise zum französischen Kriegsschauplatz. Festnahme in Domremy. Internierung auf der Ile d'Oléron. *Der deutsche Krieg von 1866* (Band 2: 1871).
1871	»Osterreise« nach Frankreich. *Kriegsgefangen. Aus den Tagen der Okkupation.*
1872	*Willibald Alexis* in Julius Rodenbergs »Der Salon für Literatur, Kunst und Gesellschaft«.
1873	*Der Krieg gegen Frankreich 1870–1871* (Band 2 in zwei Halbbänden 1875/76).
1874	Italienreise mit Emilie.
1875	Reise in die Schweiz und nach Oberitalien. Heimkehr über Wien.
1876	Ständiger Sekretär der Akademie der Künste in Berlin. Rücktrittsgesuch und Entlassung.
1878	*Vor dem Sturm.*
1880	*Grete Minde.*
1881	*Ellernklipp.*
1882	*L'Adultera. Spreeland.*
1883	*Schach von Wuthenow.*
1884	*Graf Petöfy.* Beginn der Korrespondenz mit Georg Friedlaender.
1885	*Unterm Birnbaum.*
1887	*Cécile.* Tod des Sohnes George.
1888	*Irrungen, Wirrungen.*
1889	*Fünf Schlösser.*

1890 *Stine.* Für die naturalistische Bewegung wichtige Theaterkritiken.
1891 *Quitt.* Auszeichnung mit dem Schiller-Preis.
1892 *Unwiederbringlich.* Schwere Erkrankung.
1893 *Frau Jenny Treibel.*
1894 *Von vor und nach der Reise. Meine Kinderjahre.* Ehrendoktor der Philosophischen Fakultät der Universität Berlin auf Vorschlag Erich Schmidts.
1895 *Effi Briest.*
1896 *Die Poggenpuhls.*
1897 *Der Stechlin* (Beginn des Vorabdrucks; Buchausgabe 1899).
1898 *Von Zwanzig bis Dreißig.*
       20. September Tod in Berlin. Begräbnis auf dem Friedhof der Französischen Reformierten Gemeinde.

Bibliographie

Gesamtausgaben

Gesammelte Werke. Serie 1. Bd. 1–10, Serie 2. Bd. 1–11 Berlin: 1905–1910
Werke in Einzelausgaben. Hrsg. v. Christfried Coler. Bd. 1–16 Berlin
  1959 ff.
Sämtliche Werke. Hrsg. v. Edgar Gross, Kurt Schreinert u. a. (Nym-
  phenburger Ausgabe). München 1959 ff.
Sämtliche Werke. Hrsg. v. Walter Keitel. Abt. 1, Bd. 1–6, Abt. 2, Bd. 1–3.
  (Hanser-Ausgabe). München 1962 ff.
Werke in drei Bänden. Hrsg. v. Kurt Schreinert. (Jubiläumsausgabe).
  München 1968

Briefe

Theodor Fontanes Briefe an seine Familie. Hrsg. v. K. E. O. Fritsch.
  2 Bde. Berlin 1905
Briefe. Zweite Sammlung. Hrsg. v. Otto Pniower u. Paul Schlenther.
  Berlin 1909
Theodor Fontanes Briefwechsel mit Wilhelm Wolfsohn. Hrsg. v. Wil-
  helm Wolters. Berlin 1910
Der Briefwechsel von Theodor Fontane und Paul Heyse 1850–1897.
  Hrsg. v. Erich Petzet. Berlin 1929
Neunundachtzig ungedruckte Briefe und Handschriften von Theodor
  Fontane. Hrsg. v. Richard von Kehler. Berlin 1937
Heiteres Darüberstehen. Familienbriefe. Neue Folge. Hrsg. v. Friedrich
  Fontane. Berlin 1937
Theodor Fontane und Bernhard von Lepel. Ein Freundschafts-Brief-
  wechsel. Hrsg. v. Julius Petersen. Bd. 1–2. München 1940
Briefe an die Freunde. Letzte Auslese. Hrsg. v. Friedrich Fontane und
  Hermann Fricke. Berlin 1943
Storm–Fontane. Briefe der Dichter und Erinnerungen von Theodor
  Fontane. Hrsg. v. Erich Gültzow. Reinbeck b. Hamburg 1948
Briefe an Georg Friedlaender. Hrsg. v. Kurt Schreinert. Heidelberg 1954
Von Dreißig bis Achtzig. Theodor Fontane. Sein Leben in seinen Briefen.
  Hrsg. v. Hans-Heinrich Reuter. Leipzig 1960

Theodor Fontane und München. Briefe und Berichte. Hrsg. v. Werner Pleister. München 1962

Unbekannte Briefe. Sonderdruck. Hrsg. v. Christfried Coler. Berlin 1964

Fontanes Briefe. Hrsg. v. Gotthard Erler. 2 Bde. Berlin 1968

Theodor Fontane: Briefe. Hrsg. v. Kurt Schreinert u. Charlotte Jolles, 4 Bde. Berlin 1968–1971

Briefe an Hermann Kletke. Hrsg. v. Helmuth Nürnberger. München 1969

Unveröffentlichte Aufzeichnungen und Briefe. Ungedrucktes und Unbekanntes. Hrsg. v. Hans-Heinrich Reuter. Berlin 1969

Theodor Fontane: Briefe an Wilhelm und Hans Hertz 1859–1897. Hrsg. v. Kurt Schreinert und Gerhard Hay. Stuttgart 1972

Darstellungen

Aegerter, Emil: Theodor Fontane und der französische Naturalismus. Diss. Bern 1922. Heidelberg 1922

Altmann, Hans: Die Dichtungen Fontanes, ein Spiel vom Leben. Diss. Bonn 1950

Aschaffenburg, Hans: Der Kritiker Theodor Fontane. Diss. Köln 1929

Attwood, Kenneth: Fontane und das Preußentum. Berlin 1970

Brinkmann, Richard: Das Bild vom Menschen bei Theodor Fontane. Diss. Tübingen 1949

Brinkmann, Richard: Theodor Fontane. Über die Verbindlichkeit des Unverbindlichen. München 1967

Demetz, Peter: Formen des Realismus. Theodor Fontane. Kritische Untersuchungen. München 1964

Ellinger, Edeltraut: Das Bild der bürgerlichen Gesellschaft bei Theodor Fontane. Diss. Würzburg 1970

Ernst, Joachim: Die religiöse Haltung Theodor Fontanes. Diss. Erlangen 1951

Ettlinger, Josef: Theodor Fontane. Berlin 1904 (Die Literatur, 18)

Förstenau, Joachim: Theodor Fontane als Kritiker seiner Zeit. Potsdam 1948

Fricke, Hermann: Theodor Fontane. Chronik seines Lebens. Berlin 1960

Fürstenau, Jutta: Fontane und die märkische Heimat. Diss. Berlin 1941

Jolles, Charlotte: Fontane und die Politik. Ein Beitrag zur Wesensbestimmung Theodor Fontanes. Diss. Berlin 1936

Klette, Erhard: Theodor Fontane als Kritiker deutscher erzählender Werke des 18. und 19. Jahrhunderts. Diss. Greifswald 1923

Knorr, Herbert: Theodor Fontane und England. Bd. 1–2. Diss. Göttingen 1961

Knudsen, Rüdiger: Der Theaterkritiker Theodor Fontane. Diss. Berlin 1942

Kohler, Ernst: Die Balladendichtung im Berliner ›Tunnel über der Spree‹. Diss. Berlin 1940

Krammer, Mario: Theodor Fontane. Berlin 1922

Lukács, Georg: Der alte Fontane. In: Georg Lukács: Deutsche Realisten des 19. Jahrhunderts. Berlin 1952

Mann, Thomas: Der alte Fontane. In: Ernst Heilborn (Hrsg.), Das Fontane-Buch. Berlin 1919

Martini, Fritz: Theodor Fontane. In: Fritz Martini: Deutsche Literatur im bürgerlichen Realismus. Stuttgart 1962

Moltmann-Wendel, Elisabeth: Hoffnung – jenseits von Glaube und Skepsis. Theodor Fontane und die bürgerliche Welt. München 1964

Müller-Seidel, Walter: Theodor Fontane. Soziale Romankunst in Deutschland. Stuttgart 1975

Nürnberger, Helmuth: Der frühe Fontane. Politik. Poesie. Geschichte. 1840 bis 1860. Berlin 1967

Nürnberger, Helmuth: Theodor Fontane in Selbstzeugnissen und Bilddokumenten. Hamburg 1968

Oelschläger, Hans: Theodor Fontane. Sein Weg zum Berliner Gesellschaftsroman. Diss. Marburg 1954

Radbruch, Gustav: Theodor Fontane oder Skepsis und Glaube. Leipzig 1948

Reich, Ernst-Lothar: Theodor Fontane als Historiker. Bd. 1–2. Diss. Innsbruck 1948

Reuter, Hans-Heinrich: Fontane. Bd. 1–2. Berlin 1968. München 1968

Richter, Karl: Resignation. Eine Studie über Werke Theodor Fontanes. Stuttgart 1966

Ritscher, Helga: Fontane. Seine politische Gedankenwelt. Göttingen 1953

Roch, Herbert: Fontane, Berlin und das 19. Jahrhundert. Berlin 1962

Schmeiser, Ingeborg: Theodor Fontanes Auffassung von Kunst und Künstlertum unter besonderer Berücksichtigung der Dichtung. Diss. Tübingen 1955

Schmitz, Marianne: Die Milieudarstellung in den Romanen aus Fontanes reifster Zeit. Diss. Bonn 1950

Schobeß, Joachim: Literatur von und über Theodor Fontane. Potsdam 1965

Scholz, Hans: Theodor Fontane. München 1978

Seyppel, Joachim: Ein Yankee in der Mark. Wanderungen nach Fontane. Berlin-Weimar 1971

Spiero, Heinrich: Fontane. Wittenberg 1928

Uhlmann, Alfred Max: Theodor Fontane. Sein Leben in Bildern. Leipzig 1961

Verchau, Ekkhard: Theodor Fontane. Individuum und Gesellschaft. Frankfurt a. M. 1983

423

Vincenz, Guido: Fontanes Welt. Eine Interpretation des ›Stechlin‹. Zürich 1966

Waffenschmidt, Heinrich: Symbolische Kunst in den Romanen Theodor Fontanes. Diss. Frankfurt a. M. 1931. Gelnhausen 1932

Wandrey, Konrad: Theodor Fontane. München 1919

Wiskott, Ursula: Französische Wesenszüge in Theodor Fontanes Persönlichkeit und Werk. Diss. Berlin 1938. Gräfenhainichen 1938

Wißmann, Paul: Theodor Fontane. Seine episch-lyrischen Dichtungen. Diss. Essen 1916

Wruck, Peter: Preußentum und Nationalschicksal bei Theodor Fontane. Diss. Berlin 1967

Zillmann, Friedrich: Theodor Fontane als Dichter. Er über ihn. Stuttgart 1919

Personenregister

Albert, Prinz 134
Alexis, Willibald 179, 232f., 252
Arc, Jeanne d' 196
Ardenne, Elisabeth von 284
Arnim, Graf Achim von 86, 97, 170, 233, 361
Arnim, Bettina von 93
Auerswald, Minister 156
Auvergne, Latour d' 38

Balzac, Honoré de, 122
Barth, Heinrich 22
Bauer ›Demiselle‹ 56
Benn, Gottfried 383
Berg, Leo 342
Beutner, Dr. Tuiscon 170, 206
Biedermann, Karl 162
Binder, Robert 53
Bismarck, Otto von 198f., 319, 359ff., 384, 406
Bormann, Karl 178
Brachvogel, Albert Emil 217, 366, 388
Bucher, Lothar 149
Bürger, Gottfried August 162
Bunsen, Christian Carl Josias von 137f.
Bunsen, Georg von 138
Byron, Lord Georg Gordon Noel 133

Chamisso, Adelbert von 21
Cooper, James Fenimore 263

Dahn, Felix 251f.
Delhaes, Sanitätsrat Dr. 376
Deubel, Louise Sophie 15
Devaranne, Eugène 410
Devrient, Emil 56
Dickens, Charles 133, 138f., 163
Droste-Hülshoff, Annette von 65
Dumas, Alexander 204

Eggers, Friedrich 61, 82, 84, 109, 119, 155, 170
Eichendorff, Joseph Freiherr von 61
Engel, Eduard 267, 368
Engels, Friedrich 135
Eulenburg, Graf Philipp zu 361

Fechner, Hans 380
Flaubert, Gustave 235, 256, 283
Flender, Adam 159f.
Fontaine, Jàcques François 15
Fontaine, Pierre François 15
Fontane, August 42, 45f., 55, 113ff.
Fontane, Elise (Schwester) 186
Fontane, Emilie (Mutter) 32, 127, 143, 153, 330
Fontane, Friedrich (Sohn) 376
Fontane, Georg (Sohn) 123, 128, 141, 203

Fontane, Louis Henry (Vater)
15, 23, 32ff., 50, 121, 131,
405
Fontane Martha ›Mete‹ (Toch-
ter)   206, 225, 262, 307ff., 324,
351, 357, 360, 384, 399, 403,
406, 409f.
Fontane, Theodor (Sohn)   78,
274, 276, 325, 395
Franz, Franziska   28
Freiligrath, Ferdinand   164
Frenzel, Karl   410
Freytag, Gustav   232, 234, 251f.,
268
Friedlaender, Georg   12, 14, 26,
95, 197, 220, 224, 303, 306,
340, 346, 371f., 376, 399
Friedrich der Große   11, 70, 103,
166, 330, 333
Friedrich Wilhelm I   329f., 351
Friedrich Wilhelm II   18, 336,
340f., 350
Friedrich Wilhelm III   15, 103
Friedrich Wilhelm IV   76, 137,
159
Fritsch, Karl Emil Otto   316, 408

Geibel, Emanuel   70, 162, 231
Gentz, Johann Christian   22
Gentz, Wilhelm   22
Gerhardt, Paul   242
Glaßbrenner, Adolf   235, 344
Goethe, Johann Wolfgang
von   65, 233, 394
Goncourt, Edmond Huot
de   234
Goncourt, Jules Huot de   234
Groth, Klaus   66, 255, 371
Gubitz, Friedrich Wilhelm   47,
210
Gutzkow, Karl   51, 212, 215f.

Harden, Maximilian   306
Harte, Bret   234, 263
Hart, Heinrich   9

Hauptmann, Gerhart   121,
221f., 225, 227
Hebbel, Friedrich   226, 304
Heilborn, Ernst   78, 291, 390
Heine, Heinrich   40, 53
Herder, Johann Gottfried
von   79, 162, 226
Herwegh, Georg   132
Hertz, Hans   9, 283, 392
Hertz, Wilhelm   76, 171, 190,
251, 316
Hesekiel, Georg   60f., 170, 231
Heyden, August von   82, 236
Heyse, Paul von   62, 82, 119,
162,168ff., 223, 231, 253, 259,
288f., 371, 403
Holz, Arno   224
Hub, Ignatz   106
Hugo, Victor   122
Humboldt, Wilhelm von   103

Ibsen, Henrik   221, 225f., 264

Jakob II, König von Schottland   342

Karpeles, Gustav   257f., 296f.
Katz, Gebrüder   76
Keller, Gottfried   232, 256, 304,
390, 403
Kersting, Richard   55f.
Kielland, Alexander Lange   234
Kleist, Heinrich von   8, 233, 391
Kleist-Retzow, Hans Hugo
von   277
Klöden, Karl Friedrich   42, 47
Kotzebue, August von   21
Krause, Kommerzienrat   29
Kretzer, Max   235
Kühlwetter, Minister   109
Kühne, Gustav   20, 51
Kugler, Franz   62, 82, 85, 159,
162
Kummer, Rat   45, 113
Kurz, Heinrich   208

Labry, Emilie 16, 18
Laube, Heinrich 51, 212
Lazarus, Moritz 196
Lenau, Niklaus 52
Lepel, Bernhard von 41, 49f.,
   59, 82, 97, 101f., 105, 107,
   109ff., 117, 122, 124ff., 133,
   137, 155, 162, 176, 231, 240,
   306
Lessing, Carl Robert 375
Lessing, Gotthold Ephraim 68,
   210, 226, 342
Liebermann, Max 406
Lindau, Paul 212, 234, 295
Livingstone, David 22
Lucae, Richard 84, 236
Ludwig XIV. 11
Ludwig, Otto 226
Lübbe, Wilhelm 82, 84, 178
Luise, Königin von Preußen
   15
Luther, Martin 402, 404

Mann, Thomas 256, 303, 378,
   384, 387, 391, 396
Manteuffel, von 110, 122, 125,
   148, 152
Marlitt, Eugenie 366
Marwitz, Friedrich August
   Ludwig von der 328, 330
Maximilian II 168
Menzel, Adolph von 58, 61, 68,
   83, 166, 312, 327, 372, 384, 390
Merckel, Henriette von 193,
   199, 209, 337
Merckel, Traugott Wilhelm
   von 59f., 63, 82, 110ff., 153,
   155, 162, 169, 231, 387
Metternich, Klemens Wenzel
   Fürst von 103
Metzel, Dr. 148, 150ff., 159
Meyer, Conrad Ferdinand
   281
Mommsen, Theodor 372
Moore, Thomas 133

Morris, Dr. James 139, 150,
   157, 306f., 336, 349, 357,
   398
Mosen, Julius von 56
Mühler, von, Kultusminister
   60
Müller, Max 53f., 137, 380
Müllensiefen, Pastor 277

Napoleon 16, 37, 195, 204f.,
   254
Ney, Michel 38f.
Nietzsche, Friedrich 341, 362,
   365, 395
Nikolaus, Kaiser 26
Nikolaus, Zar 134

Overweg, Adolf 22

Paskewitsch 20
Paul, Jean 233
Paulsen, Friedrich 293, 400
Percy, Thomas 72f.
Petersen, Julius 295
Platen, August Graf von 52
Pinchen, Tante 42, 44, 55
Prince, John Critchey 71
Protzen, Michael 23

Raabe, Wilhelm 232, 234, 256,
   304, 379
Raumer, Karl von, Kultus-
   minister 124
Redwitz, Oskar von 164
Rellstab, Ludwig 47
Richardson, Lewis Fry 22
Ring, Max 366
Rodenberg, Julius 91, 253
Rohr, Mathilde von 194f.,
   240ff., 245ff., 268, 388
Roon, Albrecht Graf von, Kriegs-
   minister 199f.
Roquette, Otto 84, 123, 162,
   178, 231
Rose, Wilhelm 46, 48, 50f.

Rouanet, Emilie (Ehefrau) 45,
83, 113, 115 ff., 126 ff., 139 f.,
154, 184, 195, 206 ff., 217, 228,
237, 240, 243 ff., 251, 259,
305 f., 308, 317, 322, 350, 376,
379, 384, 399, 406, 408
Ruskin, John 146

Saphir, Moritz Gottlieb 57
Scott, Walter 72, 133, 179,
250 ff., 258
Scribe, Eugène 122
Servaes, Franz 370, 406
Sommerfeldt (Schwager) 159
Spielhagen, Friedrich 283, 324
Sue, Eugène 122

Schadow, Johann Gottfried 15
Scheffel, Viktor von 232, 251 f.
Scherenberg, Christian Fried-
rich 66, 162, 231
Scherz, Hermann 133
Schiller, Friedrich 65, 233
Schinkel, Karl Friedrich 20
Schlaf, Johannes 224
Schlenther, Paul 225 f., 234, 408
Schlesinger, Paul 149
Schmidt, Erich 372, 408
Schneider, Louis 61, 67, 76, 125
Schulz, Pastor 119
Schwab, Gustav 48
Schweitzer 150

Stein, Minister 103
Stephany, Friedrich 274, 318,
365, 367
Stifter, Adalbert 396
Stinde, Julius 235
Störtebecker, Klaus 393 f.
Storm, Theodor 55, 61, 82,
84 ff., 160, 162, 189, 221, 231,
234, 304, 335, 387 f., 390, 396,
403
Strachwitz, Graf Moritz von 61,
65, 74

Strindberg, Johan August 234
Struve, Dr. 55

Thackeray, William Make-
peace 133, 138, 163, 234, 256
Tolstoi, Graf Lew Nikolaje-
witsch 283
Turgenjew, Iwan Sergejewitsch
234, 267
Twain, Marc 234

Uhland, Ludwig 242

Varnhagen von Ense, Karl
August 98
Viebig, Clara 39
Villers, Alexander 304

Wagner, Richard 227 f.
Wangenheim, Karl Hermann
von 159 ff., 198, 200
Wangenheim, Frau von 160 f.
Wentzel, Dr. 149
Werner, Anton von 238
Westphalen, Innenminister 122
Wieland, Christoph Martin 226
Wienbarg, Ludolf 51
Wilbrandt, Adolf 83
Wildenbruch, Ernst von 212,
219, 371
Witte, Friedrich 142, 164
Wolff, Julius 164, 231, 271, 381
Wolff, Theodor 278
Wolfsohn, Wilhelm 53, 64, 76,
107 f., 115, 117
Wolzogen, Ernst von 370 f.
Wrangel, Friedrich Heinrich
Ernst Graf von 99, 101, 103,
242

Ziegler, Clara 220
Zöllner, Karl 82, 84, 195, 218,
227, 229, 236, 321, 409
Zola, Emile 221, 235, 267
Zschokke, Heinrich 51